大学生职业生涯设计教程

DAXUESHENG ZHIYE SHENGYA SHEJI JIAOCHENG

主 编 ○ 沈登学 陈静 赵敏 姚建成

西南财经大学出版社
Southwestern University of Finance & Economics Press

图书在版编目(CIP)数据

大学生职业生涯设计教程/沈登学主编. —成都:西南财经大学出版社,2014.10

ISBN 978-7-5504-1615-4

Ⅰ.①大… Ⅱ.①沈… Ⅲ.①大学生—职业选择—高等学校—教材 Ⅳ.①G647.38

中国版本图书馆 CIP 数据核字(2014)第 235893 号

大学生职业生涯设计教程
主　编:沈登学　陈　静　赵　敏　姚建成

责任编辑:汪涌波
助理编辑:江　石
封面设计:何东琳设计工作室
责任印制:封俊川

出版发行	西南财经大学出版社(四川省成都市光华村街55号)
网　　址	http://www.bookcj.com
电子邮件	bookcj@foxmail.com
邮政编码	610074
电　　话	028-87353785　87352368
印　　刷	四川森林印务有限责任公司
成品尺寸	185mm×260mm
印　　张	20
字　　数	470 千字
版　　次	2014 年 10 月第 1 版
印　　次	2014 年 10 月第 1 次印刷
印　　数	1—3000 册
书　　号	ISBN 978-7-5504-1615-4
定　　价	39.80 元

1. 版权所有,翻印必究。
2. 如有印刷、装订等差错,可向本社营销部调换。
3. 本书封底无本社数码防伪标志,不得销售。

前　言

本书由成都信息工程学院沈登学教授、成都信息工程学院陈静副教授、成都信息工程学院图书馆赵敏编辑、四川师范大学姚建成副研究员任主编，多所高等院校教师担任副主编以及成都信息工程学院多名研究生（刘杨、赵志通、王敏霞、胡禹贤、杨兰）参与编写而成。

人一生都在寻求自己的最佳位置。从个人的角度看，"漫漫人生路"的核心正是职业生涯。人在一生中，奔波辛劳，奋斗拼搏，垂暮之年最感欣慰的往往就是自己的事业有所成就。这就是说，职业的成功升华为人生的追求，职业活动本身体现了生命的意义。随着我国社会主义市场经济的推进，个人有了越来越多的职业选择机会和越来越大的发展空间，但同时也面对着更多、更复杂的社会风险。当今时代，人们在多变的社会大环境中探索着自己的职业道路，尝试着新生活，寻找着更好的发展机会，确定自己最合适的人生角色。因此，搞好职业生涯的规划与发展对大学生而言，是极为重要的。

多年来，由于教学的实践，笔者一直思考如何把大学生的职业选择发展作为一门学问，因此，为表示其严肃性，取名为：大学生职业生涯设计教程。对于许多人来说，人一生有许多时光都在寻找适合自己的那份工作。很多伟人在青年时代便已有独到的人生见解，甚至拥有一些不为人知的个人生涯设计。求职择业是人生必经的一个门槛。门槛之内是"象牙塔"内的莘莘学子，门槛之外的世界是一个旋转的万花筒，发出五颜六色的绚丽光彩，美丽而陌生。每一个大学生都渴望有一个好的职业，能够充分发挥自己的聪明才智，成就一番事业，这是每一个有进取心的人梦寐以求的事情。对当代大学生来说，这就需要对自己的未来职业生涯做出设计，并沿着目标努力前行，才能获得事业的成功。

职业生涯设计是一种人生设计，是命运选择。现代职业生涯的设计不仅能帮助个人实现目标，更重要的是有助于真正了解自己，从而设计出合理、可行的职业生涯发展方向。尤其是在市场竞争激烈和人才济济的时代，只有利用个人的竞争优势，才能把握职场上稍纵即逝的机会，发挥个人的潜能，实现预定的目标。"历史不能假设，过去不能重来"。在人生路上回头的代价是很高的，除了时间不再之外，日趋专业的职业分工，也使得职业生涯的设计和复杂程度越来越高。因此大学生亟须通过具有前瞻性的职业生涯设计，减少在人生路上的徘徊和犹豫，以免浪费大好的时光。

至今，国内关于职业生涯设计领域的研究才刚刚起步，相关的研究和著作虽已有一些，但缺乏一定的系统性和深度，且还没有一本比较系统地专门论述职业生涯设计与管理的教材。鉴于此，本书进行了一些有益的尝试，对职业生涯设计与管理的理论与体系进行了归纳与探讨，但其理论还比较粗浅，敬请读者、同行、专家和实际工作者，提出宝贵的修改意见。在本书的写作过程中，参阅了国内外大量的文献，以及许多前人的研究成果，在此对他们表示深深的感谢。本书的特点是突出理论性和操作性的统一，以职业生涯管理理论为基础，大量涉猎职业生涯管理的技术，为希望进行职业生涯管理的单位和个人职业生涯设计提供思路和方法。职业生涯设计涉及经济学、管理学、社会学、心理学和教育学，是一个内容相当广泛又颇为复杂的领域。笔者长期以来从事就业和职业生涯问题的教学和研究工作，本书在以往研究与总结的基础上，对职业生涯的理论、职业生涯规划方法、职业分类、社会职业制度、个人成才目标与道路、个人职业心理与素质测试、组织职业生涯管理等内容进行了全面分析和阐述，具有系统性、理论性和应用性的特点，既可作为高等院校教材，也可作为人力资源管理的业内人士的参考书籍。

衷心希望这本自编教材能为老师和同学们带来一些启迪，从而领悟职业生涯管理的真谛。

沈登学

2014年8月于成都信息工程学院

目录

第一章 职业生涯设计概论 ... 1
第一节 职业生涯设计概述 ... 1
- 一、职业生涯设计的含义 ... 1
- 二、影响职业生涯设计的因素 ... 3
- 三、职业与热门职业的理解 ... 5
- 四、职业的特点和功能 ... 8
- 五、职业种类 ... 11

第二节 职业生涯设计与热门职业 ... 16
- 一、热门职业概述 ... 16
- 二、我国的热门职业 ... 17
- 三、国外热门职业扫描 ... 22

第三节 发展前景好的职业 ... 23
- 一、21世纪职业发展的趋势 ... 23
- 二、21世纪最具发展前景的职业 ... 24

第四节 失业与再就业的研究 ... 28
- 一、影响再就业的因素分析 ... 28
- 二、市场经济体制下的就业途径分析 ... 29

案例思考：热门职业是不是合适的职业？ ... 31
思考题 ... 32

第二章 职业生涯设计的相关理论 ... 33
第一节 职业选择理论 ... 33
- 一、职业选择的非心理学理论 ... 33
- 二、职业选择的心理学理论 ... 34
- 三、职业选择的心理动力学理论 ... 35
- 四、职业选择的社会学习理论 ... 36
- 五、霍兰德的职业选择个性理论 ... 36
- 六、费隆的择业动机理论 ... 38

第二节 职业发展理论 ... 40
- 一、金兹伯格职业发展理论 ... 40
- 二、施恩的职业发展阶段理论 ... 41

目 录

44	三、萨柏的职业生涯发展理论
46	四、职业成熟理论
46	第三节　职业锚理论
46	一、职业锚问卷
50	二、了解职业锚的方式
50	三、发展内容
50	四、类型介绍
52	五、功能介绍
52	六、应用的意义
54	案例思考：去还是留？职业生涯的艰难抉择
57	思考题
58	**第三章　职业生涯设计方法**
58	第一节　职业生涯设计的基本侧重点
58	一、了解职业的外部环境
59	二、认识自己，分析潜能
60	三、判断自己的职业能力
60	四、确定自己的职业性向
61	第二节　潜能的自我分析
61	一、认识潜能
62	二、潜能开发的途径
64	三、学校潜能开发的目标体系
65	四、因势利导，科学管理
65	第三节　环境分析
65	一、影响职业生涯的因素
66	二、职业生涯应考虑的环境因素
67	第四节　职业选择与个性
67	一、职业个性
68	二、职业选择与个性
70	三、职业生涯设计新规则
71	四、职业选择的含义

目 录

71	五、职业选择的作用
72	六、职业选择的类型
72	七、职业选择要素
76	八、职业选择原则
77	九、职业选择决策过程
79	第五节 职业生涯目标与路线的设定
79	一、职业生涯目标的决策步骤
80	二、职业生涯路线的选择
81	案例思考：自主择业能力差——择业障碍分析
82	思考题
83	**第四章　职业生涯的自我发展**
83	第一节　职业生涯目标设计
83	一、明确目标
85	二、树立信心
86	三、目标与信心
86	第二节　自我潜能开发
86	一、自我认知
88	二、确认自我的工作价值观
89	三、发展自身潜能
90	第三节　情商管理
90	一、拥有健康心态
91	二、学会管理情绪
92	三、学习面对挫折
93	四、维持心理平衡
93	五、开发情商
94	第四节　机遇管理
94	一、转变观念，认识机遇
97	二、练好内功，迎接机遇
102	三、关注信息，发现机遇
103	四、立即行动，抓住机遇

目 录

104	五、全力以赴，用好机遇
105	第五节　行动管理
105	一、设计职业生涯规划
106	二、大学时期职业生涯规划行动
108	案例思考：您的抉择在哪里——看成功人士如何择业
110	思考题
111	**第五章　职业生涯的策划**
111	第一节　科学策划，讲求方法
111	一、人生目标图形策划法
113	二、工作项目图形策划法
113	三、时间安排图形策划法
114	第二节　规划职业生涯的要素
115	一、规划职业生涯的要素
116	二、规划职业生涯的原则
117	三、职业生涯选择策略
118	第三节　职业生涯设计流程
118	一、确定志向
118	二、自我评估
118	三、职业生涯机会评估
119	四、职业选择
119	五、确定职业生涯路线
119	六、设定职业生涯目标
119	七、制订行动计划与措施
120	八、评估与回馈
120	第四节　职业生涯管理
120	一、职业生涯管理的含义
121	二、职业生涯管理的因素
122	三、职业生涯管理的特点
123	四、职业生涯管理的任务
123	五、职业生涯管理的角色

目录

124	六、职业生涯管理的基本内容
125	案例思考：李开复：没有人比你更在乎你的未来
128	思考题
129	**第六章 职业生涯设计的理论依据**
129	第一节 个性倾向性与职业
129	一、需要与职业
130	二、兴趣与职业
132	三、价值观与职业
133	四、动机与职业
133	第二节 个性心理特征与职业
133	一、气质与职业
134	二、能力与职业
136	第三节 人格与职业模型
136	一、霍兰德的类型论
138	二、设计策略
139	案例思考：乔布斯个人职业生涯七大处事原则
140	思考题
141	**第七章 职业生涯设计的测量工具**
141	第一节 职业能力倾向及测量
141	一、知识、技能和能力三者的区别
141	二、职业能力倾向的内涵及其特点
142	三、一般能力倾向及其测量工具
156	四、特殊能力倾向及其测量工具
164	第二节 职业个性及其测量工具
164	一、职业个性特征分类
165	二、个性测验工具
191	第三节 气质类型与职业匹配及其测量工具
191	一、气质类型分类
192	二、气质类型特征
193	三、气质类型与职业选择

目 录

193	四、气质差异应用原则
193	五、斯特里劳气质类型测量工具（STI）
198	第四节 职业适应性及其测量
198	一、霍兰德的职业适应性测评（SDS）量表
199	二、霍兰德职业适应性测验（SDS）量表
207	三、霍兰德（SDS）职业索引
211	四、霍兰德职业适应性测量工具（SDS）对于职业选择和职业成功的价值分析
211	五、霍兰德职业适应性测量工具（SDS）对于企业招募人才的价值分析
212	案例思考：如何探索职业兴趣？
212	思考题
213	**第八章 职业生涯设计书**
213	第一节 职业生涯设计书的编写
214	一、自我评估
214	二、环境评估
215	三、理想的职业目标选择
216	四、职业生涯路线选择
221	五、制订详细的实施方案
222	六、实施行动方案
223	七、评估与反馈
223	第二节 职业生涯设计书编写的方法
223	一、"五W法"
224	二、SWOT方法
226	三、PPDF方法
228	第三节 职业生涯设计书的结构
228	一、封面
228	二、目录
229	三、正文内容及其格式
235	案例思考：一份获奖的职业生涯设计书
253	思考题

目录

Contents

254	**第九章　职业生涯发展危机与对策**
254	第一节　人生失败的主要原因
254	一、信心不足
257	二、无正确的目标
258	三、选错职业
258	四、自满自足，故步自封
258	五、行动不够
258	六、应变能力差
259	七、不能正确对待他人的评价
259	八、目中无人，不善合作
259	九、人际关系不佳
259	十、心胸狭窄，强求公平
260	十一、身体不佳
260	十二、想失败就失败
260	第二节　组织环境的危机
260	一、组织风气不正
260	二、组织机构不合理
261	三、升迁渠道受阻
262	四、专横的领导
263	第三节　社会、经济环境危机与对策
263	一、环境变迁的危机与对策
264	二、外界环境的压力危机与对策
267	第四节　感情危机的对策
267	一、衡量爱情质量的十大试题
267	二、治疗感情伤痛的对策
268	案例思考：职业规划：且听马云的五点建议
269	思考题
270	**第十章　求职中的人际关系**
270	第一节　积极转换求职中的人际关系形态
271	第二节　善用人际交往的心理效应
271	一、首因效应
271	二、近因效应

目 录

271	三、晕轮效应
272	四、社会刻板印象
272	五、"威信"效应
272	六、"自己人"效应
273	第三节　初来乍到协调人际关系
273	一、增进友谊的原则
275	二、克服心理障碍
278	**案例思考：电话交流的艺术**
278	**思考题**
279	**第十一章　求职的基本技术**
279	第一节　求职准备工作
279	一、了解当前就业的主要政策
279	二、做好当前就业形势分析
283	三、求职择业意向的确定
288	四、求职心理调节
291	第二节　就业信息的搜集
291	一、专门机构
292	二、媒体广告
293	三、个人关系
293	第三节　求职材料的写作
293	一、求职信的写作要点
297	二、简历的写作要点
300	三、推荐表（信）和证明材料
300	第四节　面试技巧
300	一、面试前
302	二、面试
303	三、面试后
303	四、几个特殊问题的处理
304	五、面试八忌
305	**案例思考：很多人面试会犯的14种错误**
307	**思考题**
308	**参考文献**

第一章
职业生涯设计概论

职业生涯是一个人最重要的生命内容之一，它将影响生命的质量和色彩。选择职业是人生的大事，它将决定一个人的未来。

每一个人只要有了明确的目标，就会激励自身努力奋斗，并积极去创造条件实现目标，这样就可以避免无目标地随波逐流，浪费青春。事实也证明，有不少人由于对自己的职业生涯毫无计划，目标不明，从而造成事业失败，这并不是他们不具备足够的知识和才能，失败主要在于他们没有设计和取得最适合于他们成长与发展的职业生涯。

第一节 职业生涯设计概述

一、职业生涯设计的含义

（一）什么是职业生涯

广义的职业生涯是指从职业能力的获得、职业兴趣的培养、选择职业、就职，直至最后完全退出职业劳动这样一个完整的职业发展过程。因此，其上限从出生开始，狭义的职业生涯是指从踏入社会、从事工作之前的职业训练或职业学习开始直到职业劳动最终结束、离开工作岗位为止。

狭义的或广义的职业生涯各自考察的角度不同，自然各有各自的道理，但是，职业生涯有其基本的含义：

①职业生涯是个体的行为经历，而非群体或组织的行为经历。②职业生涯实质是指一个人一生之中的工作任职经历或历程。就此意义讲，狭义的职业生涯始于工作之前的专门的职业学习和训练，终止于完全结束或退出职业工作；就广义而言，由出生之始到完全结束职业工作为止。实际的职业生涯期在不同的个人之间有长有短，不会完全一样。③职业生涯是个包含着具体职业内容的发展概念、动态概念。职业生涯不仅表示职业工作时间的长短，而且内含职业发展、变更的经历和过程，包括从事何种职业工作，职业发展的阶段，由一种职业向另一种职业的转换等具体内容。

美国生涯理论专家萨柏（D. E. Super）说，"生涯"是生活里各种事件的方向；它统合了个人一生中各种职业和生涯的角色，由此表现出个人独特的自我发展形态；它也是人生自青春期至退休之间所有有酬或无酬职位的综合，除了职位以外，还包括与工作有关的各种角色。因此，一个人从职业学习开始到职业劳动最后结束的这一人生旅程就是职业生涯。

（二）职业生涯设计的含义及其作用

在人生的各个阶段，每位当事人多多少少得掂量一下自己的"斤两"，并分析自己所追求的目标及价值，人们称这一行为为"职业生涯设计"。职业生涯设计帮你规划好漫漫人生路。所有人都应当审时度势，为自己安排好未来。有目标，生活才不盲目；有追求，生活才有动力。设计自己的职业生涯，就是将理想的人生化为现实的人生。一个人的事业究竟应向哪个方向发展，可以通过制订职业生涯规划来加以明确，也就是说，个人对今后所要从事的职业、要去的工作组织、担负的工作职务和工作职位等一系列发展道路做出设想和计划。

职业生涯设计有利于明确人生未来的奋斗目标。美国的戴维·坎贝尔说过：目标之所以有用，仅仅是因为它能帮助我们从现在走向未来。卢梭也说过：选择职业是人生大事，因为职业决定了一个人的未来。只有有了明确的目标，才会激励人们努力奋斗，并积极去创造条件实现目标，这样就可以避免无目标地随波逐流，浪费大好时光。事实也证明，有不少人由于对自己的职业生涯毫无计划，目标不明，从而造成事业失败，这并不是他们不具备足够的知识和才能，失败主要在于他们没有设计和取得最适合于他们成长与发展的职业生涯。

职业生涯设计有利于本人和组织更好地了解个人的实力和专业技术。《水浒传》中描述，在陆地上斗，张顺是李逵的手下败将，可在水中打，张顺却把黑旋风李逵淹得直翻白眼。职业生涯的设计与开发也是如此，对个人来说，应有自知之明，不仅要知己所长，还要知己所短。要在工作中取胜，必须制订出一个知己之长短、知环境之利弊、扬长避短的职业生涯计划，只有这样才能选择合适的职业和职务。

职业生涯设计有利于组织和本人制订出有针对性的培训开发计划，鼓励自我控制前途和命运。美国的 M. K. 巴达维在《开发科技人员的管理才能》一书中根据调查指出，在 65 岁以下的工程师中，从事管理工作的就占 68%。在对工程技术人员进行职业目标的咨询中，大约有 80% 的人表示在 5 年内成为一名主管人员或经理。他们为实现个人职业生涯的目标，往往在大学期间学习了工程技术专业，工作几年后又进入研究生院读管理硕士，最后进入管理领域工作。有的工程技术人员虽然没有机会再脱产学习，但也有针对性地制订了业余自学计划来提高管理和知识能力，以实现他们成为企业家、经理人才的事业目标。

职业生涯设计有利于人尽其才，避免人力资源的浪费。个人所制订的事业发展的目标和职业生涯的开发的计划能否实现，除了个人的努力外，还需要组织创造条件。特别是在我国，目前条件下许多人的工作还是由组织上安排的。有许多懂专业的技术人员被组织安排到管理岗位上，他们从专业之塔的顶端一下子掉到管理之塔的底部，本是一颗专业技术上的明星，却陨落为一名初出茅庐的管理人员。由于缺乏管理方面的知识和技能，尤其不善于处理人际关系，在工作中往往被碰得焦头烂额，不得不请求重操旧业。当然，也有许多科技人员被组织和群众推上了管理岗位，也取得了卓越的成就。因此，作为组织，应该了解每个人的气质、性格、能力、兴趣、价值观和理想等，特别要了解每个人的职业发展计划和设想，从而为他们创造实现事业目标的环境和条件。这样才能为社会和组织做出更大的贡献。

因此，职业生涯设计的目的不只是协助个人达到和实现个人目标，更重要的是帮助个人真正了解自己，并且进一步详细评估内外环境的优势、限制，在"衡外情，量己力"的情形下，设计出合理且可行的生涯发展计划。

二、影响职业生涯设计的因素

人的职业生涯，首先是选择哪些道路以及会不会顺利发展的问题；进而是能否获得成功、成就有多大的问题。人们的职业道路选择、职业发展和事业成功，受到个人、家庭、社会多方面的影响。总的来看，影响职业生涯成功的因素包括以下几方面：

（一）教育背景

教育是赋予个人才能、塑造个人人格、促进个人发展的社会活动。它奠定了一个人的基本素质，对人的生涯有着巨大的影响。

首先，获得不同教育程度的人，在个人职业选择与被选择时，具有不同的能量，这关系着职业生涯的开端与适应期是否良好，还关系着他（她）以后的发展、晋升方面是否顺利。从一般规律看，一个人所接受的教育水平越高，其职业生涯就越成功。有较高教育水平的人，在就业以后一般都有较大的发展；即使他们当前的工作不尽如人意，但其流动的能力与机动性较强，从而能够"人挪活"。

其次，人们的专业、职业种类，对于其职业生涯有着决定性的影响，往往成为其职业生涯的前半部分以至一生的职业类别。即使人们转换职业，也往往与其所学的专业有一定的联系；或者以所学的专业理论、知识、技能为基础，流动到更高层次的职业岗位上。例如，从机械专业的技术员、工程师、晋升为机械厂的总工程师，而后又成为该单位的经理（厂长）。因此，一专多能者、专业水平和应用技能（如外语、计算机）俱佳者，往往能够得到较多的机会，在职业生涯发展中居于主动。一个人学习的是属于朝阳行业的专业，目前与未来的机遇都会更多。

（二）家庭影响

家庭是人的生活的重要场所，一个人的家庭也是造就其素质以至影响其生涯的主要因素之一。人的社会化，实际上从出生的一瞬间就已开始。一个人在幼年时期，就开始到家庭的深刻影响，长期潜移默化的结果，会使人形成一定的价值观和行为模式。许多人还会受到家庭中父兄的教诲和各种影响，自觉不自觉地习得某些职业知识和技能。因此，有的教育专家认为，家长是孩子做人的第一任老师，家庭是孩子第一所学校。

这种价值观、行为模式、职业知识和技能的习得，必然从根本上影响一个人的职业理想和职业目标，影响其职业选择的方向、种类，决定选择中的冒险与妥协程度，对职业岗位的态度，工作中的种种行为和表现等。"子承父业"正说明了家庭对于个人生涯的多方面的影响。邓亚萍打乒乓球、陈佩斯演电影、侯跃文说相声，都是这种影响的反映。

此外，一个人的家庭成员，尤其是父辈兄长，在其择业和就业后的流动上，往往会给予一定的帮助。这也会对人的职业生涯产生巨大影响。

（三）个人的需求与心理动机

同样的工作、同样的职业对于不同的人有着不同的价值，同一个人对不同的职业有着不同的态度和抉择。人们在就业时出于对不同职业的评价和价值取向，要从社会众多的职业中选择其一；就业后也要从若干种个人发展机会中进一步做出职业生涯的调整，从业时使自身获得最好的归宿，取得他人与社会的承认，取得自己的成功。为了达到自己的目标，为了取得成功，人们就要付出各种努力，包括做出一定的牺牲。

人们出于自己的主客观条件，在不同的年龄阶段、不同的阅历特别是职业经历状况下在生涯的选择和调整方面，都会有不同的心理需求与动机，这正是人的成功素质的体现。就一般情况而言，人在年轻时意气风发，成功的目标和择业的标准都较高。人到成年，特别是人过中年，就越来越现实。因为不论是一般的劳动者，还是事业上有成就的人，在有了相当多的职业实践和各种阅历以后，都更容易看到社会环境的约束，其成功的目标和择业、转业的标准，会变得非常实际。尽管如此，人个需求与动机，以及由此导致的职业行为，仍然是影响个人生涯发展的极其重要的动力因素。

（四）机会

机会，是一种随机出现的、具有偶然性的事物。这种机会，既包括社会各种就业岗位对于一个人展示的随机性岗位的可能性（它成为一个人能够就业和流动的职业目标），也包括能够给一个人提供个人发展、向上流动的职业环境。例如，某专业的博士生，正好遇到某知名企业高薪招聘对口的高端人才。机遇好，职业生涯一起步就可能走上正轨，成功的概率很大，相应的，波折、挫折就很小。

机会虽然具有偶然性，但如果因此就认为，机会对于个人是"可遇而不可求"的，只能等待、只能"碰"，这种想法太消极，因而是不正确的。素质与机会有着一定的联系。天地之间，人是主人，大千世界中机会本身是客观存在的，个人的高素质、个人能动性可能导致寻求到新的发展机会，自己也可能开拓和创造许多机会。许多事业上的成功者，不是依赖社会"碰巧"给予他的机会或者家庭、亲友、师长给予的帮助，而是在社会中探索，在社会留给个人的广阔空间中创业，主动寻求自己的位置、按照自己的意愿成就了事业。从这个意义上可以说，机会约等于个人的努力，正所谓"有志者事竟成"。而且，同样的机会对于不同的人来说，也是青睐于素质高、有准备的人，谁素质高、谁有准备，谁就能够把握机会、获得机会。此外，机会也经常会寻找符合条件、具备高素质的人。例如，一个人学有专长、取得特殊成就、有了名声以后，猎头公司自己就会将机会送上门来。

（五）社会环境

社会环境，首先是指社会的政治经济形势，涉及人们职业权利方面的管理体制、社会文化与习俗、职业的社会评价与其时尚等大环境。这些大环境因素决定着社会职业岗位的数量与结构，决定着其出现的随机性与波动性，从而决定了人们对不同职业的认定和步入职业生涯、调整职业生涯的决策。进而言之，社会环境决定着社会职业结构的变迁，从而也决定了人的生涯不可抗拒、不可逆转的变动规律性。

其次，社会环境还指个人所在学校、社区、工作单位、家族关系、个人交际圈子等小环境。这些小环境因素决定着一个人具体活动的范围、内容和限制，从而也决定了人的职业生涯的具体机遇好坏。诸如职业选择得合理不合理、该职业有没有发展前途、自己所在的工作单位是不是有利于自身的发展等。

但是，这里讲环境，不是讲环境对于人的单向影响、绝对作用，而是要讲辩证法。就一般意义而言，不仅要运用好现有的环境和注意发掘环境中的有利因素，而且在善于创造新的、好的环境，还要辩证地对待不良环境，通过与不良环境的博弈，塑造自身的强者素质，从而开拓未来，创造职业生涯的发展之路。而环境的良好、条件的优越，既可能有助于人们职业生涯的顺利发展，也可能使人产生惰性、封闭性、依赖性和脆弱性，从而造就了坏的素质，使人在顺利时没有大的作为，在不利时一筹莫展。八旗子弟随着满清王朝的倒台而破落，大批人成为贫民、沦为乞丐，就是优良环境害人的例子。世界上诸多的成功者，例如日本的经营之神松下幸之助、中国台湾的塑胶大王王永庆、美国的钢铁大王卡内基，都有着出身贫苦、从小努力奋斗拼搏的经历，这正是艰辛环境磨炼素质、造就人才、促进成功的积极作用的写照。

三、职业与热门职业的理解

职业是人类社会发展到一定阶段的产物，随着社会出现分工而产生的，并随着社会生产力的发展而不断发展变化。

（一）职业的含义

从直观上看，在现实生活中，人们总是要在一定的工作岗位上实现就业。而人们对"职业"一词有许多不同的理解，有的人认为，职业就是"某一种工作"，如医生、教师、律师等；有的人认为职业是一种"生活来源"；有的人则认为职业是一种"专业类别"，或是一种"等级身份"。

对于职业的确切含义，不同的人有不同的看法和认识。美国社会学家塞尔兹认为，职业是一个人为了不断取得收入而连续从事的具有市场价值的特殊活动，这种活动决定着从事它的那个人的社会地位。职业范畴的三要点是技术性、经济性和社会性。

日本职业问题专家保谷六郎认为，职业是有劳动能力的人为了生活所得而发挥个人能力，向社会做出贡献而连续从事的活动。职业具有五个特性，即：①经济性，从中取得收入；②技术性，可以发挥才能和专长；③社会性，承担社会生产任务，履行公民义务；④伦理性，符合社会需要，为社会提供有用的服务；⑤连续性，所从事的劳动相对稳定。

而我国有些学者从"职业"一词的词义上进行了分析，认为"职"指职位、职责，包含着权利和义务的意思；"业"指行业、事业、包含着独立工作、从事事业的意思。这种观点认为职业的内涵即"责任和业务"。职业的外延包括三方面内容：有工作；有收入；有工作时间限度。

（二）职业的意义

1. 职业是人的生活方式

"职业"，是一个人们经常运用的词语。无论是男是女，不论年长还是年少，不论是工人、干部还是农民、军人，不论在哪个行业，不论家庭背景、教育程度、个人志向如何，在人的一生中，都要遇到职业问题。在一个人漫长的一生中，有着长达三四十年的职业生活期；在进入职业之前的十几年、二十几年，其生活经历（如上学的选择）与未来的职业预期有一定联系；年老退休以后的生活，也与以前的职业际遇关系甚大。

因此，可以说职业是关系着每一个社会成员一生的重大问题，是人的一种重要的生活方式。

2. 职业是人的社会角色

在人类社会产生以后，有了劳动的分工，也就产生了种种职业。社会越发展，职业种类也就越多。可以说，职业是一个有着广泛内容的博大精深的领域。

人，一般都在某种职业岗位上工作，这就使每个人都成了"职业"这个社会劳动大机器中的一个部件，受到社会方方面面的影响，又在社会的运转中扮演一个特定的职业角色：当工人、当厂长、当工程师、当总统、当自由职业者、当影视明星、当"灵魂工程师"、当"非常男子汉"的军人……

3. 职业是关系各层面的大事

职业，是一种重要的社会现象，在人类社会的各个层面中都有其重要性。

（1）职业是关系个人前途的大事。从个人的角度看，职业是一个人的生存方式，是其生活的物质基础；同时也是个人从事社会活动的主要领域。在适宜的条件下，职业及其活动内容可能成为个人奋斗的目标与为之奉献的事业。

解决好求职、谋业、调动等问题，在自己所热爱的岗位和热衷的领域工作，是每一个人都关心的大事。

（2）职业是关系家庭状况的大事；从家庭的角度看，职业是需要做出重大选择的事情，甚至是家庭得以建立和维系的重要因素。

人们说，"男怕入错行，女怕嫁错郎"。前者即是职业问题；后者所嫁"错"的"郎"，除了人品、个性等因素外，无疑也有丈夫的职业好坏问题。因为，"郎"的不同职业，可以带来丈夫和妻子自身的即整个家庭的不同收入、不同名誉地位、不同社会关系、不同的资源，从而影响家庭的组合模式和总体利益，也带来夫妻关系的不同。

在现代社会，女性从"锅台"旁得到解放走向社会，同样面临着择业问题，因此，"女"也有怕入错"行"的问题。

家庭关系的另外一个内容，是代际关系。为人父母，都希望子女有前途、有成就，所谓前途和成就，也就是后代在职业方面取得的成功。

解决好夫妻双方、父子两辈的职业选择、发展、晋升、调动等问题，在自己所热爱的岗位、热衷的领域工作，是任何一个家庭都关心的重大问题。

（3）职业是关系用人单位绩效的大事。从用人单位的角度看，职业是各单位吸收社会人力资源的具体岗位，也是用人单位使用人力资源的具体方式。

国民经济运行的基础——企业，是雇佣人员的主要单位。对于一个企业来说，配置选择合格的员工，是完成经营目标的重要保障；选拔出色的技术人才、管理人才，是在竞争中制胜的诀窍；用好人才，培养好人才，关心员工的个人发展以至帮助员工做好职业生涯规划，是增加企业凝聚力、提高经济效益的重要手段。这些都涉及了人的职业问题。

事业单位和政府机关需要大量具有较高专业技能水平的人才，这成为人们关注的重要领域和职业竞争角逐的重要场所。

总之，解决好人员的选拔使用，合理解决好组织成员的个人职业发展问题，是各个企事业单位的重要工作内容。

（4）职业是关系社会局面的大事。从全社会的角度看，职业世界构成社会存在的一项基础，构成社会运行的一种具体方式，也构成社会成员的阶层划分与社会地位归属。

职业，涉及人们从事社会生活的动力；涉及人的社会关系；涉及社会的矛盾和冲突；涉及社会财富和利益的分配；涉及人的价值观与整个社会风气；涉及一个社会的平等与效率选择。

解决好广大社会成员的就业出路和职业生涯发展问题，使"无业者有业、有业者乐业"，使人们在从事劳动和职业工作岗位方面各得其所，是作为社会管理者的政府的责任。鉴于职业问题的重要性，政府部门把它作为宏观管理的重要对象。为了解决职业领域的社会问题（尤其是就业问题），各国政府都设有一定的公立就业服务机构，从事该方面的管理工作。

总之，职业问题是个人、家庭、单位、政府共同关心的大事，解决好该问题也是个人、家庭、单位、政府共同的责任。

4. 职业造就人的命运

人的命运是什么？命，是前世注定，还是今世奋争？是由他人、神灵、上天决定，还是靠自己的努力来开拓、来争取？人的际遇与命运是不是不可把握的？这的确是摆在每一个人面前的重要问题。

一个人在偌大的世界，"恰巧"看到一个满意的就业机会；"偶然"碰到某个单位招聘人员；在工作单位"摊上"一个开明善良、关心员工发展的好领导或者一个死板冷酷、只顾利润的差上司；又"凑巧"有个同学、朋友邀其下海创业、共图发展；在经营中"遇见"市场巨变使自己的企业陷入困境或者迅速致富……这些际遇都具有一定的偶然性，又往往是个人难以把握的。

人们都有着对好际遇和好命运的渴望。但是人们的际遇和"命运"，往往是难于符合一己之见和自身的渴望的。即使人们为自身的前途已经做出了努力，但外部因素却不是自己能够改变的，在遇到种种不顺心的事情时，许多人就强调自己的"命运"不可知，于是求签拜神、皈依宗教，甚至相信异端邪说以求解脱。事实上，命运问题，不是一个纯哲学的问题，也不是一个抽象的社会心理问题，而是一个实实在在的如何看待人的社会存在——特别是如何看待自己的社会存在与相应的社会生活态度问题。

命运，实际上是人们自身条件、自我活动和努力与所处外部环境互动的产物。一个人为了自己生活得更好，进行方方面面的努力，于是才有了种种际遇；人在各种外界环境、条件下，通过种种努力、对策和应变措施，于是才有了种种结果；而种种际遇、种种结果的累积，才形成一个人的命运。

从人生发展全过程的角度看，际遇、命运就是人的生涯。电视连续剧《渴望》主题曲有这样的歌词："漫漫人生路，上下求索，心中渴望真诚的生活。谁能告诉我，是对还是错，过去未来共斟酌。"这种让人求索、令人斟酌的人生际遇和命运，核心与本质就在于人一生的职业发展，即人的职业生涯。

一个人长大成人、融入社会，有两项重要问题要解决，即寻找工作岗位和组建家庭。"组建家庭"即婚姻社会化问题，"工作岗位问题"即职业社会化。所谓职业社会化，就是一个人走上社会，寻求到一定的职业岗位并在这个岗位上工作，适应职业、适应工作环境（物质环境与人际环境），在社会中寻找到自己的合适位置，并得到终身的归宿。从这个意义上说，人的职业生涯造就了人的命运。

综上所述，我们认为，职业是指人们为了谋生和发展而从事的相对稳定、有经济收入、特定类别的社会劳动。这种劳动决定于社会分工，并要求劳动者具备一定的生活素养和专业技能。这种社会劳动是人们的生活方式、经济状况、教育程度、行为模式、道德情操等的综合反映和权利、义务、职责的具体体现。

另外,职业具有以下特点:①职业具有差异性和层次性。职业领域非常宽广,数量巨大,种类繁多。我国古代就有"三百六十行"之说,现代职业更是成千上万,并且不断分化出新的职业。每一种职业都需要特定的知识和技能,只有具备了这些特定的要求,才能胜任所从事的职业。即使同一种职业,也有层次之分。例如,高校老师有助教、讲师、副教授、教授之分。②职业是一个社会历史范围,它的含义不是一成不变的。随着社会生产力和劳动分工不断发展,在特定的社会历史发展阶段,职业的性质和内容是有一定差别的。不同时期会出现不同的职业,相同名称的职业在不同的时期会有不同的内容,某些职业甚至发生了根本性的变化。

职业实质上实现了劳动者与生产资料的结合,体现着人与人的社会关系,人们通过职业不仅满足了自身的需要,而且通过各自劳动成果的交换,也满足了彼此的需要。因此,职业及职业活动对于个人和社会都有着非常重要的意义。

(1) 对个人而言,职业生活是人生的重要组成部分,职业问题解决的好坏,对个人一生是否顺利发展具有重要的意义。

第一,职业活动为人们提供了物质生活的基本条件,是人们赖以生存的手段,是个人收入的主要来源。生产劳动是人类社会发展中最重要的活动,而人们的职业和生产劳动是紧密相连的,这是因为人们总是通过一定形式的职业来进行劳动,以获取生存和发展所必需的生活资料,维持个人和家庭生活的基本需要。在现实生活中人们从事职业活动是为了取得一定的报酬,职业活动区别于其他活动的重要标志就是,职业是以获取经济收入、取得报酬为目的的。而人们在职业活动中取得个人经济利益的同时,也为社会创造了财富,实现了社会物质财富和精神财富的积累。因此,职业是经济性和社会性的统一。

第二,职业能满足人们的精神需要,促进个性的健康发展。在马斯洛的需求层次理论里,人的需要有五个层次,即生理的需要、安全的需要、社交的需要、尊重的需要和自我实现的需要,后三种需要为精神需要。职业是个人获得名誉、地位、权利以及友谊、交往等精神需要的重要来源。同时,在人们按照一定的社会规范从事特定的职业时,由于每种职业都有不同于其他职业的活动内容和形式,必然对从业者的生理和心理产生重大影响。当这种工作能够使个人的才能得到发挥、个性得到不断发展与完善时,就成为促进个性健康发展的途径。而随着人性和才能的逐步提高,人们自我实现的需要也得到了满足。

(2) 对社会而言,职业和职业活动构成了人类社会生活,是社会存在和发展的基础。具体表现为:①各种职业的存在及社会运动本身就构成人类社会的丰富内容;②通过职业劳动,生产出社会物质财富和精神财富,构成了社会发展的基地;③职业分工及劳动构成社会经济制度及其运行的主要组成部分;④职业的运动和转换可能成为社会发展的动力;⑤职业是维持社会稳定,实现"安居乐业"的基本手段。

四、职业的特点和功能

(一) 职业的特点

通过对职业范畴的进一步分析,可以看出它具有以下特点:

1. 基础性

职业是个人和社会存在和发展的基础，因为职业给人们解决了生活的经济来源问题。人们为了生存，必须从事职业活动，人们的各种社会活动、人文活动，大多建立在职业的基础上，"衣食足而知荣辱"，有了职业生活，才有其他一切社会生活的基础。

进一步说，人类社会的各种文明，大多建立在职业分工、分化、分类，即职业范畴进步的基础上。人类有了农业，有了农民，就能够利用自然界提供长久的生存资料；人类有了手工业、机器大工业，有了工人，就能够创造品种丰富的、数量巨大的、甚至是无穷尽的生活资料和生产资料；人类有了第三产业，有了各种服务性劳动者和管理人员、科学家、艺术家等脑力劳动者，使得人类社会更加丰富多彩。

2. 广泛性

职业问题涉及社会的大部分成员，也涉及社会、经济、心理、教育、技术、政治、伦理等许多领域，因而它具有广泛性。就个人而言，一个人生活的方方面面，都与大千职业世界发生着联系。

基于职业范畴的广泛性，诸多的学科如社会学、经济学、管理学、心理学、教育学、政治学、各种工程技术学科、生理学与医学，等等，都把职业问题作为自己的研究对象。

3. 时代性

职业的时代性有两个含义：一是职业随着时代的变化而变化，一部分新职业产生，替代一部分过时的职业；二是每一个社会都有自己的"时尚"，它表现为该社会中人们所热衷的职业。

个人与时代精神的关系往往也反映在人的职业取向上。例如，"十年动乱"期间，知识分子被视为"臭老九"，受到责难；粉碎"四人帮"以后，大家都追求上大学，当工程师、科学家；改革开放以来，人们转而注重第三产业的职业，不少青年人把从事商业经营、饭店管理当做最可心的工作，等等。

4. 同一性

某一类别的职业内部，其劳动条件、工作对象、生产工具、操作内容、人际关系等都是相同的或相近的。由于情境的同一，人们就会形成同一的行为模式，有共同语言，很容易认同。同行、同事，就是有一定的类似之处的人群。

正是基于职业的同一性，才构成工会、同业公会、行会等社会组织，才有从业者的利益共同体。工会，是保障会员们的工资收入、就业机会、福利保险等共同利益的团体；著名的保险行业，早期就是由"船东"这种职业人士的共同利益和共同认识而创造出来的。

职业的这种同一性，往往会给人们打上社会印记。例如，张三是侦探，人们会认为他精明；张三改行搞文艺，人们就认为他活泼而浪漫；张三又去当教师，人们则认为他有学问，等等。

5. 差异性

不同职业之间，可能有着巨大的差异，这些差异包括职业劳动的内容、职业的社会心理、从业者个人的行为模式等。一般来说，人类社会作为一个有机体，必然存在分工，存在多种多样的职业。古人说世上有"三百六十行"，现代社会则有着多达几千甚至上万种职业，各类职业间大相径庭，隔行如隔山。职业的这种差异导致了不同职业者的不同社会人格，以及人在职业转换中的矛盾与困难。

随着劳动分工的细化、技术的进步、经济结构的变动和社会的发展，新职业不断产生，其数量要大于被淘汰的旧职业。当今社会，职业差异还在继续加大。

6. 层次性

众多的社会职业，可以区分不同的层次。尽管从社会需要的角度来看，"存在即合理"，职业间不必区分重要与否，或者说没有"高低贵贱"的等级性；但现实社会中，人们对不同职业的社会评价的确存在着差别，即有"高低贵贱"方面的看法。这种职业评价的层次性，根源于不同职业的体力、脑力付出的不同和工作复杂程度的不同，以及工作的难易、教育资格条件、在工作组织权力结构中的地位、工作的自主权、收入水平、社会声望等方面的差别。

不同职业的这些差别，本身是一种客观存在而并非由人的主观意愿形成。因此，承认和运用职业的层次性，是非常重要的。当一个社会只注重总体而忽略作为其基本要素的个人，以"服从社会需要"来抹杀职业的层次性，是违背客观实际的。当社会重视个人时，必然承认职业的层次性，承认职业存在地位高低的区别，也就应当通过给人们创造平等竞争、自由择业的机会，促进人的合理流动，进而促进社会的健康发展。

（二）职业的个人功能

职业，是人的一种社会活动和生活方式，又是人的一种经济行为，是人们从社会中获取各种利益的资源，它对于每一个人都极为重要。具体来说，职业对于个人有以下作用：

1. 职业是人生的主要活动

职场作为人们参与社会生活、从事社会活动、进行人生实践的最主要场所，从多方面决定了个人的特征和境遇。无职业者在此方面则会大受影响。

人的职业生活，使从业者进入一种社会情境，这种社会情境因职业的不同而不同，由此，职业就成为使人担任特定的社会角色，形成一定行为模式的条件。

2. 职业是人们获取利益的手段

（1）职业是人的主要经济来源。职业作为个人获得经济收入的主要手段，成为个人生存和维持家庭的物质基础。"趋利"与"避害"一样，都是生物对外部环境的必然选择，人的"趋利"更多地体现在追求高收入的职业上，这也就成为人们选择职业的主要标准。

（2）职业可以获得多种非经济利益。职业活动可以使个人获得多种非经济的利益。这种非经济的利益包括名誉、地位、权力、各种便利等，从而使个人获得心理满足，达到"乐业"的境地，也有可能转化为金钱或者其他形式的经济利益。

追求较高的社会地位，是许多人的人生重要目标。职业类别、职业环境和职业中的个人等级（如局长、厂长或办事员、工人），就是人的社会地位的象征。人们在职业问题上的努力和奋争，构成人们在社会地位"阶梯"中的向上流动。

3. 职业是个人发挥才能的手段

人们从事的某种特定职业类别的工作，不仅要求人要有一定的素质，还要能使人的才能得到发挥，并成为促进人的才能和个性发展的手段。

4. 职业是个人为社会作出贡献的途径

一个人从事某种职业，就是进入一个社会劳动分工体系之中参与其活动。个人在这个体系中的活动结果，就是他（她）为社会做出的贡献。

（三）职业的社会功能

1. 职业是社会存在的内容

职业作为一种社会存在，不仅是人的社会身份、等级的体现，其本身也构成了人类社会存在的一个内容。职业分工及其结构，是社会经济制度与社会经济结构的重要部分，是社会经济发展水平的反映。通过人的职业劳动，生产出社会财富，这也为社会的存在和发展提供了物质基础。

2. 职业是社会发展的动力

职业的社会运动，包括个人改善职业的向上流动、与社会经济结构相联系的职业结构变动、不同职业阶层间的矛盾冲突及解决等，构成了社会发展与社会进步的动力。此外，人们为了追求未来的"好职业"而进行人力投资、不断学习，更成为推动社会发展的巨大动力。

3. 职业是社会控制的手段

职业是人的重要生活方式，"安居乐业"是人们的共同愿望，衣食足而知荣辱，饥寒则易起盗心。政府为公众创造职业岗位、执行促进"充分就业"的政策，从其功能的角度看，就是为了减少社会问题、达到社会控制的目的。

此外，政府在职业方面的种种政策、制度，也都是为了实现大大小小的各种社会目标。例如，我国十年动乱时期中学毕业生上山下乡，在政治上是为了"改造学生的思想"；又如，政府给公务员增加工资、发给"高薪"，在一定意义上是为了"养廉"；再如，各国政府控制失业率，要达到充分就业，就是为了维持社会稳定，实现对社会的控制。

五、职业种类

（一）职业种类概述

职业的类型多种多样，每一种职业都有其自身的特点和和规律。要研究和分析职业问题，必须对职业进行科学的分类。职业分类就是按照一定的标准和方法，根据职业本身的特性，把职业分成若干种类，以揭示各种职业间的区别与联系。目前，世界各国对职业分类基本上采取了横向分类和纵向分类两种方法。横向分类是根据各种职业的性质进行的分类，例如我国第六次人口普查使用的"职业分类标准"和国家统计局、国家标准局1986年发布的"国家标准职业分类和代码"，均属于横向分类法。纵向分类法是在横向分类法的基础上，分别对每一类型的职业，根据其工作的难易程度、繁简程度、责任轻重以及所需人员资格条件等，把同一种职业类型划分成不同的级、以揭示职业的层次性。

采用不同的分类标准和方法，可以把职业划分成不同的种类，产生不同的分类结果。如：按照三种产业的方法，可把各类职业划分为三个产业，即第一产业，指农、林、牧、渔业（不含农、林、牧、渔服务业）；第二产业，指采矿业（不含开采辅助活动）、制造业（不含金属制品、机械和设备修理业）、电力、热力、燃气及水生产和供应业，建筑业；第三产业，即服务业，是指除第一产业、第二产业以外的其他行业，包括批发和零售业，交通运输、仓储和邮政业，住宿和餐饮业，信息传输、软件和信息技术服务业，金融业，房地产业，租赁和商务服务业，科学研究和技术服务业，水利、环境和公共设施管理业，居民服务、修理和其他服务业，教育，卫生和社会工作，文化、体育和娱乐业，公共管理、社会保障和社会组织，国际组织，以及农、林、牧、渔业中的服务业，采矿业中的开采辅助活动，制造业中的金属制品、机械和设备修理业。这种分类方法被澳大利亚和新西兰最先采用，现已被许多国家接受。又如：按照体力劳动和脑力劳动的不同，美国把工作人员分为白领工作人员和蓝领工作人员。而国际上更多采用的是按职业的相似程度进行分类，比较有代表性的是加拿大的"职业分类规范"。以下着重介绍我国的职业分类情况。

（二）我国职业分类情况

（1）人口普查的职业分类。这种分类是由国家统计局、国家标准总局、国务院人口普查办公室于2010年公布的，供第六次人口普查使用的《职业分类标准》。该标准依据从业人口本人所从事的工作性质的同一性进行分类，将全国范围内的职业划分为大类、中类、小类三层，其中共分8大类、65中类、410小类。其中，8个大类包括：①国家机关、党群组织、企业、事业单位负责人；②专业技术人员；③办事人员和有关人员；④商业、服务业人员；⑤农、林、牧、渔、水利业生产人员；⑥生产、运输设备操作人员及有关人员；⑦军人（人口普查不涉及）；⑧不便分类的其他从业人员。

每一大类分为若干中类，如将专业技术人员划分为：①科学研究人员；②工程技术人员；③农林技术人员；④飞机和船舶技术人员；⑤卫生专业技术人员；⑥经济业务人员；⑦金融业务人员；⑧法律专业人员；⑨教学人员；⑩文学艺术工作人员；⑪体育工作人员；⑫新闻出版、文化工作人员；⑬宗教职业者；⑭其他专业技术人员。

每一中类包括若干小类，例如"科学研究人员"具体包括：哲学研究人员，经济学研究人员，法学研究人员，社会学研究人员，教育科学研究人员，文学、艺术研究人员，图书馆学、情报学研究人员，历史学研究人员，管理科学研究人员，数学研究人员，物理学研究人员，化学研究人员，天文学研究人员，地球科学研究人员，生物科学研究人员，农业科学研究人员，医学研究人员，以及其他科学研究人员。

（3）国民经济行业分类。这种分类是由国家质检总局和国家标准委颁布的，于2012年发布的《国民经济行业分类》（GB/T4754—2011）。它主要是按企事业单位、机关团体和个体从业人员所从事的生产或其他社会经济活动的性质的同一性进行分类，将我国国民经济各行业划分为门类、大类、中类、小类四级。其中门类20个，即：①农、林、牧、渔业；②采矿业；③制造业；④电力、热力、燃气及水生产和供应业；⑤建筑业；⑥批发和零售业；⑦交通运输、仓储和邮政业；⑧住宿和餐饮业；⑨信息传输、软件和信息技术服务业；⑩金融业；⑪房地产业；⑫租赁和商务服务业；⑬科学研究和技术服务业；⑭水利、环境和公共设施管理业；⑮居民服务、修理和其他服务业；⑯教育；⑰卫生和社会工作；⑱文化、体育和娱乐业；⑲公共管理、社会保障和社会组织；⑳基层群众自治组织。

（3）国家标准职业分类。这种分类是国家统计局、国家标准局1986年6月发布、1987年5月实施的国家标准《职业分类与代码》（GB6565-86）。共把职业分为8个大类、63个中类、303个小类。根据该国家标准，劳动和社会保障部、国家质量技术监督局、国家统计局联合组织编制《中华人民共和国职业分类大典》，并于1999年初通过审定，1999年5月正式颁布，这也是目前我国人才市场使用的职业分类。《中华人民共和国职业分类大典》将我国职业归为8个大类，66个中类，413个小类，1 838个细类（职业）。8个大类分别是：第一大类：国家机关、党群组织、企业、事业单位负责人，其中包括5个中类，16个小类，25个细类；第二大类：专业技术人员，其中包括14个中类，115个小类，379个细类；第三大类：办事人员和有关人员，其中包括4个中类，12个小类，45个细类；第四大类：商业、服务业人员，其中包括8个中类，43个小类，147个细类；第五大类：农、林、牧、渔、水利业生产人员，其中包括6个中类，30个小类，121个细类；第六大类：生产、运输设备操作人员及有关人员，其中包括27个中类，195个小类，1 119个细类；第七大类：军人，其中包括1个中类，1个小类，1个细类；第八大类：不便分类的其他从业人员，其中包括1个中类，1个小类，1个细类。

（4）职业工种分类。1992年劳动部发布的《中华人民共和国职业工种分类目录》，将职业工种划分为46大类，4 700多个工种几乎覆盖了全国所有工人从事的工作种类。这46大类是：01—民政；02—印钞造币；03—商业；04—旅游；05—对外经济贸易；06—物资；07—农业；08—林业；09—机械工业；10—航天航空工业；11—电力；12—水利；13—建设；14—地质矿产；15—冶金工业；16—化学工业；17—纺织工业；18—轻工业；19—铁道；20—交通；21—邮电；22—文化；23—广播电影电视；24—体育；25—建筑材料工业；26—民用航空；27—海洋；28—测验；29—新闻出版；30—技术监督；31—黄金工业；32—烟草工业；33—医药；34—中医药；35—环境保护；36—电子工业；37—船舶工业；38—石油化工；39—有色金属工业；40—石油天然气；41—矿山重工业；42—核工业；43—兵器工业；44—汽车工业；45—海洋石油；46—其他。

以上四种分类简明扼要，符合我国的社会职业状况，具有很强的指导意义。

（5）用于职业指导的职业分类。天津技术师范学院的张树桂先生在借鉴国内外有关职业分类的基础上，从职业指导需要的角度把我国职业分为11大类、45中类、126小类，这种职业分类方法对青年朋友们就业和择业有很大的借鉴意义。详见表1-1。

表1-1　　　　　　　　　　　职业分类介绍细目表

大　类	中　类	小　类
一、农、林、牧、渔、水利业	（一）农业	1. 农业劳动者 2. 农机操作人员 3. 农业技术人员
	（二）林业	4. 营造林工人 5. 林业技术工人
	（三）畜牧业	6. 畜牧业劳动者 7. 畜牧、兽医技术人员
	（四）渔业	8. 水产养殖人员 9. 水产捕捞人员
	（五）水利业	10. 水利技术工人 11. 水利技术人员

表1-1(续)

大类	中类	小类
二、工业	(六) 采掘业	12. 采煤工人 13. 采煤工程技术人员 14. 采油工人 15. 石油开采技术工人 16. 自来水生产工人 17. 自来水生产技术人员
	(七) 食品、饮料制造业	18. 食品、饮料制造工人 19. 食品、饮料制造技术人员
	(八) 纺织业	20. 纺织工人 21. 纺织技术人员
	(九) 缝纫业	22. 服装加工工人 23. 服装设计人员
	(十) 家具制造业	24. 家具制造工人 25. 家具设计人员
	(十一) 造纸及纸制品业	26. 造纸工人 27. 纸制品工人
	(十二) 印刷业	28. 印刷工人
	(十三) 工艺美术品制造业	29. 工艺美术设计人员
	(十四) 化学工业	30. 化工工人 31. 化工技术人员
	(十五) 制药工业	32. 制药工人 33. 制药技术人员
	(十六) 化学纤维业	34. 化纤工人 35. 化纤技术人员
	(十七) 橡胶制品业	36. 橡胶制品工人 37. 橡胶制品技术人员
	(十八) 塑料制品业	38. 塑料加工工人 39. 塑料加工技术人员
	(十九) 建筑材料制品业	40. 油毡工人 41. 水泥生产工人 42. 水泥生产技术人员
	(二十) 冶炼及压延加工业	43. 炼钢工人 44. 炼钢技术人员 45. 压延加工工人
	(二十一) 玻璃及玻璃制品业	46. 玻璃生产工人 47. 平板玻璃工人 48. 玻璃制品设计人员
	(二十二) 机械工业	49. 金属切削加工工人 50. 金属热处理工人 51. 机械制造工程技术人员
	(二十三) 电子工业	52. 电子设备制造工人 53. 电工 54. 电气自动化设计人员 55. 电器仪表工人 56. 仪器仪表及其他计量器具制造设计人员

表1-1(续)

大 类	中 类	小 类
三、地质普查勘探、建筑业	(二十四)地质普查勘探业	57. 地质普查勘探技术人员
	(二十五)建筑业	58. 建筑工人 59. 电器安装工人 60. 勘察技术设计人员 61. 城市建设规划设计人员 62. 市政工程技术和管理人员
四、交通运输、邮电通信业	(二十六)交通运输业	63. 汽车驾驶员 64. 运输工人 65. 调度员
	(二十七)邮电通信业	66. 电信业务员
五、商业、公共饮食、物资供销业	(二十八)商业	67. 零售商业经营人员 68. 事业经营管理人员 69. 售货员 70. 商业采购员 71. 商业供销员 72. 外贸工作人员
	(二十九)饮食业	73. 厨师和炊事员 74. 餐馆服务员
	(三十)物资供应业	75. 物资供销员 76. 物资采购员 77. 仓库保管员
六、房地产管理、公用事业、居民服务、社会福利事业	(三十一)房地产管理	78. 房管员 79. 房屋维修工人
	(三十二)公用事业	80. 公交服务员 81. 公共场所服务人员 82. 园林绿化工作者 83. 环卫工人
	(三十三)居民服务业	84. 理发、美容师 85. 导游师 86. 旅馆服务员 87. 保育员 88. 摄影师 89. 殡葬事业服务人员 90. 家用电器维修服务人员
	(三十四)咨询服务和社会福利事业	91. 科技咨询工作者 92. 心理咨询工作者 93. 职业咨询工作者 94. 社会福利院工作人员
七、财政、金融和保险业	(三十五)财政、金融和保险业	95. 银行、信贷工作人员 96. 税收专管人员 97. 会计、审计、统计人员 98. 保险公司工作人员

表1-1(续)

大 类	中 类	小 类
八、卫生、体育、文化和体育事业	(三十六) 医疗卫生事业	99. 公共卫生医师 100. 护士 101. 药剂师
	(三十七) 体育事业	102. 运动员 103. 教练员
	(三十八) 文化事业	104. 演员 105. 导演 106. 编辑 107. 图书管理人员
	(三十九) 广播、电视事业	108. 播音员 109. 广播、电视工程技术人员
	(四十) 教育事业	110. 幼儿园教师 111. 中小学教师 112. 中小学管理人员 113. 教学辅导人员
九、教学研究和综合技术服务事业	(四十一) 科学研究事业	114. 自然科学研究人员 115. 社会科学研究人员
	(四十二) 综合技术服务事业	116. 科技情报人员 117. 电子计算机服务中心人员 118. 气象观测预报人员 119. 地震观测预报人员
十、国家行政机关、公安、审判、检察机关	(四十三) 国家行政机关	120. 业务类公务员 121. 打字员 122. 秘书
	(四十四) 公安、审判、检察机关	123. 警察 124. 律师 125. 审判员
十一、军队	(四十五) 军队	126. 人民解放军指战员

第二节 职业生涯设计与热门职业

改革开放以来，我国的经济得到了长足的发展，随之而来的是产业结构的大调整。职业作为经济社会发展的产物，也发生了很大变化。一批新兴的热门行业不断涌现，为我们创造了大量的就业机会。这些新兴的热门行业主要集中在第三产业，包括财经业、保险业、信息业、居民服务业、文化传播业等。

一、热门职业概述

热门职业，又称时髦职业，不同的人对此有不同的理解。人们通常所说的热门职业一般包含以下几种含义：

(一) 热门职业指那些供明显小于求的职业

在社会经济发展日新月异的今天，新兴的行业不断涌现，教育的发展往往难以跟上时代的步伐。这就导致在社会发展的某一阶段，某些行业特别是新兴的行业会出现人才匮乏和供不应求的现象。如据全国 3D 大赛秘书长、3D 动力总裁鲁君尚称，目前国内 3D 行业的人才缺口超过千万，其中影视动漫制作行业对 3D 应用人才需求最大，缺口约为 800 万人，是典型的供不应求职业。

(二) 热门职业指从事这一职业的人员数量增长最快的职业

在某些新兴的职业形成供不应求的情况下，随着社会以及教育的大力支持，在一段时间内，这些行业由于发展很快，需求的单位多，需要的人才多，能吸收大量的就业人口，使得从事这一职业的人数大量增长。

(三) 热门职业指人们最希望从事的职业

就普通公众而言，他们总是希望从事收入高、工作环境好、社会地位高而又相对稳定的职业。在一定的社会发展阶段，这些职业是相对集中和稳定的，于是成了人们津津乐道的"热门职业"。

二、我国的热门职业

由于人们对热门职业的看法不一，根据不同的标准，就形成了不同的热门职业。

(一) 以人才紧缺程度来定位热门职业

在经济发展的过程中，由于产业结构的调整，或重大经济发展契机的出现，往往会使某些行业出现人才紧缺的现象，从而带动相关职业的发展，使其成为热门职业。

例如，2013 年 3 月，福建省发布了 2013 年该省紧缺急需人才目录，分布在 27 个重点产业或行业，涉及领域 80 个，主要涉及岗位 192 个，所需专业 760 个。这些重点产业为：电子信息、装备制造、石化工业、汽车工业、船舶工业、地质矿产、建材工业、冶金工业、轻工纺织、电机电器、生物医药、生态农业、气象科技、水土保持与生态林业、水利水电、能源电力、环境保护、海洋渔业、交通运输、现代物流、城市建设、金融服务、文化创意、体育、人口计生、医疗卫生、科研教育等。

2013 年 4 月，北京市人事局公布了 2013 年引进非北京生源本科毕业生紧缺专业目录，包括计算机、机械、建筑、汽车、通信工程、网络与信息安全、电力系统及其自动化、道路与桥梁工程、临床医学、护理学、人力资源管理、会计、市场营销 13 个专业。

中国目前最紧缺的人才有以下几类：

1. 同声传译员

同声传译员被称为"21 世纪第一大紧缺人才"。随着中国对外经济交流的日益增多和各种"会务商机"的涌现，需要越来越多的同声传译员。同声传译也是一项高收入的工作，据相关人士透露，同声传译的薪金不是按照年薪和月薪来算的，而是按照小时和分钟来算的，现在的价码是每小时 4 000~8 000 元。未来入驻中国的外国大公司会越来越多，这一行肯定会更吃香。

2. 3D 人才

国内 3D 产业在进入发展高峰期的同时，3D 人才瓶颈也在逐渐显现。目前国内 3D 行业的人才缺口超过千万，其中制造行业对3D应用人才的需求缺口更是达到了800万。有关调查显示，在动漫行业，许多高薪职位，如游戏动漫设计总监，年薪可达30万元左右，但还是有价无"市"。从中可以看出，我国游戏动漫产业的迅猛发展急需大量高级游戏设计、3D动漫设计师。

3. 物流人才

据了解，我国本科以上物流人才的需求量为30万~40万人，而目前各类大专院校物流专业年培养规模只在5 000人左右。而许多物流部门的管理人员是半路出家，很少受过专业的培训。同时，我国物流教育的滞后，造成了现代物流综合性人才，尤其是流通企业改造传统物流与加强物流管理、城市规划物流系统运筹、第三方物流企业的运作技术操作等现代物流人才严重匮乏。其中又以物流规划咨询、物流外向型国际、物流科研这三种人才在业内最为缺乏。从事物流行业取得物流师资格证的从业者，不超过10%。一些知名物流企业动辄开出30万元年薪的高价公开招聘物流经理，物流策划师等物流行业的高级人才也被打出"10万元年薪起价"的招牌，国际化物流经理层已成为职业金领阶层。在某物流人才专场招聘会上，40余家企业以高薪争相聘请"现代物流主管人才"，其中，最高年薪达到60万元，国有物流公司的年薪开价20万元以上，民营物流企业开价30万元以上，外资物流公司的年薪开价甚至高达40万元以上。

4. 环境工程师

相关资料显示，目前我国环保产业的从业人员仅有13万余人，其中技术人员8万余人。按照国际通行的惯例计算，我国在环境工程师方面的缺口在42万人左右。

5. 精算师

精算师，是一个公认为"钻石领"、国外年薪过百万元、国内月薪上万元的职业。据数据统计，2010年，中国有60家国内保险公司和20多家含外资的保险公司。但目前精算师的数量还远不能满足中国保险业的发展需要。业内人士称，我国被世界保险界认可的精算师不足十人，"准精算师"不足50人。据统计，中国加入WTO后，大批外资保险公司进入中国，精算师的市场需求量达到了5 000人。随着国际保险巨头在中国开拓市场以及国内企业的需要，精算师是几年后保险业中最炙手可热的人才。

6. 注册会计师

根据中国经济高速发展的需要，至少急需35万名注册会计师，而目前实际具备从业资格的只有8万人左右，其中被国际认可的不足15%。每年包括德勤、毕马威在内的四大会计师事务所都会在高校招收毕业生。

（二）以社会不同领域对人才的需求来确定热门职业

根据全国高校专业毕业流向统计结果，在不同的领域，以下专业的毕业生更受欢迎：

· 流向国家机关的前十名专业：法学（法律硕士）、经济学、侦查学、国际经济法学、英语、会计学、国际贸易、行政管理学、行政法学、临床医学。

· 流向高校任教的前十名专业：英语、体育、教育、临床医学、计算机及其应用、计算机科学与技术、通信工程、建筑学、运动训练、法学。

· 流向国家科研部门的前十名专业：建筑学、通信工程、建筑工程、机械工程、自动电子工程、计算机科学与技术、计算机应用、计算机自动化、电气工程及自动化、工业自动化。

·流向国有企业的前列专业：会计学、计算机、通信工程、建筑工程、机械设计及制造、工业自动化、电气工程及自动化、电力系统自动化、机械电子工程。

·流向金融单位的前十名专业：国际金融学、货币银行学、会计学、计算机及应用、投资经济、经济法学、经济学、信息管理、保险学、国际贸易学。

·流向"三资"企业的前十名专业：会计学、计算机科学与技术、机械工程自动化、通信工程、英语、计算机应用、国际金融、电气工程、市场营销、机械设计与制造。

·出国留学受欢迎前十名专业：化学、计算机科学与技术、英语、国际金融、生物化学、应用物理、国际经济、无线电技术学、信息学、计算机。

（三）以收入高低来定位热门职业

收入水平高是热门职业的重要特征之一，人们在选择职业的时候，往往也很重视收入高低。据有关调查，2011年中国各行业收入排行榜如表1-2所示。

表1-2　　　　　　　　2011年全国各行业收入排行榜

行业名称	平均年收入（元）
金融行业	83 435
能源、电力	80 269
高科技行业	75 495
咨询服务行业	73 354
通讯、电信业	68 745
科技和地质勘查业	61 644
化工行业	58 625
文化娱乐、传媒业	55 847
租赁和商业服务	54 510
汽车行业、交通运输和仓储	54 111
医药行业、医疗卫生	53 752
教育	48 914
消费品行业	37 796
建筑业、制造行业	30 859
住宿餐饮业	29 745
水利、环境和公共设施管理业	28 745

麦可思《2013年大学生就业年度指标》中的"2009届本科毕业生就业三年后薪资调查"显示，2009届毕业生三年后薪资最高的前10种职业如表1-3所示：

表 1-3　　2009 届本科毕业生就业三年后薪资调查（月收入排名前十的职业）

职业名称	毕业三年后平均月收入（元）
销售代表（医疗用品）	9 060
互联网开发师	8 571
计算机系统工程师或设计师	7 927
计算机系统软件工程师	7 787
金融服务销售商	7 670
建筑经理	7 489
个人理财顾问	7 487
信贷经纪人	7 453
销售经理	7 451
计算机软件应用工程师	7 295

（四）以职业声望来定位热门职业

社会性是人的重要属性，人们总是倾向于从事社会地位高的职业。职业的社会声望是一定时期人们职业价值观的具体体现，因此也在一定程度上反映了该种职业的热门程度。

2003 年 11 月 1 日，在成都召开的"中国社会学会 2003 年年会"上，武汉华中科技大学社会学专家公布了一份综合了 7 次职业声望调查的中国职业声望排行榜，"科学家"这一职业的声望等级位居榜首。该排行榜归纳总结了自 20 世纪 80 年代以来，以一定区域内社会成员为调查对象的 7 次较大规模的职业声望调查，高级专业技术人员包括如科学家、大学教授、工程师、医生、律师等职业一直稳居职业声望等级的上层。政府、党群组织干部的声望位置虽不及高级专业人员，但仍长期居于较上层，多数排列在前 10 名。企业负责人包括公司董事长、总经理、企业厂长、经理的声望位置相对靠前，但不及国家机关干部，并显现出曲折上升的态势。机关和企业办事人员、商业服务业人员、生产运输及有关人员、军队人员大致位于职业声望等级的中间位置。值得注意的是，对农民的职业声望评价呈现出较为明显的上升趋势，由 20 世纪 80 年代的下下层逐渐上升到 90 年代中后期的中下层位置，但仍处于职业声望等级中的较低位置。处于这一位置的还包括一般服务人员及非技术工人职业群体，如保姆、清洁工、勤杂工、搬运工、修理工等。对个体户和私营企业主的评价也呈现出上升趋势。

2010 年 11 月 25 日，中国科协发布了第八次中国公民科学素养调查结果，其中包括了对职业声望的调查。结果显示，科学技术职业的声望较高，排在前十位的分别是：教师（55.10%）、科学家（44.02%）、医生（44.02%）、政府官员（25.37%）、法官（24.41%）、企业家（22.98%）、工程师（21.77%）、运动员（13.29%）、律师（12.32%）、记者（10.85）。对期望子女从事的职业调查显示，教师（50.81%）、医生（49.18%）、科学家（35.95%）仍排在前三位。可见，这三种职业在中国公民的心中形成了固有的威望。

(五)根据招聘广告或人才市场的供需求状况来看热门职业

这是以职业在招聘广告或人才市场中的需求和供给的情况来确定该种职业是否属热门职业。人才需求与供给之间存在着引导与趋从的关系,因此,人才需求多的专业通常也是求职数量多的专业。一般而言,可以某种职业在市场供求中出现的频率来确定它的热门程度,出现频率越高的职业越热门。

由人力资源和社会保障部组织的,对我国21个省(自治区、直辖市)和37个重点经济城市2013年第一、二季度(第二季度缺少一个城市)政府所属的人才市场数据的统计结果显示,用人单位职位需求前10位的排名和求职人员意向职位排名前十的情况分别如表1-4、表1-5所示。

表1-4　　　　　用人单位职位需求前10位的排名情况　　　　　单位:%

排名	招聘职位	2013年第二季度所占比例	2013年第一季度所占比例	变化幅度
1	市场营销/公关/销售	26.70	23.41	3.29
2	建筑/机械	7.33	7.45	-0.12
3	技工	6.29	6.74	-0.45
4	计算机/互联网/电子商务	5.77	5.79	-0.02
5	百货/连锁/零售服务	5.54	6.28	-0.74
6	人力资源/行政	5.06	4.98	0.08
7	生产/营运/质量/安全	4.59	4.56	0.03
8	财务/审计/税务	4.18	4.02	0.16
9	普工	3.96	4.67	-0.71
10	采购/贸易/物流/仓储	3.31	3.52	-0.21
	占职位总数	72.70	70.94	1.76

表1-5　　　　　求职人员意向职位排名前10位的分布情况　　　　　单位:%

排名	意向职位	2013年第二季度所占比例	2013年第一季度所占比例	变化幅度
1	市场营销/公关/销售	16.17	13.34	2.83
2	建筑/机械	10.59	11.70	-1.11
3	人力资源/行政	9.64	9.44	0.20
4	计算机/互联网/电子商务	8.33	8.49	-0.16
5	财务/审计/税务	7.50	7.72	-0.22
6	生产/营运/质量/安全	5.23	4.71	0.52
7	采购/贸易/物流/仓储	3.81	3.90	-0.09
8	技工	3.70	4.09	-0.39
9	通信/电器	3.59	4.37	-0.78
10	百货/连锁/零售服务	3.35	3.84	-0.49
	占职位总数	71.91	71.60	0.31

对照上述供需排行,我们可以发现,在人才供需排行榜上,专业基本一致,人才的供给与需求基本保持平衡。但两者又不完全对应,有的专业出现在需求榜上,在供给榜上却无名,有的供给榜上的专业并没有进入需求榜。即使在供需排行上都出现的专业,其排名次序也不尽相同,这也在一定程度上反映了这些职业的供求关系,即有的职业可能供过于求,而有的职业则是供不应求。

三、国外热门职业扫描

伴随着高科技的发展、世界经济文化的进步、地球环境的变迁、人们生活方式的改变,职业在世界范围内也发生着日新月异的变化。一些传统的职业可能会被现代社会所淘汰,或者内容和性质已发生了根本变化。当然也有一些职业多少有点"常青树"的味道,而另外一些新兴的职业正悄然崛起,成为未来某段时间内的热门职业。

以美国为例,据有关资料显示,美国目前和未来5年最热门的12种职业分别是:会计师和审计师、财务督查员、个人财务顾问、总经理和业务经理、管理分析师、小学教师、大学教师、注册护士、医生助理、医学科学家、网络和数据通信专家、卡车和集装箱卡车司机等。在这些热门职业中,无论是传统的职业还是新兴的职业,都跟时代的发展和人们的需求密切相关。

比如,在金融风暴后,加强对金融机构监督成为了美国政府的一项重要工作,因而,财务监督员的重要性越来越大,需求量也大幅上升。到2018年,美国财务督察员这一职业对人才的需求量将会增加41%,新增加的职位会接近4万个。而个人财务顾问的热度是伴随着美国民众对个人和家庭理财关注度的提升而提升的。

教师这一职业在如此重视教育的美国是永远立于不败之地的,尤其是随着21世纪人才的竞争加剧,教师这一职业就更加受到人们的追捧。

而网络系统和数据通信专家是典型的21世纪的新兴职业,这是随着信息技术的迅猛发展和网络时代的到来而逐渐发展起来的。而网络系统和数据通信专家受欢迎的最主要表现是,这一职业已成为美国就业市场人才需求增长量最快的职业之一。

美国是当今世界最发达的国家,物质产品极大丰富。随着人们生活方式及生活观念的改变,对于自身健康的重视程度也越来越高,因此医疗类的职业成为热门职业是理所当然的。此外,据其他资料报道,美国的各类医生成了最热门的职业,这不仅仅是因为医生的需求量大,还因为在当今的美国,医生已经成了最能赚钱的职业了。2010年,由美国有线电视新闻和薪水衡量网站所做的调查显示,在美国各类职业中,最顶尖人才的年收入最高的10种职业中,医疗行业包揽了4项,这10种职业分别为:①有价证券交易商(49.1万美元);②麻醉师(40.8万美元);③内科医生(33.8万美元);④精神科医生(27.9万美元);⑤保险经纪人(27.3万美元);⑥律师(26.2万美元);⑦保险精算师(25.7万美元);⑧销售主管(23.9万美元);⑨个人财务顾问(22.6万美元);⑩医院管理者(22.2万美元)。而在2012年,由美国劳工部劳动统计署公布的资料更是让人大跌眼镜,在美国平均年薪最高的10大职业中,医疗行业占了9项(具体如表1-6中所示)。由此可见,虽然医生是一个传统的职业,但是随着时代的发展和人们观念的转变,这一传统职业的热度不但没有消退,反而上升到了一个新的层次。

以下提供一些国家的收入最高的热门职业排行榜,以供参考:

表1-6　　　　　　　美国、英国、加拿大收入最高的热门职业排行榜

排名	美国		英国		加拿大	
	职业名称	年收入（美元）	职业名称	年收入（英镑）	职业名称	年收入（加元）
1	外科医生	225 390	董事和总裁	212 910	职业内科医生/内科专家	178 514
2	麻醉师	220 100	城市经纪人	94 293	法官	178 053
3	口腔外科医生	214 120	医生	81 744	金融、通信和其他商业服务中的高级主管	162 376
4	妇产科医生	210 340	财务经理/会计	77 931	物质产品、公用事业设备、运输和建筑业界高级主管	160 947
5	牙齿矫形医生	200 290	飞行员/飞行工程师	63 644	医院以外的全科医生和家庭医生	132 615
6	内科医生	189 480	煤矿经理	58 802	牙医	131 552
7	普通医生	180 870	研究开发经理	54 950	贸易、广播和其他服务的高级主管	124 080
8	家庭医生	173 860	市场销售工程师	54 029	律师	123 632
9	公司首席执行官	173 350	机场交通控制员	51 911	工程主管	113 403
10	精神科医生	167 610	法律专家	50 649	银行、信贷和投资经理	101 845

第三节　发展前景好的职业

任何行业都要经历一个从产生、发展、成熟到衰退的生命周期。发展前景好的职业指那些生机勃勃的朝阳行业，在发展中有了新的突破，就会出现诱人前途的新职业，也可称之为未来的热门职业，这些新兴的行业孕育着巨大的商机。要想成为社会的强者、胜者，就要抓住发展的机会，转变就业观念，提高自身素质，使自己适应社会和时代发展的要求，成为一个有胆量、有魄力、有能力的新时代的弄潮儿。

选择一个理想的职业是每个人的愿望；把握好就业和发展的机会，是人生能否成功的重要环节。在当今经济社会发展一日千里的时代，要想成功地选择好职业，既要立足自身的条件，又必须高瞻远瞩，深刻地把握时代发展的脉搏，充分预见未来社会的发展趋势，用超前的、发展的眼光选择那些有前途的职业。在职业选择中，往往很小的偏差就需要很大的代价来弥补。因此，对于21世纪的青年来说，在开始自己职业生涯的时候，应避免盲目性，要用理性的思考来应对日益变化的社会。

一、21世纪职业发展的趋势

职业发展的兴衰是和经济发展紧密联系在一起的。21世纪是知识经济的世纪，人类社会将达到高度的物质文明和精神文明。随着高科技和信息技术的迅猛发展，整个世界将发生深刻的变革。社会的经济结构，政治文化以及人们的生活方式、思想观念也将随之发生很大的变化，这也会深深影响到大学生的择业观。那些能够充分发挥个人才能和可以创造更大人生价值的职业将会备受青睐，这也成为就业发展的一大趋势。这些职业

主要集中在高新技术行业和知识产业等新兴行业。

从世界范围内来讲，随着高科技的发展，21世纪的产业将更加信息化和知识化，知识成为一种再生性的战略资源。知识密集型的产业必将以其高产值、高回报、高效益成为21世纪的主角，相关的职业也将成为吸纳劳动力最多和人们在择业时首选的对象。这些产业包括新兴的信息产业、通信产业、咨询产业、智能产业等。

在我国，随着中国改革的不断深化，21世纪我国经济结构将会发生很大的调整。第三产业，尤其是第三产业的主导信息产业将会快速增长，将不断改造我国的传统产业，促使我国的职业结构发生深刻的变化。21世纪，随着第三产业的不断发展，我国将会经历三次人口就业的转变。第一次是21世纪前30年，我国就业人口的结构将从第一产业转变为第二产业、第三产业。第二次是2031—2050年，我国就业人口的结构将从第二产业转变为第三产业。第三次是21世纪后50年，我国人口就业将实现向第三产业特别是第三产业中的知识产业的转变。

由于未来社会的分工不断趋于精细，职业种类将越来越多，职业的知识含量和技术含量将不断增加，对职业劳动者的素质要求也越来越高。一方面，未来职业对专业性、技术性、技能性的要求越来越高；另一方面，高素质、高能力、复合型的全面综合人才也将大受欢迎。

另外，随着世界全球化和一体化、国际贸易的进一步发展，随之而来的国际间技术和劳务的转移也将迅速发展。跨国公司的迅猛发展，使资本和劳务等生产资料以更大的深度和广度在世界范围内流动，从而带动了对高能力的国际型人才的需求。

二、21世纪最具发展前景的职业

随着中国市场经济的发展和经济结构的调整，各行业在社会发展中的地位和发展潜力也在发生变化。以下将从我国经济发展情况出发，结合有关专家的预测，集中分析一些在21世纪有巨大发展潜力的职业。希望能对大学生毕业后在选择职业方向上有所帮助。

（一）软件开发职业

计算机技术的普及促进了计算机软件业的飞速发展，软件开发成为计算机行业的重要开发领域，软件设计专家成为软件开发业的热门人才。软件开发专家主要从事操作系统、开发工具、应用软件等计算机软件的开发工作，要求具有计算机软件专业或相关专业的学历或学位，并具有一定的软件开发经验。这项职业在未来相当长的时间里，将成为社会上的高技术和高待遇的职业。因此说软件开发职业是21世纪世界的"黄金产业"一点也不过分，它支撑着全球庞大的由计算机和网络组成的信息世界。而未来计算机软件开发产业也将进一步扩大，需要大批的高素质的专业软件人员投身此行。预计到2020年，我国电脑软件设计人员将达到10万~14万人，电脑软件开发就业人员将达到800万~900万人，将占我国就业总人口的2.8%~3%。

我国在20世纪末，软硬件的销售额已是各占半壁江山，软件甚至已超过了硬件。随着我国产业结构的调整，集约型和知识密集型产业将成为我国经济的主导，因此，无论就世界范围来讲，还是就我国来讲，在21世纪，电脑软件设计职业都将是一个前途无量的职业。

（二）金融保险类职业

英才网联旗下金融英才网的统计数据显示，2011年上半年，金融业招聘职位数较去年同期上涨21.7%，增速缓慢；二、三线城市招聘需求涨幅明显高于一线城市，且涨幅较大。由于外资银行不断向二、三线城市扩张，推高了对诸如产品专员和客户关系经理等多方面职位的需求，该领域人才竞争趋于白热化。不难看出，拥有优秀的分析技能和技术的金融人才依旧受到企业关注。此外，随着黄金期货、股指期货的推出，期货业与其他金融机构的相交点越来越多，期货业人才受到了企业和求职者的特别关注。

同时，社会经济结构的变化和各种不可预期的因素给人们的工作和生活增添了很多不确定的因素，这就需要有完善社会保障体系，社会保障体系不断完善促进了保险业的发展，保险业的发展将人们生活中的不确定因素造成的损失降低到最小的限度。社会对保险业务员、管理人员、精算师和索赔估价员的需要也不断提高，其待遇也会高于一般的职业。

总之，随着我国经济实力的增长，金融保险类的职业将是充满挑战与诱惑的职业。

（三）建筑工程职业

"安居乐业"是中国的古训，建筑作为经济建设和人民生活的基础设施，对国民经济的发展起着非常重要的作用。随着经济的发展和人民生活水平的提高，人们已不再仅仅满足于安居的要求，房地产作为保值和增值较好的商品，已越来越被认为是最好的投资途径之一。

基础设施的增多和房地产市场的逐步升温，势必需要大量的建筑人员，这其中包括各种各样的建筑工程人员、建筑施工人员、建筑管理人员等。特别是随着建筑材料和建筑艺术的不断发展以及房产市场的不断完善，被誉为"城市的美容师"的建筑设计师以及工程监理技术人员将越来越受到欢迎，成为市场上最紧俏的人才之一。另外，随着人们居住条件的提高，高素质的物业管理人员也将大受欢迎。

（四）移动通信职业

中国的移动通信发展史是超常规的发展史。自1987年中国电信开办移动电话业务以来，到1997年，我国的移动电话用户数破千万，这意味着中国移动电话10年的发展进程超过了固定电话110年的发展历程。据中国工信部发布的数据称，截至2012年11月底，中国移动电话用户数达到11.04亿户，其中3G用户数2.2亿户。而截至2013年3月底，中国移动电话用户数达到11.46亿户，普及率提升到了84.9%。由此可见，我国目前的移动通信业具有广阔的市场前景，特别是其3G业务、增值业务服务（如彩铃业务）等需要大量的计算技术人才、通信技术人才、3G人才、彩铃设计人才等，而我国目前这方面的人才十分缺乏。因此，移动通信职业也将会是未来的热门职业。

（五）生物制药职业

医药行业是按照国际标准划分的15类国际化产业之一，被称为"永不衰落的朝阳产业"，而其中作为新兴产业的生物制药业更是被称为"朝阳产业中的朝阳产业"。由于该职业关系着人们的健康，所以它将会越来越受到国家和社会的重视。我国的生物制造事业近几年的发展也是非常迅猛的，许多药品都得到了国际市场的认可，也与外国企业建立了合作关系，但在专业人才方面还是很缺乏。这表明生物制造业具有广阔的发展前景。目前的新药主要是生物化学家与生物技术专家开发出来的，并对治疗和预防疾病起到了主要的作用。

（六）教育培训职业

21世纪是一个经济全球化和服务国际化的时代，中国加入WTO后教育也作为服务业成为其中重要的组成部分。近年来，教育市场呈现旺盛的增长趋势，成为我国经济领域闪亮的市场热点。根据教育部《2011年全国教育事业发展统计公报》，未来5~10年，中国教育培训市场潜在规模将达到5 000亿元。总的来讲，中国教育培训业发展前景是好的，教育培训市场资源是无限的。随着社会人才竞争的日趋激烈，人们将把更多的收入投资于教育培训，这既表明社会对教育的有效需求在不断增加，也相应地扩大了教育投资的来源。教育业是未来投资的热点，全国教育培训市场潜力巨大，市县级城市培训市场亟须开发，因而需要大量的教育培训人才，这对教育培训人才的质量也提出了更高的要求。

（七）咨询师

当今的社会是一个信息膨胀的社会，信息获取已经成为科学技术发展和商业运作的关键环节。社会分工的精细化和专门化促进了咨询行业的发展，并成为社会发展和进步的一个主导职业。咨询包括很多种，如管理咨询、心理咨询、信息咨询等。咨询业在中国起始于20世纪80年代，起步较低，但进入21世纪特别是中国加入WTO后，中国咨询业经历了一场洗牌式的调整，呈现出前所未有的发展态势。特别是随着国外著名咨询公司进驻我国，人们对于咨询师这一职业的兴趣陡然上升。然而，我国目前高素质的咨询人才非常少。这里，特别要讲到心理咨询师。随着社会竞争的加剧和人们工作节奏的加快，心理健康问题已经成为影响人们身心健康和增加社会不安定的因素之一。据专家介绍，全国平均每年有27.8万人死于自杀，有200万左右的人自杀未遂。在发达国家，每千人就有一位心理咨询师，如果以这种1∶1 000的比例推算，中国至少需要40万左右的心理咨询师，而目前全国取得心理咨询资格证书的还不到3 000人。由此可见，在未来，心理咨询师这一职业会越来越吃香。

（八）财会类职业

财会是一个传统的职业，根据各种招聘及人才市场的统计，财会是出现频率最高、供需量较大的职业之一。目前财会人员基本处于饱和状态，有的地方甚至供过于求。但是，我们也看到，目前我国的财会人员的结构存在着很大的不平衡，一方面，财会人员素质普遍偏低，求职较难；另一方面，社会又需要大量的高素质的财会人员。经济的发展将对财会人员提出新的挑战，在未来，通晓国际会计规则的国际会计人才，熟悉经济税务法规、懂得财务管理的高级财务人员，有"经济警察"美誉的注册会计师以及注册税务师等都将受到市场的青睐。

（九）与健康相关的职业

随着我国的人均收入和生活水平的大幅度的提升，人们已经不仅仅满足于吃饱穿暖这些生活基本层面的东西了，而是对自己的生活状态和健康状况越来越关注。因此，一些与健康相关的职业在不久的将来会受到热捧。如：中医、健康管理师、公共营养师等。由于中医在辩证治疗和整体治疗方面具有独到之处，而且与当今的生物制药领域有密切的关系。因此，社会对中医师的人才的需求量将逐渐增加。而健康管理在中国刚刚起步，是一个朝阳产业。我国目前享受儿科学、专业的健康管理服务的人数只占人口总数的

0.2‰，与美国70%居民能在健康管理公司或企业接受完善的服务相比差得甚远。同样的，公共营养师在中国也是刚刚起步，现有的营养师不足4 000人。发达国家平均每1 000人拥有一位专业营养师，按此标准，我国13亿人口需要数百万名营养师，这个缺口太大了。可见随着人们的健康意识不断提升，健康管理师和公共营养师的职业在未来一定会受到青睐。

（十）策划职业

策划既是一个独立的职业，也是一个渗透于社会经济各行业的职业。当今社会，各种各样的策划，包括广告策划、营销策划、商务策划、会展策划等已有相当的市场，但是，高级策划师却很少。劳动和社会保障部的一项调查显示，有65%的企业急需聘用企划人员，但在这些求贤若渴的企业中，90%招聘不到优秀的企业策划人才。策划人才的短缺成为影响企业发展的瓶颈之一。中国企业在国际化竞争中，需要数百万的策划人才，更需要熟知中国国情的高级策划师。

然而，我们也应该看到，策划并非简单地出点子。一个成功的策划，需要大量的调查、精确的市场定位、富于灵感的创造性思维。正因为策划是高度的创造性、高度的艺术性以及高度的科学性的统一，并非任何人都适合做策划职业，故我们在择业的时候应该引起重视。随着市场经济的不断发展和完善，以及我国经济同世界经济的接轨，市场对高级的策划人才的需求将不断增长。

（十一）节能环保产业

节能环保产业位居我国加快培育和发展的7个战略性新兴产业之首，被纳入"十二五规划纲要"。当今世界，空前严峻的环境问题和生态问题——环境的不断恶化、各种稀有动植物的灭绝、能源的短缺等困扰着人类。因此，节约能源、加强环境保护，实现人类的可持续发展，是当前各国面临的最主要的问题，这必将带动节能环保产业在未来的大发展。我国目前的节能环保产业已经已初具规模，但总体上看，发展水平还比较低，与需求相比还有较大差距。而目前我国的节能环保方面的专业人才严重不足，制约了我国环境与经济的同步发展。但是，随着"十二五规划"的政策带动，以及现实需求的增加，科技人才的社会需求量将越来越大。

（十二）农业科技职业

"民以食为天"。任何一个国家的发展都离不开农业的发展，尤其是我国这样一个地少人多、农业落后的国家，要实现现代化，建设社会主义强国，农业的发展、农村的稳定显得尤为重要。而农业要发展，必须走产业化的道路。现代化农业是以产业化为重要特征的，而农业的产业化，关键在于科技的发展和应用。农业已不再是"面朝黄土背朝天"的古老神话，而是依靠科学技术来实现农业生产，实现农业资源的重组。农业科技人才在农业现代化的进程中将起到越来越重要的作用。

科学技术的进一步发展，为农业提供了更加广阔的发展空间，越来越多的先进技术应用于农业生产、生态科学、遗传工程、生物工程、遥感技术、农业智能机器人等。目前，我国在农业科技研究方面已取得一些突破，例如两系法杂交水稻技术、植物基因图谱研究、动植物转基因技术、基因工程药学和疫苗等。而如何把这些研成果应用于农业，产生出巨大的经济价值，还需要更多的农业科技人才的努力。

然而我国目前农业科技人才非常短缺，加上传统观念的影响，即使是一些农业院校的毕业生也不愿意从事农业科技工作。成功之神往往青睐那些有远见，有头脑的人，青年人更应该有超前的目光。农业科技工作将是 21 世纪最有发展前景的职业之一。

当今世界的竞争是科技和人才的竞争，我国十分重视人才战略，把人才资源看作最重要的资源。21 世纪是人才的世纪，是青年人大展宏图的时代。"海阔凭鱼跃，天高任鸟飞"。任何一个有知识、有能力、有远见的青年人都能创造事业的辉煌，开辟人生的新境界。

第四节　失业与再就业的研究

就业问题和失业问题是任何国家的政府都必须认真解决的首要问题。要解决这两大社会问题，首先就要发展经济，广开就业之路，这是解决就业和失业的根本途径。同时，作为政府辅助计划，就是支持有关就业和失业问题的研究，开展职业指导、职业咨询、职业介绍和再就业培训工作。

失业与再就业问题，在我国尚是一个新的课题，过去对它几乎没有研究，因此了解国外的研究也许会有些借鉴意义。

直至 20 世纪 90 年代，大部分失业研究都集中在失业对人的心理冲击上，即指失业给个体身心健康造成负面的影响。这些研究结果表明，失业有可能会发展为生活中的重大事件，会导致经济困难、抑郁、焦虑、紧张、丧失自尊和自信，并会增加不良生理症状。另一些研究表明，再就业能够改善失业人员的心理状态，随着人们的再就业，失业冲击带来的心理症状则很快消失。目前，失业研究重点正转向求职行为和再就业的预测因素上来。

目前，国外再就业干预研究的模式是：①先进行再就业心理机制的研究，找出可干预的心理、环境因素；②针对这些因素设计干预方法；③进行干预实验，评估干预效果；④探索在实践中推广干预方法的社会和组织策略。这些研究范式提醒我们，再就业机制研究是干预研究的基础。在我国大规模实施再就业帮助计划之前，尽快探讨我国下岗（失业）人员的再就业心理规律，特别是发现再就业的预测因素是十分必要的。以下，我们从环境因素、心理因素、行为因素、人口因素和心理健康五方面来概述再就业预测因素的研究概况。

一、影响再就业的因素分析

（一）环境因素

1. 社会支持

社会支持是人际关系中的支持因素，指个体遇到紧张情境（如失业）时一种应对资源。研究表明：社会支持与再就业有正相关；社会支持与求职行为有显著相关（$r=0.33$）。威诺库（Vinokur，1987）调查了针对求职社会支持的主观标准（配偶或其他重要的人认为失业者应努力求职的程度）与求职行为之间的关系，结果表明，求职社会支持对求职意图和态度有预测作用。在各种心理社会因素中，求职社会支持对求职意图、求职频率、再就业率都有很强的预测作用。研究表明，求职中利用社会关系的频率与再就业有显著正相关。因此，在求职过程中，应尽量利用各种社会关系来帮助自己获得职业。

2. 经济压力

这是指面临的经济困难以及因将自己的生活水平降低到维持生命所带来的压力。经济方面的困难是人们继续工作的一个重要促进因素。经济压力是求职的促进因素，经济压力与个体报告的求职努力程度有正相关。有更大经济负担和失业后缺乏足够经济来源者，会有更强的动力去更快地找到工作。经济压力也是失业导致心理健康问题的调节因素。一般说来，经济压力大的人心理健康程度低。

(二) 心理因素

与求职行为及再就业有关的心理因素，除了自我效能、归因、应对、态度之外，主要还有就业价值观。就业价值观是指个人对工作重要性的评价。高就业价值观的人会把工作看得很重要。就业价值观高的失业者，其求职频率也高。

(三) 行为因素

一些研究结果支持了求职频率与再就业有正相关，求职行为是求职效能对再就业的中介因素。高水平的求职行为与就业后的工作满意感显著正相关。

(四) 人口变量因素

有关年轻失业者和大龄失业者的比较研究显示，年龄大的人的优势明显下降、心理压力较大，但两者的求职频率没有显著差异。有研究认为，介于较年轻和接近退休年龄之间的中年失业者心理压力最大，这一年龄段的人由于要抚养子女，故承担的经济责任最大。年龄大的人求职频率低，年龄与求职频率对再就业的可能性还存在交互作用：小于40岁的人求职频率越高，再就业的可能性越大，而40岁以上的人则是中等频率的求职行为最有利于再就业。

(五) 心理健康

墨菲 (Murphy, 1999) 总结了1986—1996年期间16篇关于再就业状态与心理健康的长期研究文献。他得出的结论认为，就业状态的变化会影响心理健康；就业质量与心理健康也有关系。菲泽 (Feather, 1990) 指出，并不是所有就业都能增加自尊、降低压力与抑郁、提高生活满意度。简单、劳累、收入少、社会接触少、工作条件差、运用技能机会少、变化少、工作自主权小的工作可能对心理有负面的影响。沃伯润 (O'Brien, 1989) 以工作中技能应用为就业质量的指标，比较了失业者、低质量就业者、高质量就业者在情绪、工作价值观及控制感方面的差异。结果证实，高质量就业者在多方面的心态上要好于失业者和低质量就业者；而低质量就业者仅在生活满意感方面较失业者好，其他方面没有显著差异。

二、市场经济体制下的就业途径分析

(一) 订单式培养与就业

所谓订单培养，就是学校根据用人单位的标准和岗位要求，与用人单位共同确立培养目标，制订并实施教学计划，实现人才定向培养的教育模式。双方签订用人及人才培养协议，形成一种法定或近于法定的委托培养关系；明确双方职责，学校保证按需培养人才，学以致用；用人单位保证录用合格人才，用其所学。它促进了人才供需双方零距离对接，提高了毕业生就业质量和就业率，从而降低成本，减少风险，提高人才配置及利用效率。订单培养的大学生，一般直接到订单单位直接就业。

（二）市场双向选择就业

市场双向选择就业主要指通过招聘会形式、通过双向选择实现就业的一种途径。国家、省、市、高校等每年都举办毕业生就业双选会，为用人单位、毕业生构建可靠、安全的双向选择洽谈平台，使毕业生通过洽谈会达成就业意向或者就业。高校自行举办就业双选会是毕业生求职就业的最有效途径。

（三）考试录用就业

考试录用是目前用人单位招聘毕业生的一种重要方式，同时也是毕业生就业的一条重要途径，考试录用主要适用于国家机关考录公务员、事业单位选用工作人员等。考试又包括面试和笔试。笔试主要考核毕业生的文字能力、知识面和综合分析能力，分为专业知识考试、心理测试、命题写作、综合考试等类型。面试主要了解应试毕业生的素质特征、能力状况、求职动机、形象气质等是否满足特定的岗位要求。

（四）项目就业

项目就业就是通过参加国家和各省实施的促进就业项目实现就业。如"大学生志愿服务西部计划""三支一扶计划""大学生志愿服务辽西北计划"，等等。这些项目的实施不但鼓励大学毕业生扎根基层，为建设小康社会贡献聪明才智，而且促进了毕业生的就业，为毕业生的锻炼成长及事业的发展创造了条件。

（五）应征入伍服义务兵役就业

征集高校应届毕业生入伍，是适应军队信息化建设发展，从源头上提高新兵质量，改善部队兵源结构，深化征集对象主体调整改革的一项重要内容，是适应我国高等教育快速发展形势，走依托国民教育培养军事人才，从高起点上加强士兵特别是士官队伍建设以及军官队伍建设，推进人才战略工程的重要方面。高校入伍服义务兵役，是实现就业的一条重要途径。具体应征办法和时间，详见征兵政策部分。

（六）灵活就业

随着社会分工的不断细化和第三产业的快速发展，职业模式灵活多样，就业的方式与途径也日益增多。社会涌现出了大量没有固定职业、固定工作时间和工作地点的新兴职业，如：作家、翻译、自由撰稿人、家教、中介服务、钟点工、网页设计员等，这些职业灵活度大、限制较少，又有很大的发展前景，已经成为众多有特长和专长毕业生求职谋生的重要形式。

（七）自主创业

自主创业是近几年来毕业生的一种新的就业途径。毕业生通过科技创新、社会服务或发挥在某一方面的特长，利用所学的知识，自己或与他人合伙创办公司。自主创业不仅可以解决自身的就业问题，而且也可以为他人创造就业机会。国家和地方政府都在积极支持和鼓励毕业生自主创业，现已出台了一系列的扶持政策，为毕业生的自主创业创造条件。

（八）延缓就业

延缓就业通常是一些学生不得已而为之的一种选择。一些毕业生因正在办理出国的相关手续，或是暂时未能找到满意的工作单位，往往会选择暂缓就业或者先回家庭所在地再选择就业。也有的毕业生采取先办理就业代理或人事代理，解决户籍、档案等后顾之忧后再继续择业的做法。延缓就业和暂时的待业是一种正常的社会现象，对社会、个人和对市场都是一种调节，大学生对此也应该有充分的思想准备。延缓就业时，经常采用的方式就是进行毕业生就业代理。

案例思考：

热门职业是不是合适的职业？

择业就是要做选择，选择适合自己的职业发展方向，集中目标，强化发展，通过若干年的工作，实现从无工作经历者到行业人才的提升。同理，应届毕业生选择出国深造，也要以职业发展为目标，选择合适的深造途径，在学历资质上提高自己的含金量，为"职场前途"做好准备！

小S，女，23岁，大学本科毕业。基本情况：师范类中文专业。

朋友评价：性格文静，善文字不善口头表达，不善与人沟通。希望职业方向：能够发挥自己文字特长的工作。工作经历：中学语文教师，两年工作经验。

面临问题：在两年的教学过程中发现自己并不适合做老师，虽具备相应的学历，但不具备老师应有的管理学生的能力，课堂上调动学生积极性的能力亦不够，所带班级成绩并不理想，学校对其工作表现不是很满意，小S自己也很苦恼。但学校工作环境稳定，福利优厚。再转其他行业的可行性有多大？应该转其他什么行业合适？

设计意见：重新择业，建议尝试广告公司文案，多媒体行业文字编辑，传统媒体行业文字工作。

设计理由：从小S的性格特点分析，小S的确不适合教师行业，教师不仅需要相应所教学科的学科知识，更需要懂得如何管理学生，调动学生的积极性。文静、不善表达的小S虽具备专业的学历资质，但显然不具备教师应有的教学技巧。

从小S的职业兴趣分析，小S希望能够发挥自己的文字特长，而中学语文教师一职缺少创意性，显然不是小S兴趣所在。作为教师的不成功更导致小S很苦恼，很沮丧。教师一职不仅没有满足小S的职业兴趣，反而由于工作不顺利而严重打击了小S的自信心。

小S应该转行，但应该转什么行业？转行的成功几率有多少？通过分析，我们认为：小S虽然不善管理学生，口头表达差，但其文笔优美，文字能力强，其内心职业倾向也是希望发挥自身文字好的能力。故我们推荐小S从事广告行业文案职务或媒体文字编辑类工作，这些岗位对工作人员管理能力、口头表达能力要求不高，相对重视个人的文字写作能力，无须过多地与人打交道，对于小S正好扬长避短，发挥优势，转行的成功几率也较大。

专家评点：从师范类大学生到中学教师似乎是理所应当、顺理成章的事，然而实践中有太多例子表明，一个师范类毕业生并不一定就能成为一个称职的教师。据可锐咨询公司研究，职业成功必须全面具备专业技能、学历资质、良好的综合素质三方面因素。根据这个标准，小S在教师岗位上可以说很难获得成功。眼前的教师工作的确能给小S带来稳定的收入和不错的福利，但凭小S的表现，这个"稳定"很难维持。

——资料来源：http://www.doc88.com/p-912958726140.html。

思考题：

1. 职业生涯设计的含义是什么？
2. 影响职业生涯设计的因素有哪些？
3. 职业的特点是什么？
4. 目前许多学生在选择自己职业的时候，总是追捧最为热门的职业。请问热门职业是否就是最为适合自己的职业？应如何选择适合自己的职业？

第二章
职业生涯设计的相关理论

在现实的职业选择和职业发展中，人们虽然面对诸多的职业，但往往难以得到自己理想中的最好的职业。有时即使遇到"好职位"的岗位空缺，但面对较为高等级的职业，自己却不具备相应的能力，或者在求职竞争中败给他人，这也使得自己的职业选择和职业发展不能得到很好地实现，如何选择和设计好个体的职业生涯，需要一定的理论作为支持。

第一节 职业选择理论

一个人的职业选择恰当与否，关系到其职业意愿、兴趣能否得到满足，关系到其才能能否得到发挥，关系到其在岗位上的工作状况，也关系到其一生的职业生涯。职业能力、职业意向和职业岗位三要素能够相互协调、结合，职业选择才能较好地完成。但是，三者的协调一致往往是比较困难的。

一、职业选择的非心理学理论

（一）偶然理论

这是由外部原因导致的一种职业选择。青年人在选择职业时，由于处于摸索阶段，缺乏经验，而又易于冲动和焦虑，因此偶然的机会对于他们选择职业具有很强的驱动作用。另外，根据沃西波（Osipow，1973）提出的最少危险论，人们在选择职业时，往往选择那些遇到抵抗最少的路线。因此，他们容易选择那些眼前所接触的具有亲近感的职业。虽然这种选择对人们来说是比较容易的，但这种职业选择的面是比较窄的。选择职业是件人生大事，应该积累更多的经验，扩大选择面，寻求符合自己能力和个性的职业，而不应以偶然的机会作为职业选择的主要途径。

（二）经济学理论

这是以经济报酬为主要动机的一种职业选择。与凭个人运气的偶然理论不同，经济学理论是可以在社会系统中加以把握的，即它与那个时代的产业结构状况和就业者的分布有关。根据劳动力和人才的供需情况，某种职业比起其他职业来，常常会有更多的就业机会。

按照古典经济学家的观点，在能自由选择职业的情况下，所有的人都会寻求收入多的职业。但是，实际情况并非如此。托马斯（Thomas，1956）提出，除了经济因素以外，职业的声誉、职业的条件、职业的挑战性等，它们都能独立地对职业选择产生影响。

（三）社会学理论

邓肯等（Duncan et al., 1967）的研究表明，双亲的职业、收入、性别、学历、居住地、家庭规模、学校环境、人种以及宗教等这些围绕着个人因素（背景），对职业选择都具有强烈的影响。

二、职业选择的心理学理论

（一）职业选择的特质—因素理论

特质—因素理论（Trait-Factor Theory）的渊源可追溯到18世纪的心理学的研究，该理论直接建立在帕森斯（F. Parsons）关于职业指导三要素思想之上，由美国职业心理学家威廉斯（E. G. Willianson）发展而形成。

特质—因素理论认为个别差异现象普遍地存在于个人心理与行为中，每个人都具有自己独特的能力模式和人格特质，而某种能力模式及人格模式又与某些特定职业存在相关。每种人格模式的个人都有与其相适应的职业，人人都有选择职业的机会，人的特性又是可以客观测量的。帕森斯提出职业指导由"三步"（要素）组成：

第一步是评价求职者的生理和心理特点（特性）。通过心理测量及其他测评手段，获得有关求职者的身体状况、能力倾向、兴趣爱好、气质与性格等方面的个人资料，并通过会谈、调查等方法获得有关求职者的家庭背景、学业成绩、工作经历等情况，并对这些资料进行评价。

第二步是分析各种职业对人的要求（因素），并向求职者提供有关的职业信息，包括：①职业的性质、工资待遇、工作条件以及晋升的可能性；②求职的最低条件，诸如学历要求、所需的专业训练、身体要求、年龄、各种能力以及其他心理特点的要求；③为准备就业而设置的教育课程计划，以及提供这种训练的教育机构、学习年限、入学资格和费用等；④就业机会。

第三步是人—职匹配。指导人员在了解求职者的特性和职业的各项指标的基础上，帮助求职者进行比较分析，以便选择一种适合其个人特点又有可能在职业上取得成功的职业。

特质—因素理论强调个人所具有的特性与职业所需要的素质与技能（因素）之间的协调和匹配。为了对个体的特性进行深入详细的了解与掌握，特质—因素理论十分重视人才测评的作用，可以说，特质—因素理论进行职业指导是以对人的特性的测评为基本前提。它首先提出了在职业决策中进行人—职匹配的思想。故这一理论奠定了人才测评理论的理论基础，推动了人才测评在职业选拔与指导中的运用和发展。

人们在职业生活中，能长期地感到满足是非常重要的。这就是职业适应问题（Vocational Adjustment）。所谓职业适应，系指对于某一特定的职业，需要特定的能力倾向（aptitude，亦称性向）。在心理学中，能力倾向又分一般能力倾向和特殊能力倾向。个人对广泛的活动领域，若经学习或训练可能达到手工的熟练程度，称为一般能力倾向，或称"普通性向"。个人对某种特殊活动，如体育、音乐、绘画等，若经专门学习或训练可能达到的熟练程度，叫特殊能力倾向，亦称"特殊性向"。由此可见，一般能力倾向是指对完成多种活动所必需的一般潜力；特殊能力倾向是指完成某种特殊活动所必需的特殊潜力。不论是一般能力倾向还是特殊能力倾向，都是指可能发展出来的潜在能力，而不是指已发展出来的实际能力。在心理学中，将职业能力倾向称为职业性向。特质—因素理论（Traits and Factory Theory）就是以职业性向这一概念为基础而产生的职业选择理论。它一方面考虑到了个人所具有的主要的心理特质，另一方面考虑职业本身所需求的职业特性。这些都是以人的个体差异和职业差异为前提的。

但是，特质—因素理论缺乏动态的观点：①它只强调了什么样的个人特质适合做什么工作，而忽略了环境因素；②它以静态、固定的观点来看待个人的特质，用某个时点的特质去对应当时的职业，而且，仅仅测定有限的特质。实际上，个人和职业都是变化和发展的，是更具动力学的特征的。

三、职业选择的心理动力学理论

（一）需求理论

霍波克（Hoppck，1967）认为，人们为了满足个人所具有的需求而进行职业选择。从现在人们离职跳槽现象来考虑，在个人从职业和工作中所获得的满足感很低的情况下，他们就会离开现在的工作而另找出路。

关于工作满意感的研究，日本山本（1990）通过因素分析获得了以下一些影响因素：同事间的关系、工作本身及成长性因素、工作的外部环境及其在外部环境中所处的位置、工作场所的环境、心理压力等因素。森下（1992）也通过因素分析发现了人际关系、劳动条件和工作单位管理环境、工作本身、工作中的自我实现等四个因素，并以此建构了工作满意感量表。

上述研究结果只不过是提示了个性的工作满意感的外部源，实际上在这些外部源背后，存在着个人的内在需求。明尼苏达大学心理学系研制开发了两套测量量表，一个是与工作有关的需要问卷（Minnesota Importance Questionnaire：MIQ），另一个是与此相对的满意度问卷（Minnesota Satisfaction Questionnaire：MSQ）。这里，列举其中部分项目，将与具体工作有关的因素及其背后的需要列于表2-1中。

表2-1 与各种工作有关的特性及其相关需要

	特 性	需 要
1	工作变动大或失去工作：工作稳定性	安全需要，稳定需要
2	同事关系好：同事关系	社会需要，对人关系需要
3	上司对自己能很理解：上司关系	社会需要，对人关系需要
4	被授予重要的工作：责任	自我实现
5	工作富有变化：工作的多样性	自我实现
6	工作是创造性的：工作创造性	自我实现
7	有关工作的待遇：待遇	经济需要，稳定需要
8	工作成果被承认：承认	自尊需要
9	围绕工作人的作业条件：工作环境	稳定需要，安全需要
10	工作场所的组织气氛：场所环境	稳定需要，安全需要

但是，对于个人而言，并不是所有的人在需要未获得满足的情况下，都会决定离职。即使对工作相当不满，但是在新的职业尚未找到的情况下，或者虽然对工作不满，但在别的方面比较满意的情况下，也可能不离职。不管怎么说，职业和工作本身是人的需要得以满足和实现自我的重要活动。

（二）精神分析学理论

按照精神分析学派的观点，人与职业的关系可以看成是被压抑的需要的一种升华。升华是自我防卫机制之一，即被社会和道义所禁止的人类欲望、冲动，通过职业这样的社会所认可的活动来得以实现。这一学派还将职业的选择与幼儿时期需求的满足和行为联系起来，即幼儿时期的满意源在以后成人的职业行业中也能看到。

（三）自我理论

萨柏（Super，1951）使用"自我"概念（Self-concept）来解释职业选择。自我概念指的是关于自己的想法和形象，即自己究竟是怎样的一个人。自我理论将自我概念与职业联系起来，探讨在未来的职业世界中自己扮演的角色。在实际的职业选择时，个人所要选择的职业应是与自我概念不相矛盾的职业，而且应是可以展现自己的职业。这一理论还阐述了自我概念是如何形成的，它又如何置换为职业用语，以及在职业生活中自我概念是如何发挥的，如何直接地与职业行为联系起来。该理论提出了实现职业行为的5个阶段：探索、分化、认同、角色扮演和执行。在自我概念的形成中，探索阶段是非常重要的。

四、职业选择的社会学习理论

克鲁姆波特等（Krumbolt et al.，1975）提出一个职业选择的社会学习理论模型，即职业道路发展常常是通过学习来实现的。依据这一观点，实际的职业道路受到4个因素的影响：

（1）个人遗传的特质。

（2）各种环境条件和社会现象。

（3）受到两种学习经验的影响。一个是建立在操作性条件反射基础上的工具性学习经验；一个是建立在古典条件反射基础上的个人观察学习经验。

（4）完成任务的能力。它包括认知能力、实践能力及情绪倾向。通过对自己的观察来认知自己，同时从自己和环境的观察中形成完成任务的技能，这种能力通过特定职业的努力行为而表现出来。

五、霍兰德的职业选择个性理论

美国职业心理学家霍兰德（Holland）于1971年创立了对社会影响广泛的个性—职业适应性理论，并编制了职业人格能力测验表，该测验能帮助就业者发现和确定自己的职业兴趣与能力专长，进而成为就业者个体在职业选择时进行决策的依据。

在人格和职业的关系方面，霍兰德提出了一系列假设：①在现实的文化中，可以将人的人格分为六种类型：实际型、研究型、艺术型、社会型、企业型与传统型。每一特定类型人格的人，便会对相应职业类型中的工作或学习感兴趣；②环境也可区分为上述六种类型；③人们寻求能充分施展其能力与价值观的职业环境；④个人的行为取决于个体的人格和所处的环境特征之间的相互作用。在上述理论假设的基础上，霍兰德提出了人格类型与职业类型模式。不同类型人格的人需要不同的生活或工作环境，例如"实际型"的人需要实际型的环境或职业，因为这种环境或职业才能给予其所需要的机会与奖励，这种情况即称为"和谐"（congruence）。类型与环境不和谐，则该环境或职业无法提供个人的能力与兴趣所需的机会与奖励。霍兰德在其所著的《职业决策》一书中描述了六种人格类型的相应职业。

实际型（Realistic）：基本的人格倾向是，喜欢有规则的具体劳动和需要基本操作技能的工作，缺乏社交能力，不适应社会性质的职业。具有这种类型人格的人其典型的职业包括技能性职业（如一般劳工、技工、修理工、农民等）和技术性职业（如制图员、机械装配工等）。

研究型（Investigative）：具有聪明、理性、好奇、精确、批评等人格特征，喜欢智力的、抽象的、分析的、独立的定向任务这类研究性质的职业，但缺乏领导才能。其典型的职业包括科学研究人员、教师、工程师等。

艺术型（Artistic）：其人格倾向是，具有想象、冲动、直觉、无秩序、情绪化、理想化、有创意、不重实际等人格特征。喜欢艺术性质的职业和环境，不善于事务工作。其典型的职业包括艺术方面的（如演员、导演、艺术设计师、雕刻家等）、音乐方面的（如歌唱家、作曲家、乐队指挥等）与文学方面的（如诗人、小说家、剧作家等）。

社会型（Social）：具有合作、友善、助人、负责、圆滑、善社交、善言谈、洞察力强等人格特征。喜欢社会交往、关心社会问题、有教导别人的能力。其典型的职业包括教育工作者（如教师、教育行政工作人员）与社会工作者（如咨询人员、公关人员等）。

企业型（Enterprising）：具有冒险、野心人格特征。喜欢从事领导及企业性质的职业，独断、自信、精力充沛、善社交等，其典型的职业包括政府官员、企业领导、销售人员等。

传统型（Conventional）：具有顺从、谨慎、保守、实际、稳重、有效率等人格特征。喜欢有系统有条理的工作任务，其典型的职业包括秘书、办公室人员、会计、行政助理、图书馆员、出纳员、打字员、税务员、统计员、交通管理员等。

然而上述的人格类型与职业关系也并非绝对的一一对应。霍兰德在研究中发现，尽管大多数人的人格类型可以主要地划分为某一类型，但个人又有着广泛的适应能力，其人格类型在某种程度上相近也与另外两种人格类型相似，则也能适应另外两种职业类型的工作。也就是说，某些类型之间存在着较多的相关性，同时每一类型又有极为相斥的职业环境类型。霍兰德有一个六边形理论简明地描述了六种类型之间的关系。

根据霍兰德的人格类型理论，在职业决策中最理想的是个体能够找到与其人格类型重合的职业环境。一个人在与其人格类型相一致的环境中工作，容易得到乐趣和内在满足，最有可能充分发挥自己的才能。因此在职业选拔与职业指导中，首先就要通过一定的测评手段与方法来确定个体的人格类型，然后寻找与之相匹配的职业种类。为了确定个体的人格类型，就需要大量运用人才测评的手段与方法，霍兰德本人也编制了一套职业适应性测验（The Self-Directed Search，简称 SDS）来配合其理论的应用。

六、费隆的择业动机理论

美国心理学家费隆（Victor H. Vroom）通过对个体择业行为的研究认为，个体行为动机的强度取决于效价的大小和期望值的高低，动机强度与效价及期望值成正比。1964年他在《工作和激励》一书中，提出了解释员工行为激发程度的期望理论。期望理论的公式为：

F = V. E

上式中：F 为动机强度，是指积极性的激发程度，表明个体为达一定目标而努力的程度；V 为效价，是指个体对一定目标重要性的主观评价；E 为期望值，是指个体对实现目标可能性大小的评估，也即目标实现概率。

员工个体行为动机的强度取决于效价大小和期望值的高低。效价越大，期望值越高，员工行为动机越强烈，就是说为达到一定目标，他将付出极大努力。如果效价为零乃至负值，表明目标实现对个人毫无意义。在这种情况下，目标实现的可能性再大，个人也不会产生追逐目标的动机，不会有任何积极性，也不会做出任何的努力。如果目标实现的概率为零，那么无论目标实现意义多么重大，个人同样不会产生追求目标的动机。

（一）费隆的择业动机理论的具体内容

费隆将这一期望理论用来解释个人的职业选择行为，具体化为择业动机理论。该理论的应用，即个人如何进行职业选择，分两步走。

第一步，确定择业动机。

用公式表示为：择业动机＝职业效价×职业概率。

上式中，择业动机表明择业者对目标职业的追求程度，或者对某项职业选择意向的大小。

职业效价是指择业者对某项职业价值的评价，取决于：

（1）择业者的职业价值观；

（2）择业者对某项具体职业要求如兴趣、劳动条件、工资、职业声望等的评估。即：职业效价＝职业价值观×职业要素评估。

职业概率是指择业者获得某项职业可能性的大小，通常主要决定于4个条件：

①某项职业的需求量。在其他条件一定的情况下，职业概率同职业需求量呈正相关。

②择业者的竞争能力，即择业者自身工作能力和求职就业能力，竞争力越强，获得职业的可能性越大。

③竞争系数是指谋求同一种职业的劳动者人数的多少。在其他条件一定的情况下，竞争系数越大，职业概率越小。

④其他随机因素。

因此，职业概率＝职业需求量×竞争能力×竞争系数×随机性。择业动机公式表明，对择业者来讲，某项职业的效价越高，获取该项职业的可能性越大，择业者选择该项职业的意向或者倾向越大；反之，某项职业对择业者而言其效价越低，获得此项职业的可能性越小，择业者选择这项职业的倾向也就越小。

第二步，比较择业动机，确定选择的职业。

择业者对几种目标职业进行价值评估并获取该项职业可能性的评价，最后对几种择业动机进行横向比较。择业动机是对职业的全面评估，一般多以择业动机分值高的职业作为自己的选择结果。

(二) 费隆的择业动机理论的理论意义

费隆的择业动机理论可以帮助求职者权衡各种动机的轻重缓急，反复比较利弊得失，评定其社会价值。帮助求职者确定主导择业动机，使之顺利地导向行为，这是职业指导咨询及职业指导教育的重要内容。

择业动机与职业目标冲突在实际生活中是经常发生的，职业需要是多种多样的，并且处在不断地发展和变化过程中。因此，在同一时间内往往存在几种不同的择业动机，甚至是彼此冲突的动机，构成择业动机体系。在这个体系中，那种最强烈而稳定的择业动机称为优势择业动机或主导择业动机。一个人准备职业选择与确定职业的过程都是由主导动机所支配的，各种择业动机之间存在矛盾。在职业定向过程中，是选择待遇高的职业，还是选择最能发挥自己特长的职业，只有通过动机斗争才能过渡到行为。

择业动机和职业目标是两个既有区别又有联系的概念。在简单情况下，二者常常是一致的。在更多的情况下，择业动机和职业目标又是不一致的。同一择业动机，可以做出多种职业选择。职业目标是由择业动机产生的。在行为面前有目标吸引，在行为背后有动机驱动，因而使择业行为获得了极大的推动力。在职业目标之间也常存在矛盾和斗争，不及时解决职业目标冲突，往往会导致心理冲突。正确选择职业目标是解决冲突的有效途径。

在职业面前应做出何种选择必然会发生心理冲突。解决求职者职业目标冲突，首先要以树立正确的择业动机为基础。择业动机斗争常常是使人在不同职业目标之间游离的原因。其次，要帮助求职者，面对现实权衡利弊，分析自我知识状况、能力水平、身体素质、目标远近以及其他主客观原因。不能好高骛远，要从实际出发考虑自己的职业理想和职业目标是否合乎实际。择业动机对人的择业行为概括地说有三种功能：一是始发功能。它能引发一个人产生某种择业行为。二是指向与选择功能。它使人的择业行为沿着特定的方向发展。三是强化和保持功能。良好的择业行为结果会使动机得到加强，不好的择业行为结果会使这种行为动机受到削弱以至不再出现。择业动机对择业行为的作用程度取决于动机的强度。但并不是动机越强烈择业行为效果就越好。

费隆的择业动机理论发现动机水平过低，主体得不到足够的能量去从事应该进行的活动。当动机水平过高时，由于主体处于高度紧张状态，正常的认识和思维受到干扰，进而使行为效果受到影响。只有保持中等的动机水平，行为的有效性才最高。这时主体既得到了足够的行为动力，又能保持冷静的头脑和灵活的思维，使行为效果达到最佳。心理学家的研究发现，动机水平和行为效果的关系与活动的复杂程度有关。简单的活动常因动机水平的增强而提高行为效果，复杂的活动则随动机水平的增强而降低行为效果。个体择业动机的强度除了受个体职业需要的强度和动机性质影响外，还受行为目标的影响。动机引导行为指向目标，随着目标的实现，这种动机在动机结构中的强度就会不断减弱，其他动机就会不断加强，并逐渐成为左右人们行为的主导动机。

职业需要有不同的层次，择业动机也有不同的水平，进而决定选择何种职业。一个为生理性职业需要所控制的人，他的择业动机是获得满足生理需要的物质。在职业选择中必然把待遇的高低作为选择职业的标准。生理需要一旦被满足，择业动机会随之发生变化，随之而来的就是职业的再选择。各种不同水平的择业动机有各自不同的职业标准，认为只有同高尚的社会性职业需要相联系的高尚的社会性择业动机，才能推动人去选择那些最能实现自己价值的职业，从而找到最能发挥自己潜能的位置。择业动机还决定着一个人实现职业目标的方式和途径。选择什么方式和途径去实现自己的职业目标，是由择业动机的性质所决定的。决定实现个体职业目标的方法和途径，要对各种可能的方法和途径进行比较，既要考虑主观必要性、又要考虑客观可能性；既要考虑最好效应的有效原则，又要考虑符合社会道德、法律规范，有计划地实现职业理想和目标。

第二节 职业发展理论

职业发展理论认为个体在不同的职业生涯阶段中，对职业需要和追求发展的方向存在着非常大的差异，只有充分认识到人在职业生涯发展各个阶段的特点和规律，才能更好规划与管理好自身的职业生涯。职业发展是个体心理发展的一个方面。所谓职业发展，是指对职业的自我概念的形成。它是一个不断再构成的过程，包括一切职业行为的成长和学习的发展过程。职业发展不是职业选择行为中某个时点所发生的事情，而是经历某一段时期所发生的过程。在这一过程中，职业选择行为会受到各种决定因素的影响而不断修正。

一、金兹伯格职业发展理论

职业生涯发展理论是生涯规划理论中最具整合色彩的理论。早期提出该理论的是以金兹伯格（Ginsberg，1951）为首的一群学者，而集大成者是学科整合高手萨柏（Super），他集差异心理学、发展心理学、职业社会学和人格发展理论于一体，进行长期研究，系统提出了有关生涯发展的观点，成为自帕森斯之后又一位里程碑式的大师。

（一）职业决策是一连串过程

美国著名职业问题专家金兹伯格等人经过实证研究，首先提出了职业发展理论。金兹伯格等人指出，职业选择决策是一种发展过程，它不是一个某一时刻一下子就完成的"决定"，而是基于人们的选择观念，这种观念要经过若干年才形成。在职业选择过程中，包括一连串的决定，每一个决定都和童年、青年时期个人的经验和身心发展有关。

（二）职业选择是优化决策

金兹伯格认为，职业选择的实现，也是个人意识与外界条件的折中和调适。他还进一步指出，个人最终所作的职业决策，是寻求个人所喜爱的职业与社会所提供、个人能获得的机会之间的最佳组合。

（三）影响职业决策的因素

金兹伯格指出，影响职业选择的因素，包括现实因素、教育因素、个人的情感和人格因素、职业价值与个人价值观因素。

在金兹伯格的理论中，青年的职业选择观念可以分为三个阶段，即他们的职业性成熟程度分为三个阶段。

第一阶段：空想期

空想期，即幻想期。这一时期实际是人的少年儿童时期，该时期以儿童想象"早日长大成人，成人后干某种工作"的空想或幻想为特征。这种空想不受个人能力与现实的社会职业机会限制，似乎想干什么工作，将来就能干什么工作。实际上，这种职业想象往往是幼儿的一种模仿行为。

第二阶段：尝试期

尝试期，也称试验期或暂定期。这一时期从10~12岁开始，到16~18岁结束。尝试期的特征，是人已经脱离了儿童的盲目、随意性幻想，开始考虑未来个人的满足，真正考虑对职业的选择了。但这一时期，青年人所依据的是自己的兴趣、智力、价值观，并依据这些主观的范畴对待职业选择的目标调节等问题。

第三个阶段：现实期

现实期一般从16~18岁开始。这一阶段即是人们正式的职业选择决策阶段。上两个时期的"选择"是主观的选择，是将主观选择与个人客观条件、外界客观条件（环境）、社会需要相结合的选择。这种承认客观、从现实出发的选择是一种折中和调适。现实期的特征，是缩小个人选择的范围。具体来说，现实期又可以分为三个小的阶段：

（1）探索阶段。青年人试图把自己个人的选择与社会的职业岗位需要等现实条件联系起来。

（2）结晶阶段。青年人对一种职业目标有所专注，并努力推进这一选择。

（3）特定化阶段。青年人为了特定的职业目的，进入更高一级学校或接受专业训练。已有工作但不满意者，想重新进修，再找工作，也属于这个阶段。

二、施恩的职业发展阶段理论

爱德加·施恩（Edgar H. Schein）是美国著名的心理学家和管理学家，其《组织心理学》《职业动力学》等著作具有重要的学术影响和实践价值。例如，施恩的协调组织与个人目标、实现一系列匹配的理论模型，成为人力资源管理学科的基本理念；他提出的"职业发展"观，是实现现代管理的组织发展（OD）的重要基础。

施恩把人的职业生涯划分为10个阶段，他把个人的发展与个人在组织中的角色紧密联系起来，在阐述职业生涯发展方面有着深刻的见解，该学说也有着相当高的实用价值。这里对施恩职业周期的每个阶段角色特征、面临的问题和特定的任务学说介绍如下（见表2-2）。

表 2-2　　　　　　　　　　职业周期的阶段和任务

阶段	面临的广义问题	特定任务
1. 成长、幻想、探索（0～21岁）（角色：学生、候选人、申请人）	1. 为进行实际职业选择打好基础； 2. 将早年职业幻想变成为可操作的现实； 3. 对基于社会经济水平和其他家庭境况造成的现实压力进行评估； 4. 接受适当的教育或培训； 5. 开发工作世界中所需要的基本习惯和技能	1. 发现和发展自己的需要和兴趣； 2. 发展和发现自己的能力和才干； 3. 学习职业方面的知识，寻找实现的角色模式； 4. 从测试和咨询中获取最大限度的信息； 5. 查找有关职业和工作角色的可靠的信息源； 6. 发展和发现自己的价值观、动机和抱负； 7. 做出合理的教育决策； 8. 在校品学兼优，以保持尽可能开放的职业选择； 9. 在体育活动、业余爱好和学校的各项活动中寻找机会进行自我测试，以发展一种现实的自我意象； 10. 寻找试验性工作和兼职工作的机会，测试早期职业决策
进入一个组织或初任一个职业		
2. 进入工作世界（16～21岁）（角色：应聘者，新学员）	进入劳动力市场，谋取可能成为一种职业基础的第一项工作； 达成一项正式可行的和心理的契约，保证个人和雇主的需要都能被满足； 成为一个组织的成员——穿越第一个主要的包含边界	学会如何找一项工作，如何申请渡过一次工作访谈； 学会如何评估一项工作和一个组织的信息； 通过挑选和目测； 做出现实的和有效的第一项工作选择
3. 基础培训（年龄：16～25岁）（角色：实习生、新手）	应付工作和成员资格实际上是怎么一回事的现实冲击； 尽快成为一名有效的成员； 适应日常的操作程序； 作为正式的贡献者被承认，穿过下一个包含边界	克服缺乏经验带来的不安全感，增加一种信任感； 译解文化，尽快"了解内情"； 学会与第一个上司或培训者相处； 学会与其他受训者相处； 接受就业仪式和其他与做一名新手有关的仪式，从中学到一些东西（多干下手活和"单调乏味"的任务）； 负责地接受所进入组织和承认的正式符号：制服、徽章、身份证、停车证、公司手册
4. 早期职业的正式成员资格（年龄：17～30岁）（角色：新的正式成员）	1. 承担责任，成功地履行第一次正式分配的有关义务； 2. 发展和展示自己的特殊技能和专长，为提升或进入其他领域的横向职业成长打基础； 3. 在自己的独立需要与组织约束和一定时期附属、依赖、要求之间寻求平衡； 4. 决定是否在这个组织或职业中干下去，或者在自己的需要和组织约束及机会之间寻求一种更好的配合	1. 有效地工作，学会如何处事，改善处事方式； 2. 承担部分责任； 3. 接受附属状态，学会如何与上司和自己的同事相处； 4. 在有限的作业区内发展进取心和主动性； 5. 寻求良师和操作人； 6. 根据自己的才干和价值观，以及组织中的机会和约束，重估当初决定追求的工种； 7. 准备做出长期承诺和一定时期的最大贡献或者流向一个新职位和组织； 8. 应付第一项工作中的成功感或失败感

表2-2(续)

阶段	面临的广义问题	特定任务
5. 正式成员资格，职业中期（年龄：25岁以上）（角色：正式成员，任职者，终生成员主管：经理）（个人有可能停在这个阶段）	1. 选定一项专业，成为一名多面手或进入管理部门，如何保证成为一名专家； 2. 保持技术竞争力，在自己选择的专业（或管理）领域内继续学习； 3. 在组织中确立一种明确的认同，成为人所共知的人； 4. 承担较高水平的责任，包括对他人和对自己的工作； 5. 成为职业中的一名能手； 6. 根据抱负、所寻求的进步类型、用以衡量进步的指标等，开发个人的长期职业计划	1. 取得一定程度的独立； 2. 提高自己的业绩标准，相信自己的决策； 3. 慎重估价自己的动机、才干和价值观，依此决定要达到的专业化程度； 4. 慎重估价组织和职业机会，依此制定下一步的有效决策； 5. 解除自己与良师的关系，准备成为他人的良师； 6. 在家庭、自我和工作事务间取得一种适当调节； 7. 如果业绩平平、任职被否定，或失去挑战力，应调整失败情绪
6. 职业中期危机（年龄：35～45岁）	1. 针对自己不得不决定求安稳、换工作或迎接新的更大的挑战的想法，重估自己的进步； 2. 从中年过渡的普遍性内容方面（一个人梦想和希望与现实的比较），估价职业抱负； 3. 决定工作和个人职业在自己的一生中究竟有多大的重要性； 4. 适应自己成为他人良师的需要	1. 开始意识到个人的职业锚——个人的才干、动机和价值观； 2. 现实地评估个人职业锚对个人前途的暗示； 3. 就接受现状或者争取看得见的前途作出具体选择； 4. 围绕所作出的具体选择，与家人达成新的调节； 5. 建立与他人的良师关系
7. 非领导者角色的职业后期（年龄：40岁至退休）（角色：骨干成员、有贡献的个人或管理部门的成员，有效贡献者或朽木）（许多人停留在这个阶段）	1. 成为一名良师，学会发挥影响、指导、指挥别人，对他人承担责任； 2. 扩大兴趣和以经验为基础的技能； 3. 如果决定追求一种技术职业和职能职业的话，要深化技能； 4. 如果决定追求全面管理角色的话，要担负更大范围的责任； 5. 如果打算求安稳，在职业或工作之外寻求成长的话，接受影响力和挑战能力的下降	1. 坚持技术上的竞争力，或者学会用以经验为基础的智慧代替直接的技术能力； 2. 发展需要的人际和群体技能； 3. 发展必需的监督和管理技能； 4. 学会在一种政治环境中制定有效决策； 5. 应付"崭露头角"的年轻人的竞争和进取； 6. 应付中年危机和家庭的"空巢"问题； 7. 为高级领导角色做准备
穿越包含和等级边界		
8. 处于领导角色的职业后期（可能年轻时获得，但仍会被看作是在职业"后期"）（角色：总经理、官员、高级合伙人、企业家、资深幕僚）	1. 为组织的长期利益发挥自己的才干和技能； 2. 学会整合别人的努力和扩大影响，而不是进行日常决策或事必躬亲； 3. 挑选和发展骨干成员； 4. 开阔视野，从长计议，现实地估价组织在社会中的作用； 5. 如果身为有贡献的个人或企业家，学会如何推销	1. 从主要关心自我，转而更多地为组织福利承担责任； 2. 负责地操作组织机密和资源； 3. 学会操控组织内部和组织与环境边界两方面的局面； 4. 学会在持续增长的职业承诺与家庭、特别是配偶的需要之间谋求平衡； 5. 学会行使高水平的责任和权利，而不是软弱无力或意气用事

表2-2(续)

阶段	面临的广义问题	特定任务
9. 衰退和离职（年龄：40岁至退休，不同的人在不同的年龄衰退）	1. 学会接受权利、责任和中心地位的下降； 2. 基于竞争力和进取心下降，学会接受和发展新的角色； 3. 学会管理很少由工作支配的一种生活	1. 在业余爱好、家庭、社交和社区活动、非全日制工作等方面，寻求新的满足源 2. 学会如何与配偶更亲密地生活 3. 估价完整的职业生涯，着手退休
离开组织或职业		
10. 退休	1. 适应生活方式、角色和生活标准的急剧变化； 2. 运用自己积累的经验和智慧，以各种资深角色对他人进行传帮带	1. 在失去全日制工作或组织角色后，保持一种认同感和自我价值； 2. 在某些活动中依然尽心尽力； 3. 运用自己的智慧和经验； 4. 回首过去的一生，感到有所实现和满足

三、萨柏的职业生涯发展理论

美国代表性的职业管理学家萨柏（Donald E. Super）的职业生涯发展理论把人生的职业生涯分为五个主要阶段。

（1）成长阶段（Growth stage），属于认知阶段。（0~14岁）

（2）探索阶段（Exploration stage），属于学习打基础阶段。（15~24岁）

（3）确立阶段（Establishment stage），属于选择、安置阶段。（25~44岁）

（4）维持阶段（Maintenace stage），属于升迁和专精阶段。（45~64岁）

（5）衰退阶段（Decline stage），属于退休阶段。（65岁以后）

萨柏是职业生涯发展研究领域中最具权威性的人物之一，是全球最有影响力的生涯发展研究者。1940—1950年，萨柏出版了两本关于生涯发展的专著：《职业适应动力学》《职业心理学》，奠定了他在该领域的权威地位。20世纪80年代末，萨柏在许多研究者的成果的基础上，综合了差异心理学、发展心理学、职业社会学、人格理论四个学术领域的内容，系统提出了生涯发展理论，提出了生涯发展的十四项基本主张，从而构成了其生涯发展理论的基础。

与其他理论相比，萨柏的理论为生涯咨询和辅导提供了更加有用的工具，指导了生涯辅导的具体实施，得到了各国生涯辅导专业人士的普遍支持。针对我国现阶段高校学生的就业特点，以下主要介绍萨柏生涯发展理论中的生涯发展阶段、自我概念、生涯成熟度几个方面的内容：

（一）生涯发展阶段

萨柏将生涯发展阶段划分为五个阶段（又称大循环）：成长期（Growth），从出生到14岁；探索期（Exploration），15~24岁；确立阶段（Establishment），25~44岁；维持期（Maintenance），45~64岁；衰退期（Decline），65岁以上。在每个时期至下个时期之间，称为转换期（Transition），又称为小循环，包括：新的成长、再探索以及再建立等三个历程。他认为人在不同的阶段面临的发展任务不同，个人必须达成其每一阶段的生涯发展任务，并为下一阶段的发展做好预先规划与准备。个人一旦进入一个新的生涯发展阶段，可能进入一个新的发展循环，需重新经历成长、探索、确立、维持、衰退等一系列历程（见图2-1）。

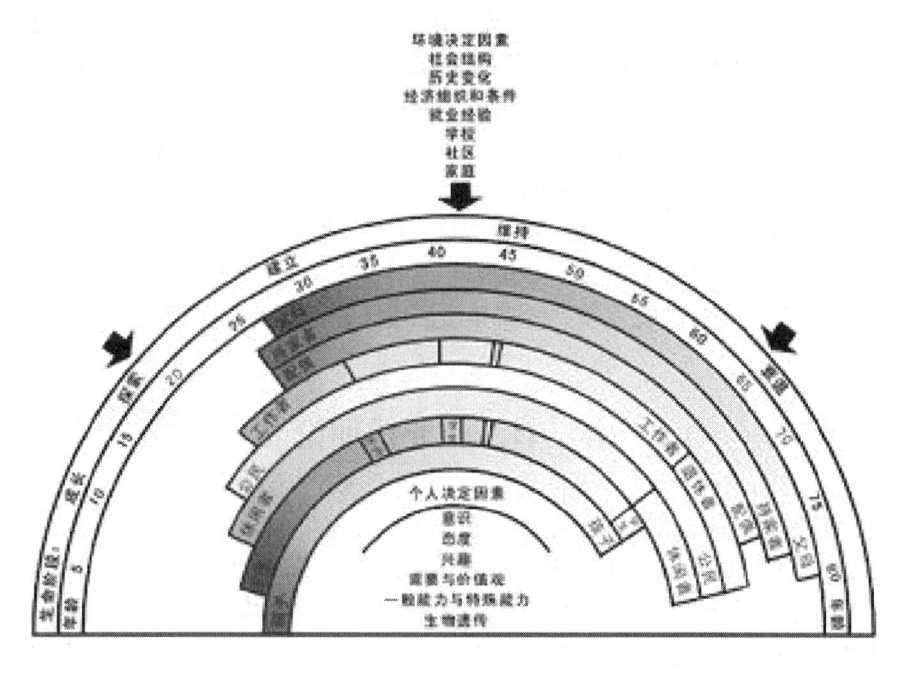

图 2-1 萨柏的职业生涯彩虹图

（二）自我概念

自我概念（Self-Concept）是萨柏生涯发展理论中的核心重点。萨柏认为职业生涯发展是发展和实现自我概念的过程，他认为自我概念是一个结合体，包括了生物学特征以及个人所扮演的社会角色等。自我概念指的是个人看待自己和自身境况的观点，包括两个部分：一是个人或心理上的，包括个人如何选择以及如何对选择进行调整；另一个是社会的，重点是个人对其社会经济情况及与工作和生活有关的当前社会结构的个人评价。自我概念不是静态的，而是持续发展的。自我概念影响生涯决定，正确的自我概念是生涯成熟的必要条件。

（三）生涯成熟度

萨柏关于生涯成熟度（Career Maturity）的概念，是生涯发展理论的贡献之一。生涯成熟度是发生在生命中某个阶段内，由成功完成生涯发展任务而获得的，它为生涯咨询及生涯教育目标及策略提供了信息。萨柏认为在各个阶段完成适当的任务，即是生涯成熟，生涯成熟的概念包括两方面，一是指个人在整个职业生涯历程中达到社会期望的水准，二是以职业生涯各发展阶段的发展任务为标准所作的衡量。生涯成熟度与自我认知、生涯知识及发展规划的能力相关联。生涯成熟度包含了以下六个维度：①职业选择的定向，是决定个人是否关心做出最终的职业选择的态度维度；②职业信息和规划，与个人所有的未来生涯决策及过去所完成的计划的能力维度；③职业偏好的一致性，指个人偏好的一致性；④个人特质的具体化，指个人朝向自我概念形成的过程；⑤职业选择的独立性，指工作经验的独立性；⑥职业偏好的智慧，个人将现实偏好与个人任务维持一致的能力维度。

四、职业成熟理论

职业成熟是从人们生涯初期就开始出现，直到职业生涯终了为止连续进行的过程。职业成熟（Vocational Maturity）这个概念，就是表示在职业生涯这个连续线上已到达了什么位置。日本学者森下（1986，1988）使用其他学者研制的职业成熟量表，以高中生为对象，测定了他们个人发展的程度。职业成熟量表由自发性、独立性和计划性构成。将这3个维度合起来，就得出综合成熟度得分。

个人的职业选择决策明确，感兴趣和所关心的事不变，自己希望从事的职业已经定下来，充分了解自己的长处和短处，职业观已确定等，对职业成熟具有强烈影响。对高一学生和高二学生的比较研究发现，随着年级的增长，他们的职业意识存在着差异。

第三节 职业锚理论

职业锚理论产生于在职业生涯规划领域具有"教父"级地位的美国麻省理工大学斯隆商学院、美国著名的职业指导专家埃德加·H. 施恩（Edgar H. Schein）教授领导的专门研究小组，该理论是在对该学院毕业生的职业生涯研究中演绎形成的。斯隆管理学院的44名MBA毕业生，自愿形成一个小组接受施恩教授长达12年的职业生涯研究，包括面谈、跟踪调查、公司调查、人才测评、问卷等多种方式，最终分析总结出了职业锚（又称职业定位）理论。

所谓职业锚，又称职业系留点。锚，是使船只停泊定位用的铁制器具。职业锚，是指当一个人不得不做出选择的时候，他无论如何都不会放弃的职业中的那种至关重要的东西或价值观。实际上就是人们选择和发展自己的职业时所围绕的中心。职业锚，也是自我意向的一个习得部分。个人进入早期工作情境后，由习得的实际工作经验所决定，与在经验中自省的动机、价值观、才干相符合，达到自我满足和补偿的一种稳定的职业定位。职业锚强调个人能力、动机和价值观三方面的相互作用与整合。职业锚是个人同工作环境互动作用的产物，在实际工作中是要不断作出调整的。

一、职业锚问卷

职业锚问卷是国外职业测评运用最广泛、最有效的工具之一。职业锚问卷是一种职业生涯规划咨询、自我了解的工具，能够协助组织或个人进行更理想的职业生涯发展规划。

职业定位问卷

下面给出了四十个问题，根据你的实际情况，从"1~6"中选择一个数字，数字越大，表示这种描述越符合你的情况。例如，"我梦想成为公司的总裁"，他可做出如下选择：

选"1"代表这种描述完全不符合你的想法；
选"2"或选"3"代表你偶尔（或者有时）这么想；

选"4"或选"5"代表你经常（或者频繁）这么想；
选"6"代表这种描述完全符合你的一贯想法。

确定最符合你自身情况的选项，并将该选项填写在每道题目右边的括号内。
1. 从不　　　2. 偶尔　　　3. 有时　　　4. 经常　　　5. 频繁　　　6. 总是

职业锚测评题目：
1. 我希望做我擅长的工作，这样我的建议可以不断被采纳　　　　　　（　）
2. 当我整合并管理其他人的工作时，使我非常有成就感　　　　　　（　）
3. 我希望我的工作能让我用自己的方式，按自己的计划去开展　　　（　）
4. 对我而言，安定与稳定比自由和自主更重要　　　　　　　　　　（　）
5. 我一直在寻找可以让我创立自己事业（公司）的创意（点子）　　（　）
6. 我认为只有对社会做出真正贡献的职业才算成功的职业　　　　　（　）
7. 在工作中，我希望去解决那些挑战性的问题，并且胜出　　　　　（　）
8. 我宁愿离开公司，也不愿从事需要个人和家庭做出一定牺牲的工作（　）
9. 将我的技术和专业水平发展到一个更具有竞争力的层次是成功职业的必要条件
　　　　　　　　　　　　　　　　　　　　　　　　　　　　　　　（　）
10. 我希望能够管理一个大的公司，我的决策将会影响许多人　　　　（　）
11. 如果职业允许自由的决定我自己的工作内容、计划、过程时，我会非常满意
　　　　　　　　　　　　　　　　　　　　　　　　　　　　　　　（　）
12. 如果工作的结果使我丧失了自己在组织中的安全稳定感，我宁愿离开这个工作岗位　　　　　　　　　　　　　　　　　　　　　　　　　　　（　）
13. 对我而言，创办自己的公司比在其他的公司中争取一个高的管理位置更有意义　　　　　　　　　　　　　　　　　　　　　　　　　　　　　（　）
14. 我的职业满足来自于我可以用自己的才能去为他人提供服务　　　（　）
15. 我认为职业的成就感来自于克服自己面临的非常有挑战性的困难　（　）
16. 我希望我的职业能够兼顾个人、家庭和工作的需要　　　　　　　（　）
17. 对我而言，在我喜欢的专业领域内做资深专家比做总经理更有吸引力（　）
18. 只有在我成为公司的总经理后，我才认为我的职业人生是成功的　（　）
19. 成功的职业应该允许我有完全的自主与自由　　　　　　　　　　（　）
20. 我愿意在给我安全感、稳定感的公司中工作　　　　　　　　　　（　）
21. 当我通过自己的努力或想法去完成工作时，我的工作成就感最强　（　）
22. 对我而言，利用自己的才能使这个世界变得更加适合生活或居住，比争取一个高的管理职位更重要　　　　　　　　　　　　　　　　　　　　　（　）
23. 当我解决了看上去不可能解决的问题，或者在必输无疑的竞赛中胜出，我会非常有成就感　　　　　　　　　　　　　　　　　　　　　　　　　（　）
24. 我认为只有很好地平衡了个人、家庭、职业三者的关系，生活才能算是成功的　　　　　　　　　　　　　　　　　　　　　　　　　　　　　　（　）
25. 我宁愿离开公司，也不愿频繁接受那些不属于我专业领域的工作　（　）

26. 对我而言，做一个全面的管理者比在我喜欢的领域内做资深专家更具有吸引力
（　　）
27. 对我而言，用我自己的方式不受约束地完成工作，比安全、稳定更重要（　　）
28. 只有当我的收入和工作有保障时，我才会对工作感到满意（　　）
29. 在我的职业生涯中，如果我能成功地创造或实现完全属于自己的产品或点子，我会感到非常成功（　　）
30. 我希望从事对人类和社会真正有贡献的工作（　　）
31. 我希望工作中有很多的机会，可以不断挑战我解决问题的能力（　　）
32. 能很好地平衡个人生活和工作，比达到一个很高的管理职位更重要（　　）
33. 如果工作中经常用到我特别的技巧和才能，我会感到特别满意（　　）
34. 我宁愿离开公司，也不愿意接受让我离开全面管理的工作（　　）
35. 我宁愿离开公司，也不愿意接受约束我自由和自主控制权的工作（　　）
36. 我希望有一份让我有安全感和稳定感的工作（　　）
37. 我梦想着创建属于自己的事业（　　）
38. 如果工作限制了我为他人提供帮助或服务，我宁愿离开公司（　　）
39. 去解决那些几乎无法解决的问题，比获得一个高的管理职位更有意义（　　）
40. 我一直在寻找一份最小化个人和家庭之间冲突的工作（　　）

计分方法：

在40题中挑出三个你得分最高的项目（如果得分相同，则挑出最感兴趣的项目），在每个项目得分的后面，再加4分。（例如，第40题，得了6分，则该题应当加4分，变为10分）将每一题的分数填入下面的空白表格（计分表）中，然后按照"列"进行分数累加得到一个部分，将每列总分除以5得到每列的平均分，填入表格。记住：在计算平均分和总分前，不要忘记将最符合你日常想法的三项，额外加上4分。

TF	GM	AU	SE	EC	SV	CH	LS
1 ——	2 ——	3 ——	4 ——	5 ——	6 ——	7 ——	8 ——
9 ——	10 ——	11 ——	12 ——	13 ——	14 ——	15 ——	16 ——
17 ——	18 ——	19 ——	20 ——	21 ——	22 ——	23 ——	24 ——
25 ——	26 ——	27 ——	28 ——	29 ——	30 ——	31 ——	32 ——
33 ——	34 ——	35 ——	36 ——	37 ——	38 ——	39 ——	40 ——
总分							
平均分（总分/5）							

技术/职能型职业锚（TF）

* 如果你的职业锚是技术/职能型，你始终不肯放弃的是在专业领域中展示自己的技能，并不断把自己的技术发展到更高层次的机会

* 你希望通过施展自己的技能以获得别人的认可，并乐于接受来自专业领域的挑

战，你可能愿意成为技术/职能领域的管理者，但管理本身并不能给你带来乐趣，你极力避免全面管理的职位

　　* 这一领域的得分在积分表的 TF 下方

　　管理型职业锚（GM）
　　* 你始终不肯放弃的是升迁到组织更高的管理职位，这样你能够整合其他人的工作，并对组织中某项工作的绩效承担责任
　　* 你希望为最终的结果承担责任，并把组织的成功看做是自己的工作
　　* 这一领域的得分在积分表的 GM 下方

　　自主/独立型职业锚（AU）
　　* 你始终不肯放弃的是按照自己的方式工作和生活，你希望留在能够提供足够的灵活性，并由自己来决定何时及如何工作的组织中
　　* 你宁可放弃升职加薪的机会，也不愿意丧失自己的自主独立性。为了最大限度的自主和独立，你可能创立自己的公司
　　* 这一领域的得分在积分表的 AU 下方

　　n 安全/稳定型职业锚（SE）
　　* 你始终不肯放弃的是稳定的或终身雇佣制的职位
　　* 你希望有成功的感觉，这样你才可以放松下来。你关注财务安全和就业安全。你对组织忠诚，对雇主言听计从，希望以此获得终身雇佣的承诺
　　* 这一领域的得分在积分表的 SE 下方

　　创造/创业型职业锚（EC）
　　* 你始终不肯放弃的是凭借自己的能力和冒险的愿望，扫除障碍，创立属于自己的公司或组织
　　* 你希望向世界证明你有能力创建一家企业，现在你可能在某一组织中为别人工作，但同时你会学习并评估未来的机会，一旦你认为机会成熟，就会尽快地开始自己的创业历程。
　　* 这一领域的得分在积分表的 EC 下方

　　服务型职业锚（SV）
　　* 你始终不肯放弃的是做一些有价值的事情，比如：解决环境问题、增进人与人之间的和谐、帮助他人等
　　* 你宁愿离开原来的组织，也不会放弃对这些工作机会的追求
　　* 这一领域的得分在积分表的 SV 下方

　　挑战型职业锚（CH）
　　* 你始终不肯放弃的是去解决看上去无法解决的问题，战胜强硬的对手或克服面临

的困难

　　* 对你而言，职业的意义在于允许你战胜不可能的事情
　　* 这一领域的得分在积分表的 CH 下方

生活型职业锚（IS）
　　* 你始终不肯放弃的是平衡并整合个人的、家庭的和职业的需要
　　* 你希望生活中的各个部分能够协调统一向前发展，因此你希望职业有足够的弹性允许你来实现这种整合
　　* 这一领域的得分在积分表的 IS 下方。

二、了解职业锚的方式

了解职业锚的概念，要注意几个方面：

（1）职业锚以员工习得的工作经验为基础。职业锚发生于早期职业阶段，新员工已经工作若干年，习得工作经验后，方能够选定自己稳定的长期贡献区。个人在面临各种各样的实际工作生活情境之前，不可能真切地了解自己的能力、动机和价值观以及在多大程度上适应可行的职业选择。因此，新员工的工作经验产生、演变和发展了职业锚。换句话说，职业锚在某种程度上由员工实际工作所决定，而不只是取决于潜在的才干和动机。

（2）职业锚不是员工根据各种测试出来的能力、才干或者作业动机、价值观，而是在工作实践中，依据自身和已被证明的才干、动机、需要和价值观，现实地选择和准确地进行职业定位。

（3）职业锚是员工自我发展过程中的动机、需要、价值观、能力相互作用和逐步整合的结果。

（4）员工个人及其职业不是固定不变的。职业锚，是个人稳定的职业贡献区和成长区。但是，这并不是意味着个人将停止变化和发展。员工以职业锚为其稳定源，可以获得该职业工作的进一步发展，以及个人生物社会生命周期和家庭生命周期的成长、变化。此外，职业锚本身也可能变化，员工在职业生涯的中后期可能会根据变化了的情况，重新选定自己的职业锚。

三、发展内容

职业锚以员工习得的工作经验为基础，产生于早期职业生涯。员工的工作经验进一步丰富发展了职业锚。1978 年，美国 E. H. 施恩教授提出的职业锚理论包括五种类型：自主型职业锚、创业型职业锚、管理能力型职业锚、技术职能型职业锚、安全型职业锚。

由于逐渐发现职业锚的研究价值，越来越多的人加入了研究的行列。在 20 世纪 90 年代，又发现了三种类型的职业锚：安全稳定型、生活型、服务型职业锚。施恩先生将职业锚增加到八种类型，并推出了职业锚测试量表。

四、类型介绍

（一）技术/职能型

技术/职能型（Technical Functional Competence）：技术/职能型的人，追求在技术/职

能领域的成长和技能的不断提高，以及应用这种技术/职能的机会。他们对自己的认可来自他们的专业水平，他们喜欢面对来自专业领域的挑战。他们一般不喜欢从事一般的管理工作，因为这将意味着他们放弃在技术/职能领域的成就。

（二）管理型

管理型（General Managerial Competence）：管理型的人追求并致力于工作晋升，倾心于全面管理，独自负责一个部分，可以跨部门整合其他人的努力成果，他们想去承担整个部分的责任，并将公司的成功与否看成自己的工作。具体的技术/功能工作仅仅被看成是通向更高、更全面管理层的必经之路。

（三）自主/独立型

自主/独立型（Autonomy Independence）：自主/独立型的人希望随心所欲安排自己的工作方式、工作习惯和生活方式。追求能施展个人能力的工作环境，最大限度地摆脱组织的限制和制约。他们愿意放弃提升或工作扩展机会，也不愿意放弃自由与独立。

（四）安全/稳定型

安全/稳定型（Security Stability）：安全/稳定型的人追求工作中的安全与稳定感。他们可以预测将来的成功从而感到放松。他们关心财务安全，例如退休金和退休计划。稳定感包括诚信、忠诚以及完成领导交代的工作。尽管有时他们可以达到一个高的职位，但他们并不关心具体的职位和具体的工作内容。

（五）创业型

创业型（Entrepreneurial Creativity）：创业型的人希望用自己的能力去创建属于自己的公司或创建完全属于自己的产品（或服务），而且愿意去冒风险，并克服面临的障碍。他们想向世界证明公司是他们靠自己的努力创建的。他们可能正在别人的公司工作，但同时他们在学习并评估将来的机会。一旦他们感觉时机到了，他们便会自己走出去创建自己的事业。

（六）服务型

服务型（Service Dedication to a Cause）：服务型的人指那些一直追求他们认可的核心价值，例如：帮助他人，改善人们的安全，通过新的产品消除疾病。他们一直追寻这种机会，即使这意味着要变换公司，他们也不会接受不允许他们实现这种价值的工作变换或工作提升。

（七）挑战型

挑战型（Pure Challenge）：挑战型的人喜欢解决看上去无法解决的问题，战胜强硬的对手，克服无法克服的困难障碍等。对他们而言，参加工作或职业的原因是工作允许他们去战胜各种不可能的困难。新奇、变化和挑战困难是他们的终极目标。如果事情非常容易，会马上变得非常令其厌烦。

（八）生活型

生活型（Lifestyle）：生活型的人喜欢允许他们平衡并结合个人的需要、家庭的需要和职业的需要的工作环境。他们希望将生活的各个主要方面整合为一个整体。正因为如此，他们需要一个能够提供足够的弹性让他们实现这一目标的职业环境，甚至可以牺牲他们职业的一些方面，如提升带来的职业转换。他们将成功定义得比职业成功更广泛，如自己如何生活，在哪里居住，以及如何处理家庭事务，才是成功的人生。其在组织中的发展道路等方面是与众不同的。

五、功能介绍

职业锚在员工的工作生命周期中，在组织的事业发展过程中，发挥着重要的功能作用。

（一）使组织获得正确的反馈

职业锚是员工经过搜索，所确定的长期职业贡献区或职业定位。这一搜索定位过程，依循着员工的需要、动机和价值观进行。所以，职业锚清楚地反映出员工的职业追求与抱负。

（二）为员工设置可行有效的职业渠道

职业锚准确地反映员工职业需要及其所追求的职业工作环境。反映员工的价值观和抱负。透过职业锚，组织获得员工正确信息的反馈，这样，组织才可能有针对性的对员工职业发展设置可行的、有效的、顺畅的职业渠道。

（三）增长员工工作经验

职业锚是员工职业工作的定位，不但能使员工在长期从事某项职业中增长工作经验，同时，员工的职业技能也能不断增强，直接产生提高工作效率或劳动生产率的明显效益。

（四）为员工做好奠定中后期工作的基础

之所以说职业锚是员工中后期职业工作的基础。是因为职业锚是员工在通过工作经验的积累后产生的，它反映了该员工价值观和被发现的才干。当员工抛锚于某一种职业工作过程，就是自我认知过程。就是把职业工作与自我观相结合的过程，开始决定成年期的主要生活和职业选择。

六、应用的意义

职业锚是个人早期职业发展过程中逐步确立的职业定位。某资深顾问人士认为在职业锚的选定或开发中，雇员个人起着决定性作用。

（一）提高职业适应性

一般而言，新雇员经过认识、塑造、充实规划自我等诸多职前准备，经过一定的科学的职业选择，进入企业组织，这本身即代表了该雇员个人对所选择职业有一定的适合性。但是这种适合性仅是初步的，是主观的认识、分析、判断和体验，尚未经过职业工作实践的验证。

职业适应性是职业活动实践中验证和发展了的适合性。每个人从事职业活动，总是处于一定的物质环境和心理环境之中，个人从事职业的态度，受到诸多主客观因素的影响，例如个人对工作的兴趣、价值观、技能、能力、客观的工作条件、福利情况，他人和组织对自己工作的认可及奖励情况、人际关系情况，以及家庭成员对本人职业工作的态度，等等。个人的职业适应性就是能尽快习惯、调适、认可这些因素，也就是雇员在组织的具体职业活动中，视职业工作性质、类型和工作条件，与个人需要和价值目标融合，使自身在职业工作生活中获得最大的满足。职业适应的结果能保证雇员个人在较长一段时间内从事某种职业活动，而且能保证雇员在职业活动中有较高的效率，有利于雇员个性的全面协调发展。因此，雇员由初入组织的主观职业适合，通过职业活动实践，转变为职业适应的过程，即是雇员搜寻职业锚或开发职业锚的过程。职业适应性是职业锚的准备或前提基础。

（二）借助组织的职业计划表，选定职业目标，发展职业角色形象

职业计划表是一张工作类别结构表，是将组织所设计的各项工作分门别类进行排列，形成一个较系统反映企业人力资源配给情况的图表。雇员应当借助职业计划表所列职工工作类别、职务升迁与变化途径，结合个人的需要与价值观，实事求是的选定自己的职业目标。一旦瞄准目标，就要根据目标工作职能及其对人员素质的要求有目的地进行自我培养和训练，使自己具备从事该项职业的充分条件，从而在组织内树立良好的职业角色形象。

职业角色形象，是雇员个人向组织及其工作群体的自我职业素质的全面展现，是组织或工作群体对个人关于职业素质的一种根本认识。职业角色形象构成主要有两大要素：一是职业道德思想素质，通过敬业精神、对本职工作热爱与否、事业心、责任心、工作态度、职业纪律、道德等来体现；二是职业工作能力素质，主要看雇员所具有的智力、知识、技能是否能胜任本职工作。雇员个人应当从上述两个主要的基本构成要素入手，很好的塑造自己的职业角色定位，为自己确定职业锚位创造条件，打好基础。

（三）培养和提高自我职业决策能力和决策技术

自我职业决策能力，是一种重要的职业能力。决策能力大小、决策正确与否，往往影响整个职业生涯发展乃至一生。在个人的职业发展过程中，特别是职业发展的转折关头，例如首次择业、选定职业锚、重新择职等，具有强制职业决策能力和决策技术十分重要。所以，个人在选择、开发职业锚之时，必须着力培养和提高职业决策能力。

所谓自我职业决策能力，意指个人习得的用以顺利完成职业选择活动所需要的知识、技能及个性心理品质。具体就是要培养和提高个人如下几方面的职业决策能力：①善于搜集相关的职业资料和个人资料，并对这些资料进行正确的分析与评价；②制定职业决策计划与目标，独立承担和完成个人职业决策任务；③在实际决策过程中，不是犹豫不决、不知所措、优柔寡断，而是有主见性，能适时地、果断地做出正确决策；④能有效地实施职业决策，能够克服计划实施过程中的种种困难。

职业决策能力运用于实际的职业决策之时，需要讲究决策技术，掌控决策过程。首先，搜集、分析与评价各项相关职业资料及个人资料，即是对几种职业选择途径的后果与可能性的分析和预测。其次，对个人预期职业目标及价值观进行探讨。个人究竟是怎样的职业价值倾向？由此决定的职业目标是什么？类似的问题并非每个人都十分清楚。现实当中，经常会发现价值观念不清、不确定的情况。所以，澄清、明确和肯定个人主观价值倾向与偏好当为首要，否则无法做出职业决策。最后，在上述两项工作的基础上，将主观愿望、需要、动机和条件，与客观职业需要进行匹配和综合平衡，经过权衡利弊得失，确定最适合、最有利、最佳的职业岗位。这一决策选择过程是归并个人的自我意向，找到自己爱好的和擅长的东西，发展一种将带来满足和报偿的职业角色的过程。

经过近30年的发展，职业锚已成为许多个人职业生涯规划的必选工具和公司人力资源管理的重要工具。

个人在进行职业规划和定位时，可以运用职业锚思考自己具有的能力，确定自己的发展方向，审视自己的价值观是否与当前的工作相匹配。只有个人的定位和要从事的职

业相匹配，才能在工作中发挥自己的长处，实现自己的价值。尝试各种具有挑战性的工作，在不同的专业和领域中进行工作轮换，对自己的资质、能力、偏好进行客观的评价，是使个人的职业锚具体化的有效途径。

对于企业而言，通过雇员在不同的工作岗位之间的轮换，了解雇员的职业兴趣爱好、技能和价值观，将他们放到最合适的职业轨道上去，可以实现企业和个人发展的双赢。

案例思考：

去还是留？职业生涯的艰难抉择

吴依敏今年28岁，女性，刚获得企管硕士学位，并与陈震东先生一起工作。然而目前的职位并不是吴依敏所期望的，因此她正在考虑自己是否应该留在光明投资银行。

光明投资银行具备清晰的管理结构，但并没有刻板的等级制度。其风格相对不拘形式，具有较大的灵活性，工作积极主动的人能迅速脱颖而出，具有创新意识的思路能够迅速传递到公司上层。光明投资银行不是一个只就备忘录所记载的事务而忙碌的公司，大量的工作是通过电话和面谈完成的。这种环境并不适合所有的人。加入光明投资银行的人不要指望随波逐流，员工必须发挥主观能动性，努力寻找脱颖而出的新途径。光明投资银行引以为傲的是推崇唯才是举，公司看重的是成果。

光明投资银行历来注意拓展员工的经验范围，重视各项业务之间技能的互通性，承诺为公司内的优秀人才提供最佳发展机会。当需要专业化技能时，公司鼓励个人朝这个方向发展，但并不强求。客户交给公司的问题越来越复杂，公司认为，广博的经验和对公司运作的理解是满足他们需求的最有效的方法。

参观过光明投资银行的人都会感受到一种同事间的友谊和真诚，一种轻松自如，一种大门随时敞开的感觉。在这里，每个人都至关重要，个性得以充分的发展。光明投资银行是一个倡导鲜明个性、鼓励积极主动、重视创造能力的公司。

公司在客户的眼里是一个统一的整体。无论要解决的问题多么复杂和困难，公司都确保能调配整个公司内相应的人力和资源来为客户服务。这种通过团队协作解决问题的方法对公司的客户来说至关重要，而且这正是公司的工作重点所在。这种以公司整体开展业务的方法，要求公司注重互相协调和执行战略计划。公司通过研究长远发展的问题并不断进行调整，保证使公司战略成功的模式得到持续应用，以便公司能够在竞争中不断满足客户提出的各种各样的新要求。

光明投资银行发展的宗旨是将公司的战略目标同个人发展目标相结合，这种观念是企业文化的一部分，也是公司未来计划中的一个具体组成部分。公司聘用的员工具有广泛的专业背景，以使公司人员专业能力的深度和广度都能得到拓展。他们来自世界各地，专业范围也越来越宽，从金融到哲学、从经济学到工程学。公司认识到保持技术领先地位至关重要。在为客户服务、向客户提供信息时，技术优势转化为公司的竞争优势，所以公司大力投入资源保持这一优势。

公司能持续发展，关键是在适应环境不断变化的同时，能够保持公司的优秀文化及形象的精髓——公司的信念：在工作方法方面，公司重视以客户为重点、业务范围多样化、团队合作和创新；在员工相互协作方面，公司重视信守承诺、职业精神、尊严和尊重；在员工事业发展方面，公司重视岗位流动、唯才是举以及提供优越的薪酬福利。

一、以客户为重点

公司的成功始于每一名员工对客户的奉献。客户知道公司会竭尽全力帮助他们达到其目标，也知道虽然形势在不断变化，但是公司在业务上着眼于长远的观点始终没有改变。正因为如此，一些重要机构正在依靠光明投资银行执行涉及全行业的、最为错综复杂、最具有创新意义的交易。因为公司承担必要的风险以换取客户的最佳利益，也因为公司把客户的利益放在首位，所以许多客户都和公司保持着长期的合作关系。

二、业务范围多样化

公司的业务灵活多样，包括企业融资、并购、销售与贸易、资产管理和直接投资等，每一项业务又都提供多种产品和多种服务。这种多样性可以为客户提供广泛的服务，以满足他们的需求。此外，这种多样性在市场波动很大的情况下，有助于避免收益不稳定。

三、团队合作

公司提倡并奖励团队合作。这一方针使公司在目前尤为受益，因为满足客户的需求需要集思广益。比如，当投资者寻求更改风险和回报的方案时，其解决方案就涉及研究、资产分配与优化模型、上市融资和结构融资以及各种执行方法。公司的专业人员必须根据所需专业技术把各种人才组织成一支队伍，齐心协力制订出解决方案。一个真正的"一体化公司"应由具有高技能的个人组成，这些个人通过不断变更组合来解决不同问题。

四、创新

公司的客户现在不知道十年后他们会需要什么样的产品，但公司打算为他们做好准备。公司在多种业务之间调配人员和技术的独特方法，创造了一种激发创新能力的氛围。公司以其创新精神欢迎各种新想法和新方案；只要符合公司的标准，公司就会迅速将其推向市场，这将提高公司在创新方面的声誉，还能鼓励客户上门寻求新思路。

五、信守承诺

公司在开发人力资源方面不惜花费大量资源。共同探索关于全球资本市场的深奥知识，并挖掘应用这些知识的能力。公司的目标是成为金融服务业中的最佳雇主。公司承诺为所有员工持续营造一个积极向上的工作环境，根据业绩提供晋升的机会。

六、职业精神

追求完美是公司一贯的作风，力求完善是公司与客户保持长久关系的基础。公司的文化是培养每位员工以最高的标准对待工作的作风。因此，在每年一次的专业人员绩效评估中，除工作效率与产品知识之外，在帮助他人、交叉销售和人员招聘等方面所花费的精力也包括在评估范围之内。

七、尊严与尊重

尊严与互相尊重是人们在共同工作、共同发展、共同学习中所形成的文化的核心表现。在光明投资银行中能体验到人与人之间的伙伴情谊、相互尊重和公司的荣誉感。公司的每个成员都扮演着一个不可或缺的角色，所以，公司中有许多人都长期留任，或以公司为其唯一雇主。

八、岗位流动

公司信奉的哲学是将每个员工在不同地区、不同业务领域之间进行流动，这有利于员工的全面提高和发展。公司将安排专业人员参加公司其他分支机构的工作。

九、唯才是举

公司引以为傲的是推崇唯才是举。公司注重的是成果，不管员工在公司里的级别如何，都能为公司做出贡献，对公司产生影响。虽然公司具有明晰的管理结构，但并没有刻板僵硬的等级，公司的风格比较随意、灵活，工作积极而主动的人能够迅速提升到高层。

十、提供优越的薪酬福利

公司的环境要求雇员保证充分的时间和精力进行工作。作为回报，公司也承诺为专业人员提供丰厚的报酬。从一开始，员工就会享受到较高的薪酬及福利。员工的年度收入一般包括基本薪金加上按业绩评定的浮动性奖金。

我们可以看出，光明投资银行是一个充满活力、有大好发展前景的公司。那么为什么吴依敏要离开光明投资银行呢？

当吴依敏刚从大学取得数学学士之后，她进入了在上海市的大上海国际银行，担任电脑程序设计师。她晋升得很快！从程序设计师到系统分析师，她希望有机会去从事更具有挑战性及重要性的工作，而且吴依敏感觉到她还需要追求一些别的。

由于吴依敏对银行方面知识十分了解，所以大上海国际银行派她到光明投资银行接一个计划。当然，吴依敏是设计规划小组的组长，她的责任就是帮光明投资银行发展一套在自动交换机上的软件程序，而计划的委托人就是陈震东先生。

在吴依敏尚未与陈震东先生谋面时，她就耳闻陈震东先生在光明投资银行是最闪亮之星：他45岁，似乎无所不通，而且他知道该如何去激励及激发他的下属。因此她随即和陈震东谈得十分融洽，她也花了不少次的午餐时间与陈震东先生谈到她目前的需求，她希望能拥有一个更广阔的前景，而非目前在大上海国际银行被指定的工作。陈震东先生鼓励她，并告诉她应该再去进修一些企管方面的课程，如获得企管硕士；如果她对行销有兴趣的话，陈震东先生向她保证在光明投资银行留个职位给她。

因此，在吴依敏完成了这个自动交换机软件程式的计划案以后，她就辞职去攻读她的企管硕士课程。该课程是令她兴奋的，但也是十分吃力的，不过，她仍然保持着上进和努力。

当吴依敏毕业后，陈震东先生也兑现了他的诺言，给了她一个十分好的职位——行销经理，负责自动交换机网络并负责建立起对新ATM制度的行销活动。该行销活动希望能将产品推展到郊区各角落。因此，吴依敏第一次真正尝试到她的经理经验。

吴依敏通过企管硕士课程，获得有关企管方面的知识，并且使她在思考上更有信心。因此，没多久吴依敏就不再需要在办事之前先去找陈震东先生讨论，也不再需要陈震东先生的忠告。她要监视并检查所有她负责的工作，而且也变得十分易怒，以往的她是那么懂得感激和鼓舞他人，可是现在变得很容易干扰他人，与他人冲突并且缺乏自制。对于如何行销ATM的产品，她也开始与陈震东先生意见相左，处处显示出她不是一位好的工作伙伴。

——资料来源：http://blog.sina.com.cn/s/blog_66d4db6a01014rgn.html。

思考题：

1. 吴依敏目前正处于职业生涯的何种阶段？
2. 在本案例所叙述的情景下，若您是吴依敏，是选择辞职还是继续留任？为什么？
3. 如果吴依敏要在公司继续留任，她应该具备哪些素质来帮助她更适应她目前的职位？
4. 作为陈震东先生，你认为他应该采取一些什么措施来帮助吴依敏？

第三章
职业生涯设计方法

第一节 职业生涯设计的基本侧重点

作为人生事业发展的起点,职业的选择正确与否,将直接关系到人生事业的成功与失败。要想做出正确决策,选好自己的职业,就必须明确职业生涯设计的基本侧重点,即主要是做好两个方面的工作:①要了解职业的外部环境,对职业进行研究。②要了解自己,特别要做好自我分析,包括潜在的能力分析。

一、了解职业的外部环境

在进行职业选择之前,对职业进行研究,找出一种发展潜力大、在未来若干年中有着较高的社会需求的职业,对未来的职业发展将产生重要的影响。

对职业进行研究可以有两种方式:

(一)阅读和分析有关书籍

目前,许多图书馆都有关于职业分类和职业标准的书籍,以及有关各类职业名称、工作分析的书籍和词典,通过这些工具书,你可以了解到每一种职位的名称、职责、工作环境、工作程序、工作内容,以及工作对人的兴趣、资质、身体条件、受教育程度等方面的各项要求。

(二)浏览各类招聘网站

各类专业的招聘非常活跃,并提供了丰富的内容。目前国内招聘类的网站总数近200家。主要分为四类,第一类是大型综合性招聘网站,比较有影响力主要有:前程无忧、智联招聘、中华英才网、猎聘网、赶集网招聘、58同城招聘、卓博人才网、智通人才网、过来人求职网、百伯网招聘、1010兼职网、招聘会信息、中国人才热线、528招聘网、百才招聘网等。这些网站人气旺、建立时间久,网站内招聘信息丰富,并且有很多知名企业的招聘信息。但是,由于企业信息量大,也相对杂乱,如果你定位不准,想找各行业的工作,可以到这些综合性的网站去看看。第二类是地方性招聘网站,如南方人才网、浙江人才网、深圳人才网、上海公共招聘网、四川省人才网等。对于工作地点有要求的求职者,可以选择地方性的网站,这类招聘网站一般都是针对当地人员,在地方网站发布招聘信息的企业,所招聘的人员一般都要求是本地人。第三类是行业招聘网站,如以中国卫生人才网、建筑英才网、医疗人才网、中国服装人才网、农业人才网、中国汽车人才网等。这类网站的信息具有很高的价值，如果你有很明确的行业定位，那可以上这些网站。第四类是针对高校毕业生的招聘网站，如大街校园招聘、人人校招、应届毕业生、应届生求职网、HiAll大学生招聘等，其中还包括各高校开办就业网站，如南开大学就业网、中国教育热线就业指南、全国高校毕业生就业信息网、北京高校毕业生就业信息网、天津大学就业信息中心、电子科大就业人才网、西南财经大学就业网等。这些网站，不仅提供了各类用人信息和求职信息、就业政策、人才培训、人才测评、人事代理、就业新闻、就业指导等内容，而且还有各类职业发展方面的分析和预测，对各类职业的现状、需求、用人条件、工资待遇、未来变化都有比较详尽的介绍。这对于求职者分析职业来说，具有一定的帮助和指导意义。

通过上述调研工作能够确认哪些职业对你来说是正确的（就你的职业性向、技能、职业锚以及职业偏好而言）选择。

二、认识自己，分析潜能

求职者应当清楚地认识自己，对自己，特别是自己的潜能进行认真地分析。在分析的过程中要特别注意两点：

（一）自主决定职业的选择

首先，求职者自己必须对自己的职业选择负责，即应当明白，职业选择中的许多重要决策必须由自己来做出，而进行这些决策又要求自己制定大量的个人生涯规划并付出大量的努力。换言之，求职者不能将自己的职业选择交给别人去决定，而必须自己决定去从事何种职业以及为了从事这种职业自己必须做出何种迁移决策、必须具备何种教育程度等等。其次，客观分析自我。求职者还必须成为一个出色的诊断专家，必须（通过职业咨询、职业性向测试、自我诊断书籍等）清楚地了解自己的才能或价值观是什么，以及这些才能或价值观与你所考虑的职业是否匹配。换句话说，进行职业选择的关键是进行自我剖析：透视个人希望从职业中获得什么；透视个人的性格、兴趣、气质、才能与不足；透视自己的价值观以及它们是否与自己当前正在考虑的这种职业相匹配。通过这一环节，明确自己的技能、职业性向以及职业爱好等。

每项职业都要求从业者具备一定的条件，如知识、技能、体力、品德和心理素质等；而每个人各方面的条件又都是各不相同的，对职业的选择就必然会有所不同。所以只有认识把握自己，才能作出切合实际的职业选择。在个人选择职业进行自我分析时，诸多因素与职业有关，应该考虑哪些因素呢？

因素虽然很多，但对个体因素而言，主要应考虑一个人的性格、兴趣、能力和气质。下面就性格、兴趣、能力、气质的特征进行分析，并就其与职业如何吻合做一概要介绍。

1. 了解自己的职业兴趣

俗话说"人各有所好"，不同的人有不同的兴趣，有的人对研究自然科学感兴趣，如天文、地理、生物、化学等；有的人兴趣倾向于情感世界，活跃于人际关系领域；有的人则倾向于理智世界，在数学、公式领域内自由翱翔；有的人对智力操作感兴趣，对读书、写作、演算、设计乐此不疲；有的人则对技能操作感兴趣，对修理、车、钳、刨、铣、摄影、琴、棋、书、画感到津津有味。不同的职业也需要不同的兴趣特征，一个擅长技能操作的人，靠他灵巧的双手，在技能操作领域得心应手，但如果硬要他把兴趣转移到书本的理论知识上来,他就会感到无用武之地。正是这种兴趣上的差异,构成人们选择职业的重要依据。故兴趣在职业活动中的作用应引起人们的重视,特别是对于初选职业的人,更应引起注意。

2. 认识自己的职业性格

职业心理学的研究表明,性格是个性中具有核心意义的成分,几乎涉及人的心理过程及个性特征的各个方面。研究表明,性格广泛地影响着人们对职业的适应性,而不同的职业对从业者也有不同的性格要求,人的性格因人而异。主要表现在以下几个方面:

(1) 性格的态度特征不同。有的人诚实、正直、谦逊,而有的人自私、虚伪、自傲;有的人勤奋、认真、创新,而有的人懒惰、自卑、墨守成规。

(2) 性格的意志特征不同。有的人是自制、果断、勇敢,而有的人是冲动、盲目、怯懦;有的人是顽强、严谨、坚持,而有的人是优柔寡断、虎头蛇尾、轻率马虎。

(3) 性格的情绪特征不同。有的人情绪体验深刻,易被情绪支配,控制力较弱,对工作影响较大;有的人情绪体验微弱,意志控制能力强,不易被情绪所左右,情绪对工作影响较小;有的人情绪稳定持久,情绪起伏波动较小,就是在成功和失败的重大事件面前情绪也较稳定;有的人则易激动,情绪不稳,在成功面前忘乎所以,在失败面前又只能垂头丧气;有的人经常处于精神饱满、欢乐之中,朝气蓬勃、乐观向上;有的人经常抑郁低沉、无精打采,等等。

(4) 性格的理智特征不同。如在感知注意方面,有主动观察与被动观察型,发散型与概括型的区别;在想象方面,有主动想象型与被动想象型,有狭窄型与广阔型、模仿型的区别,也有冷静的现实主义和脱离实际的幻想家的区别,等等。

三、判断自己的职业能力

能力是指直接影响活动效率,是使活动任务得以顺利完成的个性心理特征。人的能力可以分为一般能力和特殊能力两大类。一般能力通常又称为智力,包括注意力、观察力、记忆力、思维能力和想象力等。一般能力是人们顺利完成各项任务都必须具备的一些基本能力。特殊能力是指从事某项专业活动的能力,也可称特长,如计算能力、音乐能力、动作协调能力、语言表达能力、空间判断能力等。由此可见,能力是一个人完成任务的前提条件,是影响工作效果的基本因素。因此,了解自己的能力倾向及不同职业的能力要求对合理地进行职业选择具有重要意义。那么,怎样发现和判断自己具有哪些职业能力呢?能力的测量可以利用能力量表进行,常用的有职业能力倾向量表、创造才能测验量表、交际能力测验量表等。

四、确定自己的职业性向

当你对自己的兴趣、能力、性格有了一个初步的认识后,就可以把这三方面联系起来,从总体上确定自己的职业性向。

美国霍普金斯大学著名的职业指导专家、心理学教授约翰·霍兰德认为,有六种基本的职业性向。他强调:同一类型的人与同一类型的职业互相结合,才能达到适应状态。而"人"在一生中面临着许多职业的选择、工作的选择、职位的选择,甚至具体项目的选择,这些选择是否能与其类型相匹配,自然也是影响其成功的重要因素。例如倾向与

"人"共事并且在该方面颇具技巧的人,能在与他人的交往中获得乐趣,并且喜欢人际交往中的领导、劝说、教导或咨询等事务;对"数据"王国颇感兴趣并具备一定才能的人倾向于通过词语和符号表达出来的数字和抽象概念打交道;喜欢使用机器、工具、器械的个人则属于喜欢"事物"的人,他们喜欢在实际的物理环境中解决问题。喜欢观念的人可以从事抽象的、利用想象的工作。

据霍兰德理论,职业兴趣分为六种类型,每个人都归属于职业兴趣中的一种或几种类型。具体如下:

(1) 实际性向。具有这种性向的人会被吸引去从事那些包含着体力活动并且需要一定的技巧、力量和协调性才能承担的职业。这些职业的例子有:森林工人、耕作工人以及农场主等。

(2) 调研性向。具有这种性向的人会被吸引去从事那些包含着较多认知活动(思考、组织、理解等)的职业,而不是那些主要以感知活动(感觉、反应或人际沟通以及情感等)为主要内容的职业。这类职业的例子有:生物学家、化学家以及大学教授等。

(3) 艺术性向。具有这种性向的人会被吸引去从事那些包含着大量自我表现、艺术创造、情感表达以及个性化活动的职业。这类职业的例子有:艺术家、广告制作者以及音乐家等。

(4) 社会性向。具有这种性向的人会被吸引去从事那些包含着大量人际交往内容的职业,而不是那些包含着大量智力活动或体力活动的职业。这种职业的例子有:诊所的心理医生、外交工作者以及社会工作者等。

(5) 企业性向。具有这种性向的人会被吸引去从事那些包含着大量以影响他人为目的的语言活动的职业。这类职业的例子有:管理人员、律师以及公共关系管理者等。

(6) 常规性向。具有这种性向的人会被吸引去从事那些包含着大量结构性的且规则较为固定的活动的职业,在这些职业中,雇员个人的需要往往要服从于组织的需要。这类职业的例子有:会计以及银行职员等。

根据霍兰德的理论,一个人的职业兴趣会影响到职业的适宜度。当他从事的职业与其兴趣相吻合时,就可能发挥出能力,容易做出成就;反之可能导致其原有才能的浪费,或者必须付出更大的努力才能成功。

"千里之行,始于足下",美好的未来离不开脚踏实地的艰苦努力。要想在多彩的职业世界里走得潇潇洒洒,就必须从现在做起:即根据自己的个性特点找准相应的职业范畴,并努力创造职业发展的条件。至于具体的职业和工种则不必忙着"定终身"。因为当今科技发展日新月异,职业世界变化多端,而大多数人特别是青年人又有较强的适应性和可塑性,只要大方向找对了,就可以在今后的职业变动中找到自己光明的发展前途。

第二节 潜能的自我分析

一、认识潜能

潜能(Potential)又译作潜力。它既是一个哲学术语,也是一个教育概念,更是心理学不可或缺的一个词汇。对潜能的含义还存在着种种不同的看法，但对以下几点有较一致的看法：

（一）潜能是发展的可能性，而不是现实性

正如《哲学大辞典》所说：潜能实现了的时候就是现实的，而现实还没有实现的时候就是潜能。这就是说，任何一个现实的东西，都是在其潜能所提供的"发展可能性"范围内发展起来的。可以说，任何个体的发展，都是由这种可能性转化为现实性的过程。

（二）潜能是潜在的能力，而不是实际的能力

众所周知，实际的能力（即通常所说的能力）属于个性心理特征。是保证人们成功地进行实际活动的一系列稳定心理特点的综合。它表现为个体的"所能为者"。但潜能根本不可能"保证人们成功地进行实际活动"，它只能表现为个体的"可能为者"。个体成功地进行实际活动的能力，便是由"可能为者"向"所能为者"转化的结果。

（三）潜能是发展的前提或基础，而不是"已发展"的本身

这就是说，任何一个获得了某种发展或发展成熟的实体，都是在其所具备的潜能基础上发展起来的。以某一个体来说，他潇洒英俊的体魄，明是非、辨美丑的才智以及选择、适应、改造环境的能力都是以其相应的潜能为前提的，没有这些潜能的存在，就不会有这些发展结果的呈现。

二、潜能开发的途径

（一）树立自信心

美国著名心理学家博恩·崔西说，潜意识可以产生3万倍的力量！潜意识就是我们无条件执行的下意识。只有把潜意识的力量开发出来，我们才可能获得巨大成功。自信心在事业和生活中有着十分重要的作用。在生活中，自信的人会主动去寻找机会，他得到的机会也就更多一些，成功的可能性相应的就更大一些；而不自信（自卑）的人，就算机会来找他，他也可能会因害怕做不好而让机会白白地溜走，可以说，自卑感是人开发自身潜能的"拦路虎"。美国潜能大师安东尼·罗宾说得好：相信"能"的人才会成功。因为当一个人充满自信，处在一种积极的心态时，就会影响其身体的生化功能和电波传送，因而感觉会变，行为也会变，从而能做到先前认为自己办不到的事，也就是说，当一个人能肯定自己，充分认识到自己的能力时，他就相应地能树立坚定的信念，并一以贯之地去追求，必胜的信念则会推动他深入挖掘自己的潜能，直至成功。要重建自信心，可从一些日常小事上做起：挑前面的位子坐。坐在前面能建立自信心，开会的时候，不妨把它当作一个规则试一试，你会发现自己的心理慢慢地有一些微妙的变化；练习正视别人。一个人的眼神可以透露出许多有关他的信息，一个不敢正视他人的人，通常向他人传递一些诸如"我很自卑、我怕你、我在撒谎"等消极的信息，而正视别人则相应地传递着诸如"我很诚实、我有信心面对一切"等积极的信息；练习大声说话、当众发言。生活中，自信心不足的人在行为中一个集中的表现，就是在陌生的场合或人多的场合不敢大声说话，如果你想有意识地提高自信心，就要练习大声说话，并当众把自己的想法清楚地表达出来，可以说，当众发言，是信心的"维生素"；怯场时，不妨讲出来，即能更增加信心。

"内观法"是实验心理学之祖威廉·华特所提出的观点，也是研究心理学的主要方

法之一。这种方法就是很冷静地观察自己内心的情况，接着毫不隐瞒地抖出观察结果，模仿这种方法，把时刻都在变化的心理秘密，毫不隐瞒地用言语表达出来，也就没有产生烦恼的余地了。日常生活中，应多进行积极暗示。俄国生理心理学家巴甫洛夫说过，暗示乃是人类最简单、最典型的条件反射。所谓暗示，即指人或环境以不明显的方式向个体发出某种信息，个体无意中受到这些信息的影响，并做出相应行动的心理现象，它也是心理治疗的方法之一。暗示对人的心理，甚至生理都有着非常强烈的作用，日常生活中，我们的一言一行、一举一动都在向别人传递着一些信息，这些信息会影响别人对你的看法，而别人对你的看法又自觉或不自觉地左右你的自信心。如果你传递给别人的信息是积极的，对你自己是肯定的，那么别人对你也就更多地肯定。所以，我们要多对自己进行积极的暗示，可从语言、着装、步姿、表情、行为等方面进行积极的暗示，从而有效地提高自信心。只有在自信的基础上积极去行动，去付诸实践，才会有收获，才是潜能开发的关键。

（二）敢于尝试未知

伟人之所以伟大，往往体现在其探索的品质以及探索未知的勇气上。历史上许多伟大的人物诸如富兰克林、贝多芬、爱因斯坦、伽利略、罗素、萧伯纳、丘吉尔以及许多其他巨人，他们在许多方面与普通的人一样，主要的区别只不过是他们敢于走其他人不敢走的路罢了，也就是说他们大多是敢于探索未知的先驱者。一旦你敢于探索那些陌生的领域，便有可能切实体验到人世间的种种乐趣，也就有可能取得成功。如你刚接手一件自己从来没做过的事，但经过努力也做得不错，那么这个努力的过程就是一个不断提高的过程，正因为没做过、因为陌生，所以才不敢掉以轻心，才会竭尽自己所能来做好它。如果你轻易推掉了它，也就永远不知道原来自己也能做好这件事，即也有这个潜能。所以，不要限制自己，给自己围一堵墙——墙里面能做，墙外面不能做，这个能做，那个不能做，而要多给自己机会，多尝试未知，才能不断提高自己，从而使自己的潜能得到更好的发挥。当然，在尝试未知时，要尽可能突破平常的思维定式，突破旧的条条框框，尝试新方法、新思路，则更有利于潜能的发挥。

（三）正确对待压力

在当今社会，阻碍我们激发潜能的大多是压力，这也是现代人面临的最严峻的问题之一。我们大多数人担忧的事情太多了，仿佛在自找造成压力的东西，其实，很多的担忧完全是多余的。一项关于忧虑的研究表明，有40%人们担忧的事情永远也不会发生；30%的忧虑涉及过去作出的决定，是无法改变的；12%的忧虑集中于别人出于自卑感而作出的批评；10%的忧虑与健康有关，但越担忧问题就越严重；8%的忧虑可列入合理范围。可见，在引起烦恼、压力的十个问题中，真正值得担忧的还不到一个。所以，我们不要自寻烦恼，为自己增加额外的负担。当我们为不必要的烦恼浪费太多的时间和精力时，机会也就悄悄地溜走了。因为我们的时间和精力是有限的，在琐碎的事情上花的时间越多，用于正常工作的时间和精力就越少，从而影响潜能的开发。事实上，适度的压力常常能激发人的灵感，从而促使我们更好地挖掘自己的潜能。另外，当我们碰到真正值得烦恼的压力时，要正确对待，正确减压。学会从多个角度看问题，可以帮助我们较好地缓解压力，我们的许多古语都蕴含着丰富的哲理：如"塞翁失马，焉知非福"；"福兮祸之所倚，祸兮福之所伏"等，都说明了事物时刻处于发展变化之中，所以，我们看问题，不能只看现在，还要看它的发展趋势，不能只看一面，还要看多个方面，这样才能辩证地看问题，也才能有效地减轻压力。不要躲避风险和害怕风险，害怕风险仍然是压力的主要原因，也是成功路上随时会出现的障碍。生活中，绝对的保险是没有的，所以，没必要遇到风险就逃跑，而要乐观地面对它，正视它，并积极地想办法克服它，找人倾诉。谈疗法是心理咨询的方法之一，通过谈话、交流，可以释放内心的痛苦，也可以发泄内心的不满，从而减轻压力，身心愉快、轻松地工作和生活。

三、学校潜能开发的目标体系

(一) 以个性发展为途径促进全面发展的素质教育

高等教育要造就各方面素质全面发展的合格人才，这只是实施素质教育的理想目标。首先，就个体而言，全面发展仅仅描述了其素质发展的理想结果，忽略了素质发展的内在规律和渐进过程，将其用于素质教育的实践时便丧失了可操作性。其次，就群体而言，全面发展不能完全概括群体中每一个体独特的素质基础和素质发展过程，更不能对每个个体的素质发展提供有别于其他个体的帮助，其结果造成个体素质发展不能达到期望目标，即便能够达到也是千人一面。"人有多种多样的需要，多种多样的志趣，多种多样的才能。注意到人的潜能的多种多样，就需要比较全面的发展。注意到人的志趣和需要的多种多样，就需要比较自由的发展，个性的比较充分的发展"。因此，素质教育应提供广阔的发展空间、充分的教育资源和真实的素质评价，让受教育者的个性充分自由地发展，从而渐进地达到和谐的全面发展的目的。

(二) 尊重个体素质差异，进行面向全体的素质教育

成功的素质教育在于保证每个个体处于相同的教育环境，占有相同的教育资源，得到相同机会的教育评价，并在此基础上得到不同程度的个性化发展，而不在于是否达到相同的素质标准。尤其是素质评价问题，集中反映了素质教育是否平等。高等职业生涯教育是合格教育，应避免采用"精英"标准突出了少数而忽略了大多数。对素质评价标准要多元化，使素质得到发展的学生都能得到积极、肯定的评价。甚至可以淡化在学校期间的总结性素质评价，而主要以形成性评价真实反映学生的素质发展过程。

(三) 以隐性课程为核心进行全时空的素质教育

实现素质教育的主要途径是养成，这就造成了素质培养的长期性、素质形成的连续性、培养环境的持续性和个体的实践性。因此，实现素质教育的目标，只依赖于开设素质教育显性课程是远远不够的，而应该将素质教育渗透于教育的所有环节，渗透于个体成长所在的全部时间和空间，从而形成大量有效的隐性课程。同时，实施素质教育的显性课程和隐性课程，必须有强烈的教育资源意识，以充分利用素质教育的一切可用资源。

(四) 及时进行职业生涯设计指导

——职业生涯设计应面对全体学生，实施个性化辅导。职业生涯设计不仅仅面对毕业生，而且应是面向全体学生的。学校要给予每一个学生个别辅导，辅助他们将个人的条件、发展潜能、发展方向与环境给予的机遇与制约条件相比较，最终达到"认识自我"，即知道自己已经做了什么，自己想要做什么，自己能做什么等，从而使职业定位准确，设计方案科学。

——适应学生职业发展的需要，调整专业设置及管理模式。学校要考虑学生经验的

积累与技能的培养，建立弹性学制，允许学生中途离校创业或深入企业锻炼，要充分考虑和尊重学生个人的兴趣爱好。不少学生入校后发现自己更适合其他专业，对此，学校可实行学分制，多开一些选修课，为学生提供自主学习和跨专业学习的机会，不断调整自己的职业生涯设计，使之更趋合理。

——职业生涯设计要留有余地。职业生涯设计是学生对未来职业的设想和计划，它的目标和方案应有高、中、低之分。要引导学生不把目标定得太高，要考虑给自己留有余地，尤其当你对未来的打算并不很有把握的时候，这样做尤为重要。在设计时，要根据当时的环境和提供的机会灵活选择。

——定期评价，及时缩短学生发展目标与实际的差距。职业生涯设计能否顺利实行，需要进行定期的发展评价。分析目前条件与设计目标所需的知识能力的差距，并将这些信息及时地反馈给教师，有目的地缩小学生知识能力的差距，以培养学生进一步发展的潜能，尽早地实现发展目标。

四、因势利导，科学管理

教育管理人员要学会巧妙地利用不同气质类型学生的心理特点，因势利导，扬长避短，才能充分调动学生的积极性。要做到"真诚、尊重、理解"：

——真诚。师生之间应以诚相待，承认自己的局限，分享学生的情感，这样才能促进学生真正获得积极的自我概念和对他人的理解。

——尊重。教师应充分尊重学生，接受学生作为具有自身独特价值的实体，即无条件认可。在教育过程中，应重视每个学生的差异，做到因材施教。要善于倾听学生意见，重视学生的情感，发扬其积极因素和优点，容忍并尽力弥补其不足，维护学生的尊严和爱好，相信学生能够获得最大限度的发展。

——理解。从对方的立场去理解其思想、感情及对世界的态度，不作评价只表示同情、理解和尊重，并使学生感受到这种理解。它能够消除师生间的心理距离，渐渐培养学生的自信心和自我认同感，从而使之能够愉快地、积极地学习。

第三节 环境分析

一、影响职业生涯的因素

决定一个人职业生涯发展的因素是很多的，总的来说包括：
（一）个人的特质和经验
（1）心理特质：如能力倾向、人格特质、自我概念、成就动机等。
（2）生理特质：如健康程度、形体容貌、性别、精力等。
（3）经验：如教育程度、工作经历、休闲活动、社会活动、社交技巧、受过的训练、掌握的技能等。
（二）个人的背景状况
（1）父母的家庭背景：如父母的社会经济地位、家庭经济状况、父母的期望等。

(2) 自己的家庭背景：如婚姻关系、夫妻间依赖的程度、配偶的期望值等。
(3) 一般状况：如种族、宗教、生态环境等。

（三）个人的环境状况

这包括所处的社会经济状况、职业变化趋势、技术发展、所处的国际环境、面临的国家政策等。

（四）不可预期的因素

这包括自然灾害、意外、疾病、死亡等难以预期的事件，等等。

二、职业生涯应考虑的环境因素

正如上文所述，一个人的职业生涯发展的因素是很多的。个人的环境状况，则是其中一个主要的方面，主要涉及所处的社会经济状况、职业变化趋势、技术发展、所处的国际环境、面临的国家政策等。以下主要就职业生涯设计的社会环境因素进行简单分析。

社会环境是指政治环境、经济环境、文化环境、社会环境，等等。从另一个角度来看，职业特殊环境又可分为硬环境（经济环境）和软环境（政策环境）。职业生涯设计需要与硬环境适应，更需要与软环境适应。

（一）职业生涯设计应考虑的经济环境

硬环境包括就业岗位的多少和就业岗位的分布。就业岗位的多少与国民经济发展的速度有关。实践证明，一个国家的国内生产总值增长较快，它的失业问题也就相对缓和。当然，经济发展应当是在抑制通货膨胀下的"适度发展"，因为经济增长速度过快，虽然一时可以解决一些就业岗位，但从长远上会引发经济和社会发展失衡，反而会带来更大的社会问题。就业岗位的分布与经济结构有着直接的联系，以信息革命为标志的产业革命使经济结构发生了重大的变化，许多传统的就业岗位，尤其是科技含量低的就业岗位已经消亡或正在消亡之中。以美国为例：美国通用汽车公司在20世纪80年代裁员15万生产工人，钢铁制造业的工作岗位减少了50%，西方把在办公室、实验室、计算机室等从事管理、研究、设计、文秘、调控、操键和监督生产过程的人员称为"白领"工人，把从事体力劳动的工人称为"蓝领"工人。随着产业结构的变化，具有一般技术技能的"白领"工人也大批失业，"蓝领"工人就更不用提了。与此同时，一些科技含量高的工作以及与此相关的新工作岗位又被创造出来，据有关资料统计，美国现有4万~5万个工种，其中有2万种左右都是信息革命以后才出现的。美国的微软公司每增加一个就业岗位，就可以创造出有关产业6.7个新工作岗位。因此，必须认识到，科学技术的进步并不意味着工作岗位的减少，只意味着科技含量低或较低的工作岗位在逐渐减少，而科技含量高的工作岗位则在不断增加。

（二）职业生涯设计应考虑的政策环境

中国加入WTO后就业的选择余地扩大，人才流动即将进入一个新的活跃时期。这对大学生的自身素质提出了新的要求。一是外语应用能力。加入WTO后与国外经济文化交往增加，来华的跨国公司也更多，外语将逐步成为日常工作生活中必须掌握的基本技能，人们不仅要学好外语，更要用好外语。二是文化沟通能力。不同民族有不同的文化，在国际交往中要了解和理解对方的文化，才能融洽相处。三是信息处理能力。21世纪是知识经济时代，知识经济的一个基本特点是越来越多的人从事知识的生产和传播，越来越多的人与信息打交道，处理信息的能力应成为人才的一个基本能力。四是创新能力。加入WTO后企业要在竞争激烈的市场中获得大的占有率，产品开发需不断创新，各类人才都需要提高创新能力。五是良好的心理素质。面对更加激烈的竞争，人才必须具备良好的心理素质，学会自我调节，善于寻求他人支持。

职业生涯设计要受到社会环境的制约，而社会环境包括社会一般环境和职业的特殊环境。要指导学生对社会大环境进行分析，了解社会的政治、经济发展趋势，帮助他们了解所选定的职业在社会环境中的地位，社会发展趋势对该职业的影响及人才的需求。对这方面信息的分析可以使学生认识到自己目前所具备的知识、技能是否为社会所需及其需求程度如何，自己应在哪些方面进一步学习提高，才能适应社会的需要，并在竞争中取得优势。

第四节 职业选择与个性

一、职业个性

个性是一个内涵非常复杂，外延极为广泛的心理学或教育哲学的概念。从心理学的角度来看，个性是指个体所具有的比较稳定的心理特征，主要包括人的动机、需要、情感、兴趣、气质、能力、性格等心理倾向和特征，它是与人的社会行为有关的心理特质的总和，作为教育哲学理念的个性，意义更为广泛，它是人的生理特征、心理特征和社会性特征的有机统一，是富有个体特色的品德、智能生理素质的集中表现，其本质是人的主体性。

作为教育对象的人都是独立的主体，都有与他人相区别的特点。教育必须从尊重人的个性开始，承认教育对象的主体地位，承认其独立的人格特征，并在此基础上开展教育合作，培养出具有健全人格、独立自主、鲜明个性和丰富创造力的智力和体力都得到充分发展的人。一般说来，人的个性发展包含有两个层次：第一个层次是指人的身心全面和谐发展。这是将人的生理和心理统一起来全面的和谐发展，生理素质是心理素质的物质承担者，健康的体魄是个性发展的基础和前提，在这一层次，可以通过德、智、体、美、劳来促使个体各方面素质的和谐发展。也就是说，个性发展的目的包括了德、智、体、美、劳诸方面都发展的要求，但它强调的是一个有机统一的独特个体，这种个体不是几种素质的简单相加，而是按整体协调一致的方式使之统一起来构成一个有机的整体，从而塑造其现实的自我形象。第二个层次是指个体与社会、人与自然的协调统一、和谐发展。现代社会中，个体的发展与社会的发展处于对立统一的矛盾运动之中，二者互为因果，又互为条件，每个人都生活在一定的社会里，他只有在与环境和谐相处中才能充分发挥自己的个性才能，离开社会来谈论人的个性发展，只能是一种理论研究中的抽象；而社会又是由个体构成的，个体是社会存在的前提和基础，只有社会每个成员的个性才能得到比较充分的发展，社会才会有巨大的进步。由此可见，个性发展的教育目的既强调人的全面发展以及个体与社会的和谐发展，又突出个体的主体性和创造精神。

二、职业选择与个性

（一）个性与职业定位

职业心理学认为。一个人能力特点和个性特点与他所从事的工作的匹配程度，直接影响着工作的成效。

著名职业生涯辅导专家约翰·霍兰德创立了职业兴趣理论，亦称人格类型和职业类型方法。他将人的兴趣及社会职业划分为六种基本类型，并相互对应，互相联系，并将其类型细化：

——现实型。这一类人被吸引到需要技能、力量、协调以及与体力活动相关的职业中。如伐木工、农民、木工、机械工、车工、钳工等。

——艺术型。这一类人被吸引到与自我表达、艺术创造、情感表达以及个人主义活动相关的职业生涯中。如艺术家、广告人员、音乐家等。

——调研型。喜欢调查研究的人们被吸引到一些与认识活动相关的职业中，如思考、组织、理解的职业生涯中，而不是情感活动，如感觉、表演，或与人际情感活动相关的职业。如生物学家、化学家、大学教授等。

——社会型。这些人被吸引到与人际活动而不是与知识或体力活动相关的职业生涯中，如社会工作者、心理医生、导游、咨询人员等。

——企业型。这类型的人旨在影响他人的语言活动进而被吸引到企业人格中，如经理、律师及公共关系人员等。

——传统型。一个传统型的人，喜欢与结构、规章制度相关，期望把个人需求与组织需求统一的职业生涯，如会计、银行职员、统计员、打字员、秘书等。大部分人不仅属于一种职业导向类型，他可能会同时有如社会型、现实型以及调研型等数种职业导向。一个人的职业兴趣类型越相似或越协调，他在作出职业生涯选择时，将面对更少的内心冲突或犹豫不决。

美国人才专家把职业定位类型分为以下五种：

——技术型。持有这类职业定位的人出于自身个性与爱好考虑，往往并不愿意从事管理工作，而是愿意在自己所处的专业技术领域发展。在我国，过去不培养专业经理的时候，经常将技术拔尖的科技人员提拔到领导岗位，但他们本人往往并不喜欢这个工作，更希望能继续从事自己的研究工作。

——管理型。这类人有强烈的愿望去做管理人员，同时经验也告诉他们自己有能力达到高层领导职位，因此，他们将职业目标定位为在有相当大职责的管理领导岗位。成为高层经理需要的能力包括三方面：①分析能力：在信息不充分或情况不确定时，判断、分析、解决问题的能力；②人际能力：影响、监督、领导、应对与控制各级人员的能力；③情绪控制力：有能力在面对危机事件时，不沮丧、不气馁，并且有能力承担重大责任，而不被其压垮。

——创造型。这类人需要建立完全属于自己的东西，或是以自己名字命名的产品或工艺，或是自己的公司，或是能反映个人成就的私人财产。他们认为只有这些实实在在的事物才能体现自己的才干。

——自由独立型。有些人更喜欢独来独往，不愿像在大公司里那样彼此依赖。很多有这种职业定位的人同时也有相当高的技术型职业定位。但是他们不同于那些单纯技术型定位的人，他们并不愿在组织中发展，而是宁愿做一名咨询人员，或是独立从业，或是与他人合伙开店。其他自由独立型的人往往会成为自由职业者，或是开一家小的零售店。

——安全型。有些人员关心的是职业的长期稳定性与安全性。他们为了安定的工作、可观的收入、优越的福利与养老制度等付出努力。目前我国绝大多数的人都选择这种职业定位，很多情况下，这是由社会发展水平决定的，而并不完全是本人的意愿。相信随着社会的进步，人们将不再被迫选择这种类型。

(二) 职业定位的误区

在制订出一个切实可行的职业生涯计划时，首先要走出自己思想上的一些误区。

误区之一：我的目标就是当总裁。不少人相信"不想当将军的士兵不是好士兵"这句话。其实，现实生活中的情况是，将军的位置很少，如果大家的目标都是当"将军"，那么这种主观愿望就会与客观条件产生差距，使你在执行计划时会遇到许多挫折。因此，制订职业计划时要从实际出发，计划才会切实可行。

误区之二：能做好下属就能做得好主管。有人认为，只要把本职工作做好，就可以升任主管，其实不然，优秀的运动员不一定是好教练，一些表现优异的工程师、销售人员等升任主管后却表现不佳，这是因为主管还需要工作以外的条件，如决策能力、协调能力、领导能力等。所以，在某个职位做得好，并不表明在其他职位上也做得好。

误区之三：成功的关键在于运气。很多人坚信成功者是由于有好的机会，因此，他们只是被动地等待命运的安排，而不去主动地规划、经营和努力把握自己的生活。这种人只想守株待兔。

误区之四：做计划是人事部门的事，与我无关。职业生涯计划是组织和个人双方都参与的事，最终的实现者是个人，因此，你不能抱着"做一天和尚撞一天钟"的态度来对待自己的未来。

误区之五：只有加班工作，才会得到赏识。有些人以为在单位待的时间越长越表现出自己的勤奋。其实，工作效率和工作业绩是最重要的，整天忙忙碌碌但不出成果就不是一个有效率的工作者。

误区之六：由老板决定升迁快慢。如果过于迷信老板对你升迁的影响，你会因为迎合他的好恶而妨碍自己真正的成长。如果你失败了，你又会归咎于老板，而看不到自己的问题，这样会使你走入歧途。

误区之七：只有改正了缺点，才能得到升迁。这种想法使人注意到自己的不足，而忽视了自己的强项，一个人要完成自己的职业计划，要依靠自己的优势，将自己的强项发挥出来后，再去试着纠正自己的弱点，这是扬长避短。

误区之八：不管事大事小，都要尽力去做。有些人总说自己忙，老有干不完的活。由于事无巨细都要抓，浪费了很多时间和精力。应该将要做的事做好计划，分清轻重缓急，要抓住主要矛盾，不要"芝麻西瓜一把抓"。

误区之九：生活是生活，工作是工作，内外有别。有些人不愿意自己的配偶过问工作，觉得没必要让他们了解自己的职业生涯计划。其实，家庭的支持对于工作的成功很重要。另外，职业前程计划也不要忽略了自己的生活乐趣，因为，工作和生活都是人生的重要目标。

误区之十：别家的绿地总是更绿更好。这就是常见的"这山望着那山高"的心态，总是觉得别人的工作更理想，因此总是想"跳槽"，而没有想到，到了新的工作岗位需要建立新的人际关系，面对新的矛盾和挑战，其难度可能更大。不管什么工作都是不容易的，因此，要客观分析自己的工作，要有务实的态度。

三、职业生涯设计新规则

（1）无论你现在或将来所从事的职业是什么，对职业要负责这一点切不可忘记。简言之，就像一名牙科医师对他医治的患者的患牙要负责那样，你一定要对自己的职业认真敬业、勇承重担、恪守职业道德。

（2）切记和谐融洽的人际关系非常重要。实践证明与同事间的人事关系融洽将能使工作效率倍增。

（3）要优化你的交际技能。优良的交际技能可为你谋职就业提高成功几率，如美国硅谷科技园区的许多高技术公司在聘用人才时不仅考察技术，同时还考察受聘者的交际技能。成功受聘者的做法是在听对方说话时要认真努力地去理解对方话语的含义，此后再谈自己的有关见解。

（4）要善于发现变化并适应变化。不管周围环境及你人生某一阶段出现何样的变化，你都应该善于发现其中的各种机遇并驾驭这些机遇。例如，电子商务是一种新的营销方式，同时对你也可能是一种机遇。不管你从不从事网络商务，面对此新生事物，你都应该认同它是当今世界上最有功效的事物且是未来发展的大趋势。不管这种变化是好还是坏，你都要认真审视认真预测，因为你目前或将来从事的职业可能与此密切相关，各种机遇也可能正包含在其中。

（5）要灵活。未来的工作者们可能要经常转换职业角色。也就是说，要灵活地从一个"角色"迅速转换到另一个"角色"，方能适应时代环境的变化。要在职业角色的转换中取得成功，则必须要学会、学好"灵活"才行。

（6）要善于学用新技术。或许你想当一名作家，但在当今的作家要获得成功也必须不断使用并掌握新技术、新技能才行。比如作家必须同时成为一名计算机文字处理员、打字员、网上发行员才能获得成功。

（7）要舍得花钱花时间学习各种指南性知识简介。目前各大学、社会研究机构、其他组织开办了各式各样的实用性半日、一日或二日即可学完的知识简介科目，这些科目你可试学，若试学后觉得自我感觉良好，学后大有实用价值，那么不妨下一步再深入学下去……

（8）摒弃各种错误观念。当你考虑从事某些职业或新产业时，观念一定要更新，以防被错误思维误导。

（9）选择就业单位时事前应多做摸底研究。当你欲加盟一家公司时，多下点力气去研究这家公司的"风格"和"行为"是十分必要和重要的。你不妨事先多去几次这家公司的门厅接待处同有关接待人员接触，以便从侧面了解该公司的规范、行为、准则等事项；你也可阅读有关该公司的公开财务报表；你还可到邻近该公司的饭店向饭店服务人员侧面了解一些有关该公司的情况。

（10）要不断开拓进取，不断开发新技能。一个复合的社会将不仅需要专业化知识，同时还需要通用化及灵活式技能。在你考虑未来职业时，你绝不应只"低头拉车"专心研究某一种专业知识，你还应同时"抬头看路"，看看这种专业知识在未来社会是否还将为人们所需求。

四、职业选择的含义

（1）职业选择是人生的一种决策。职业选择，是个人对自己就业方向和工作岗位类别的比较、挑选和确定，是一种人生的决策。职业选择是人们职业生活的正式开始，是人生道路的关键环节，也是人成为社会活动的主体，实现其人生价值的开始。选择一个职业，走上新的岗位，也可能是人生命运的转折点。

（2）职业选择是个人能力意向和社会岗位的统一。"人"是复杂的，不同的人有不同的择业目标，社会上的职业岗位也对将要雇佣的劳动者进行选拔。在这里，选择是双向的。

个人与用人单位既作为选择对方的主体，个人的条件与用人单位的空缺岗位又是被对方选择的客体。在这种双向的相互选择过程中，个人的能力、意愿与社会的岗位结合在一起，即三者的统一，个人才真正实现了职业选择问题。

（3）职业选择是一种现实化的过程。职业选择，包括个人的主动选择和被选择，实际上是一种个人意向的现实化过程。进一步分析，这种现实化又包括两方面的内容：①个人向客观现实妥协的过程。当选择意向与实际情况不尽相符，存在矛盾的时候（须知，这种不符是大量的，甚至可以说是对所有人都存在的），人的职业选择就是在进行选择时的一种打破幻想，承认实际，降低要求的过程，也就是向客观现实妥协的过程。②个人对"我与职业"关系的调适过程。向现实妥协，对于存在着浪漫情调和幻想色彩的青年人来说，可能是不情愿的，不甘心的，甚至是痛苦的，但又是非常必要的。因为，这使人能够真正地认识自我，真正认识个人在社会中的真实地位、状况与际遇，是一种自我反思后真正能够解决"我与职业"的关系，从而科学、实际与合理地完成职业选择的"调适"过程。

五、职业选择的作用

国际劳工组织指出，要实行自由选择的就业。在我国的改革大潮中，职业的自由选择已经成为现实。具体来说，职业的选择作为适应社会进步和人类自身发展、完善的活动，具有下述作用：

（1）有利于劳动要素与物质要素的良性结合。个人选择职业，可以自主地实现与物质要素的结合，符合"人"这种能动性主体生产要素的要求，这有利于个人较好地就业，有利于生产要素的双向优化配置。

（2）有利于取得较大的经济效益。合理的职业选择，可以使人们走向合适的岗位，较快地实现职业适应。人们在合适的岗位上乐于工作，劳动积极性高，这也有利于提高劳动效率和减少由于不适应岗位所造成的各种浪费，从而取得较好的经济效益。

（3）有利于取得多方面的社会效益。在实现充分的职业选择的条件下，人们可以各尽其能，各司其职，各得其所。加强职业选择，有利于机会均等，减少多方面的社会问题，达到动态的社会稳定，也有利于形成一种"人往高处走"的风气，从而形成向上流动的社会局面。

（4）有利于促进人的发展。通过职业选择，有利于培养人的积极生活态度，培养人的自立、自主精神；有利于个人根据社会需求信号和自身条件努力学习，提高文化水平和专业、职业能力水平；有利于鼓励人的进取精神，鼓励人们通过自己的学习和劳动取得成就。总之，自由选择可以从多方面促进人的全面发展。

六、职业选择的类型

（1）标准型选择。标准型选择，即在人的职业生涯历程中顺利完成职业准备、职业选择、职业适应期，比较成功地进入职业稳定期。

（2）先期确定型选择。先期确定型选择，即人们在职业准备期接受方向明确的职业、专业教育，并在准备期确定了自己的职业方向，有时教育培训单位还协助介绍对口的职业。

（3）反复型选择。反复型选择，即当一个人选择职业走上工作岗位后，不能顺利完成职业适应，或者自己的职业期望提高，导致作出二次选择，甚至三次、四次选择。

七、职业选择要素

（一）职业能力

（1）职业能力的含义。众所周知，要从事一项职业，必须具备该职业所需要的能力。"能力"是一个人择业的"筹码"。

从心理学的角度讲，能力是指完成一定活动的本领，它包括完成活动的具体方式，以及顺利完成活动所必需的心理特征。职业作为一种重要而又复杂的社会活动，需要从业者具有一定的本领，具备必要的生理、心理条件，这就是职业能力。

（2）职业能力的要素。从职业同一性的角度进行分析，我们可以发现，职业劳动能力是由体力、智力、知识、技能四个要素构成的。

①体力。体力由人的身体素质构成，包括人体生理结构（如身高、臂长）、人体运动功能（如力量、速度、反应）、人体对劳动的承受能力，以及消除疲劳恢复体力的能力。

②智力。智力是人们认识客观事物，运用知识解决问题的能力。心理学指出，智力因素包括感知力、记忆力、思维力、想象力四个方面。

③知识。知识是人们通过学习和实践所掌握的有关职业活动的理论和经验。对于每一个职业来说，知识又可以包括一般知识、专业职业理论知识两个方面。

④技能。技能是人们经过训练使之熟练化、规范化的动作系列或思维系列，是从事具体的职业活动的本领。

从能力测量的角度看，职业能力又可以分为一般能力（即智力）和特殊能力。特殊能力包括言语能力、数学能力、空间判断力、形态知觉力、文书事务能力、眼手动作协调、手指灵巧度、手的灵活度、眼手足配合、辨色能力等。

（3）职业能力的结构。上述职业能力各个要素的结合，就构成了人的职业能力。我们从职业的四个基本要素的角度出发，通过对不同职业的比较，可以发现，各类职业活动所运用的体力、智力、知识、技能的成分各不相同,这就是说,职业能力具有结构上的差别。

人的职业能力结构如图 3-1 所示。

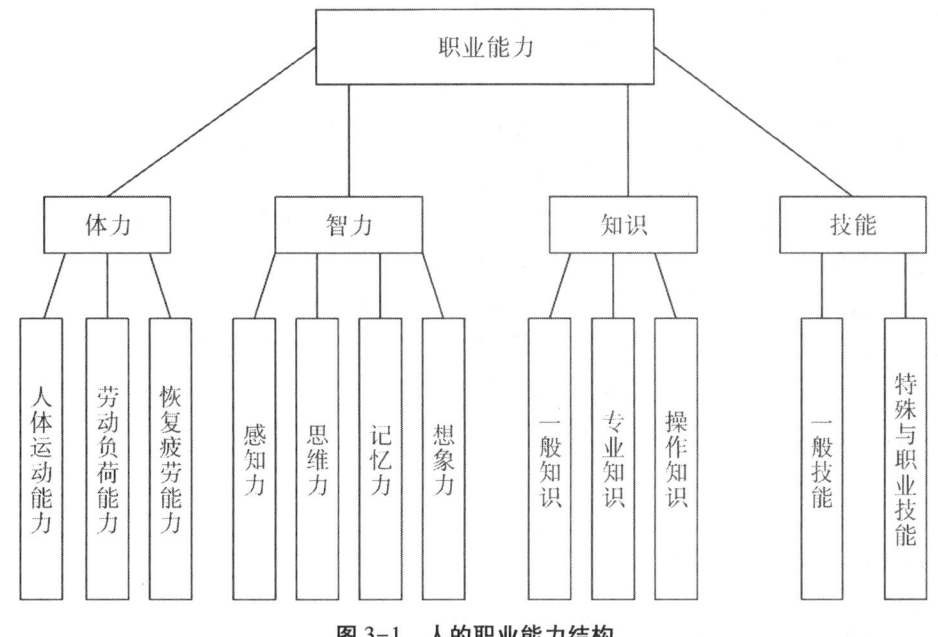

```
                    职业能力
         ┌────────┬────┴────┬────────┐
        体力      智力       知识      技能
       ┌─┼─┐  ┌─┬─┼─┬─┐  ┌─┼─┐   ┌─┴─┐
       人 劳 恢  感 思 记 想  一 专 操   一 特
       体 动 复  知 维 忆 象  般 业 作   般 殊
       运 负 疲  力 力 力 力  知 知 知   技 与
       动 荷 劳        识 识 识   能 职
       能 能 能                        业
       力 力 力                        技
                                      能
```

图 3-1 人的职业能力结构

(4) 职业能力形成的条件。职业能力的形成是一个长期的过程,通常要经过相当长时间的学习以及一定的实践活动才能完成。人的职业能力的形成需要具备以下条件:

①先天的条件。人的差异是非常大的。有的人"力拔山兮气盖世",有的人"手无缚鸡之力";有的人耳聪目明,有的人耳聋眼瞎;有的人机智伶俐,有的人愚笨痴呆。

实际上,我们所说的先天条件,是指人的职业劳动能力的自然生理基础。它不仅仅是父母遗传因素和出生前在母体内部发育所导致的先天素质,也包括出生后父母养育的营养水平、生活条件和其他早期发育环境的内容。

②后天的教育培训。教育培训包括文化基础教育,专业性教育和职业性教育,职业技能培训。人的教育培训途径包括学校(正规学校和业余学校),家庭,社区,工作单位以及自学,其中最重要的途径是正规教育。衡量一个人的职业能力水平,往往最注重反映其受教育等级程度的学历水平和专业职业教育门类。

人的主观能动性和自觉性在教育训练中有着重要的作用。一个人具有较强的自觉性,就有可能大大提高自身素质,从而成为某种职业的行家里手,出色人才。

③职业活动实践。职业活动,可以使得人的职业能力得到检验,得以确立和进一步积累。这也是影响人的职业劳动能力的一项重要内容。在经济竞争激烈,技术进步迅速的情况下,许多用人单位在雇佣员工的时候,非常重视实际能力,优先录用具有从业经验者。

④职业能力形成中先天与后天的关系。人的智力,能力,究竟是先天决定还是后天(尤其是教育)造就?古往今来,许许多多的学者在这一问题上有着诸多看法。现代科学认为,先天条件和后天影响,都是影响人的职业能力形成、发展和提高的重要因素,

都是不可或缺的。

对于二者影响程度大小的比较，目前人们基本上已经取得共识，认为后天因素，尤其是教育与培训，对于一个人的素质和职业劳动能力影响更加重要。因此，搞好教育与培训，是提高人的能力，提高劳动者素质，推动经济社会发展的重要措施。

(5) 职业能力的变化。职业能力形成后，随着时间的变化和内外部条件的变化，也会发生一定的变化，其变化的类型包括下述三个方面：

①强化。人们通过长期特定职业的劳动，会积累丰富的经验；通过各种形式的学习，会掌握广泛、深入的理论知识。这能够使职业能力大大增强。

②弱化。弱化又分为相对弱化、绝对弱化两种类型。相对弱化指人的能力不变的条件下，由于客观物质条件的变化、设备更新、工艺技术难度增加，导致的职业能力相对下降；绝对弱化指人们自身条件的变化，所导致的职业能力下降。

③转化。转化即职业能力方向发生转移。这种转移往往以原有的职业能力为基础，转移到与其相似、相关联、相交叉的职业方面。这种转化形成后，原有职业能力可能减退，可能维持，也可能得到强化，形成"一专多能"的更高等级的职业能力。

(二) 职业意向

(1) 职业意向与选择。人是具有能动性的。在职业问题上，人们一般都具有一定的意愿与志向。所谓职业意向，是指个人对于社会职业的评价和选择偏好。一个人可以对社会上各种各样的职业做出评判；哪个最好，哪个差些，哪个自己最适宜，哪个自己不愿从事，哪个自己难于胜任，等等。这些都体现了他的职业意向，使得人自动趋向于从事某种职业。

在人们的思想观念中，众多的职业可以按照"好""差"标准顺序进行排列，从而成为一个职业系列。决定其好、差的标准，主要有职业的社会地位、劳动报酬的高低、个人兴趣与才能的发挥、职业劳动强度与环境、职业的社会意义及贡献等因素，也就是说，人们通常是按照上述因素对职业进行评价和选择的。有了意向，才有选择。把握人的职业意向，是促进人的职业选择合理化的一般途径。

(2) 影响职业意向的因素。人的职业意向，一般说要经过萌芽期、空想期、现实期，在面临就业时才比较清晰地确定下来。

①影响职业意向的成长与确立的因素包括：a. 个人的生理条件与心理特征；b. 教育状况，包括各个时期接受教育的内容，以及最后达到的教育水平和专业、职业类别；c. 家庭影响，尤其是父辈等所从事职业范例的影响；d. 社会习俗、风尚、传统及多种环境；e. 个人的年龄、阅历（特别是其职业经历），个人对经济的考虑；f. 社会的人力需求状况，以及职业信息的传播；g. 社会政策对于职业方向的导向作用；h. 职业知识教育和社会的职业指导。

②职业知识与职业信息的来源。职业知识与信息，对人的职业意向形成和变化，有着重大影响。对职业知识的广泛了解和对职业信息的及时掌握，有助于职业意向的合理确立。这里列举取得职业知识与职业信息的一般途径：a. 一般的职业科学知识教育，以及具体的职业、专业教育；b. 家庭教育与影响；c. 一般的学校教育；d. 亲戚朋友的影响；e. 广播、电视、报纸、杂志、网络等大众传播途径；f. 个人所见所闻和亲身体验；g. 学校与社会的职业指导、职业介绍机构，等等。

(3) 职业意向的变化。

①影响职业意向变化的原因。由于各种条件的作用，人的职业意向确立以后，还会发生一定的变化。造成职业意向变化的原因主要有：a. 最新职业信息的获得；b. 个人所面对的各类职业机会；c. 职业适应状况（适应或挫折）；e. 对于某一职业岗位内容的深入了解（一般在从事该职业较长时间后）；e. 接受高等级的教育培训；f. 个人阅历的增长；g. 企事业、机关等用人单位的培训和职业生涯指导；等等。

②职业意向变化的类型。职业意向变化包括以下几种类型：

第一，现实化。一般来说，青年人在就业前，往往对未来职业充满天真、不切实际的幻想。当他们进入职业选择阶段，特别是走上工作岗位以后，面对现实，就能比较客观的看待问题，承认现实，并可能在一定程度上降低原有的意向水平，打消不切实际的想法。

第二，调整方向。人们在职业适应期以及职业准备期接受教育时，可能发现自己不能适应某一职业，从而转变职业方向；也可能发现自己虽然胜任这一职业，但其他一些职业对自己更为适合，或者更加喜欢其他职业，这时也可能调整职业方向。

第三，意向水平提高。当一个人能力有了较大的发展，所在的工作岗位不遂心意时，就可能提高意向水平，倾向于从事更高类型的职业。

职业意向的变化，使人们对自身和岗位有了更好的了解，从而更现实地对待职业选择。

(三) 职业岗位

(1) 职业岗位——选择的对象。

①职业岗位——职业选择的前提。上述职业能力与职业意向，是一个人进行职业选择的重要条件。岗位是人们进行职业选择的对象和前提，在社会总劳动体系中，各种职能的劳动体现为各种不同的职业岗位，共同构成了人们选择的对象。

一个人能选择某种职业并在该岗位就业，必须要以这种职业有空缺、需要招收人员为前提。这就是说，个人的职业选择是以一定的职业岗位为前提，个人进行职业选择的同时也被企业、事业、机关单位选择。

②职业岗位对于择业行为的影响。职业岗位虽然是人们选择的对象，但在个人选择的同时，社会职业也在选择着适合的个人。个人的就业，即个人的职业实现，正是在这两种选择的共同作用下形成的。社会职业岗位的状况，从下述几个方面影响着、甚至决定着人们的选择：

第一，社会上存在着某种职业岗位，人们才可能选择。

第二，社会现实空闲岗位能否作为一个人的选择对象，还要受择业者能力与意向、就业体制、职业信息传播等主客观因素的制约和影响。

第三，不同的职业岗位具有不同的劳动特点，他们要对择业人员的能力及其他条件进行选择。

(2) 职业岗位数量格局。社会的职业岗位与选择职业者之间的数量关系，可以分为供过于求、供不应求、供求平衡三种类型：

①职业岗位数量供过于求。该种类型是指社会上大量需要就业人员，职业岗位空缺的数量很多。在这种情况下，个人的职业选择余地较大，可供选择的工作岗位比较多，

与自己竞争的其他求职者也较少。

②职业岗位数量供不应求。该种类型是指社会上存在大量谋求职业的人员，而职业岗位空缺很少。在这种条件下，个人就业比较困难，职业选择的余地也很小，在某些时候甚至根本没有职位空缺。从社会的角度看，就业普遍困难；对于个人而言，当出现某一职业机会时必然存在大量的求职竞争者。

③职业岗位数量供求平衡。在这种状况下，职业岗位的空缺与求职人员的数量大致相当。个人经过一定的努力与选择，基本上都可以得到合适的就业岗位。

八、职业选择原则

（一）客观原则

从客观实际出发，是求职者职业选择的首要原则。具体来说，客观原因包括以下三个方面：

1. 个人素质条件状况

要把个人的职业意愿和自身素质相联系，给予充分的考虑，估计一下自己能否胜任某项职业的要求，客观评价个人职业意愿的可行性。

2. 社会需求的可能性

对于现实社会职业岗位需求的可能性，也要做出客观的估计。一般应考虑以下几个方面：

第一，我国经济结构正在大调整，虽然一些新兴产业在发展，但所需要人员的数量有限。

第二，我国的体制改革在促进经济效益增加的同时，也使大批富余人员下岗分流。

第三，我国人口众多，近年来进入就业年龄的新成长劳动力每年增加几百万人，但因加入WTO的影响，社会职业岗位数量需求下降，就业压力巨大。

总之，要选择职业，必须考虑当前社会上实际存在的职业岗位、考虑其需要，而不能只考虑自己的主观意愿。

3. 基于现实的选择

当一个人原来的就业不能满足自己的意愿，就要根据社会需要做出新的选择：

其一，根据社会需要作出新的选择，走另一条职业道路。

其二，选择一种与自己的"理想职业"相接近的职业，继续接受教育培训，积累就业条件。

其三，先到社会上容易就业的职业岗位上去工作，再根据自己在这一职业的工作情况，决定是否进行职业流动。

（二）主动原则

对于要就业的人来说，不应消极待业，而应积极准备就业条件，主动寻求就业门路，能力强者可独立地创业。积极的生活态度，对于个人的职业生涯发展和取得成就大有益处。

1. 积极准备就业条件

积极地准备就业条件，就是要参加就业培训，争取在就业前掌握一定的职业技能，为自己的顺利就业创造良好的条件。只有具备了一定的专业技术知识和良好的职业素质，才有可能在就业竞争中获得成功，从事自己所喜爱的职业。

"积极准备"包括以下方面：

其一，留心搜集各种职业知识和用人信息。平时要做"有心人"，大量积累有关职业知识和供求信息，以备未来的职业选择。

其二，到职业介绍机构进行咨询，了解就业情况，寻找合适的就业机会。

其三，参加各种职业技能培训，为就业创造专业、职业素质条件。

其四，准备好求职信，做好应聘、面试的心理与形象方面的准备。

2. 主动就业

主动就业，是市场经济体制下就业的重要原则，它包括以下方面：

其一，主动与可能招聘人员的单位进行联系，"毛遂自荐"。

其二，主动求得父母兄长、同学老师、同事朋友的各种帮助，善于在市场经济中找到自己的位置，多方面开拓门路。

其三，主动开拓就业岗位，自谋职业，自主创业，成就自己的事业，这既能够按照自己的意愿解决自己的职业生活道路，也能为社会做出一定的贡献。

（三）比较原则

1. 个人和岗位的比较

职业选择是岗位和个人双方相互的选择，因此，在职业选择中必须把人和岗位结合起来相互比较，看岗位对人的要求和人对岗位的适应能力是否协调一致。只有做出这种比较，才能保证个人做出最优的职业选择。

2. 几个职业间的比较

在职业选择初期，人们的职业兴趣往往比较广泛，而不是局限于某个职业；另一方面，社会提供的职业岗位也不会局限在一两种职业上。这就使得谋业者面临如何从几个可以从事的职业中选取最适合自己的职业的问题。

通过上述两个方面的比较，就能较好地从诸多职业中选择出一个最适合于自己、各方面条件都相对优越、自己又能得到的职业。需要注意的是，在对不同职业的比较中，要有职业生涯规划意识，即要有自己的人生大目标，把职业作为实现自己最大价值的手段。

（四）主次原则

人们选择职业，一般都有多种标准和条件。其中有现实的内容，也有幻想的因素；有合理的意愿，也有过分的要求。在具体选择职业时，不可能各种标准和条件都得到满足。因此，必须分析哪些是主要条件、哪些是次要条件，哪些是现实的、哪些是幻想的，哪些合理、哪些过分。

在职业选择决策的过程中，要抓住主要的、现实的、合理的条件，抛弃次要的、幻想的、过分要求的因素。如果在选择职业时死抱着一些次要的、不切实际的条件不放，非面面俱到不可，那只能丧失很多就业机会而难于实现就业，甚至错过真正的好职业。

九、职业选择决策过程

（一）职业选择决策的性质

一个人的职业选择恰当与否，关系到其职业意愿、兴趣能否得到满足，关系到其才能能否得到发挥,关系到其在岗位上的工作状况,也关系到其一生的生活道路。职业能力、职业意向和职业岗位三要素能够相互协调、结合,职业选择才能较好的完成。但是,三者的协调一致往往是比较困难的。

在现实的职业选择中,人们虽然面对诸多的职业,但往往难于得到自己理想中的最好的职业。有时即使遇到"好职位"的岗位空缺,但面对着高等级职业,自己却不具备必要的能力,或者在求职竞争中败给他人,这也使得自己的职业选择不能实现。

(二) 职业选择的决策步骤

美国学者蒂德曼(Tiedman)在金兹伯格职业理论的基础上,提出了"职业决策阶段"的学说。蒂德曼认为,金兹伯格所说的职业选择作为一种过程,是一种"鉴别"和"综合"的决策过程。这种决策过程,是在人一生的职业生涯中重复进行的一系列步骤,每当人们遇到一定问题,或者具有一种需要、完成一种体验时,这种决策就会被激发起来。

蒂德曼把职业选择决策过程分为两个阶段:

1. 期望与预后阶段

这一阶段包括四个步骤:

第一步,探索,即考虑与自己的经验和能力有关的生涯发展目标。

第二步,成形,在上述基础上准备进行具体的定向。这是要考虑个人确定职业生涯新方向的价值、目的和能够获得什么报偿。

第三步,选择,在生涯目标形成后作出决策,找到和确定自己所期望的具体职业。

第四步,澄清,进一步分析和考虑上述选择,解除可能发生的疑问。

2. 完成和调整阶段

这一阶段包括三个步骤:

第一步,就职。将职业选择付诸实行,得到一个新职位,即就职或入门。人们在这个时候开始对自己的职业生涯目标和走上的职业岗位寻求认可。

第二步,重新形成。人在开始从事工作后,对于所从事的职业及其环境有了现实的了解和把握,这时就出现了职业的自我感觉。这时,个人与团体也存在着互动,存在着相互影响。这也是职业生涯选择目标在现实化意义上的再次形成,或者是作出现实化的调整。

第三步,综合。个人在了解自我方面和在职业岗位上也被他们视为是成功的,达到平衡。这就是职业选择决策的完全实现。

(三) 职业选择成功公式

对个人而言,可能得到某类职业的概率,用公式表示为:

$J = Q \times C \times A \times O$

即:职业概率=职业需求量×竞争系数×职业能力水平×其他因素

上式中,O是其他因素,包括:该类职业机会出现的时间,该类机会出现的地点,家庭对个人的帮助,个人寻求职业的努力,以及社会职业介绍机构的帮助,等等。用公式表示为:

$O = f(t, p, f, I, g, \ldots)$

由于各类职业需求数量(职业岗位数量)、各类职业的谋求人数,人们所具备的不同职业的能力水平以及其他因素各不相同，因此，对于一个人来说，不同的职业，可能得到的概率也各不相同。我们可以依据不同职业的期望值（即职业概率）大小，将它们按顺序排列。举例如下：

  A 职业（作家）   = 0.001
  B 职业（大学教师）   = 0.01
  C 职业（记者）   = 0.05
  D 职业（编辑）   = 0.10
  E 职业（银行职员）   = 0.20
  F 职业（秘书）   = 0.30
  G 职业（中小学教师）   = 0.50
  H 职业（技术工人）   = 0.70
  I 职业（一般工人）   = 1.00
  J 职业（服务员）   = 1.00

一般来说，期望值最小的职业，往往是人们理想中最好的职业；期望值极大的职业，则往往是现实的、但比较差的职业。因此，人们选择职业时"调适"程度的大小，就体现为一个人在职业期望序列中，所取得相应期望值对应的职业。

第五节　职业生涯目标与路线的设定

一、职业生涯目标的决策步骤

职业生涯目标的决策是根据自己的最佳才能、最优性格、最大兴趣等条件为依据，对所处的社会环境和组织环境进行分析，制订自己在一种事业上的发展规划。职业生涯目标的决策大致上包括以下几个步骤：

（1）自我评估。找出自己的特点。
（2）社会和组织环境的分析。确定自己的位置。
（3）选定职业。确定职业目标，并把该目标具体详细地写出来。
（4）选定职业生涯路线。决定向哪一种职业方向发展。
（5）制订相应的行动计划和落实措施，制订相应的行动方案。包括长期计划（如十年计划）、中期计划、五年计划和短期计划（如年度计划）等。把目标转化成具体的方案和措施。
（6）评估和反馈。

制定目标很重要，它是决定你的职业规划成功与否的关键。在目标的具体制定中要参考 SMART 原则。SMART 是五个英文单词的缩写："S"是指要具体明确，尽可能量化为具体数据；"M"是指可测量的，要把目标转化为指标，指标可以按照一定标准进行评价；"A"是指可达成的，要根据个人的资源、个人技能和环境配备程度来设计目标，保证目标是可以达成的；"R"是指合理的，各项目标之间有关联，相互支持，符合实际；"T"是指有完成时间期限，各项目标要订出明确的完成时间或日期（见图 2-1）。

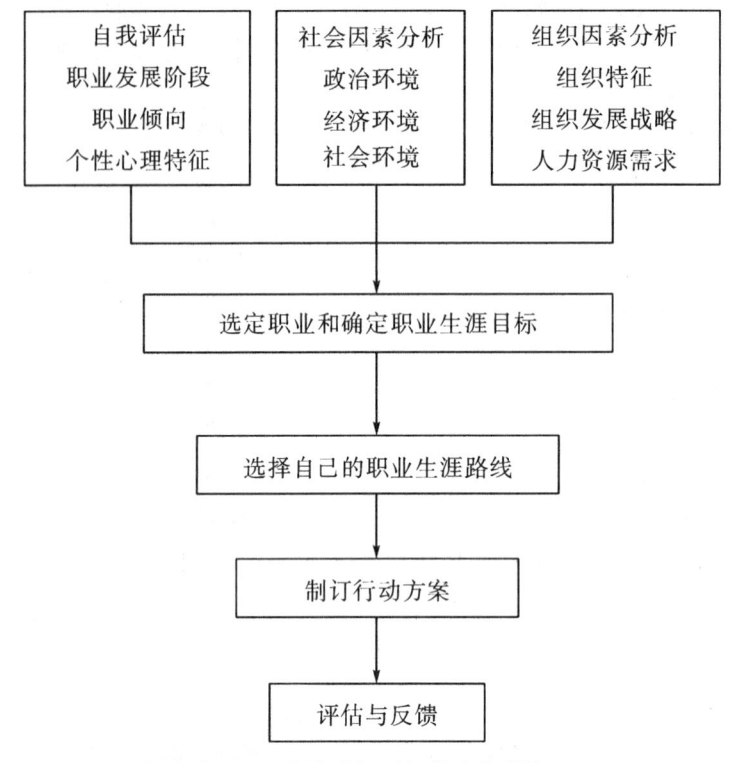

```
┌─────────────┐   ┌─────────────┐   ┌─────────────┐
│  自我评估   │   │社会因素分析 │   │组织因素分析 │
│职业发展阶段 │   │  政治环境   │   │  组织特征   │
│  职业倾向   │   │  经济环境   │   │组织发展战略 │
│个性心理特征 │   │  社会环境   │   │人力资源需求 │
└─────────────┘   └─────────────┘   └─────────────┘
        └─────────────────┼─────────────────┘
                          ↓
              ┌───────────────────────┐
              │选定职业和确定职业生涯目标│
              └───────────────────────┘
                          ↓
              ┌───────────────────────┐
              │  选择自己的职业生涯路线  │
              └───────────────────────┘
                          ↓
                 ┌─────────────┐
                 │  制订行动方案 │
                 └─────────────┘
                          ↓
                 ┌─────────────┐
                 │  评估与反馈  │
                 └─────────────┘
```

图2-1　职业生涯目标的决策步骤

二、职业生涯路线的选择

职业生涯路线选择是人生发展的重要环节之一，是一个人选定职业后，从什么方向上实现自己的职业目标的问题，是向行政管理路线发展，或是向专业技术路线发展，还是向经营路线发展。选择不同的发展道路，要求就会不同。因此，在职业生涯规划时必须对此作出选择，以便安排今后的学习和工作，使其沿着生涯路线和预定的方向发展。

在进行职业生涯路线选择时，可以从三个方面来考虑：

（1）个人希望向哪一条路线发展，主要考虑自己的职业价值观、理想和成就动机，确定自己的目标取向。

（2）个人适合向哪一条路线发展，主要考虑自己的职业兴趣、性格、特长、经历、学历等主观条件，确定自己的能力取向。

（3）个人能够向哪一条路线发展，主要考虑自身所处的社会环境、政治与经济环境、组织环境等。确定自己的发展方向。职业生涯路线选择的重点是对生涯选择要素进行系统分析。

一般人们在企业的内部发展基本上有三个方向：

（1）纵向发展，即是自己实现在同一职务序列（管理序列、技术序列）内由低级职位到高级职位的提升。

（2）横向发展，指在同一层次不同职务之间的调动，如由部门经理调到办公室任主任。此种横向发展可以使你发现自己最擅长的工作和最突出的优势，同时又可以使你自己积累各个方面的经验，为以后的进一步发展创造更加有利的条件。

(3) 向核心方向发展：虽然职务没有晋升，却担负了更多的责任，有了更多的机会参加组织的各种决策活动。

以上这几种发展都意味着个人发展的机会，也会不同程度地满足个人的发展需求。

典型的职业生涯路线图是一个"V"形图。假如学生24岁大学毕业参加工作，即V形图的起点是24岁。从起点向上发展，V形图的左侧是行政管理路线，右侧是专业技术路线。将路线划分成若干等分，每等分表示一个年龄段，并将专业技术的等级、行政职务的等级分别标在路线图上，作为自己的职业生涯目标。比较顺利的职业生涯路线如图2-2所示：

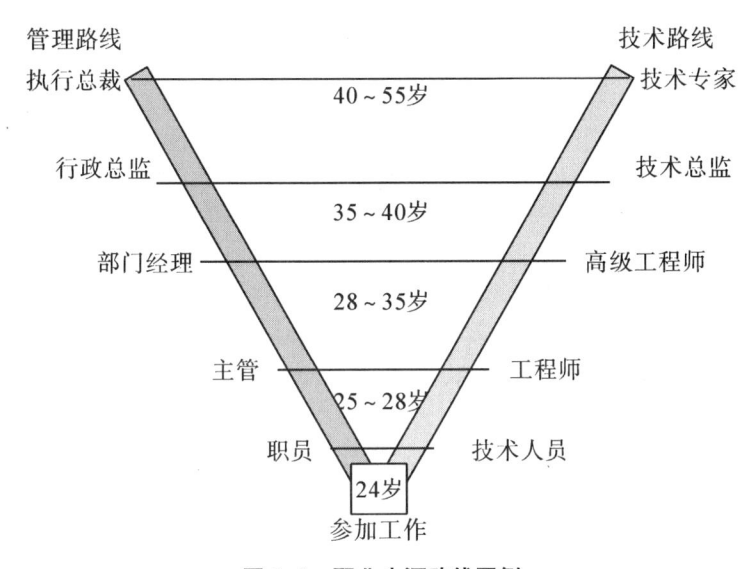

图 2-2 职业生涯路线图例

图2-2提供了两种典型的职业生涯发展道路，当然，现在职业生涯路线远远不止两种，而且会出现S形（螺旋上升形）、W形（横向转换起伏形）等形态。这里主要是为了说明人在进行职业生涯路线选择时的思路，因而没有刻意去描述职业生涯发展的曲折性。

案例思考：

自主择业能力差——择业障碍分析

在学校今年3月份举办的小型招聘会上，毕业生小李的父母亲在招聘会尚未开始时，就早早地到会场打听单位的情况。招聘会开始很久以后，小B才姗姗来迟，并由家长陪同前往用人单位摊位前面谈。面谈过程中，小李发言的时间还没有其父母多，结果谈了一家又一家，最终仍一无所获。

分析：小李的问题出在择业过程中过分依赖他人。其实，依赖他人是难以选择到一份满意的工作的。现在的毕业生中，独生子女所占的比例越来越大，他们的生活一帆风顺，没有经历过什么波折，再加上父母亲的过分呵护，客观上也培养了他们的依赖心理。这些毕业生大多缺乏主见，自我意识模糊，在择业中常会茫然不知所措，自己独立进行择业决策的能力差，以致在人才市场上，父母代替子女、亲友代替本人与用人单位洽谈的场面屡见不鲜。难怪有用人单位对依赖性过强的毕业生说:"你本人都要靠别人来推销,企业还能靠你来推销产品吗?"

思考题:

1. 设计个体职业生涯应该考虑哪些方面的因素?
2. 如何根据个体的个性选择合适的职业?
3. 如何设计个体的职业生涯目标?

第四章
职业生涯的自我发展

每一个人都向往美好、辉煌的人生，都想在自己人生的道路上取得成功。然而如何尽早地清楚自己今生做什么？怎样去做？却是一个不容易回答的问题。由于我国教育制度的特点，使许多人尤其是在校的青年人对自己的职业生涯发展感到迷茫，职业定位不准确或定位太迟，难以把握自己的人生。有的听命于父母，心中充满迷惑和冲突；有的不断摸索，走了许多弯路，不能更好地发挥自己的潜质。

国外职业生涯"发展性理论"创立者萨柏（Super）提出：每个人从小应接受职业生涯发展的教育，形成职业生涯发展的驱动力，在职业生涯定位中找到安全感。了解成长、探索、建立、维持和衰退是职业发展性的五个阶段，帮助青少年较早的自我认识，建立责任感和职业意识，也可以帮助家长清楚孩子的兴趣及能力，协助孩子更好地了解了自己，做出选择。个体的发展是生理和心理的成长过程，是从幼稚走向成熟的过渡期，职业生涯的自我发展就是自我的不断认识、成长，确定目标，建立自信，发挥潜力，向成功奋进的过程。

第一节　职业生涯目标设计

一、明确目标

成功是……
知道人生的目标，
成长到发挥出最大的潜能。
　　　　——约翰

职业规划是指个人结合自身情况、眼前的机遇及制约因素，为自己确立职业方向、职业目标，选择职业道路，确定教育计划、发展计划，为实现职业生涯目标而确定行动的时间和行动方案。

中国人都熟悉一句孔子说的话：人无远虑，必有近忧。全美最受欢迎的演讲家丹尼斯·魏特利博士也曾说过：冬天计划，春天播种，夏天耕耘，秋天收获。原本成功并不神秘，只不过该计划的计划了，按计而行，成功必会适时而至。他们都在强调远见的重要性，其中对自己的人生进行计划便是一种深谋远虑。

哈佛大学的一项追踪研究表明，只有4%的人能获得成功，他们成功的共同点在于，他们早早地为自己的职业生涯确定了明确的目标，并且始终坚持。国外高校一般设有毕业生就业指导中心，进行职业指导和就业服务。这种就业指导贯穿于学生的整个大学生涯，对学生就业观的形成，增强择业能力和求职技巧很有帮助。然而对于绝大多数中国当代大学生来说则没有对自己进行系统的职业规划，甚至没有这方面的意识。国内近年的一项调查显示：大学生中不知道、不了解职业规划理论的占60%，了解并能初步运用职业规划理论的占32%，掌握并能熟练运用职业规划理论的仅占8%；在"我喜欢运用职业生涯理论规划工作的开展步骤"的选项中，不同意的占40%，中立的占30%，同意的仅为30%；在"我对将来自己如何一步步晋升、发展有明确的规划"的选项中，同意的占40%，中立的占42%，不同意的占18%；在"未来的事情很难预测，走一步算一步"的选项中，同意的占46%，中立的占32%，不同意的仅占22%。

在成功的旅途中不断成长的一个重要方法就是要有一个明确的目标，每个人的职业生涯发展都是独一无二的，是个人依据他的人生理想，为了自我实现逐渐展开的一种独特的生命历程，不同的个体有不同的生涯，而相同的是都有一个梦想——实现人生的目的。

制定目标很重要，它将决定你的职业规划成功与否。哈佛大学有一个非常著名的关于目标对人生影响的跟踪调查，对象是一群智力、学历、环境等条件都差不多的年轻人，调查结果如下：3%的人有清晰且长期的目标；10%的人有清晰但短期的目标；60%的人有较模糊的目标；27%的人无目标。25年后，3%的人25年来几乎不曾更改过人生的目标。他们都朝着同一方向不懈地努力，现在他们几乎都成了社会各界的顶尖的成功人士，他们中不乏白手创业者、行业领袖、社会精英。10%的人大都生活在社会的中上层，他们的共同特点是：那些短期目标不断被达成，生活状态稳步上升，成为各行各业不可或缺的专业人士，如医生、律师、工程师、高级主管等。60%的人几乎都生活在社会的中下层面，他们能安稳地生活与工作，但没有什么特别的成绩。27%的人几乎都生活在社会的最底层，他们的生活都过得很不如意，常常失业，靠社会救济，并且常常抱怨他人、抱怨社会、抱怨世界。由此看来，人必须要有长期且清晰的目标，利用目标来引领自己实现个人发展。

（一）梦想与实现

我们每个人从小就在不断地梦想，梦想成为科学家、艺术家、领导者、明星，等等。美国心理学大师罗杰斯深信每个人都有权表达自己的信念和掌握本身的命运。当我们静下来倾听内心深处，与心灵对话时，强烈的命运感受，呼唤着我们的理想，也许就是潜意识中的梦想引导我们不断实现成功的人生目的。汽车大王亨利·福特说："成功人生的整个秘诀就是发现他命中注定该干什么，并且着手去干。"

（二）目标的方向性

人生的目标犹如大海里航船，需要确定正确的方向，才能驶向自己认定的目的地，相反，虽然也能成功，但是不为社会所认同和欢迎。

实现人生目标的动力主要是来自每个人内在生命的方向，外在的影响是次要的。罗杰斯坚信人的最基本的生存动机就是要全面地发展自己的潜能，要获得成长和实现自我。重要的是尊重个体自己做出的思考和选择，它是实现人生目标的原始动力，是取得成功的力量。

"如果没有目标，没有任何人能有所作为……目标的设定是人类自我驱动的强大力量。"——保尔·迈尔

（三）合理设定目标

制定个人发展目标时要参考 SMART 原则。根据 SMART 原则使个人发展目标具体化、可视化、可达成、合理、有时间要求，这样你就基本明白要"去哪里"。

生活的总目标能使自己清楚奋斗方向，将其描绘成具体、鲜活、清晰的图像，作为自己的心理预期，循序渐进的以一种良好心态帮助自己去实现，它可以细分几个小目标：

短期目标_____

中期目标_____

长期目标_____

（四）修订目标

修订或调整目标与制定目标同等重要，它帮助自己把握实现目标的方向，帮助自己面对失败，找出原因，帮助自己重树信心，继续努力。

（五）坚信目标

要以积极的心态确定人生的目标，并热爱它，激励它。这样无论是学习工作和生活都会变得有了乐趣，从而顺其自然的实现人生的理想和愿望。

二、树立信心

让信仰的力量和平和的感觉充满心中，是获得自信的秘诀，也是去除疑惑、克服缺乏信心的最佳方法。

成功从自信开始，自信是成功的基石。如果不相信自己的力量，就永远无法成功。如果认为并相信自己是优秀的，对自己有足够的自信心，他人也能感受到你的自信，从而更增强对自己的肯定和鼓励，逐渐变得真正的优秀，更有实力取得成功。

（一）相信自信的力量

一个自信、乐观、积极向上的人，会改变自己的命运，最大限度地发挥自己的力量，以达到自己所追求的目标

（二）相信自己是独一无二的

"天生我才必有用"，每个人是独立存在于这个世界中的一个个体，有着区别于他人的梦想、思想、个性和特质，有着自己的长处、优点、兴趣爱好及特长。每个人只要扬长避短发挥所长，成功也就在眼前。

（三）肯定自己、鼓励自己

自信，是来自心灵深处的自我认可，对自己的不断肯定、表扬的心理支持，这种自我评价与外界的认同对个体的发展至关重要，自我评价对自信力的维持更牢固持久。

（四）培养必胜的信心

（1）确定需要的、切实可行的目标，并全力争取实现。

（2）养成积极的心态和思维方式，消除消极心态的负面影响。

（3）处理成长过程中负面事件对自己现在情绪的影响，卸下包袱轻装上路，发挥自己的潜质。

（4）学习勇敢面对挫折、失败，并做好面对挫折、失败的准备。

（5）成为你自己，不仿效他人。

三、目标与信心

在社会生活中，不管做什么事，均有其二重性，选择职业同样如此，无论是主动选择还是被动适应，只要能够把握自己的人生轨迹，也就是根据自己的能力选择或适应某种职业，并将达到该职业的最高境界作为自己的奋斗最终目标。目标与信心对事业的成功有密切的关系，目标是尚未实现的某种目的，信心是实现该目标的主观条件和动力。

目标一旦确立，就要设法分阶段地逐步去实现它。目标能产生原动力，信心则使原动力加速，每当自己达到一个阶段的目标时，就会体验到一种成功的喜悦，使信心倍增。

坚信自己的目标，能对工作产生激情和投入，充满责任感和使命感。培养了坚定的信心，就会拥有勇气和毅力去实现既定的目标，心中所描绘的蓝图就会变成现实。

第二节　自我潜能开发

一个人要实现自己的职业生涯目标，必须在树立信心的基础上进一步认识自己，开发自己的潜能。

科学家研究发现，人具有巨大的潜能，而一般人发挥出来的仅有10%。如冰山理论形容的，海面上漂浮着一座冰山，阳光之下，其色皑皑，颇为壮观。可真正壮观的景色不在海面上，而在海面之下，与浮出水面上的那部分相比，沉浸在海面下的部分是它的五倍、十倍甚至上百倍。我们可以这样比喻，浮在海面以上的部分，是人的显在能力，即我们已经知道的能力；沉浸在海面以下的部分，是人的潜在能力。可见，人的潜在能力大大超过人的显在能力。

要使人的潜力得到最大限度的开发，在自我成长的过程中，对自我的探寻和认识很重要，不断地发现自己和开发自己的能力，才能获得成功。而有的人迷失了自己，不知道自己这一生做什么，不清楚自己究竟干什么最好，或是什么都想干，什么都干不好。

一、自我认知

我是谁？

我人生的目的是什么？

我生命的价值是什么？

自我了解及自我评价是一个人选择事业生涯的思索起点，在个人职业生涯发展的过程中，努力整理出内心不断探寻的一个基本哲学问题，积极的、正面的探讨弄清楚"我是谁"，发展出拥有健康自我形象的自尊、自信、健全人格和心理适应能力，从而把握自己的人生。否则，就会认为"觉得自己没有用""对人生没有希望""觉得人生没有意义"和"人生没有目标"，感到无法适应社会、焦虑、紧张、抑郁、空虚无望、难以掌握自己人生的命运。

（一）认识自己的优点、长处

"我是一个什么样的人？"当回答这个问题时，有的人习惯于列出自己的一项项缺点，却很难找出自己的优点或长处，难以对自己做出正面肯定。所以要寻找、认识和肯定自己的长处、优点和能力，建立起稳定的自我概念，不断挖掘个人的潜能，发展自己的特长。

以下练习有助于正确认识自己：

（1）用正面的形容词（越多越好）描述：

我是一个什么样的人？

我是_____

我是_____

我是_____

我是_____

我是_____

………

（2）描述：理想的我、现实的我。

（3）了解别人眼中的自己：如家人、老师、同学、朋友、知己等。

（4）自我暗示：我喜欢我自己，我是最棒的，我一定会成功。

（二）了解自己的兴趣爱好

兴趣是指一个人对其环境中的人、事、物所引发的喜爱程度，职业兴趣就是个体对某专业或职业所持的喜爱程度，当一个人对于其所从事的对象，如课程、活动、教育、职业或娱乐等活动产生兴趣时，会全心全意地置身其中，从中得到快乐和满足。反之，如果一个人对于其所从事的活动缺乏兴趣，即使经常参与该活动，也会觉得索然无味，无论对活动的参与度或满足感都会大打折扣。

兴趣是最好的老师，它能使智力潜力充分发挥，提高工作效率，促进事业成功；不同的人的不同兴趣影响对职业的选择，另一方面不同的职业也需要不同的兴趣特征。因此，在发展自己的职业生涯时，要积极探索对某种事物的认识倾向，发展稳定的职业兴趣，让自己在喜欢的职业领域里施展才华。

（1）通过测试霍兰德自我探索量表可以找到职业兴趣的类型及相应的职业适应度。

（2）兴趣对人生事业的发展至关重要，所以兴趣自然是职业选择应考虑的重要因素之一。为便于大家根据自己的兴趣选择合适的职业，下面将对加拿大《职业分类词典》中的职业兴趣类型与职业的吻合作一介绍。

1. 兴趣类型——愿与事物打交道

喜欢同事物打交道，而不喜欢与人打交道的人，相应的职业是制图、勘测、工程技术、建筑、机器制造、出纳、会计等。

2. 兴趣类型——愿与人接触

这类人喜欢与人交往，对销售、采访、传递信息一类的活动感兴趣，其职业如记者、推销员、服务员、教师、行政管理人员、外交联络等。

3. 兴趣类型——愿干有规律的工作

这类人喜欢常规的、有规则的活动，习惯于在预先安排好的程序下工作。相应的职业如邮件分类、图书管理、档案管理、办公室工作、打字、统计等。

4. 兴趣类型——喜欢从事社会福利和助人工作

他们乐意帮助人，试图改善他人的状况，帮助他人排忧解难。相应的职业如律师、咨询人员、科技推广人员、医生、护士等；

5. 兴趣类型——愿做领导和组织工作

他们喜欢掌管一些事情，希望受到众人尊敬和获得声望，在企事业单位中起着重要作用。相应的职业是各级各类组织领导管理者，如行政人员、企业管理干部、学校领导和辅导员等。

6. 兴趣类型——喜欢研究人的行为

他们对人的行为举止和心理状态感兴趣，喜欢谈论人的问题。相应的职业大都是研究人、管理人的工作，如心理学、政治学、人类学、人事管理、思想政治教育等研究工作以及教育、行为管理工作。

7. 兴趣类型——喜欢从事科学技术事业

他们对分析的、推理的、测试的活动感兴趣，长于理论分析，喜欢独立地解决问题，也喜欢通过实验做出新发现。相应的职业如生物、化学、工程学、物理学、地质学等工作。

8. 兴趣类型——喜欢抽象的和创造性的工作

他们对需要想象力和创造力的工作感兴趣，大都喜欢独立地工作，对自己的学识和才能颇为自信，乐于解决抽象的问题，而且急于了解周围的世界。相应的职业大都是科学研究工作和实验室工作，如社会调查、经济分析、各类科学研究工作、化验、新产品开发等。

9. 兴趣类型——喜欢操作机器的技术工作

他们对运用一定技术、操作各种机械、制造新产品或完成其他任务感兴趣。他们喜欢使用工具，特别是大型的、马力大的、先进的机器，喜欢具体的东西。相应的职业如飞行员、驾驶员、机械制造、建筑、石油、煤炭开采等。

10. 兴趣类型——喜欢具体的工作

他们希望能很快看到自己的劳动成果，愿从事制作能看得见、摸得着的产品的工作，并从完成的产品中得到满足。相应的职业如室内装饰、园林、美容、理发、手工制作、机械维修、厨师等。

二、确认自我的工作价值观

个人在选择职业时会受到一定动机的支配，而择业的动机一般是由价值观决定的。在选择职业的过程中，人们总是盼望所选择的职业能够满足自己的某种物质和精神的需要。

以下是笔者设计的对近 200 个大学生做有关工作价值观的调查表（见表 4-1）：

表 4-1　　　　　　　　　　　　工作价值观调查

价值观	排序号	价值观	排序号
与领导有良好的关系		地位、身份	
工作环境		稳定	
利他主义		个人生活方式	
刺激		管理	
与同学有好关系		经济回报	
成就感		工作多变化	
美感		独立	
创作			

注：要求被调查对象根据自己情况对表中的工作价值观进行排序。

（1）排出自己的选项顺序。

（2）与大家分享自己的观点和体会。统计表明，集中在前几项的选项为成就感、经济回报、工作环境和良好的人际关系。其中前五位选项的人数占该选项总人数比例为：成就感为 75%、经济回报为 63%、工作环境为 52%、搞好人际关系为 43%。由此可以看出，大学生考虑工作的出发点和期望值，在于他们希望有更好的工作环境和人际关系，支持自己在工作中不断获得成功，并获得相应的经济报酬。

确认自我的工作价值观，即能认识工作和职业对个人发展的重要性，培养自我的价值体系，努力形成较正确且符合社会主流价值体系的职业生涯观念。

（3）合理定位。每个人应在充分认识自己的基础上，切合实际地判断自己的局限和弱点，接受自己不能改变的事实，并勇敢地面对它。对他人的评价不曲解，不产生抵触和防卫心理。以积极、平和的心态不断改善自己可控制的、可改变的不足和问题，结合社会的发展和职业的需求，做出合理的选择、定位，建立正确的职业观。

三、发展自身潜能

如今市场经济社会，需要每个人不仅仅是发现自己的长处，找到适合自己的职业，更为关键的是在已有职业岗位上，要求每个人都能不断开发自己的潜能，不断推陈出新。只有如此，现有的职业岗位对你来说才是稳固的；也只有如此，在这个以知识的创造、加工、交流为基础的经济社会中，你才能保持稳操胜券的竞争力。否则，谁也不能保证永远不会下岗。看来，努力开发个人的职业潜能是十分必要的。

在平时的职业生活中，注意以下几点将有助于职业潜能的开发：

（1）力破陈规陋习。长期的风俗习惯会束缚人们的思想；传统的"灌输式"教育制度扼杀了人们求职的好奇心。在我们的日常职业中，应有意识地激发自己的好奇心，不断学习新的经验，适当冒险是必要的，以便在各个领域开发自己的潜能。

（2）自我承认法。假如你完成了一件了不起的工作，没有一位上司或领导表扬你，但只要你自己认为很好，你就应肯定它，并给予自己一定的奖赏。

（3）树立信心法。我们身边常常有这样的人，学习或职业成绩一般，由此认为自己的智力有问题，因而缺乏自信。实际上，可能是自己的潜能没有被发现或没有被开发出来。我们大家都十分熟悉的爱迪生、牛顿、巴尔扎克，他们小的时候，都被认为不太聪明，他们的成功是得益于后天的潜能开发。由此可见，要想发挥人的潜能，每个人必须首先相信自己是有能力的，才能通过自身的努力将自身的能量释放出来。

第三节 情商管理

为了事业的成功和生活的幸福，必须建立一种积极的心态，每天给自己个希望，每天都有好的心情，心态就是自己的真正的主人。

在个人成长中，心态影响着个体的行动，它能使自己成功也能使其失败。只有那些抱有积极心态并付诸行动的人才会取得成功。心理学的研究指出：态度是由认知、情感和意向组成，其中情感成分起着决定态度的核心作用。情商（EQ），作为心理学中一个测量人的"情感智力"的量度概念，表示人们认识自身情绪、妥善处理情绪、自我激励、认识他人情绪和处理人际关系等方面的水平，以及个人在团体中的平衡心理和调整情绪的能力。情商表现了人们通过情绪控制来提高工作效率和生活质量的能力，以及如何激励自我，充满激情；如何克制冲动，延迟满足；如何调整心情，避免过度沮丧影响自己的正常思考能力；如何设身处地地为他人着想，对未来永远充满希望等。

现代心理学研究表明，在人生事业成功的要素中，只有20%依赖于人的智力因素，即智商水平，而80%决定于人的非智力因素，即情商水平。所以，要积极调整心情，拥有健康的心态，努力培养高情商，超越自我，从而取得成功。

一、拥有健康心态

一个心理健康的人能体验到自己的存在价值，既能了解自己、又能接受自己，有自知之明。即对自己的能力、性格和优缺点都能作出恰当的、客观的评价；对自己不会提出苛刻的、非分的期望和要求；对自己的生活目标和理想也能定得切合实际，因而对自己总是满意的；同时，努力发展自身的潜能，即使对自己无法补救的缺陷，也能安然处之。一个心理不健康的人则缺乏自知之明，并且总是对自己不满意；由于所定目标和理想不切合实际，主观和客观的距离相差太远而总是自责、自怨、自卑；由于总是要求自己十全十美，而自己却总是无法做到完美无缺，于是就总是同自己过不去。结果是使自己的心理状态永远无法平衡，也无法摆脱自己时刻面临的心理危机。

要自觉培养良好的心态，避免产生心理障碍。

（1）保持乐观情绪。乐观态度能使自己充满活力，增强受挫能力和身体免疫力。

（2）坦然面对现实。能动地去适应现实，进一步地改造现实，而不是逃避现实；对周围事物和环境能作出比较客观的认识和评价，并能与现实环境保持良好的接触；既高于现实理想，又不会沉湎于不切实际的幻想与奢望中，同时对自己的能力有充分的信心；对生活、学习、工作中的各种困难和挑战都能妥善处理。

（3）要热爱生活，乐于工作。珍惜和热爱生活，积极投身于生活，并在生活中以一个好心情享受人生的乐趣，而不认为生活是一种负担。在工作中尽可能地发挥自己的个性特长和聪明才智，并从取得的成果中获得满足和激励，把工作看成是乐趣而不是负担。把工作中积累的各种有用信息、知识和技能存贮起来，便于随时提取使用，以解决可能遇到的新问题，克服各种各样的困难，使自己的行为更有效率，工作更有成效。

（4）抛弃怨恨，学会宽容。接受他人，能认可别人存在的重要性和作用，也能与他人相互沟通和交往，人际关系协调与集体和谐融为一体，既能在与挚友同聚之时共享欢乐，也能在独处一室沉思时而无孤独之感；在与人相处时，积极的态度（如同情、友善、信任、尊敬等）总是多于消极的态度（如猜疑、嫉妒、畏惧、敌视等）。

（5）善于感受内心并表达出来。体会品赏自己愉快的感受，与人分享，传递快乐情绪；对不良情绪能采取正常渠道消除，避免负面影响。

（6）富有幽默感。幽默是健康人格的重要标志，许多健康的事业成功者，都具有幽默感。

（7）拥有爱心。自信并乐于助人，要使自己广交朋友，让自己、他人快乐，世界会变得更美好。

二、学会管理情绪

在每个人的工作、生活中，难免出现这样或那样的矛盾和困扰，并会产生一系列情绪，这是我们每个人的正常心理反应，如紧张、焦虑、抑郁、悲观、恐惧、愤怒等。我们要做的是不让自己成为情绪的奴隶，不让那些消极的心境左右我们的生活。情绪会渗透人们的思维过程，影响决断，过度激动的情绪反应对个人的发展、工作、身心有不良的后果。因此，懂得调节和驾驭情绪，也是情绪智能的重要组成部分。

（一）认知改变情绪

心理学家艾利斯认为人的情绪和行为障碍不是由于某一突发事件直接引起的，而是由于经受这一事件的个体对它不正确的认知和评价所引起的信念，最后在特定情景下的情绪和行为后果。这就是著名的"ABC"理论，"A"指诱发性事件；"B"指个体在遇到诱发事件后，对该事件的看法、解释和评价，即信念；"C"指这件事发生后，个体的情绪及行为后果。真正影响情绪的是B。不正确的认知方式导致不合理的信念，从而导致了不良的情绪和心理。艾利斯在20世纪50年代创立了理性行为疗法。其核心就是去掉非理性的、不合理的信念，建立正确的信念。非理性信念的特点是：要求绝对化，即从自己的主观愿望出发，认为某一事件必定会发生或不会发生；过分概括化，即对事件的评价以偏概全，表现为对自己的非理性评价；喜欢走极端，即认为任何不良事件的发生都会导致非常可怕或灾难性的后果。

艾利斯认为，人们要认识自己常有的不良情绪，并善于发现自己这些不合理的认知方式。最常用的方法是反诘，要经常反问自己："一定就是这样的吗？"如果一时想不清楚，就先把事情放在一边，将自己思考的过程写下来，你会发现其实这里面包含着各种不合理的信念。经常这样问自己，培养一种良好的习惯，不良的情绪自然就会减少很多。

（二）行为改变情绪

心理学家詹姆士于1884年提出的情绪理论认为，情绪是内脏器官和骨骼肌活动在脑中引起的感觉。也就是说，人是因为笑而快乐，因为哭而悲伤，因为发抖而恐惧。乍一看，似乎很奇怪，可是我们却不乏这样的经验。当人们哈哈大笑时，会不自觉地感觉到轻松。挺胸抬头一点、脚步坚定一点、笑容灿烂一点，自信大方的你不仅显得风度优雅，同时也会改变你的心情、态度和看待问题的方式，内心深处会涌起一份自信、淡定和幸福。情绪低落时，积极去做一些有意义、有价值的事情，不仅能有效分散注意力，将自己从消极的情绪中解放出来，而且能增强自我效能感。那一份充实和踏实，会让你的心情也自然地雨过天晴。

（三）合理宣泄情绪

水管阻塞了，如果不及时疏导，可能有一天会破裂。情绪也是如此，如果不及时将不良的情绪释放出来，郁集在心，将会越积越多，最终导致情感的崩溃。过分压抑只会使情绪困扰加重，而适度宣泄则可以把不良情绪释放出来，从而使紧张情绪得以缓解、放松。因此，遇有不良情绪时，最简单的办法就是"宣泄"。宣泄一般是在背地里，在知心朋友中进行的。采取的形式或是用过激的言辞抨击、谩骂、抱怨恼怒的对象；或是尽情地向至亲好友倾诉自己认为的不平和委屈等，一旦发泄完毕，心情也就随之平静下来；或是通过体育运动、劳动等方式来尽情发泄；或是到空旷的山林原野，拟定一个假目标大声叫骂，发泄胸中怨气。必须指出，在采取宣泄法来调节自己的不良情绪时，必须增强自制力，不要随便发泄不满或者不愉快的情绪，要采取正确的方式，选择适当的场合和对象。现介绍几种放松方法，它可大大减轻压力，不妨一试。

（1）伸展运动。伸展运动对消除紧张十分有益，它可使全身的肌肉得到放松。

（2）腹部呼吸。平躺，面朝上，身体自然放松，双目紧闭呼气，把肺部的气全部呼出，腹部鼓出，而后紧缩腹部，吸气，最后放松，如此反复。

（3）放松肌肉。舒适地坐在一个安静的地方微闭双目，放松肌肉，默默地进行一呼一吸运动。

（4）闭目养神。见缝插针，在学习工作间隙打盹，哪怕只有10分钟，也可使你消除疲劳、振作精神。

（5）美好想象。通过想象一些自己熟悉和喜欢的事物，把思绪集中在所想象的"看、闻、听"上，渐入佳境，由此达到精神放松。

（6）调整呼吸。为了更好地放松，慢吸气，屏气，然后呼气，每一个阶段持续8拍。

（7）自我按摩。双目紧闭，用自己的手尖用力按摩前额和后脖颈处，有规则、有意识地向一定方向旋转，不要漫无边际地揉搓。

（8）放声高歌。只要环境许可，尽可放开歌喉拉长音调高歌，以得到不同的深呼吸，从而使精神放松、心情愉快。

（9）摆脱常规。经常试用一些不同的新方法，做一些自己不常做的事，比如倒着走、收腹吸气、高抬双腿等。

（10）发展兴趣。努力培养自己对各种有益活动的兴趣，并善于抽空去参与和享受。

三、学习面对挫折

当遇到困难和挫折时，有的人常常会抱怨、痛苦、自责、失去希望和信心，进而影响自身的发展。那么应如何面对挫折呢？

（1）倾诉。将自己的心理痛苦向他人倾诉，释放包袱，重拾信心和力量。

（2）换位思考。挫折和失败是对人意志、决心和勇气的锻炼。重要的是吸取教训，不犯或少犯重复性的错误。

（3）优势比较。受挫后去想那些比自己受挫更大、困难更多、处境更差的人，自然将自己失控的情绪逐步转化为平心静气，寻找分析自己没有受挫的方面，强化优势感，培养承受力，变挫折为力量，激发潜能，迎接新的挑战。

（3）修正目标。挫折毁灭了原有的目标，修正或重新确立目标，这是一个将消极心理转向积极思索的过程，它可以激发和推动自己行动起来，鼓起战胜困难的勇气。

四、维持心理平衡

在竞争的社会中如何保持心态平衡，从容自如地面对冲突、矛盾、创伤等，是人们共同关心的问题。下面的要诀值得借鉴：

（1）对自己不苛求。每个人都不是完人，做事情也不可能十全十美。为了顺利获得成功，避免挫折感，应该把目标和要求定在自己能力范围之内，懂得欣赏自己已取得的成就，心情就会自然舒畅。

（2）学会宽容。有的人心态不平衡，原因是处处与人争斗，使自己经常处于紧张状态。其实人际间应和谐相处，只要自己不敌视别人，别人也不会与自己为敌。

（3）适当让步。处理生活中的一些问题，只要大前提不受影响，在非原则问题方面无须过分坚持，以减少自己的烦恼。

（4）减少刺激。尽量避免参加不利于自己的谈话，寻找自己感兴趣并容易沟通的安全交流环境。

（5）友善表示。生活中被人排斥，常是因为互相有戒心。如果在适当时候真诚表达自己的善意，就可能化隔阂为友谊，结成好朋友，心里自然会平静舒畅起来。

（6）自我发泄。每个人有权生气、发火，不要使自己压抑、抑郁、消沉和听天由命。要学习自我宣泄，找合适的地方将气发出来，将痛苦诉说出来，大哭一场将委屈排出，自然会获得力量。

（7）助人为乐。助人为快乐之本，帮助别人不仅可使自己忘却烦恼，而且可以表现自己存在的价值，获得珍贵的友谊和快乐。

（8）享受生活。积极感受每天好的东西，拥有好心情，激发对生活的热爱、憧憬、追求。在别人欣赏自己的同时也会越来越自我喜欢、欣赏。

（9）回归自然。自然的神奇力量能使人获得安慰和解脱。

（10）知足常乐。荣与辱，升与降，得与失，往往不以个人意志为转移。宠辱不惊，淡泊名利，做到心理平衡是最大的快乐。

五、开发情商

高情商不是与生俱来的，而是在成长过程中经过教育培养而不断被开发出来的。除了自身要学习控制、调整情绪，用好心情好心态鼓励自己奋进外，还需开发以下情商：

（1）学会负责、诚信和敬业。要学会对自己的行为与决定负责，落实对自己或对他人的承诺。对自己从事的每一项工作尽职尽责，善始善终。

（2）学会良好的处世态度和为人技巧，建立良好的人际关系。学习尊重、信任、倾听，学会选择、放弃。

（3）学会竞争、培养合作精神。竞争使自己更加积极努力，争取更好的发展，合作有利于共同生存，社会共同前进。合作是第一位的，竞争的目的是为了更好的合作。

（4）培养适应能力。个人要主动适应社会，迅速转变角色，适应新的工作生活环境，进入良好的学习工作状态，巩固自己争取到的东西。

（5）培养开放的、终身的学习意识。现代社会的信息瞬息万变，知识、技术、经验不断更新发展。个人要在社会中立足，就要善于不断地吸取广博的知识和学习各种能力。

（6）树立形象意识。在精神上，建立积极上进，勤奋好学的精神面貌。在心理上，培养负责任、自信、乐观、诚信、踏实、友善的健康人格。在仪容上，表现自然大方，保持美观整洁的外貌形象。同时要有集体观念的整体形象意识。

第四节　机遇管理

俗话说得好：机遇总是留给有准备的人。

机遇对职业生涯发展至关重要，尽管每个人的职业生涯路线不同，有的从事行政管理工作，有的从事科研工作，有的从事经营工作，有的从事服务工作等。无论从事哪一种职业，走哪一条人生职业生涯路线，人生的发展都与机遇有关。如果我们将人生发展当成美妙的乐章，机遇就是强有力的音符；如果我们将人生发展当成扶摇直上的风筝，那么机遇就是应时刮来的强劲春风；如果我们将人生发展看作是一尊雕塑，那么机遇就是一把神奇的刻刀。

也有人说人才的成长是个人勤奋与良好机遇的双重结晶，这话是有道理的。不管一个人天赋有多高，他的成长总是离不开一定的客观条件，机遇作为一种特殊的有利条件，有时候对人才的成长起着关键的作用。特别是对于一个欲实现自己的职业生涯的设计者来说机遇就像一只无形的手，常常给自己以提携、扶植、引导和催化，使自己的潜能得到发挥，职业生涯目标得到实现。所以我们说，职业生涯发展需要机遇，机遇是职业生涯发展的催化剂。

然而，机遇具有偶然性、多样性和易逝性。这些特性又使人难以辨认，难以把握，难以捕捉。下面就有关辨认、把握、捕捉机遇的方法作一概要介绍。

一、转变观念，认识机遇

就机遇的认识而言，不同的人有不同的认识。有的人认为，机遇具有偶然性、多样性和易逝性，难以把握。所以，只有等待，无法创造。机遇来了，发现了就加以利用，发现不了也只有让其自然消失。对于这个错综复杂、瞬息万变的机遇，别无他法。在职业生涯发展中等着机遇的到来，等着事业的成功。有的人认为机遇是专门为那些天才、幸运儿准备的，自己既不是天才，也不是幸运儿，所以机遇与自己无缘，甚至认为机遇是天意，是命里注定的，自己没那个命，机遇不会降落到自己的头上，自己努力也没有用，由此失去信心，放弃了个人的努力和对机遇的主动捕捉。

以上这些认识都是错误的。如果一个人这样去认识机遇，机遇也就真的与这个人无缘了，只能坐失良机，导致职业生涯的失败。所以，正确认识机遇，树立正确的机遇观念，对职业生涯发展有其重要作用。

（一）客观地看待机遇

机遇虽具有偶然性、多样性和易逝性，但并不是不能捕捉。机遇的出现是偶然的，但从本质上讲，它又是事物必然性的表现。

例如，"总爱迟到"的普京如何当上了俄罗斯总统。

1994年以前，叶利钦听说圣彼得堡市长恰布索克有一位精明强干、勤于政务、忠诚可信赖的副手。但这位年轻副手的最大特点是：不论什么场合他总是不遵守时间，经常迟到。他就是富有个性的普京。

1994年10月的一天早晨，天空晴朗，阳光明媚，叶利钦接待完到访的英国女王，应彼得格勒州州长邀请，参观圣彼得堡市的一个狩猎场。圣彼得堡市陪同的地方官员并不多，但一位个子不高、身穿迷彩服、手持猎枪、一副军人仪态的人引起了叶利钦的注意。那人拿枪的姿势与人不同：自信、坚决。叶利钦悄悄询问身边的礼宾局局长："此人是谁？""他是市政府第一副市长弗拉基米尔·普京。""哦，记得，听说过。"叶利钦马上就想起普京了。

中午，叶利钦没有回去用餐，而是在林中支了一张桌子和几把椅子，准备边吃午饭边谈工作。一个多小时过后，突然发生了一件谁也料想不到的事：一头野猪从山坡丛林中突然跑出来，出现在众人的面前。这头野猪腰圆体大双眼冒着逼人的凶光，众人惊慌失措。当时，叶利钦的眼镜掉到了桌子下面，随行的十几个人纷纷钻到桌子下面找眼镜，只有普京和叶利钦的随身保镖反应最快，两人一齐举枪，只听"砰、砰"两声枪响，野猪应声倒下。后来检查证明，击中野猪心脏的子弹，正是"总慢半拍总爱迟到"的普京射出的，是普京打死了野猪。大家再次坐下来，频频为普京这位狩猎高手举杯。这次狩猎场遇险，更加深了叶利钦对普京的印象。叶利钦对普京的第一次直接接触就形成了这样一种深刻认识：他是一位"刚强的、不妥协的人才"。叶利钦当时就得出结论：莫斯科需要这样的人。因此，从1996年8月起，普京在叶利钦的计划培养下，先后担任总统办公厅总务局副局长、安全局局长、总理、总统。

从表面上看，普京的这次偶然的事件，成为了他成功的机遇。实际上普京有幸成功，却又包含着一定的必然性，也就是他的性格和智能的实力。如此看来，偶然的东西未必完全偶然，其中存在一定的必然性。如果我们这样认识机遇的偶然性，就不会把它看得绝对化、神秘化，就能全面科学的理解它、把握它。人的主观努力在一定程度上，可以改变和减少机遇的偶然性成分。机遇是不以人的意志为转移的，但并不是说它与人的主观努力完全无关，人对机遇毫无办法。实际上机遇作为一种客观存在，人们是可以认识和驾驭的，甚至有些机遇还是可以创造的。从宏观上看，机遇本身就是人类活动的一种杰作。在人生道路上，我们坚信自己的力量，相信机遇与人的主观努力是成正比的。主观努力可以增加机遇的必然性，甚至可以这样说：主观努力就是机遇的把手，是抓住机遇的门票。

机遇的出现是多样性的，有时每次机遇都以独特的方式展现出来。其表现形式可能有大小之分、平奇之别、隐现之异，各式各样，使人难以辨认，错失良机，事后猛然醒悟，扼腕顿足，追悔莫及。实际对于这种多样化的机遇，并不是不可捕捉，不管它以那种形式出现，只要我们张开自己的双臂去拥抱形形色色的机遇，做到注意那些以轰轰烈烈方式出现的机遇，又不忽略默默无闻、表现平淡的机遇，既不拒绝从天而降的机遇，也不放弃陷入困境时的特殊机缘。抓住每一次机遇，哪怕是很小的机遇也不放过，抓住它为己所用，发展自己。诚如一位艺术家所说，生活中并不缺乏美，而是缺少发现。同样的道理，生活中并不缺乏机遇，而是缺少发现。只要我们打开眼界，提高自己的敏感性，各种各样的机遇都会被我们所发现。

机遇虽有易逝性，稍纵即逝但不是无法捕捉，只要我们树立起时间就是机遇的观念，遇事要争分夺秒，从速决断，机遇也就不会错过。要明白"人能等机会，而机会不等人"。如同一个人要乘公共汽车一样，看到车开过来，你得紧跑几步，不然就开走了。反之，开车时间到了，你还没有准备好，就赶不上了。你不能指望"机遇的列车"一直在等着你，必须有很强的赶时间的观念，善于为自己抓住机遇创造时间上的优势。同时还要发扬雷厉风行的工作作风。发现机遇就像发现敌情一样，马上行动，不能迟疑，如此捕捉稍纵即逝的机遇也就不会有什么问题了。

机遇对谁都是同等的，它不只是为那些天才、幸运儿准备的。因为机遇本身没有意识，它对任何人都一视同仁，无论它是有才能的人，还是无才能的人；是勤奋的人，还是懒惰的人；是善良的人，还是缺德的人；是富有的人，还是清贫的人。机遇都会为他们提供同等的机会和帮助。

机遇并不等于成功。抓住了机遇只是获得了成功的希望，并不是成功的现实。机遇对职业生涯发展来说，只是创造了一种有利条件，搭起了一座桥梁，不可能解决一切问题。抓住了机遇，也绝不是成功在握，充其量只能算是拉开了走向成功的序幕，成功的巅峰必须靠自己一步一步去攀登，这才是问题的关键。如果谁以为抓住了机遇就可以高枕无忧，不思进取，放弃努力，谁就会大错特错，必将被机遇所戏弄。

(二) 正确认识主观努力与客观机遇的关系

通过上面的分析可知，机遇对谁都是同等的，不存在偏向问题。如果说机遇存在偏向的话，那么它只是偏向于有思想准备的人。它乐意成全那些有实力、有理想的人，与他们一拍即合，让他们"开花结果"，放射出夺目的光环。而对于哪些懒惰、空想、缺乏主观努力的人，则不屑一顾，擦肩而过，就像两条相望而不相交的平行线那样，彼此之间永远不会交汇相交。机遇偏向有思想准备的人，而这种思想准备是来自于一个人的主观努力。从某种意义上说，主观努力与客观机遇之间的契合，也是一种双向选择的关系。人们期待机遇，寻找机遇，而机遇也在选择伙伴，物色对象。机遇只把有利条件交给与它相适应的人们。如同一阵强劲的东风吹起来，有的人已经高高地升起了风帆，机遇之风将伴随他们一起扬帆远航，破浪前进。而另一些人当风吹来的时候，他们还没有升起风帆，甚至还没有造好航船，那机遇之风只能与他们说再见了。

这些人由于主观上的努力不够，条件欠缺，当机遇真的到来的时候，他们又毫无准备，眼睁睁地看着机遇流失，只能留下长长的叹息。所以，我们任何人都没有理由抱怨自己缺乏机遇，来为自己的平庸辩解开脱，说自己命运不好。事实上，始终找不到机遇的人只有一种人，就是那些根本没有努力，不学无术，不打算利用机遇的人。也就是说，主观努力不够，机遇就不会光临。

(三) 树立正确的机遇观念

只是认识了主观努力与客观机遇的关系还是不够的。我们做好了一切准备，等着机遇的到来，这是一种被动的机遇观念。当然，被动比没有准备好得多。但对于一个成功者来说，应当主动地寻找机遇，建立一种主动的机遇观念。

为便于大家理解机遇观念问题，下面将哲学家对机遇观念的归类作一介绍：

1. 农夫式的机遇观念

农民的机遇观念最淡薄，"一年之计在于春"，"谷雨前后，种瓜点豆"。这是农民根据季节变化而产生的一种机遇观念。季节到了，就播种插秧。这种机遇完全根据季节而定，是一种被动的机遇观念。当然，这是旧式农民的机遇观。

2. 医生式的机遇观念

医生等着病人，只等你来找我，我不会主动找你。这叫"守株待兔"，当然是被动的，而不是主动进取的。不少的人对待机会就是这样一种态度。其实，凡撞到树上的兔子都是"傻兔子"，在日常生活中这样的"傻兔子"并不多。

3. 火车司机式的机遇观念

火车司机严守"两点一线"，从甲地到乙地一条线，两边的风景看一看，但范围狭窄，影响自己的视线，只懂得上班下班，从家到单位。

4. 渔夫式的机遇观念

渔夫的作业特点，一是注意渔汛，二是从不限制自己的作业领域，哪里鱼多就往哪里去。这是我们应该建立的机遇观念。特别是当今社会，每个人都有择业的自主权，自己有权对自己做出选择，有权决定自己的命运，也就是有权对自己的机遇做出选择。

如果我们树立了这种"渔夫式的机遇观念"，我们的机遇就会增多，成功的可能性就会增大，职业生涯的发展就会加快。

二、练好内功，迎接机遇

机遇偏向于有准备的人。所谓有准备，就是要有坚实的基础，创造好一切条件，只要机遇一到，马上就可以抓住机遇，乘机遇之风勇往直前，实现职业生涯目标。通常打好基础，创造好条件，必须做好以下几点：

（一）不断充电，增强实力

不断充实自己，增强自己的实力，是一种迎接机遇的积极姿态，也是最有效的准备。

充实自己的最好办法是不断充电。其充电的内容，要根据职业生涯目标的要求，有计划、有步骤地学习。不同的时期学习不同的内容。不同的内容采取不同的方法。有的需要在书本中学习，有的需要在实践中提高。

从书本上学习其基本要求为，每天读30页，每月读三本书，每年读36本书。而且要求读与工作相关的书。这样，你的知识面、文字水平、专业知识都会得到明显的提高，必将为今后的发展打下坚实的基础，对你的事业发展产生助力，为你捕捉机遇创造良好的条件。不少成功的人士，就是靠刻苦学习，不断丰富自己，增强自己的实力，赢得了机遇，获得了事业成功。

实践证明，不学习、不了解天下大事和形势，不掌握新理论、新方法，不明白有关信息和发展动态，坐井观天，就永远抓不住机遇。不坚持学习、苦练内功，缺乏坚实的基础，缺乏必备的条件，机遇就永远与你无缘。因此，要想及时捕捉机遇，就必须不断地学习，抛弃懒惰的陋习，不要为懒惰寻找理由，要横下一条心，专心致志，刻苦钻研，坚持不懈，你的职业生涯目标就能得到实现。

在实践中提高也是自我充电的主要方式之一。因为工作也是学习，并且工作是一种重要的获取知识的渠道，许多知识、许多技能、许多经验都是从实际工作中取得的，都是在实践中获取的。但是，就实际工作和实践而言，不同的人有不同的收获，即使干同一件事情，其收获也不同，有的收获大，有的收获小。因为这里面也有个方法的问题。

有的人在工作中注意观察，注意发现新问题，发现问题就要寻找解决问题的办法，通过不断的解决新问题，使自己得到不断的提高。

有的人注意探索工作的规律性，发现其规律，掌握其要点，运用技巧，提高效率。对于这一点，人与人之间的差距很大，有的人在一个岗位上工作了20年，却不知自己在干什么。可有的人没干几天，就对工作的重点心知肚明，就能看出工作的规律性，看出窍门，很快就能提出改进的意见，采取更科学的方法，提高工作效率。

有的人在工作中不断探索未知领域，敢于开拓，敢于冒险，在开拓中前进，在冒险中获得新知。

以上几种注意在工作中学习，在实践中提高的人，都能在工作中不断充实自己，不断提高自己，为自己的发展创造条件，为迎接机遇打下基础。

（二）广结人缘，积极交际

一个人的人缘与机遇有一定的关系。有时人际间的交往、邂逅、合作、帮助往往会成为一些人难得的机遇。更何况，不论你从事哪种职业，都不可能是单个人的行为，常常是团队协作行动。所以，不论领导者，还是普通人，都需要好人缘。如果你人缘好，朋友多，良好的人际关系可以使你"眼观六路，耳听八方"，信息灵通，遇事有人帮助，机遇就可能频繁出现。相反，也许你很能干，聪明过人，但是人缘不好，关系紧张，到处树敌，人们不喜欢你，很多人为的机遇将与你无缘，到头来你将一事无成。因此，我们说，机遇就在交往的网络之中，广泛的社交是获得机遇的必要条件。不断提高自己的交际能力，努力开拓好交际网，这无疑是追求理想的重要准备。那么，如何提高自己的交际能力呢？

1. 以爱好为突破，广交朋友

共同的爱好常常是友谊的黏合剂。以爱好为媒介，发展友谊，最容易成功。从专业的角度看，要积极参加社团活动、学术会议和专业会议。这样，不但可以开拓思路，而且可以结识很多同行、朋友，甚至觅到知音，得到很多有价值的信息，创造发展事业的大好机会。

2. 主动与人交往，扩大交际

主动与人交往，是广泛交朋友的一个重要方面。你稍加注意就会发现，凡是成功的人士，都是主动与人交往的，并注意建立友谊。这种友谊就是人生发展的一种资本，朋友越多，资本越雄厚，成功的机遇就越多。下面介绍五种方法，供参考：

（1）有机会就把自己介绍给别人。在晚会上、飞机上、工作中，任何地方都可以这样做。介绍是社交和商务场合中相互了解的基本方式。正确的介绍可以使不相识的人相互认识，也可以通过落落大方的介绍和自我介绍，显示良好的交际风度。

相互介绍，积极沟通。有如下四种介绍方式：

①自我介绍。其基本程序为：先向对方点头致意，得到回应后再向对方介绍自己的

姓名、身份和单位，同时递上事先准备好的名片。自我介绍时，表情要坦然、亲切，注视对方，举止庄重、大方，态度镇定而充满自信，表现出渴望认识对方的热情。

②他人介绍。一般身份地位高者、长者、特邀者和贵宾出入社交或商务场合与某人相识时，常常由他人来做介绍。做介绍的人，一般是主人、朋友或公关人员。如果你为身份高者、长者或主人，在听他人介绍后，应立即与对方互致问候，表示出欢迎对方的热忱。如果你为身份低者或宾客，当尚未被介绍给对方时，应耐心地等待；当将自己介绍给对方时，应根据对方的反应做出相应的应对，如对方伸出手，你也应及时伸出手相握，并适度寒暄。

③为他人做介绍。公关人员、单位领导、东道主或与被介绍人双方都相识的人，他们都分别是商务活动、接待贵宾和其他社交活动的合适介绍人。

介绍顺序。介绍人首先应了解被介绍双方各自的身份、地位以及对方有无相识的愿望，或衡量一下有无为双方介绍的必要，再择机行事。介绍的先后顺序应坚持受到特别尊重的一方有了解对方的优先权的原则进行介绍。

介绍人的神态和手势。介绍人态度要热情友好，语言清晰明快。在介绍一方时，应微笑着用自己的视线把另一方的注意力引导过来。手的正确姿势应掌心向上，胳膊略向外伸，指向被介绍者。

介绍人的陈述。介绍人在做介绍时要先向双方打招呼，使双方有思想准备。介绍人的介绍语宜简明扼要，并应使用敬语。

④商业性介绍，也称为实业性介绍。在这种介绍中不分男女老少只凭社会地位的高低为衡量的标准，遵从社会地位高者有了解对方的优先权的原则，在任何场合都是将社会地位低的人介绍给社会地位高的人。称呼则是交际大门的通行证，是沟通人际关系的第一座桥梁。所以，称谓语使用得恰当与否，对商务交际有直接的影响。

（2）主动交换名片，让对方知道自己的名字。

交接名片是建立人际关系的第一步。名片包括三方面的内容，一是本人所属的单位、徽号以及自己所在的部门；二是本人的姓名、学位、职务或职称；三是与本人联络的方式，包括单位所在地址、办公电话号码、住宅电话号码、电子信箱等。一般宜在与人初识时自我介绍后或经他人介绍之后进行。

递送名片的先后次序没有太严格的讲究，一般是地位低的人先向地位高的人递名片，男性向女性递名片，出于公务和商务的需要，女性也可以主动向男性递名片。当对方不止一人时，应先递给职务最高或年龄较大的人；如分不清职务的高低和年龄大小，则可依照座次递名片；应给对方在场的人每人一张，以免厚此薄彼。如果自己这一方人较多，则让地位高的人先递名片。因为名片代表一个人的身份，在未明白对方的来历之前，不要轻易地递送名片。

递名片时，应面带微笑，正视对方，将名片的正面朝着对方，恭敬的用双手的拇指和食指捏住名片上端的两角送到对方的胸前；递名片时可以说一些"我叫×××，这是我的名片，请笑纳"或"请多关照"之类的客气话。

接受他人名片时，应起身或欠身，面带微笑，恭敬的用双手的拇指和食指接住名片下方两角，并轻声说"谢谢！""能认识你十分荣幸"。如对方是地位较高者或有一定知名度的，则可道一句"久仰久仰"之类的赞美词。接过名片应十分珍惜，并当着对方的面，用30秒钟的时间，仔细把对方的名片"读"一遍，并注意语音轻重、有抑扬顿挫，重音应放在对方的职务、学衔、职称上；不懂之处应当即请教，随后将他的名片保存好，千万不要随便乱放，以防污损。

在介绍后，大家就成了朋友。那么，见面时如何握手，传达友情呢？

①握手的顺序。握手的基本礼节是：在平辈的朋友中，相见时先出手为敬；在长辈与晚辈之间，上级与下级之间，应是前者先伸手，后者先问候，待前者伸手后，后者才能伸手相握；在男士与女士之间，女方伸手后男方才能伸手相握，如女方无握手之意，男方可点头或鞠躬致意，倘若男方已是祖辈年龄，则男方先伸手也是适宜的。在主宾之间，主人应先伸手，客人再伸手相握。但客人辞行时，应是客人先伸手表示辞行，主人才能握手告别。如同许多人握手，应先同性后异性、先长辈后晚辈、先职位高者后职位低者、先已婚者后未婚者。接待外宾时，主人有向客人先伸手的义务，无论对方是男是女，主人都应先伸手表示欢迎。

②握手的方法。伸手的动作要稳重、大方，态度要亲切、自然。

③应握手的场合。在你被介绍与人认识时；与友人久别重逢时；社交场合突遇熟人时；迎、送客人时；拜托别人时；与客户交易成功时；别人为自己提供帮助时；劝慰友人时。

④握手十忌。一忌不讲先后顺序，抢先出手；二忌目光游移，漫不经心；三忌不脱手套，自恃高傲；四忌掌心向下，目中无人；五忌用力不当，敷衍鲁莽；六忌左手向握，有悖习俗；七忌"乞讨式"握手，过分谦恭；八忌握时过长，让人无所适从；九忌滥用"双握式"，令人尴尬；十忌"死鱼式"握手，轻慢冷漠。

（3）主动询问对方的尊姓大名、职位、电话及工作单位。如欲索取他人名片时，可以婉转地说："以后怎样向你请教？""以后怎么和你保持联系？"如自己无意送人名片时，可以婉转地说："对不起，名片未带。"

（4）准确记住对方姓名及职位，在谈话中，别忘了称呼别人的职位。了解姓名的特点，记住对方姓名。可采用以下方法：

①对需记住的姓名，注意力一定要集中，初次见面被告之姓名时，最好自己重复一遍，并请对方把名字一字一字地分别解析一次来加深印象。

②把姓名脸谱化或将其身材形象化，将对方特征和姓名一齐输入大脑。

③把对方的名字与某些事物（如熟悉的地名、物名、人名）关联起来。

④通过交谈、相互了解熟悉，并在交谈中尽量多的使用对方的姓名。

⑤借助交换名片、并将名片分类整理，或把新结识的人的姓名及时的输入手机或电脑通讯录中，便于查阅。

⑤如果想进一步与新朋友加深交往，你可以给他们写信，打个电话或登门拜访。

只要灵活运用这些方法，你就能主动与人交往，像那些成功者一样，在广泛的人际交往中，获得事业发展的机遇。

3. 扩大社交圈，结识不同类型的朋友

什么样的人就会有什么样的朋友，希望成为什么样的人就要跟什么样的人在一起。一个人不能独立生活，自己虽然可以过得不错，而且人也需要一些独处的时间，可是人是群居动物，需要朋友。

一个人之所以取得成功，是因为有朋友帮助；一个人之所以会成长，是因为他吸取了别人的成功经验。如果你接触的是同一类人，你的成长是有限的；如果你能扩大你的生活圈，你的层次会大幅度提升；如果你能尝试新的事情，你就能够突破内心的种种困惑和障碍。如果你跨出自己的社交圈，就能接触不同类型的人，不同类型的人会给你不同的刺激，不同的刺激会带给你不同的创意，不同的创意可以让你想出不同的点子，能够让你在社会上占有更大的优势，这样，你成功的机会就会大幅度提升。

不妨从今天起，想想看，你决定要参加什么样的组织，你决定要加入什么样的团体，要跟什么样的朋友在一起，请立即行动，去找到这些人，被动是不会有收获的。

（三）发展优势，培养强项

一个人不可能事事精通，样样出色，但在某一方面十分突出，技艺超群就是人才，就可能在这个强点上获得成功。正是从这个意义上讲，注意培养优势、强项，有助于为自己创造机遇和把握成功。

所谓优势，主要指个人学识及机能上优于他人的实力。它既包括生理上的特长，如个子高，英俊、漂亮；也包括心理上的优势，如性格佳、适应性强、接受能力强；又包括技能上、学识上的优势，如有学识，有绝技等，一个人如果具备其中一项、两项或更多项，就可能形成自己的某种优势或综合性优势，这样一来，他在事业上的竞争力就大大地增强了。因此，为了捕捉机遇，我们必须有超前的意识，要有目的地发展优势，培养强项。

应该指出，多数人的优势是后天培养训练而成的。而且不少人的优势并不是一开始就十分明显，它往往处在潜在状态，好比一个品位较高的富矿，开采前还没有价值，必须经过提炼、锻造、精心加工，才能真正形成实实在在的有价值的优势，成为自己的绝技，在某一方面比别人高一招。正因为如此，在平时我们就应不断发现自己的优势，精心培养，以便早日形成"气候"，派上用场。

1. 认识自我，发展优势

如何看待优势，由于个人的主观条件、经历不同，人们的潜能和特点各异，所以不能一概而论。俗话说："人贵有自知之明。"人要做到自知，就要对自己的长处、短处、优势、不足有客观全面的了解。看清自己优势的潜力，才能有意识的培养它、延展它，使之有用武之地。

有时候，对于潜在的优势自己也不一定看得十分清楚，通过一些方法发现它，抓住它。比如，可以通过积极参与竞争，在实践中发现优势；也可以通过反思，自我观察，总结经验教训，从正反对比中认识自己的优势；还可以通过他人，通过权威的评价，帮助自己发现优势，等等。

2. 认准目标，孜孜以求

认准了优势，定下了目标，就要下大工夫、苦工夫去培养，要不怕吃苦，长期坚持，孜孜以求，不达目的不罢休。追求优势要进入某种境界，达到痴迷的程度。不迷不成材，不迷钻不透，不迷难出成果。只要迷上了，就会精力集中，十分投入，进入忘我的境界，就可能有惊人的发现，重大的突破，形成真正的实力。

3. 独辟蹊径，谋求绝技

在认识和培养优势上，有时候不但要看自己的情况，还要考虑客观因素，以便独辟蹊径，谋求绝技。比如在一些被人忽视的"冷门"上，去发展，去钻研，也可能出新、出奇，形成自己独到的优势。这种优势就是赢得机遇的资本。

实际上，不管是在热门还是冷门领域，只要我们从主客观条件出发，认准了方向，就要着力培养锻炼，以高标准要求自己，精益求精，追求技艺超群，出类拔萃。当你真正身怀绝技的时候，就不怕机遇不来叩响你的门。

三、关注信息，发现机遇

信息就是资源，就是机遇。因此，学会获得信息，准确判断信息，运用信息，机遇就会到来。人们的信息越是灵通，发展的机会就越多，选择的余地也就越大。相反，一个闭门塞听，对外界信息一无所知的人，是不可能抓住机遇，更谈不上人生事业的成功了。特别是在当今市场经济条件下，各种机遇总是通过瞬息万变的信息表现出来的。正因为如此，我们必须伸长自己的"触角"，以灵敏的嗅觉，广泛收集信息，从中发现机遇。

（一）树立信息与机遇意识，增强信息敏感性

能否有效捕捉信息，发现机遇，关键在于是否有信息意识和机遇意识。有了这些意识，才会对信息有敏感性，自己的感知系统才会有选择性、方向性，才会在众多信息当中敏锐地发现对自己有益的信息，发现别人看不到的机遇。这样你就能够在有限的时间内掌握更多有价值的信息，找到更多的发展机遇。这一点对于人生的发展极为重要。如果我们在主观意识上缺乏准备，头脑中完全没有捕捉信息这根弦，那么就是有价值的信息送到你面前，也会白白流失。如今，我们生活在信息社会，可是有些人却什么信息也没发现，其根本原因，就在于缺乏捕捉信息的意识。所以，我们必须树立信息和机遇意识，使自己成为捕捉信息和机遇的有心人。只要我们思想上有了捕捉信息之心，就等于树起了全天候的"雷达天线"，就可能在日常生活中，捕捉和发现闪光的金子和难得的机遇。

（二）广开信息渠道，博采信息资源

1. 从新闻传媒中捕捉信息

获得信息最基本的手段是关注新闻媒体，通过看电视，阅读报刊，听广播，上网等了解社会生活中每时每刻发生着的各种事情，从这些公开的活生生的五花八门的报道中捕捉自己所需要的信息。有些信息可以直接拿来运用，比如和人们的事业发展有关系的招生、招聘、展览、新产品、新发明等；还有一些可启发人们的思路，比如政策法规、重大赛事、社会动态、国际新闻等。这些信息的报道中，说不定就会有对自己有用的信息，成为自我发展的一次机会。特别是对于那些处于偏僻、闭塞地区的人们来说，关注广播、电视传媒，使自己与外部世界联系起来，并从中发现有价值的信息，这对把握机遇尤为重要。

2. 定向捕捉信息

所谓定向捕捉信息，就是有目标的捕捉信息，带着问题寻找信息，存有设想去寻觅所需的信息。此种方法也是捕捉机遇的一种有效手段。

有了目标，信息的范围也就相对确定，当与目标有关的信息出现时，就能有意识的捕捉到，这一点很重要。因为在日常生活中我们要遇到各种各样的信息，这些信息是否

有用，不取决于信息本身，而取决于每个人的需求。同样是一个信息，可能对这个人没有一点用，而对另一个人却很有价值，决定其一生的命运。因为这个信息与其目标有关，得到这个信息，目标就可能实现。所以，一个人有了明确的目标，就会有意识采集有关信息，就会对有关信息产生敏感性。

带着问题寻找信息，也会增强对信息的敏感性。有问题就得解决，解决问题就需要办法，办法从那里来呢？无形中就得思考，在思考中往往就注意到有关信息。有时，这些信息不但能够解决当前的问题，而且还为人的发展提供了机遇。

存有设想去寻觅所需的信息，对信息的捕捉更有针对性、实效性，常常可以在别人看来毫无价值的信息中，发现其有用的信息，并利用此信息，找到发展的机遇，使自己的人生获得成功。

3. 从平常之中发现不平常的信息。

有用的信息并不一定都是以惊天动地的面貌出现的，很可能是在不起眼的地方，以平平淡淡的方式冒出来，只有用心的人、对信息敏感的人才能发现它。所以，我们不仅要关注大事情，还要留意小问题。比如，在参加会议、乘坐火车等集体场合，大家七嘴八舌，话题漫无边际，但如果我们有见微知著的敏感，就可在只言片语中，发现有价值的信息，从中听出名堂，发现冷门，抓住机遇。

（三）触类旁通，触发灵感

人们对信息的反应，往往受到需求的支配和惯性思维的影响，表现出某种选择性：这就是只对相关、相近的信息产生兴趣，而对乍一看与自己需求相差甚远的信息置之不理，不予考虑，甚至采取不屑一顾的态度。这同样是缺乏信息敏感性的表现。实际上，一条信息的价值，有时候并不在于它能直接产生作用，而在于触类旁通，触发听者的灵感，所以，有些看似与己无关的事情中却能蕴藏着有关因素，甚至在正常情况下看起来很是荒谬的东西中，也可能包含着解决问题的钥匙。因此，在与人相处中，我们对他人的看法、见解、建议，甚至是外行话、玩笑话，切不可充耳不闻，更不要轻易否定，最好思考一下，看其中有没有可以借鉴的因素，从中有所发现。

四、立即行动，抓住机遇

当我们从信息中发现机遇后，应当立即行动，否则，就会错过机遇。因为机遇有易逝性的特点，其展现时间很短稍纵即逝，不允许长时间的思索权衡，必须立即行动，快速定夺。另外从竞争的角度来说，也不允许从长计议，如果犹豫不决，行动缓慢，机遇也可能落入他人之手。

因此，发现看准了机遇，就不能犹豫，必须当机立断，采取行动，有时候，抢时间就是抢机遇，甚至分秒之差，就可能决定命运。为此，立即行动，抓住机遇，要注意以下几个环节：

（一）捕捉信息要快

当了解到某一重要信息时，应以最快的速度进行捕捉，以争取必要的时间，走在他人之前把机遇抓到手。

（二）决策速度要快

捕捉信息以后，研究决策，决定取舍，拿出方案，就成了重要一环，有时人们发现信息很早，可是决策速度太慢，同样可能丧失机遇。当然，快速决策，并不是草率行事，如果不认真研究和论证就作出决定，就可能造成重大损失。尤其是对于带有风险性机遇的决策，作出决策的难度就更大。因此，要做到快速决策，必须提高自己的快速思维和综合分析能力，提高决策的速度和科学性，力争在较短的时间内作出全面分析，提出方案。

（三）落实行动要快

在作出决策，提出方案后，并不等于抓住了机遇，还需要快速行动，抓紧落实。只有快速行动，才能抢先于人，才能不错失机遇。这就要求我们要有时间观念。有道是"人能等机遇，而机遇不等人"。要发扬雷厉风行的工作作风，快速行动，落实方案，这对我们抓住机遇极为重要。

五、全力以赴，用好机遇

发现了机遇，抓住了机遇，并不等于成功。这一点特别需要注意。比如，你发现了一个信息，此信息可以帮助你赚一大笔钱，于是你立即投资、购置设备、招聘人才，组织生产。可是，在运作的过程中，你重视不够，管理不善，照样赚不到钱，有可能连本钱也要赔进去。这说明，发现机遇，抓住机遇，仅是事业成功的一半，而另一半则是看你能否抓住机遇，用好机遇。这是一个整体，只发现了，而没有抓住；只抓住了，而没有抓好；只是得到了，没有用好，仍然达不到抓住机遇的效果。这如同自然界物质转换一样，从一种物质形态变为另一种物质形态，必定要经过转化，要转化就需要能量。如，知识是重要的，但知识不等于力量，只有当知识转化为智力或创造力以后才能真正成为力量。科学技术是第一生产力，但是一项科技成果或科学发明并不能直接形成生产力，只有当它被开发成有价值的产品时，才能转化为生产力。同样，机遇对人的发展是重要的，但机遇不等于成功，只有把机遇变成了现实，创造出有价值的业绩时，才能算是把机遇转化为成功。

所以，要想获得成功，不仅要善于发现机遇，抓住机遇，还必须全力以赴，用好机遇。

（一）珍惜机遇，紧抓不放

机遇的得到，并非易事，人生在世，有多少良机呢？可以说是不太多的。在这不太多的机遇中，有时还发现不了。我们所能发现的就更少了。既然发现了，我们就应珍惜它。不能在机遇到来之前，竭尽全力，绞尽脑汁，勇于拼搏，从不懈怠，而一旦机遇到手，就沾沾自喜，以为万事大吉，放弃努力。如此，会导致前功尽弃。在这方面失败的教训很多，值得我们注意。

（二）分析机遇，找到最佳发展途径

抓住机遇后，还要分析和认识机遇所提供的有利条件，并与自身的发展需求有机结合起来，统筹谋划，制订出可行的实施计划和落实措施。

机遇提供给人的有利条件是多方面的。有技术的，有环境的，有物质的，也有精神的；有些是短时起作用的，也有长期起作用的；有些可能直接产生作用，有些则要经过配套才能产生作用等。我们必须进行具体问题具体分析，把可利用条件的性质、程度、方式以及存在的不利因素和风险搞清楚，做到心中有数，以趋利避害，恰当运用。

在分析外在条件的基础上，还要结合自身的特点，作出决策，抓好落实。所谓自身特点，主要包括自己的性格、兴趣、特长等。也就是说机遇是否适合自己的性格、兴趣、特长。如果机遇只符合外界条件，而不符合自己的特点，那就有可能在抓住机遇之后的实践中，使外在因素与自身特点之间发生冲突。有时甚至能够留下失败的隐患，把机遇变成了压力，把好事变成了坏事。

在人生的道路上，这样的悲剧不是太少，而是相当普遍地存在着。最简单的比方，慢性子的人非要承担需要急性子的人才能适应的工作，再努力拼搏也是难以胜任的。语言迟缓，不善交际的人，偏偏干上了导游这一行，那是无论如何也难以搞出成绩的。

所以，在捕捉机遇阶段，应当把目光主要盯向外部，而在抓住机遇后，眼睛就应转向内部，把注意力放在自己的专业领域，将机遇提供的启迪、思路和有利条件，引申开来，结合自身特点找到最佳发展途径，利用机遇促进自身发展。

（三）努力拼搏，用好机遇

机遇对于一个人而言，仅是提供的一个机会。能否利用这个机会，创造出一番事业，取决于你的努力程度。世界上没有一个成功者是没有经过努力而获得成功的，这是一个客观现实。面对机遇的到来，如果不敢选择，不敢尝试，那不是一个勇者，一旦机会选定了，如果怕困难，不愿为之奋斗，那也不可能成为一个成功者。

所以，我们在抓住机遇后，应该努力奋斗，敢于拼搏，这是事业成功的关键。

第五节 行动管理

歌德说过：仅有知识是不够的，我们必须应用；仅有愿望也是不够的，我们必须行动。

一、设计职业生涯规划

积极行动起来进行初步的职业生涯规划设计，进行职业生涯探索，学习基本的求职能力和技巧，培养职业生涯决策能力和建立良好的职业道德观念，这是每个人进入社会前应当经历的过程。在这期间要有目的地、具体地学习和尝试一些事情。例如：

· 阅读名人传记书籍；
· 访问父母或亲戚，了解他们所从事的工作；
· 聆听知名人物报告，了解他们职业生涯发展的心路历程；
· 了解各行各业职业概况及需要；
· 认识职业训练和就业辅导机制；
· 学习通过图书、报刊、互联网等传播媒介获取信息；
· 收集、分析、归纳当前社会就业概况，获取正确的职业信息；
· 参观企业、公司及有关工作单位，观察了解其工作情况；
· 实地访问工作者，与其讨论该行业发展趋势；
· 到多个单位实习，获取工作经验；
· 比较与分析不同工作的需求条件；

- 认识职业的未来发展趋势；
- 了解基本的劳动法规；
- 了解各种职业资格考试及其功能，准备参加与择业相关的资格考试；
- 学习如何撰写履历表与自传；
- 学习求职面试技巧；
- 认识继续教育等教育机制，建立终身学习的观念；
- 学习如何服务他人，奉献社会，并养成勤劳的习惯；
- 比较、分析各行各业的道德要求与工作上的道德规范；
- 讨论创业、就业成功的个人努力因素，并向创业或就业楷模学习；
- 学习各种丰富人生与开发职业生涯的方法与途径；
- 制作适合的职业列表以便选择和缩小职业范围；
- 学习作出决策。

在进行以上活动时，要做好充分的心理准备，迎接和面对种种困难和挑战，持之以恒，最后这些活动必定会成为为自己赢得职业的最佳选择。

二、大学时期职业生涯规划行动

笔者所在大学的职业生涯指导课堂上，其中有一个课堂练习和讨论使学生们最感兴趣，并带出许多的思考和启发。下面选出部分供参考学习。

课堂练习："毕业之前为自己的事业做十件以上的事情"
- 用一段时间做个人的职业生涯设计；
- 找资料或请老师、专门机构做职业生涯辅导；
- 多读书；
- 发表两篇以上的专业论文；
- 参加大学生英语竞赛；
- 练习英语听说、对话能力；
- 补充自己科技知识和技能；
- 提高欣赏水平和鉴赏力；
- 提高阅读速度和分析的能力；
- 培养语言表达能力；
- 找出自己更多的优、缺点；
- 培养敬业精神；
- 提高自己对外界事物的积极性；
- 使自己保持乐观坚强的性格，保持对生活的热爱、热情；
- 主动与陌生人交谈，学习展现自己，积极争取机会；
- 多在人多的场合发表意见和表现自己，培养从容不迫的气质；
- 多与人交谈，锻炼自己的口才和语言文字功力；
- 锻炼自己的演讲水平，培养当众发言的勇气和能力；
- 掌握人际沟通的技巧，得心应手地与人交往；
- 进一步学会公关礼仪和接人待物；

- 提高协作能力；
- 找出自己到现在为止自认为做得比较出色的事；
- 继续参加学生会的工作，从而不断锻炼自己的组织能力、工作能力；
- 多去听学者演讲，参加如《对话》之类的互动节目；
- 多听社会各界人士的讲座；
- 结交社会成功人士，吸取经验；
- 给自己感兴趣的企业领导写封信；
- 争取参加一个大公司的活动；
- 了解和走入社会，多认识一些正在工作，或在找工作，或已失业的人；
- 询问成功人士，领导需要什么样的人才，怎样才能在进入该行业后取得成功；
- 做一些求职渠道的了解；
- 进行相关的就业培训；
- 与父母协商并确立自己从事就业的方向；
- 到与自己所学专业的相关公司去实习；
- 学会写自荐书，通过互联网向各家公司发送个人简历；
- 了解并掌握所想从事的行业及企业动态和具体情况；
- 查找自己感兴趣的企业方面的资料；
- 考察将来最热门的行业；
- 不要对就业初期的工作有太多要求，相信脚踏实地一定会出成绩；
- 做好最坏的打算，不让自己成为无业游民；
- 尽量多拿到一些"证"，给自己加筹码；
- 与国外同学联系，打听学校的招生情况；
- 关注国际国内时势政策，关注国家经济发展动态，关注每次国家政策的出台及其影响；
- 写作投稿、写小说，把图书馆可看的想看的书看完，课余打工；
- 记得每季度还贷款利息（培养诚信意识）；
- 练习说好普通话；
- 练习钢笔字，争取写一手好字；
- 好好练一下毛笔字；
- 选学公关礼仪课；
- 注意礼仪方面的培养；
- 学会化妆与欣赏有品位的衣着，发现自己的魅力；
- 进行自我包装；
- 买一身应聘时穿的衣服；
- 多培养一些业余爱好；
- 学会电脑、交际舞、打网球；
- 让自己的歌越唱越好；
- 经常参加体育运动；
- 谈一场积极健康的恋爱。

案例思考：

您的抉择在哪里——看成功人士如何择业

职业发展中，总会面临很多选择。当必须为选择做决定的时候，恐惧就油然而生——怕骑虎难下，又怕错失良机。我们会发现，这样一道难题无法用加减乘除来简单计算，解题也远远在我们的专业能力之外。选择，既是难题，也是机遇，正确的选择往往是职场成功的第一步。你的选择究竟在哪里？

王志东：职业经历了三次蜕变。从名噪一时的新天地公司，到新浪网，再到现在的北京点击科技公司，未满38岁的王志东经历了三次蜕变：从一个优秀的程序员，到一名职业经理人，再演变为一位充满传奇色彩的创业家。2001年6月，在那个网络泡沫破碎的季节，王志东离开了新浪。当时他有很多种选择，先休息半年，出去镀金或者当职业经理人，也有人让他干脆写书做广告。"我花了一个月的时间来想这个问题，离开新浪之后，最适合我干的是什么事？当时我就问自己一个问题：现在有没有一件事情特别想做，要是不做的话，会后悔或者放不下。"于是王志东决定创办点击科技。有了新天地和新浪的经验之后，王志东的这次创业非常谨慎，至今点击科技所有的问题基本上都没有超出他当初的预计。王志东认为，每个人都要按照自己的特点去创业，自己的三次选择，业务内容完全不一样，才有现在这个结果，"如果我离开新浪后，再做网站，不仅没有挑战性，也很难成功"。创业不能随波逐流，也不能认死理，要善于学习，善于突破自己。

丁磊：勇敢地开除自己。丁磊大学毕业后进入电信局工作。虽然单位待遇很不错，他却觉得有种难尽其才的苦恼。1995年，他从电信局辞职，决意去广州闯一闯。他这样描述自己的行为：这是我第一次开除自己。人生总有很多机遇，但抓住机遇是要付出代价的，勇敢地迈出第一步，往往是人生的分水岭。虽然在广州和后来的创业中都吃了不少苦头，丁磊仍乐观地说：人总有跌倒的时候，即使跌倒，也要记得抓把沙子握在手里。

张建国：敢于将自己清零的狼。1990年，在兰州某大学任教的张建国，不满足讲师→副教授→教授的既定职业轨迹，决意南下下海。1996年，张建国凭借自己多年打拼，出任华为公司副总裁、人力资源部总监。然而在事业如日中天时，张建国选择了离开。2000年，他离开华为公司赴美国麻省理工大学进修人力资源管理专业。然而，2004年7月，当再次面临职业选择时，张建国选择了中华英才网，并以职业经理人身份出任总裁。张建国说：在做职业选择时，对你的历史要敢于清零，走到一个新的事业平台；在选择新平台时，要把原来的经验和知识进一步加以利用并延续，这对二次创业能否成功很重要。此外，从事新的职业一定要具备狼的精神，即嗅觉敏锐、协作精神和坚忍不拔。

王良星：简约不简单的企业家。从20世纪80年代开始创业，王良星带领的利郎（福建）时装有限公司已经发展成为中国商务休闲男装的领头羊。利郎是从服装批发零售起家的，经历了1995年的低谷、1997年的调整企业战略目标，到2001年提出了商务休闲男装品牌细分，利郎再次爆发，进入了品牌经营阶段。作为企业家的王良星总是面临着很多的选择，他认为自己最大的优点就是"敢想、敢学、敢做"，闽南人都有爱拼才会赢的性格，但拼不能盲目拼，要永远抱着一种学习的心态去打拼。他毫不避讳自己的初中学历，但一直保持学习心态的他，奉行边实践、边学习、边总结出来的东西才是精华，他认为和几个朋友喝茶聊天是最大的享受，也是最好的学习方式。

陈沛：选择梦想的人，终有一天梦想成真。陈沛，现任中搜总裁兼CEO，16岁考入浙江大学数学系，是第三代智能中文搜索引擎主设计师。1994年，陈沛开始进入中文全文检索技术的研究。经过多年经验和技术积累后，2001年，他开始进军高端搜索引擎市场。他坦言：2001年的那次决定，自己压力很大，当时国内搜索引擎技术方面已经有了领先者，国外的搜索引擎公司也虎视眈眈瞄准中国市场，想在竞争中取胜，难度很大。几乎所有的企业咨询机构都对他说：算了，别做这个市场了。但在梦想的激励下，陈沛和他的团队以新闻搜索作为切入点，经过半年时间，研发出国内第一个新闻搜索引擎，并被新浪采用。陈沛总是说：选择财富的人，不一定会收获财富；选择理想的人，终有一天梦想成真。

郭德纲：闯京城只为不后悔。1995年秋天，郭德纲第三次进京，只是为了不后悔："我会说相声、说书、写东西、唱京戏、唱梆子、唱评戏——就凭着这几样，我有自信。"混迹在电视圈的骗子，拖欠工资的剧团老板，都让他咬牙切齿。在那段窘迫的日子里，他只有吃葱蘸糨子面，也曾为省下五毛钱的车费认真算计过。回忆往昔，郭德纲仍会唏嘘不已："我对自己说，这些经历都是我今后的资本。任何行当里，有唱主角的就有跑龙套的，全在自己用功不用功。多亏当年的艰辛生活经历，才得以有今天的挥洒自如。"

夏颖奇：中关村的海归官员。现任北京中关村科技园区管委会副主任的夏颖奇，是改革开放后第一批出国留学也是第一批获得国外大学博士学位的海归。从驻美国大使馆一等秘书到财政部世界银行司处长，夏颖奇完成了人生中多次职业转换。虽然身边许多的"小海归"都变得比他这个"老海归"富有和出名，但夏颖奇仍然坚持自己的选择。他说：我最大的梦想是想看到中关村这块沃土里孕育出著名的企业家，培养出更多的跨国公司，研发出世界一流的技术和产品。实现这些目标，不仅需要热情，而且需要胸怀大志，成功不必在我，成功我在其中。

尹雄：一把吉他成就一个巨人。从同济大学桥梁工程专业毕业后，尹雄被分配到重庆一所大学任教。他十分喜欢音乐，一次偶然的机会，他在报纸上看到一则吉他培训广告，他决定去报名。没想到这个不经意的决定，改变了尹雄的人生。热爱音乐的他毅然辞职，从吉他培训起步，最后创办了北京巨人学校，为打造中国的教育百货大楼而努力。尹雄颇有感慨地说：一定要从兴趣出发来选择，不要局限于所学专业。如果你喜欢做这个事，没日没夜地干也会开心；如果不喜欢，每天工作几个小时也会很难受。2005年岁末，他被搜狐网公众选民评为中国十大杰出民办教育家，巨人品牌也荣膺国内十大教育品牌之一。

胡八一：一次演讲改变了职业轨迹。胡八一毕业后，进入松下电器工作，主要负责检验微型马达。松下的早会要求每名员工轮流上台读企业精神，发表没有任何主题限制的感想。每次早会，前面都坐满了领导，很多人见到这种场面就害怕。胡八一刚开始也很紧张，每次都要提前写好讲稿，但文科出身的他很快就适应了，发言时经常旁征博引、即兴发挥。终于有一天，人事处决定：既然你对人文感兴趣，那就到人事处做人力资源工作吧。于是，胡八一成为了松下的人事专员。后来，胡八一先后在杜邦、光辉国际做人力资源顾问，如今又成为柏明顿的人力资源总经理。他说：人在职业转换过程中，在不断积淀自己的同时，还需要时刻抓住身边的机会。如果没有当初在松下早会上的演讲，我今天也许只是一名高级质检员。

周伟焜：37年磨炼成为中国IT教父。1968年，周伟焜从香港大学电机电子工程系毕业，成为IBM公司的一名程序员。三年后，他坐到了开发管理经理的位置上。又一个三年之后，他负责计算中心、编程队伍、系统分析队伍以及培训管理工作。一天，老板突然问他：是否愿意做销售工作？这意味着已经是三线经理的他，必须重新回到一个普通员工的职位上。经过激烈的思想斗争后，他接受了这次全新的挑战，转做一名普通的销售人员，没过多长时间他又做到了三线经理的位置。老板惊喜地说：不论是做技术还是做销售，你都是一名出色的经理人！如今已经担任IBM大中华地区董事长兼首席执行总裁11年的他，总结自己37年来的职场历程时强调：我在工作里追求两件事情：工作有无挑战和公司是否有足够的回报给你。我在IBM，差不多每两年就被推出去面临一些新的挑战。因此，我从来不会对我的工作感到厌倦。

钱港基：惊险跳槽赢得职业辉煌。现任康宝莱中国区总裁的钱港基，曾有一次惊险的跳槽经历。20年前，他在一家公司做财务会计，月薪4 000美元。正当老板准备给他提职加薪时，适逢加拿大一家著名的木材公司濒临倒闭，引得政府出面干预，第一件事就把公司的财务总监炒了，同时在报纸上发出招聘启事。看到这个消息，钱港基对自己说：机会来了！这绝对是一个把坏事变成好事的好机会。面试时，27岁的他让考官大吃一惊，而1年后他让所有的人大吃一惊，不仅提前使这家公司扭亏为盈，而且所得盈利将原有亏损了冲掉一半。钱港基承认，做好财务总监是做好总裁的根基，自己今天能够成为出色的总裁，主要得益于自己时刻以财务总监的头脑分析和处理问题，更容易抓住企业运作中的症结和死角。

张立波：从中国游戏第一人到职业规划师。张立波，曾被CCTV东方时空誉为"中国游戏第一人"，因2003年运作网络游戏而名声大噪。然而后来，张立波改行了，他离开了自己打拼16年的游戏领域，拉拢一些成功的在任总裁、CEO联合创办了龙音职场公司，自己摇身一变成为该公司的首席职业规划师。谈到成功，张立波说：要想赢得竞争，首先要虐待自己。成功仅靠机遇和天赋是远远不够的，如果说前者是成功的源泉，那么勤奋和刻苦是维系源泉流淌的动力。谈到自己的选择，张立波说：人生的职业选择应该多样化，这样可以丰富自己的人生。但选择职业有成有败，跟游戏里面的战略成败一样，而不一样的地方是要有游戏中笑傲江湖、永不言败的玩家心态。时间不能逆转，重新选择也只能是假设。一旦下定决心，就不要再去想另一种选择的结果，成功者的选择各不相同，但豁达、乐观的心态是共同的。一个好选择，如果缺乏后天的努力，会被白白浪费掉；而一个搞砸了的选择，加上百分之百的努力，也能闯出一片天地。毕竟，人生有太多的可能性，只要能抓住其中一种，你就能拥有自己的人生。

——资料来源：http://zhidao.baidu.com/link？url＝．

思考题：

1. 如何确立个人的职业生涯目标？
2. 如何做好自身的情绪管理？
3. 怎样抓住机遇实现自身职业生涯的完美蜕变？

第五章
职业生涯的策划

第一节 科学策划，讲求方法

有了积极的心态，只是有了发展的动力。只有动力还是不够的，还需要技术与方法。为什么有的人能成功，有的人却不能成功呢？不成功的根本的原因是缺乏职业生涯发展技术，缺乏工作技巧，说得具体一点是对为人、处事、工作方面，缺乏周详的计划与经验，在实际工作中出现失误，使目标落空，事业失败。为了使你的职业生涯目标得以实现，使你的事业获得成功，下面介绍一种行之有效的方法，供你参考。

这种方法是一种图形策划技术。其图形如图5-1所示：

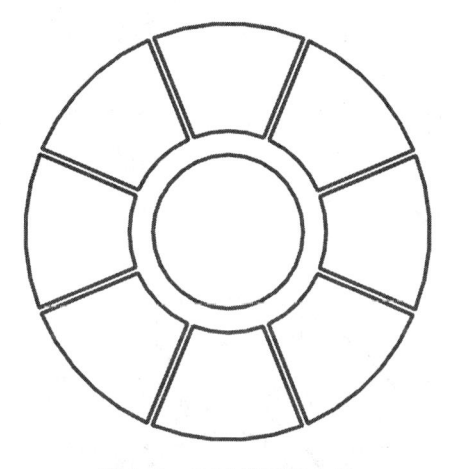

图5-1　图形策划基本图

此图就是一个"八卦图"，它是进行人生设计与职业生涯发展的一种有效的图形策划方法。这种方法曾被欧洲上流社会视为成功的"秘术"，如今又被欧洲工商界奉为个人奋斗的强化集训法。其作用如此之大，它是如何运用的呢？

一、人生目标图形策划法

利用图形策划实现人生目标。将其方法目标写在中央，然后将实现目标的具体措施要求写在周围的空格内，最好写上八项，如果一时写不出八项也不要紧，暂时让它空着，等想起来后再填入。因为任何人思考问题，都有一定的局限性和片面性，不是忽略这方面，就是忽略那方面，总是难以周全。利用这种图形策划技术，可帮助你策划，提醒你进一步地去思考问题。当你看见这个图形时，你会想到是否有未尽事宜，自然就会动脑思考有关问题，有思考就会有新的收获，将空格逐步填满。当一个图的八个空格被填满后，也就是说你已经考虑了八个方面。通常一个问题考虑了八个方面，已经足够。但对于职业生涯目标的实施来说，也许还有其他考虑之处，你可将图中八项中的任何一项放在另一个"八卦图"的中心，再将其分成八个方面进行分析，使你的计划和措施完美无缺。

例如，你刚参加工作，目标是五年升为科长，不妨利用图形策划一番。首先将"科长"这个目标放入图中央。然后将实现这一目标的具体措施与计划填入周边的空格内。设计填写方法如下：

（1）时间：5年。

（2）业务能力：虚心向老同志学习，在工作中不断探索本职工作的规律性。逐步实现能独立开展工作，并能做出创造性的工作。

（3）组织管理能力：学习掌握管理知识与技巧，注意观察和研究现有领导的方法与技术，分析其领导的效果与反映。不断培养自己的管理能力。

（4）政治思想方面：争取5年内加入党组织。其措施是：按照党员标准严格要求自己。每季度找一位党员谈心，征求意见，找出差距。每半年写一份思想汇报。

（5）组织纪律方面：不迟到，不早退，严格遵守规章制度。

（6）情商方面：做到了解自己、了解他人，控制情绪、预测未来，人际关系协调、充分自我激励。

（7）学习方面：不断增进新知识。其措施是，每月读与本职工作相关的3本书，每年读36本，5年读180本。其中至少10本管理方面的书。

到目前为止，我们已经列出了7项，反映在下面的图形中。还有一个空格可根据以后的情况填写（见图5-2）。

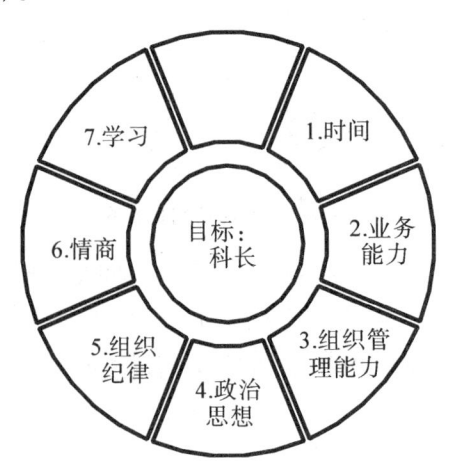

图5-2 人生目标策划图

二、工作项目图形策划法

一个人能力的大小、水平的高低，都反映在你解决处理每一件具体事情上。对于一般人而言，谁都想把事情办好，但往往总是难以如愿，总有一些因素，不是没有想到，就是考虑不周，使自己措手不及，其结果不能令人满意，给人的印象是能力不强，办事不力。为什么会这样呢？问题的关键是缺乏技巧与方法。图形策划就是解决此类问题的有效方法之一。

例如：领导让你组织筹备上半年的工作总结会。如何才能考虑周全，使会议顺利进行呢？不妨用图形策划技术策划一下。

在图形的中央写上"工作总结会"，与总结有关的事项写在图周边的空格里。想一想有哪些工作需要提前准备，逐项列出。

（1）时间：会议时间定在几月几日几时。

（2）地点：会议地点安排在什么地方？哪个会议室？谁负责落实？什么时间落实？

（3）会议内容：会议内容虽定为工作总结，但领导的具体要求是什么？领导讲话讲什么？领导讲话稿谁负责拟写？什么时间完成？

（4）会议议程：会议程序如何安排？谁先讲、谁后讲、谁主持、谁总结？

（5）参会人员：哪些人参加会议？参加人员共多少？

（6）经费问题：会议有哪些经费支出项目？共需多少钱？领导同意支付多少钱？经费由谁负责管理？

（7）交通工具：本次会议是否存在交通问题？哪些人需要接送？交通安排由谁负责？其图形如图5-3所示：

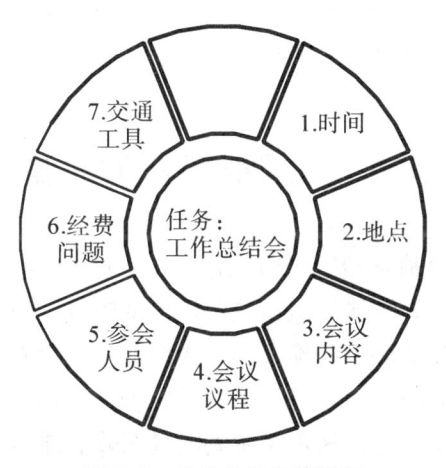

图5-3 工作总结会策划图

三、时间安排图形策划法

时间是获得事业成功的重要因素之一，要实现人生目标，就要学会利用时间。我们常听有人说，我想干什么事情，就是没有时间，如果有时间的话，我可干成什么事情。这话似乎有些道理，但并不完全正确。时间对每一个人都是平等的，没有对谁偏爱。那么，为什么有的人能干成一番事业，有的人干不成一番事业呢，问题在于你会不会利用时间，能不能捕捉时间。如何利用时间、捕捉时间呢？方法有三个：

（1）尽快完成手中的工作，挤出时间去做你想做的事情。

（2）学会合理地安排和分配时间，提高时间的利用率。

这两个方法是传统使用的方法，是行之有效的。

（3）图形策划法。这种方法是把上两种方法综合成一体，同时运用的一种方法。通过图形策划合理分配，利用时间的表现形式就是日程表。日程表不只是一天的，他也可以是一周的，也可以是一月、一年的。它的主要特征是合理有效、充分地利用时间。

如图5-4是一周的日程表的模式，一天、一月、一年的日程表同样可以参照策划。

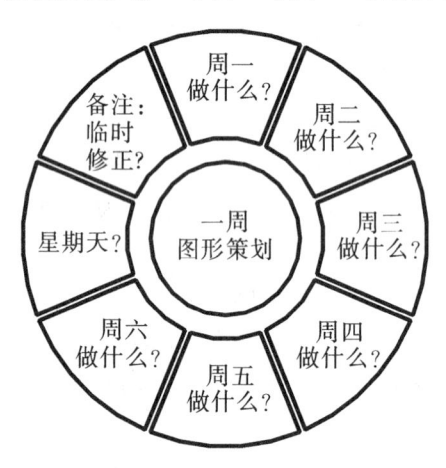

图5-4　时间安排策划图

图形策划技术可以帮助你解决各方面的问题，上面列举的只是几个方面，仅说明了其应用的基本方法，其他问题可以此类推。

第二节　规划职业生涯的要素

俗话说"知己知彼，百战不殆"。这句话点出了规划职业生涯的要素。所谓"知己"就是自我认识和自我了解。"知彼"就是熟悉周围的环境，特别是与职业生涯发展有关的工作世界。知己知彼互相关联，若确定的个人职业生涯目标符合现实，而不是一相情愿；若对从事的职业极感兴趣，而不是被动去干；若从事的工作能发挥专长，利用个人强项；若对工作的环境能够适应，而不是感到处处艰难，难以生存。这就说明你规划的职业生涯不仅做到了"知己""知彼"，而且还作出了正确的选择。所以"知己""知彼"与"抉择"就是规划职业生涯的三要素（见图5-5）。即：

职业生涯规划 ＝ 知己 ＋ 知彼 ＋ 抉择

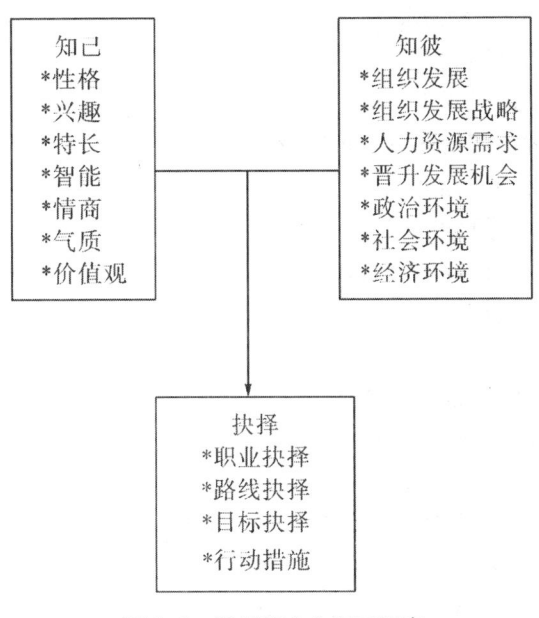

```
┌─────────────┐         ┌─────────────┐
│   知己      │         │   知彼      │
│  *性格      │         │ *组织发展    │
│  *兴趣      │         │ *组织发展战略│
│  *特长      │         │ *人力资源需求│
│  *智能      │         │ *晋升发展机会│
│  *情商      │         │ *政治环境    │
│  *气质      │         │ *社会环境    │
│  *价值观    │         │ *经济环境    │
└──────┬──────┘         └──────┬──────┘
       └───────────┬───────────┘
                   ▼
            ┌─────────────┐
            │   抉择      │
            │ *职业抉择   │
            │ *路线抉择   │
            │ *目标抉择   │
            │ *行动措施   │
            └─────────────┘
```

图 5-5 规划职业生涯三要素

一、规划职业生涯要素

从职业生涯发展的规律来看，每个人都有不同的发展阶段与历程，规划职业生涯的重点也就有所不同，不同的人在规划职业生涯时，所考虑的因素也有所不同。一般而言，在作职业生涯规划时应考虑以下因素：

（一）关于自我认识方面

（1）个人的兴趣、爱好与特长；

（2）个人的性格与价值观；

（3）个人所选定的目标与需要；

（4）个人的情商；

（5）个人的工作经验；

（6）个人的优缺点；

（7）个人的学历与能力；

（8）个人的生理（特别是性别）情况。

（二）关于外围环境方面

（1）组织的需要；

（2）家庭的负担；

（3）社会环境对社会职业岗位的数量、结构、层次等方面的要求；

（4）科技的发展；

（5）经济体制；

（6）政策、法律；

（7）社会文化习俗；

（8）职业的社会评价的影响。

（三）关于个人目标措施方面
（1）设定该目标的原因；
（2）达到该目标的途径；
（3）欲达到该目标所需的能力、训练及教育；
（4）达到该目标可能得到的推动力；
（5）达到该目标可能遇到的阻力；
（四）落实职业生涯目标措施方面
（1）教育、训练的安排；
（2）得到发展的安排；
（3）排除各种阻力的计划与措施；
（4）争取各种推动力的计划与措施。
（五）机遇

机遇是影响职业生涯的偶然因素，但是对个人的职业生涯而言，有时又具有决定性的作用。机遇是随机出现的、具有偶然性的事物，它包括社会各种职业对一个人展示的社会性的随机性岗位，或者说一个人能够就业和流动的各种职业岗位，也包括能够给个人提供发展的职业境遇。

二、规划职业生涯的原则

尽管在职业生涯选择中，不同的人可以从自己的职业价值观出发，采用不同的策略达到不同的目标。但是，在职业生涯选择中，有必要遵循一般性的原则，它可以使你顺利地达到人生目标。

（一）可行性原则

即在职业生涯选择中应考虑社会的现实需要，考虑特定的历史条件和时代要求，而不能一味追求"自我设计"。否则，只能招致"生不逢时"的挫折感和失意感。其实，人是具有能动性世界的主人，人可以按照客观规律调适自己和世界。这就是职业生涯选择的现实性和发展性原则。

（二）胜任原则

即在职业生涯选择中，应考虑工作的实际需要，考虑自己的学识水平、身体素质、个性特点、能力倾向等是否符合职业要求，而不能盲目攀比，就高不就低。对于力所能及的工作，干起来会得心应手、驾轻就熟、心情舒畅而且能充分发挥自己的积极性和创造性。而对于不能胜任的工作，干起来则力不从心、困难重重、劳累压抑，不仅效率极低，而且可能完不成任务，使单位蒙受损失，个人也承受压力。

（三）兴趣原则

即在进行职业生涯选择时，在考虑社会需要的大前提下，既要强调"考虑国家需要"或"哪里需要就去哪里"，也应该兼顾自己的兴趣爱好和个人志愿。

（四）独立原则

即在一个人的成长过程中，总会有许多人提携、指点过我们——这些人中包括我们的父母、长辈、老师和朋友等。他们帮助我们形成一些对生活的信仰、原则和观念，并对我们有所期望。毋庸置疑，那些对我们有所期待的人，从根本上是希望我们有所成就，生活得有意义，但有时候，他们的关心、爱护反而成了我们的负担。因此当我们意识到这种阻碍，并且认清了真正适合于自己的方向时，我们应该独立决断，追求自己选择的人生之路。

（五）特长原则

虽然就总体而言，人和人之间没有多少根本性的差别，但是，就具体的个性特点，特别是适用于工作的能力倾向来说，人和人之间还是有很大的不同的。每个人都各有所长，又都有自己的所短。在职业生涯选择时，只有扬其长、避其短，才可以最大限度地发挥潜力，有所成就。

（六）发展原则

职业越来越不只是作为生存的手段，而是人们的发展之路。所以，在选择职业时也应该考虑职业的适合性、对口性，考虑领导是否重视人才，考虑单位的实力和所提供的机会、前途等条件，这都是促进或阻碍人们职业发展的因素，应该"择其善者而从之"。

三、职业生涯选择策略

人们在谋求出路、寻找职业、选择职业时，虽然会受到各种实际问题的困扰，但也不是被动地等待社会的挑选，而是可以想方设法，主动地采取"策略"来满足自己的需要和愿望。不同的人选择职业的策略有着不同的特点、不同的针对性。有的人考虑名，有的人看重利；有的人考虑职业的刺激性，有的人看重人际的融洽性；有的人考虑稳定，有的人强调挑战；有的人考虑施展才能，有的人强调保证地位；有的人做短期计划，而有的人则做长远打算。诸如此类，不一而足。但概括起来，择业策略大致可归为四种，即试探性策略、以专业为重点的策略、以职业单位为重点的策略和稳定性策略。

（一）试探性策略

当人们刚进入职业界或开始新的职业时，往往对自己所选择的新的生活模式不能完全把握，这时就可以运用试探性策略，也就是试验的方法，即把自己生活的一部分转向新的生活模式，通过一段时间的实践，看这种新的生活模式是否适合自己，然后决定是否要全身心地投入。在试探性择业过程中，人们不仅可以通过更深入地接触职业，了解其性质，感受其甘苦，而做出取舍、去留的决定；而且还可以通过具体实践，开阔眼界和拓展知识面，积累某些方面的经验，为进一步适应职业提供基础和开辟路径。人们也可以在实践中有所收获，无疑也是对平常生活的一种补充和调剂。

（二）以专业为重点的策略

这是指在职业生涯选择时，将"专业对口"作为考虑的中心，即寻求求职者具有的专业知识、技能、经验与所要从事的职业有直接的联系。这是以职业本身的内容、性质为中心的择业策略。采取"以专业为重点"的择业策略的人们，大多数是追求学以致用和才能的施展，他们更看重职业本身所能给予他们需要的满足程度、专长的运用程度，从中所能获得的满意感和实现感及有利于个体发展的长远机会。这样一来，实际上在选择专业之初，就已经基本上限定了今后的职业发展方向和道路，并且在选择职业时有明确的目标、足够的兴趣和信心，以及必要的知识和心理准备。

（三）以职业为重点的策略

从事一定的职业，一般都要依托一定的单位。即使相同的职业或在同一性质的不同单位，也会有不同的条件、不同的环境、不同的气氛、不同的待遇、不同的发展机会和不同的成就可能。正是基于这一点，有些人将"职业单位"作为择业策略的重点。

（四）稳定性策略

"求稳惧变"是中国人的传统性格之一。虽然时代发展至今，开放而变革的世界使得人们的观念也发生了许多更新，"安贫乐道"不再是传统的精神贵族的高洁象征，"安分守己"也越来越因为它的保守、封闭、缺乏活力和缺少创意而不适应社会的需要。但是，"安居乐业"仍不失为一些人们所追求的生活模式。相应地，在职业生涯选择中，便也产生了"稳定性择业策略"。一般说来人们主要追求职业生活中三方面的稳定性：①职业性质的稳定性；②职业内容的相对稳定；③与前两者相关，职业所能给予人的地位、待遇等方面的较为稳定的保障。

第三节 职业生涯设计流程

规划职业生涯是一个周而复始的连续过程，其过程包括确定志向、自我评估、职业生涯机会评估、职业选择、确定职业生涯路线、设定职业生涯目标、制订行动计划与措施、评估与回馈八个步骤。

一、确定志向

志向是事业成功的前提，没有志向，事业的成功也就无从谈起。俗话说"志不立，天下无可成之事"。综观古今中外，各行各业佼佼者都有一个共同的特点，具有远大的志向。立志是人生的起跑点，反映出一个人的理想、胸怀、情趣和价值观并影响一个人的奋斗目标及成就。所以，在规划职业生涯时，首先要确立志向，这是规划职业生涯的关键，也是职业生涯规划中最重要的一点。

二、自我评估

自我评估，就是对自己作全面的分析，通过分析，认识自己，了解自己。因为只有认识了自己，才能对自己的职业生涯作出正确选择，才能选定适合自己发展的生涯路线，才能对自己的生涯目标作出最后抉择。因此，自我评估是规划职业生涯的主要步骤之一。通常自我评估包括自己的兴趣、特长、性格、学识、技能、智商、情商以及组织管理、协调、活动能力等。

规划职业生涯是一个过程，自我评估是规划中不可缺少的一个步骤。如果忽视了这一步，或自我评估不全面，生涯规划将会根基不牢，中途夭折。

三、职业生涯机会评估

职业生涯机会评估，主要分析内外环境因素对自己生涯发展的影响。每一个人都处在一定的环境中，离开了这个环境，便无法生存与发展。所以，在规划个人的职业生涯时要分析环境条件的特点、环境的发展变化情况、自己与环境的关系、自己在这个环境中的地位、环境对自己提出的要求以及环境对自己的有利条件和不利条件，等等。只有对这些环境因素有了充分了解，才能做到在复杂的环境中避害趋利，使生涯规划具有实际意义。

环境因素的评估主要包括：组织环境、社会环境、经济环境的评估。

四、职业选择

通过自我评估、职业生涯机会的评估，认识自己、分析环境，在此基础上对自己的职业作出选择。也就是在职业选择时，要充分考虑到自身的特点，即自己的性格、兴趣和特长；要充分考虑到环境因素对自己的影响。对这些因素的分析，是职业选择的前提条件。分析自我、了解自己、分析环境、了解职业世界，使自己的性格、兴趣、特长与职业吻合。这一点对刚步入社会初选职业的年轻人非常重要，对于在职人员调整自己的职业时也很重要，甚至对即将退休或已离退休的人员再次选择职业时仍然重要。

五、确定职业生涯路线

在职业选择后，还必须考虑向哪一条路线发展。即是走行政管理路线，向行政方面发展；还是走专业技术路线，向业务方面发展，等等。发展路线不同，对其要求也就不同，这一点也不能忽视。因为，即使同一职业，也有不同的岗位，有的人适合搞行政，可在管理方面大显身手，成为一名卓越的管理人才；有的人适合搞研究，可在某一领域有所突破，成为一名知名的专家学者；有的人适合搞经营，可在商海大战中屡建功勋，成为一名经营人才。如果一个人不具备管理才能，却选择了行政管理路线，这个人就难以成就事业。由此可见，职业生涯路线的选择，也是决定职业生涯发展能否成功的重要步骤之一。

六、设定职业生涯目标

职业生涯目标的设定，是规划职业生涯的核心。一个人事业的成败，很大程度上取决于有无正确的目标。

目标的设定，是继职业选择、生涯路线选择后，人生目标的抉择。其抉择是以自己的最佳才能、最优性格、最大兴趣、最有利的环境等条件为依据。通常目标分为短期目标、中期目标、长期目标。短期目标又分为日目标、周目标、月目标、年目标。短期目标一般为1~3年，中期目标一般为3~5年，长期目标一般为5~10年。

七、制订行动计划与措施

在确定职业生涯目标后，行动便成了关键的环节。没有达成目标的行动，就不能达成目标，也就谈不上事业成功。这里所指的行动，是指落实目标的具体措施，主要包括工作、训练、教育、轮岗、构建人际关系网、谋求晋升以及跳槽换工作等方面的措施。例如，为达成目标，在工作方面，你计划采取什么措施来提高你的工作效率；在业务素质方面，你计划如何提高你的业务能力；在潜能开发方面，采取什么样的措施来开发你的潜能，等等，其行动都要有具体的计划与明确的措施。并且这些计划要特别具体，以便于定时检查。

八、评估与回馈

评估与回馈是指在达到职业生涯目标的过程中自觉地总结经验和教训，修正对自我的认知和最终的职业目标。俗话说："计划赶不上变化。"是的，影响职业生涯规划的因素很多。有的变化因素是可以预测的，而有些变化因素就难以预测。在此状况下，要使职业生涯规划行之有效，就必须不断地对职业生涯规划进行评估与修订。其修订的内容包括：职业的重新选择；生涯路线的选择；人生目标的修订；实施措施与计划的变更，等等。

综上所述，规划职业生涯的基本步骤可用图 5-6 来表示：

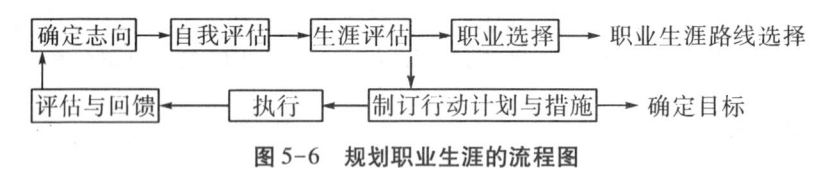

```
确定志向 → 自我评估 → 生涯评估 → 职业选择 → 职业生涯路线选择
评估与回馈 ← 执行 ← 制订行动计划与措施 → 确定目标
```

图 5-6　规划职业生涯的流程图

第四节　职业生涯管理

一、职业生涯管理的含义

职业生涯管理，是指组织和员工个人对职业生涯进行设计、规划、执行、评估和反馈的一个综合性的过程。通过员工和组织的共同努力与合作，使每个员工的生涯目标与组织发展目标一致，使员工的发展与组织发展相吻合。因此，职业生涯管理包括两个方面：第一方面是员工的职业生涯的自我管理。员工是自己的主人，自我管理是职业生涯成功的关键。第二方面是组织协助员工规划其生涯发展，并为员工提供必要的教育、训练、轮岗等发展的机会，促进员工职业生涯目标的实现。

特别强调，组织要给予员工适当的训练、协助机会，使员工能够配合组织的发展目标和经营理念，制定切实可行的个人受益生涯目标，并努力促进其实现。所以，员工职业生涯管理包括对员工个人状况的深入了解，对组织的深入了解。在深入了解的基础上，确定其生涯目标以及实现生涯目标所需的各种管理方法与手段。

现代管理的重点，除了重视组织的发展外更应考虑员工个人的发展需求，融合这两个目标，作为组织追求发展的指南，并作为经营理念与工作策略的依据。今日的组织人事的管理已不再是如何获得人员而已，而是如何通过员工的自我认识与了解，开发潜力，发挥专长，实现自我职业生涯目标。

就员工来说，要了解组织的目标、经营理念以及组织所提供的发展、训练、升迁机会与晋升渠道等；同时，要正确评估自我的性格、兴趣、努力程度、工作动机、价值观、态度、优缺点等。

在组织方面，应了解过去的发展及未来的目标，预测外在政治、经济、社会、文化等环境的变化及可能产生的影响，规划出具有长远性、高瞻性的发展方向。并了解员工们个性差异性与绩效表现、发展目标等。组织应主动提供各种信息给员工，强化彼此之间的回馈、沟通、信赖与支持，使员工了解个人在组织中的发展方向，以提高员工的工作积极性和凝聚力。

根据以上定义，职业生涯管理发展过程如图5-7所示：

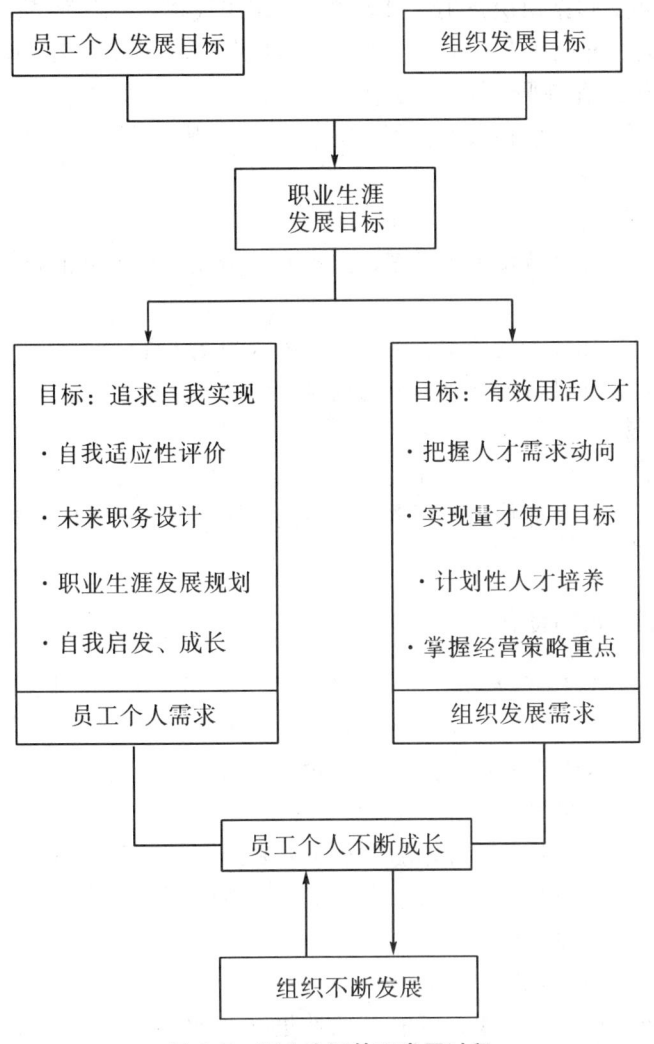

```
        员工个人发展目标          组织发展目标
                  ↓         ↓
                职业生涯发展目标
                  ↓         ↓
    目标：追求自我实现          目标：有效用活人才
    ·自我适应性评价            ·把握人才需求动向
    ·未来职务设计              ·实现量才使用目标
    ·职业生涯发展规划          ·计划性人才培养
    ·自我启发、成长            ·掌握经营策略重点
    员工个人需求              组织发展需求
                  ↓         ↓
                员工个人不断成长
                        ↓
                   组织不断发展
```

图5-7 职业生涯管理发展过程

二、职业生涯管理的因素

职业生涯管理是个系统工程，它与很多因素有关。因此，要有效地进行职业生涯管理，需在管理上对各有关因素加以分析，帮助员工确定适宜的职业生涯发展目标，并根据各种有关因素的变化，对员工的生涯发展作出适当的调整。通常与职业生涯有关的因素包括以下几个方面：

（一）个人因素

（1）个人心理特质：每个人都有其独特的心理特质和个性，如智能、情绪能、潜能、价值观、兴趣、动机等。

（2）生理特质：包括性别、身体状况、身高、体重以及外貌等。

（3）学历经历：包括所受的教育程度、训练经历、学业成绩、社团活动、工作经验、生涯目标等。

（二）组织因素

（1）组织特色：包括组织文化、组织规模、组织气氛、组织阶层、组织结构等。
（2）人力评估：包括人力需求的预测、人力规划、人力供需、升迁政策、招募方式等。
（3）工作分析：诸如职位分析、工作能力分析、工作绩效评估、工作研究等。
（4）人力资源管理：包括人事管理方案、工资报酬、福利措施、员工关系、发展政策等。

（三）环境因素

（1）社会环境：如就业市场的供需、国家有关劳动人事方面的政策、法规的颁布与实施等。
（2）政治环境：如政治的变动、国际政治风云的变化等。
（3）经济环境：如经济增长率、市场竞争、经济景气状况等。

（四）其他因素

（1）家庭背景：父母的职业、社会地位、家人的期望等。
（2）科技的发展：产业结构的调整、高新技术的影响、现代化技术与管理的发展等。
（3）人际关系。

三、职业生涯管理的特点

（一）个人和组织都必须承担一定的责任，双方共同完成对职业生涯的管理

在职业生涯管理中，员工个人和组织必须按照职业生涯管理工作的具体要求做好各项工作。无论是个人或组织都不能过分依赖对方，因为有些工作是对方不能代替的。从个人角度看，职业生涯规划必须由个人确定，要结合自己的性格、兴趣和特长进行设计。而组织进行职业生涯管理时，所考虑的因素主要是组织的整体目标，以及所有成员的整体职业生涯发展，其目的在于通过对所有员工的职业生涯管理，充分发挥组织成员的集体潜力和效能，最终实现经营目标。

（二）必须有完善的信息管理系统

只有做好信息管理工作，才有可能有效地进行职业生涯管理。在职业生涯管理中，员工个人需要了解和掌握有关组织各方面的信息，例如组织的发展战略、经营理念、人力资源的供求情况、职位的空缺和晋升情况，等等。组织也需要全面掌握组织成员的情况，例如员工个人性格、兴趣、特长、智能、潜能、情绪能以及价值观，等等。此外，职业生涯信息总是处于变化之中的，组织在变、经营重点在变、员工的能力在变、员工的需求在变、员工的生涯目标在变，这就要求必须对管理信息进行不断的维护和更新，才能保证信息的有效性。

（三）职业生涯管理是一种动态管理，它贯穿职业生涯发展的全过程

每一个组织成员在职业生涯发展的不同阶段，其发展特征、发展任务以及应注意的问题都是不同的。每一阶段都有各自的特点、各自的目标和各自的发展重点，所以对每一个发展阶段的管理也应有所不同。由于决定职业生涯的主客观条件的变化，组织成员的职业生涯规划和发展也会发生变化，职业生涯管理的侧重点也应有所不同，以适应情

况的变化。

四、职业生涯管理的任务

从20世纪70年代以来，人事管理的核心已从个别的活动与管理，转移到组织整体性的发展战略。同时，组织也从工业化社会进展到以服务为主的经济社会。人们的价值观念发生了变化，由以往重视物质利益转变为追求自我价值、自我理想的实现，不单是经济上的需求，更有社会及精神方面的需求。那么，如何在满足物质需求的同时，又能满足精神需求呢？如何在实现员工个人职业生涯发展目标的同时，又能实现组织发展的目标呢？这就为当今人力资源开发提出了新任务。该任务主要包括以下六项：

（1）职业生涯目标设定：组织提供工作分析资料、工作描述，经营理念、人力资源开发的策略等，员工据此设定自我发展目标，使个人的目标与组织目标相一致。

（2）配合与选用：配合组织发展目标与方向，晋升优秀员工，提供升迁渠道，尽早确认有潜力者，确定遴选升迁标准，使员工公平竞争。

（3）绩效评估：包括工作表现的评估、工作士气的调查，并提供相关回馈资料给组织或员工。

（4）职业生涯发展评估：组织应协助员工发展职业生涯目标，并进行适当的评估。找出员工的优缺点及组织的优劣势，分析员工职业生涯发展的可行性。

（5）工作与职业生涯的调适：根据绩效、生涯发展的评估结果，对员工的工作或职业生涯目标做适当的调整，使员工的工作、生活与目标密切融合。

（6）职业生涯发展。包括各种教育与训练、工作的扩大与丰富化、责任的加重、激励措施等。

五、职业生涯管理的角色

职业生涯管理的角色包括三个部分，即员工、主管和人力资源管理部门的角色。由于每一部分所处与所负担的责任不同，故所扮演的角色和发挥的作用也不同。为便于学习，现将职业生涯管理中员工、主管和人力资源管理部门所扮演的角色列出，如表5-1所示：

表5-1　　职业生涯管理中员工、主管和人力资源管理部门所扮演的角色

角色项目	目的	员工的角色	主管的角色	人力资源管理部门的角色
职业生涯目标	确定努力方向，实现个人理想	剖析自己，分析有关因素，规划自我发展目标	为员工提供信息，协助员工剖析自己，帮助员工确定目标	职业生涯规划指导，分析员工生涯目标的可行性
配合与选用	配合组织发展目标与发展方向，晋升优秀员工	提供自己的真实资料，争取获得晋升	确定某一工作所需的技能、知识和其他特殊条件，遴选候选人，提出建议	协调过程，指导与分析，对主管和员工提出忠告，确定遴选升迁标准，对候选人进行考核面试
绩效评估	指导和教导员工达到最好的绩效，提高工作满意度	自我评估，请求和接受回馈	提供回馈和教导，以正式或非正式的方式进行评估	监督各评价与各种评估量表，使其达到一致性和公平性；训练主管人员和评估员工

表5-1(续)

角色项目	目的	员工的角色	主管的角色	人力资源管理部门的角色
个人职业生涯发展	创造良好的环境，沟通生涯目标	负起自我生涯发展的责任；寻找和获得有关自我和生涯趋向的真实信息；界定和沟通；完成发展性的计划	组织并指导有关职业生涯发展问题的讨论；提供真实的反馈信息；提供有关生涯发展方面参阅资料；鼓励和支持员工的生涯发展	提供有关生涯发展方面参阅资料及信息；训练主管人员如何带领员工讨论；为员工职业生涯发展提供训练教育的机会；为员工提供轮岗机会；及时通报职位空缺情况；制定并公布有关职位的标准及要求
职业生涯发展评估	每年对员工的工作能力及其潜能进行评估，使其与公司的发展相结合，并确保组织效能持续增长	进行自我认识和自我评估；研究分析自我发展存在的问题	根据当前的绩效、潜能和兴趣评价员工；与其他主管沟通信息；确认机会和问题；推动员工生涯规划的实施	训练主管人员如何对员工职业生涯发展进行评估
职业生涯的调适	使工作、生活、生涯目标能密切的结合	接受评估意见；必要时调整工作与职业生涯目标	根据评估结果，提出调整意见并实施	对调整方案进行备案；协助主管完成员工的工作或职业生涯目标的调适

六、职业生涯管理的基本内容

（一）组织发展目标的宣传教育

可通过会议、刊物等宣传方式，让员工了解组织的发展目标。使员工对组织的目标产生认同，建立使命感，以此激发员工内在的积极性，并进而促进员工之间的了解、沟通，建立共识，为完成组织目标而共同奋斗。

（二）建立员工资料档案

资料档案包括个人的基本情况。如性别、学历、工作经历、训练记录、工作绩效评估与考核资料等，均可作为人才培养的重要参考资料。

（三）为员工提供相关信息

及时为员工提供有关组织发展和员工个人信息，增进员工对组织的了解，包括职位升迁机会与条件限制、工作绩效评估结果、训练机会等。

（四）设立员工职业生涯发展中心

对大中型组织，可在组织内设立员工职业生涯发展中心，对员工进行评估。例如，美国 GE 公司、IBM 公司、日本松下电器公司等均有咨询辅导专家，协助员工解决职业生涯发展问题。这些公司都设有管理知识讲座、自我成长等课程，都有自我评估方案并进行心理测试。协助员工分析自己，增加个人的生涯知觉、自信心等。

对于小型组织，人事部门的工作人员可兼任员工的辅导和评估与指导工作，也可聘请社会上的职业生涯专家，负责本组织的生涯指导和咨询。

（五）人力资源管理活动的配合

人力资源管理活动要密切配合职业生涯规划工作。如：确定员工的生涯路径发展方向，使员工能集中精力学习新知识和新技能；对员工的工作进行轮岗调适，增加员工的工作技能，丰富员工的工作经历；领导候选人的培养，管理人员素质的提高，预测未来人力供需与调配计划等。

（六）建立奖赏升迁制度

奖赏与升迁，是满足员工物质需求和精神需求的重要手段，也是激励员工的主要方式。并且升迁是员工职业生涯发展的主要目标。因此，人事部门要研究开辟多种升迁渠道，包括行政管理系列、技术职务系列、实职领导岗位、非领导岗位等，让优秀员工都能达到理想的级别，享受其待遇，使其生涯目标得到实现，以此提高组织的整体素质，调动员工的积极性。

（七）加强员工的训练与教育

训练是为了提高员工的工作技能，是为了满足当前的工作需要。教育则是培养未来组织所需的人才，是着眼于未来。对于员工而言，训练与教育是职业生涯发展的重要内容之一。可通过训练与教育，增进其技能、丰富其理论、转变其观念、变革其思维，一方面促进职业生涯发展，另一方面使其成为有用人才，为组织作出更大的贡献。

案例思考：

李开复：没有人比你更在乎你的未来

没有人比你更在乎你的未来，如果你对未来迷茫，希望你能把握时间，找到自己的天赋和兴趣。这样，你在大学毕业的时候，才会真正拥有一片充满自信的天空。

我很喜欢英国小说家狄更斯的作品。他写过一部短篇小说叫《圣诞欢歌》，故事讲的是一位本性善良，但因为受环境影响，变得非常小气、吝啬、刻薄的商人，他在平安夜被三个精灵分别带到了自己的过去、现在和未来的生活场景，看到了未来的自己，并因此彻底醒悟，领会到生活的意义，决心改过自新。

这个故事告诉我们，假如能看到未来的你可能变成什么样，许多人也许就不会按照现在的方式去生活。四年后，你们中的一些人可能会出现这样那样的困惑，可能陷入迷茫，也可能发现，你们距离自己的目标尚远，自身还存在许多不足。未雨绸缪，如果想避免四年后的困惑和迷茫，就必须从现在开始，认真规划自己的大学生活，努力提高自己。

寻找兴趣和天赋，避免成为迷茫、困惑的人。

大学四年，必须要认清你自己，弄清楚自己想要成为一个什么样的人，特别要知道，自己的兴趣在哪里，天赋在哪里。

你必须摈弃过去一些错误的理解：自己想要成为什么样的人，这件事跟别人认为你是谁，或别人想要你成为谁，丝毫没有关系。无论是同学、老师、家长，他们都不能决定你想成为什么样的人；或者，他们想要你成为的人，很可能根本不是你自己真正想要成为的人。

为什么认清自己的天赋如此重要？试想，如果我们非要把比尔·盖茨变成一个音乐家，他能取得多大的音乐成就？如果非要把贝多芬变成一名程序员，他有可能成为现在的比尔·盖茨吗？肯定不行。天生我材必有用，每个人都有自己的天赋。只有找到天赋所在，才能把自己的潜力发挥到极致。

此外，找到自己的兴趣也同样重要，甚至更为重要。如果做的事情是自己最喜欢的事，那么你会在吃饭、洗澡甚至睡觉时都想着这件事，想不成功都很难。大学生该怎样寻找兴趣和天赋呢？我的建议非常简单：多尝试！多尝试自己可能有兴趣的东西，无论是选修课程还是实习工作。

当然，求知不能太功利。千万不要因为你的某个职业规划，就只去学那些"用得上、有帮助"的技能，而放弃那些你可能有兴趣或有天赋的领域。否则，你可能会错失心中真正喜爱的事情。史蒂夫·乔布斯（苹果公司联合创办人）曾经说："我们的人生面临各种选择，应该追随我们的心。"史蒂夫·乔布斯还说："你在憧憬未来时不可能将以前积累的点点滴滴串联起来，你只能在回顾过去时将它们串联起来。所以你必须相信，当前积累的点点滴滴，会在你未来的某一天串联起来。你必须相信某些东西——你的勇气、目的、生命、因缘等——相信它们会串联起你的生命，这会让你更加自信地追随你的心，甚至，这会指引你不走寻常路，使你的生命与众不同。"

学会学习和思考，避免成为应试机器。

不要被应试教育训练成机器。希望你们能挣脱一切束缚，开始真正地学习和思考。如何真正学会学习和思考呢？在大学期间，必须学会三种学习和思考的能力，这三种能力可以帮助你们从应试教育的束缚中摆脱出来。

第一种也是最重要的一种能力，是自学的能力。读中学时，老师会一次次重复课本内容，但进了大学后，老师只能充当引路人，学生必须积极主动地探索、学习和实践。在大学四年，要学会从一个被填充知识的人，变为自学知识的人。不能只会背诵，还必须要有理解的能力——这包括举一反三的能力，知其然也知其所以然的能力，无师自通的能力等。

该怎样培养自学能力？很简单，你必须学会问"为什么"。在应试教育体系中，只要学会"是什么"就可以及格了，但在大学里，一定要学"为什么"。当你真正理解一件事为什么如此时，你才能举一反三，无师自通。

第二种能力是从理论到实践的能力。不要只知道公式是什么、理论是什么，而且要知道在实际工作中如何运用。很多人进入社会才知道，以前学的会计、统计、哲学、文学之类，可能都不是你的老板要求你掌握的知识。有人说，其实在大学里学到的真正有用的知识，只是一生中要用到的 5% 而已。所以，更重要的是要知道如何学以致用。

第三种能力是批判式思维的能力（Critical Thinking）。每一件事情，都有多种看法，不是只有一个非黑即白的答案。不同的人有不同的意见，每个意见都值得了解和珍惜。不要被教条束缚，要学会用不同的观点来看问题。怎么样培养批判式思维能力呢？建议你们每碰到一个知识点的时候，不但要学会问"为什么"，还要学会问"为什么不"。为什么一定是这样，为什么不可能是那样？这会让你更深入地了解问题的本质。

培养情商，避免成为孤独、被动的人。

这种现象很自然。在应试教育的氛围中长大，你们可能很少有时间在学习之外培养人际关系。我建议你们利用大学四年，努力提高自己的情商。

所谓情商，就是和别人交流的能力、将心比心的能力以及得到别人信任的能力。进入业界以后你就会发现，这些能力都是非常重要的，特别是得到别人信任的能力，因为信任需要很多时间来培养，但犯一次错就可能将其毁于一旦。

培养情商的第一步是培养友情。读大学时一定要交几个要好的朋友。大学的友情不容易变质，往往可以受益终生。希望你能将心比心，像好朋友对待你一样对待好朋友，成为你的好朋友的好朋友，与朋友分享你的喜怒哀乐。

要培养自己的表达能力，也就是口才。不要认为自己很聪明、能够思考就足够了。希腊哲人说过，一个善于思考的人如果不善于表达，其实就等于一个不善于思考的人。

创业者想要成功，他必须影响他周围的人，如投资者、顾客、用户等。一个有口才的创业者，可以更好地领导员工，可以让员工理解自己的愿景，可以激发员工的斗志和潜力。虽然只有口才是不够的，但我见到的每一个成功的创业者都有出色的表达能力。口才不是学校里哪一门课程可以学到的，必须自己努力锻炼。

在校期间要多争取实习、实践的机会。大学四年，如果想成为一个受人喜欢、有魅力的人，就要多学习团队合作。进入社会后，团队合作代表了一切，但在课堂里面，通常是不那么鼓励团队合作的——考试时的团队合作不就等于作弊么？所以，在读书时一定要充分利用实习、实践的机会学习、培养团队合作能力。

不少大学毕业生对我说："李老师，我感觉很孤独，很被动。"有一位同学说："我的人际交往能力不强，人际圈子小，又没有什么特长引起别人的注意，即便在社团，也不知道怎么跟别人建立联系。"我在谷歌工作四年，在创新工场工作两年，在这六年的时间里，我没有雇佣过一个没有实习经历的毕业生。所以，当明年暑假到来的时候，你们不要回家去玩一个暑假，而要去找实习的机会，因为暑假是少数难得的可以自己支配所有时间的机会。

没有一个从未实习过的学生能够进入谷歌或创新工场。学校的老师、学校的课程并不真的让你了解企业需要什么。唯一掌握实际工作经验的方法就是去企业实习。如果找不到创新工场、谷歌、百度等好的公司去实习，你们可以去任何一家公司。能去一个对口的公司最好，不然也没问题。找不到技术公司，就找服务业，哪怕是到餐馆里端盘子都有价值。虽然你不会想端一辈子盘子，但在端盘子的时候，你有机会跟周围的人接触，这会让你成为一个情商更高的人。

除了实习，学生社团也是学习处理人际关系的好地方。社团其实是一个微观的社会，参加社团是进入社会的一种非常好的学习方式。

总之，提高情商的三个好办法是：培养友情，锻炼口才，争取实习机会。

如果在社团活动中犯错了怎么办？在争取工作机会时碰壁了怎么办？万一去百度应聘被拒绝了怎么办？万一他们嘲笑我怎么办？万一发现自己能力不强，周围的人都比我优秀怎么办？出现这些困惑都很正常。这时一定要积极主动，不要畏惧失败。

从大学第一天开始，你就必须从被动转向主动。要成为自己的主人，积极管理自己的学业甚至未来的计划。只有你能管理自己的未来，没有人比你更在乎你未来想成为什么样的人。在今天的社会里，只有一个积极主动、不怕失败的人，才能在瞬息万变的竞争环境中赢得成功。只有善于展示自己的人，才能在工作里得到更多的机会。遇到挫折时，绝不能消极甚至放弃，你的被动其实就是弃权。你不去解决问题，也是一种解决；你不去做决定，也是在做决定——这只会让你成为一个被动的、消极的、不成功的人。

谈到犯错，这个社会往往是不鼓励犯错的。但仔细想想，我们每个人都失败了很多次。你可能不记得，你第一次尝试走路的时候肯定跌倒过，你第一次张嘴说话的时候肯定说错过，你第一次游泳的时候也许差点儿被淹死，你第一次投篮肯定没有投进。但现在这些事情你都会做了，因为你没有被失败打倒，从失败中学到更多。在我个人的职业生涯里，我学到的最大的教训、最好的经验都是来自于失败，而不是来自于成功。

史蒂夫·乔布斯有一句话让我特别感动："记住你即将死去。"这是我一生中遇到的最重要箴言。它帮我指明了方向，做出了生命中选择的重要。因为几乎所有的事情，包括所有的荣誉、所有的骄傲、所有的对难堪和失败的恐惧，这些在死亡面前都会消失。我看到的是留下的真正重要的东西。有时候人们会担心自己将会失去某些东西。记住你将要死去，这是我所知道的避免这个念头的最好办法。你已经了无牵挂，没有理由不去追随你的心。

脚踏实地，避免成为浮躁、贪婪的人。

浮躁和贪婪，这两种负面的人生态度，我在年轻人身上一次又一次看到。这更多是由环境因素造成的。在你们所处的环境中，有太多的不公平，有一些不诚信的人迅速致富，他们很不幸成为了部分年轻人效仿的偶像。

年轻人应当奋斗，但不要将侥幸致富作为你的动力。在今天的社会里，创业也好，就业也好，一定要脚踏实地，通过努力学习达到目标。

有一本名叫《异类》的书告诉我们：每个了不起的大师都是经过差不多一万小时的练习才最终成功的。莫扎特大约练习了一万小时才成为杰出的音乐家，比尔·盖茨大约练习了一万小时编程才取得成功。千万不要浮躁，不要认为可以侥幸获得成功。那种侥幸的成功即便得到了，可能也是短暂的；就算不是短暂的，也是不值得的。

分享杰克·韦尔奇的一句话："Integrity is just a ticket to the game. If you don't have it in your bones, you shouldn't be allowed on the field."（诚信是基本要求，如果你没有发自内心的诚信，我们不允许你参与游戏。）

想创业的同学，一定不要太浮躁。一毕业就创业，失败的概率太大了。就算你有实习经验，你也不会深入了解财务、法律、运作、市场、技术、产品、用户……你不可能这么快成为全才。给自己至少几年时间，再去创业。最好的培训学习方法是加入一家创业公司，逐步累积自己的实力、人脉。当你觉得自己积累够了的时候，再开始创业。

在脚踏实地的话题上，我想再分享一句史蒂夫·乔布斯的座右铭：求知若饥，虚心若愚（stay hungry, stay foolish）。这句话不是他说的，是一个叫凯文·凯利（Kevin Kelly）的人写的。凯文·凯利是美国著名的科技预言家和科技作家，也是我非常尊敬的朋友。我去年问他："史蒂夫·乔布斯从你那里学到了人生的座右铭，'stay hungry, stay foolish'，这句话你是如何理解的？你可不可以用最简单、最容易懂的语言，阐述、诠释这四个英文词？"他是这么说的："我们必须了解自己的渺小，如果我们不学习，科技的发展速度会让我们所有的一切在五年后被清空。所以，我们必须用初学者谦虚的自觉、饥饿者渴望的求知态度来拥抱未来的知识。"希望大家都能记得这句话。

谦虚、渴望、脚踏实地地学习，这样就可以避免成为浮躁、贪婪的人。

——资料来源：http://www.lz13.cn/lizhiyanjiang/6067.html.

思考题：

1. 职业生涯规划有哪些方法？要考虑哪些要素？
2. 职业生涯管理的步骤。
3. 职业生涯管理的特点。
4. 职业生涯管理的内容。
5. 结合上述案例，探讨怎样才能管理好自身的职业生涯规划。

第六章
职业生涯设计的理论依据

每个人的个性包括个性倾向性、个性心理特征和自我。一个人选择什么样的职业，以及什么样的职业适合个人的发展，通常与他（她）本人的个性有极其密切的关系。个体在进行职业生涯设计过程中，应该对自己的个性各方面的具体情况做出客观且全面的分析，进而利于自己走上促进自我发展之路。

第一节 个性倾向性与职业

个性倾向性主要包括了需要、动机、兴趣、爱好、态度、理想、信仰和价值观，是推动人进行活动的动力系统，是个性结构中最活跃的因素，是个人进行职业选择的重要依据。个性倾向体现了人对社会环境的态度和行为的积极特征，以下分别介绍需要、兴趣、价值观、动机与职业之间的关系。

一、需要与职业

需要是个体感到某种缺乏而力求获得满足的心理倾向，它是个体自身和外部生活条件的要求在头脑中的反映，它是个体活动的积极性源泉，是个体进行活动的基本动力。个体的需要有很多层次，个体需要的满足情况极大地影响着个体的职业生涯设计。以下分别介绍著名的马斯洛需要层次理论和麦克莱兰三重需要理论与职业之间的关系。

（一）马斯洛需要层次理论

按照这种理论，如果想要进行职业生涯设计，首先需要了解自己目前的需要处于哪一个层次水平，从而寻找相应的设计策略。

马斯洛认为人的需要由低到高可以分为五种类型：

（1）生理需要——包括食物、水、掩蔽所、性等身体需要。
（2）安全需要——保障身心免受伤害。
（3）归属和爱的需要——包括情感、归属、被接纳、友谊等需要。
（4）尊重的需要——包括内在的尊重，如自尊心、自主权、成就感等需要和外在的尊重，如地位、认同、受重视等需要。
（5）自我实现的需要——包括个人成长、发挥个人潜能、实现个人理想的需要。

马斯洛认为这五种需要都是人的最基本的需要。这些需要都是天生的、与生俱来的，它们构成不同的等级和水平，并激励和指引个体的行为。并且需要的层次越低，它的力量越强,潜力越大。随着需要层次的上升,需要的力量相应减弱。在高级需要出现之前,必须先满足低级需要。

这种需要层次理论认为低层次的需要在一定程度上得到满足后,个体才会追求高层次的需要。一般来说,随着职位的上升,个体需要层次也会有所变化,而且很有可能需要的层次有所上升,需要满足方式也逐步由主要依靠外在奖励和刺激（例如薪酬）到主要依靠内在的满足（如工作符合自己的兴趣,能够发挥自己的潜能）。例如,若个体注重生理和安全等低层次的需要,他们在职业生涯设计过程中则表现出看重工作条件、福利待遇和住房等物质方面的条件,据此,他们可选择能满足他们相应的需要层次的工作;而相应于更为看中的是能否在职业生涯中实现自己的价值的个体,他们在职业生涯设计过程中则表现出更多地考虑工作是否符合自己的兴趣,是否有挑战性,据此,他们选择的职业就是能满足他们相应的需要层次的工作。

（二）麦克莱兰三重需要理论

在对需要与工作绩效的关系所做出的大量研究的基础上,麦克莱兰等人提出的三种需要理论认为,个体在职业生涯设计中有三种主要的需要,它们是:

(1) 成就需要——达到标准、追求卓越、争取成功的需要;

(2) 权力需要——影响或控制他人且不受他人控制的欲望;

(3) 归属需要——建立友好亲密的人际关系的愿望。

高成就需要者喜欢能独立负责、可以获得信息反馈和中度冒险的工作环境;

高权力需要者喜欢"承担责任",喜欢竞争性和地位取向的工作环境;

高归属需要者渴望友谊,喜欢合作而不是竞争的环境,希望彼此之间能沟通与理解。

在对个体进行职业生涯设计时需要先考虑个人这三种需要的强烈程度,以便提供能够满足这些需要的激励措施。例如成就动机高的个人在能够提供个人的责任感、承担适度的风险以及及时得到工作情况的反馈的工作中会经常体验到满足感,反之则会经常体验到挫败感。

二、兴趣与职业

兴趣是一个人力求认识、掌握某种事物,并经常参与该种活动的心理倾向,它对个人在职业上的发展具有极大的影响作用。人们对某种职业感兴趣,就会对该种职业活动表现出肯定的态度,在工作中调动整个心理活动的积极性,开拓进取,努力工作,有助于事业的成功;反之,强迫做自己不愿意做的工作,对精力、才能都是一种浪费。与此同时,不同的职业也需要不同的兴趣特征。如建筑这一职业需要个人有兴趣与事物打交道,而记者这一职业则需要有兴趣与人打交道。

根据个人兴趣与职业之间的互动关系,把个人兴趣类型分为以下10类:

1. 兴趣类型——愿与事物打交道

喜欢同事物打交道,而不喜欢与人打交道,相应的职业是制图、勘测、工程技术、建筑、机器制造、出纳、会计等。

2. 兴趣类型——愿与人接触

这类人喜欢与人交往,对销售、采访、传递信息一类的活动感兴趣。相应的职业如记者、推销员、服务员、教师、行政管理人员、外交联络等。

3. 兴趣类型——愿干有规律的工作

这类人喜欢常规的、有规则的活动，习惯于在预先安排好的程序下工作。相应的职业如邮件分类、图书管理、档案管理、办公室工作、打字、统计等。

4. 兴趣类型——喜欢从事社会福利和助人为乐的工作

他们乐意帮助人，试图改善他人的状况，帮助他人排忧解难。相应的职业如律师、咨询人员、科技推广人员、医生、护士等。

5. 兴趣类型——愿做领导和组织工作

喜欢掌管一些事情，希望受到众人尊敬并获得声望，他们在企事业单位中起着重要作用。相应的职业是各级各类组织领导管理者，如行政人员、企业管理干部、学校领导和辅导员等。

6. 兴趣类型——喜欢研究人的行为

对人的行为举止和心理状态感兴趣，喜欢谈论人的问题。相应的职业大都是研究人、管理人的工作，如心理学、政治学、人类学、人事管理、思想政治教育等研究工作以及教育、行为管理工作。

7. 兴趣类型——喜欢从事科学技术事业

对分析的、推理的、测试的活动感兴趣，长于理论分析，喜欢独立地解决问题，也喜欢通过实验获得新发现。相应的职业如生物、化学、工程学、物理学、地质学等工作。

8. 兴趣类型——喜欢抽象的和创造性的工作

对需要想象力和创造力的工作感兴趣，大都喜欢独立地工作，对自己的学识和才能颇为自信，乐于解决抽象的问题，而且急于了解周围的世界。相应的职业大都是科学研究工作和实验室工作。

9. 兴趣类型——喜欢操作机器的技术工作

对运用一定技术、操作各种机械、制造新产品或完成其他任务感兴趣。他们喜欢使用工具，特别是喜欢大型的、马力强的、先进的机器，喜欢具体的东西。相应的职业如飞行员、驾驶员、机械制造、建筑、石油、煤炭开采等。

10. 兴趣类型——喜欢具体的工作

希望能很快看到自己的劳动成果，愿从事制作能看得见、摸得着的产品的工作，并从完成的产品中得到满足。相应的职业如室内装饰、园林、美容、理发、手工制作、机械维修、厨师等。

一个人的兴趣爱好有很多，一般说来，兴趣爱好广泛的人，选择职业时的自由度就大一些，他们更能适应各种不同岗位的工作。广泛的兴趣可以促使人们注意和接触多方面的事物，为自己选择职业创造更多有利条件。

在职业生涯设计过程中，人的兴趣和爱好往往具有一种强大的推动作用。但是，个人的兴趣和爱好只能作为职业生涯设计的重要依据，而不是全部依据。因为，只有把它们建立在一定能力的基础上，并与社会需要相结合，兴趣、爱好才会获得现实的基础，也才有实现的可能。因此，求职者应该培养自己多方面的兴趣和爱好，努力发展自己的专长，从而使自己的兴趣爱好有明确的针对性，确保在职业生涯设计时拥有一个更为广泛的选择余地。

三、价值观与职业

价值观是社会成员用来评价行为、事物以及从各种可能的目标中选择自己合意目标的准则。价值观通过人们的行为取向及对事物的评价、态度反映出来，是世界观的核心，是驱使人们行为的内部动力。它支配和调节一切社会行为，涉及社会生活的各个领域。一个人的价值观包括对某种具体活动或事物的有用性、重要性或价值的判断。个人的价值观隐约地影响我们对职业生涯观设计方向的取舍。

价值观具有相对的稳定性和持久性。在特定的时间、地点、条件下，人们的价值观总是相对稳定和持久的。但是，随着人们的经济地位的改变，以及人生观和世界观的改变，这种价值观也会随之改变。这就是说价值观也处于发展变化之中。价值观取决于人生观和世界观。一个人的价值观是从出生开始，在家庭和社会的影响下，逐步形成的。一个人所处的社会生产方式及其所处的经济地位，对其价值观的形成有决定性的影响。当然，报刊、电视、网络等宣传的观点以及父母、老师、朋友和公众名人的观点与行为，对一个人的价值观也有不可忽视的影响。

在个体职业生涯设计过程中，个体的价值观一般分为工作价值观和一般价值观。工作价值观主要包括与工作满意状况有关的价值观，如成就观、声望观等；一般价值观主要包括与生活方式满意状况有关的价值观，如生活幸福感、宗教的价值观等。在个体职业生涯设计过程中，个体主要是针对自己的工作价值观和一般价值观来进行相应的设计。

（一）工作价值观

工作价值观通常采用的是舒伯的工作价值观分类。它包括十五项与个人工作有关的方面的价值观：利他主义、美感、创造力、刺激、成就感、独立性、威望、管理、经济的报酬、安全感、环境、督导关系、同伴关系、生活的方式以及与异性的关系方面。

（二）一般价值观

一般价值观通常采用的是奥尔波特的价值观类型分类，它包括六种不同的价值观类型：

（1）理论型——拥有这种类型的价值观的人看重发现真理，凭借观察和推理发现事物之间的一致性和差异性，具有实验的、批判的和理性的爱好；

（2）经济型——拥有这种类型的价值观的人看重实用，强调事物的实用价值；

（3）审美型——拥有这种类型的价值观的人从形式与和谐中寻找最高价值，以文雅、优美、对称和恰当的标准去判断每一种经验，生活中的主要兴趣在审美上；

（4）社会型——拥有这种类型的价值观的人其价值是爱人，他们在社会实际生活中往往表现出宽容、富于同情心和无私等品质；

（5）政治型——拥有这种类型的价值观的人看重个人权利、影响力和声望，而且并不只是局限在政治领域，在其他活动中也希望通过竞争、奋斗来发挥作用；

（6）宗教型——拥有这种类型的价值观的人看重神秘性，包括试图发现各种生活经验的一致性以及寻求对整个宇宙的理解。

一个人的价值观念相当稳定，而且持续终生。由于这种特性，个体可以通过"一般价值观"与"工作价值观"测量工具的应用，排除个人较重要的价值观，以此协助个体进行生涯探索、生涯决定，作较适当的职业生涯设计。

四、动机与职业

动机是推动人从事某种活动，并朝一个方向前进的内部动力。是为实现一定目的而行动的原因。动机是个体的内在过程，行为是这种内在过程的表现。动机的种类有：

（1）根据动机的性质分为：生理性动机和社会性动机。生理性动机有：饥饿、渴、性、睡眠。社会性动机有：兴趣、成就动机、权力动机、交往动机。

（2）根据学习在动机形成和发展中的作用分为：原始动机和习得动机

（3）根据动机的意识水平分为：有意识动机和无意识动机。

（4）根据动机的来源分为：外在动机和内在动机。

动机的来源和产生表明了一个人活动的目的，同时也影响了一个人对职业的选择。明确地了解一个人的职业选择的目的能更好地指导和规划其个人的职业发展。

第二节 个性心理特征与职业

人的个性心理特征主要表现在四个方面：即兴趣、能力、气质和性格。其中性格是个性心理特征的核心。个性心理特征与人的心理过程联系密切，是人的多种心理特征的一种独特的组合，它集中反映了一个人的精神面貌。个人若能协调好个性心理特征与职业之间的关系，则会对个人发展起促进作用，反之则会起阻碍作用。以下分别介绍气质与职业和能力与职业之间的关系。

一、气质与职业

"气质"这一概念与我们平常说的"禀性""脾气"相似，气质与人的高级神经活动有密切的关系，是个人生来就具有的心理活动的动力特征。气质与职业之间存在着互相制约的关系。一方面气质是制约人们选择职业的重要因素之一，另一方面不同职业对人的气质也有特定的要求，如医务人员要求耐心、细致，飞行员要求机智灵敏、注意力集中等特点。

气质类型心理学家根据个体的高级神经活动类型把气质分为多血质、胆汁质、黏液质、抑郁质四种类型。这4种类型具有某种典型类型和两种类型混合型的人占少数，而大多数人都是具有近似某种类型和两种类型混合型的。不同气质类型的人在生活和工作中会表现出不同的心理活动和行为方式。多血质的人活泼、好动，反应灵敏，喜欢与外人交往，兴趣和情趣容易变换。胆汁质的人精力旺盛、脾气急躁、容易冲动，心境变换剧烈。黏液质的人安静稳重、沉默寡言，显得庄重、情绪不易外露。抑郁质的人孤僻、行动迟缓，善于观察他人不易觉察的细节，具有内向性。气质本身并无好坏之分，每种气质都有积极和消极的一面，多血质和胆汁质的人比较适合一些要求做出迅速、灵活反应的工作，黏液质、抑郁质的人比较适合做要求细致的工作。

此外，根据职业分类规范，把职业气质分为以下12类：

（1）变化型。这些人在户外活动或新的工作情境中感到愉快，喜欢工作内容经常有些变化，在有压力的情况下他们工作得很出色。他们追求多样化的工作，善于将注意力从一件事转移到另一件事情上。典型的职业诸如记者、推销员、演员、消防员，等等。

（2）重复型。这些人适合连续不停地从事同样的工作，他们喜欢按照一个机械的或别人安排好的计划或进度办事，爱好重复的、有规划的、有标准的工作。典型的职业诸如纺织工、印刷工、装配工、电影放映员、机床工，等等。

（3）服从型。这些人喜欢按别人的指示办事。他们不愿自己独立做出决策，而喜欢让他人对自己的工作负起责任。典型的职业如秘书、办公室职员、翻译人员等等。

（4）独立型。这些人喜欢独立地计划自己的活动和指导别人的活动，他们在独立的和负有职责的工作环境中感到愉快，喜欢对将来发生的事情做出决定。典型的职业如管理人员、律师、警察、侦察（查）人员等。

（5）协作型。这些人在与人协同工作时感到愉快，他们善于让别人按他们的意愿来办事，想得到同事们的喜欢。典型的职业如社会工作者、咨询人员等。

（6）孤独型。喜欢单独工作，不愿与人交往，较适合的职业如校对、排版、雕刻等。

（7）劝服型。这些人喜欢设法使别人同意他们的观点，一般通过谈话或写作来表达。他们对于别人的反应有较强的判断力，且善于影响他人的态度、观点和判断。典型的职业如政治辅导员、行政人员、宣传工作者、作家等。

（8）机智型。这类人在紧张和危险的情境下能很好地执行任务。他们在危险的状况下能自我控制和镇定自如；在户外的情境中工作得很出色；事情出了差错时，他们不易慌张。典型的职业如驾驶员、飞行员、公安员、消防员、救生员、潜水员等。

（9）经验决策型。这些人喜欢根据自己的经验做出判断。当别人犹豫不定时，他们能当机立断做出决定；他们喜欢处理那些能直接经历或直觉到的事情，必要时，他们用直接经验和直觉来解决问题。典型的职业如采购、供应、批发、推销、个体摊贩人员和农民等。

（10）事实决策型。这些人喜欢根据事实来做出决策，他们要求根据充分的证据来下结论。这种人喜欢使用调查、测验、统计数据来说明问题，引出结论。典型的职业如化验员、检验员、自然科学研究者等。

（11）自我表现型。这些人喜欢能表现自己的爱好和个性的工作情境。他们根据自己的感情来做出选择；喜欢通过自己的工作来表达自己的理想。典型的职业如演员、诗人、音乐家、画家等。

（12）严谨型。这类人喜欢注重细节的精确，他们按一套规则和步骤将工作尽可能做得完美。典型的职业有会计、出纳员、统计员、档案管理员、打字员等。

气质具有相对的稳定性，但也可以锻炼改造。纯粹属于某一气质类型的人很少，大多数人都是几种气质类型兼具的混合体。个体在作职业生涯设计时，可先对自己的气质进行测量和了解，在选择职业时尽量根据自己气质类型来进行选择。

二、能力与职业

能力大致可分为一般能力和特殊能力，一般能力指观察力、记忆力、思维力、想象力、注意力，通常也叫智力。特殊能力指为从事某项专门活动所必需的能力，如计算机编程、操作、美术、音乐、体育等都是特殊能力。能力直接影响活动的效率，是活动顺利完成的个性心理特征。社会上任何一种职业对工作者的能力都有一定的要求。如对会计、出纳、统计等职业，工作者必须有较强的计算能力，工程、建筑及服装设计等职业的工作者要具备空间判断能力；从事飞行员、外科医生、运动员、舞蹈演员等职业的工作者则要具备眼与手的协调能力。在职业中对个人能力的要求主要有以下11类：

1. 一般学习能力，又称智力

一般学习能力是指人认识、理解客观事物并运用知识、经验等解决问题的能力。它包括记忆能力、观察能力、注意能力，其核心是逻辑思维能力。一般学习能力是人在学习、工作、日常生活中必须具备、广泛使用的能力。职业或专业的水平越高，对人的一般学习能力的要求越高。

2. 语言表达能力

语言表达能力是指对词及其含义的理解和使用的能力，对词、句子、段落、篇章的理解能力，以及善于清楚而正确地表达自己的观点和向别人介绍信息的能力。简单说来，它包括语言文字的理解能力和口头表达能力。不同的职业对人的语言能力的要求不相同，例如，教师、营销员、公关人员等必须具备较好的语言表达能力。

3. 算术能力

算术能力是指迅速而准确地运算的能力。大部分职业都要求工作者有一定的算术能力，但不同的职业对人的算术能力要求的程度不同。例如会计、出纳、统计、建筑师等职业对工作者的计算能力要求较高，而法官、律师、护士等职业对人的计算能力的要求则一般，对演员、话务员、厨师、理发师等工作来说，对算术能力的要求相对就较低了。

4. 空间判断能力

空间判断能力是指能看懂几何图形、识别物体在空间运动中的联系、解决几何问题的能力。如果一个人爱好平面几何及立体几何并且学得很好，通常这个人的空间判断能力就比较强。与图纸、工程、建筑有关的职业，牙科医生、内外科医生等职业，对空间判断能力的要求较高，对裁缝、电工、无线电修理等工作来说，也要求具有一定的空间判断能力。

5. 形态知觉能力

形态知觉能力是指对物体或图像的有关细节的知觉能力。如对于图形的阴暗、线的长短做出视觉的区别和比较，能看出其细微的差异。对于生物学家、建筑师测量员、制图员、农业技术员、医生、药剂师、画家等来说，需要较强的形态知觉能力；而对于历史学家、政治家、社会服务工作者、普通文职职员来说，对形态知觉能力的要求不高。

6. 事务能力

事务能力是指对言语或表格式的材料的细节的知觉能力，发现错字或正确地校对数字的能力等。像设计、记账、出纳、办公室、打字等工作，都要求必须具备一定的处理事务的能力。

7. 动作协调能力

动作协调能力是指能迅速准确和协调地做出精确的动作和运动反应的能力。对于驾驶员、飞行员、牙科医生、外科医生、雕刻家、运动员、舞蹈家来说，这种能力是非常重要的。

8. 手指灵活度

手指灵活度是指手指迅速准确和谐地操作小物体的能力。打字员、外科医生、五官科医生、护士、雕刻家、画家、兽医等，手指必须比一般的人灵活。

9. 手指灵巧度

手指灵巧度是指手灵巧活动的能力。像体育运动员、舞蹈家、画家、兽医等，手指必须能灵巧活动。

10. 眼—手—足协调能力

眼—手—足协调能力是指根据视觉刺激，手足配合活动的能力。

11. 颜色分辨能力

颜色分辨能力是指观察或识别相似或相异色彩，或对相同色彩明暗效果的感知能力。包括识别特殊色彩、识别调和色或对比色以及正确配色的能力。

个体在选择职业时不能好高骛远或单从兴趣爱好出发，要实事求是地检测一下自己的学识水平和职业能力，这样才能找到合适的工作。

第三节 人格与职业模型

谈到人格与职业的适配，应用得最为广泛的是霍兰德（J. L. Holland）的类型论（1973）。根据霍兰德的类型论，大多数人可区分为六种人格类型：现实型（Realistic Type，简称 R）、研究型（Investigative Type，简称 I）、艺术型（Artistic Type，简称 A）、社会型（Social Type，简称 S）、企业型（Enterprising Type，简称 E）和传统型（Conventional Type，简称 C）。个人所处的环境也可相应分为六种类型，即现实型、研究型、艺术型、社会型、企业型和传统型；个人的人格与工作环境之间的适配和对应，是职业满意度、职业稳定性与职业成就的基础，由此，可以用六种人格类型与六种职业类型的适配情形，来解释和预测人的职业行为。

一、霍兰德的类型论

霍兰德的类型论包括四项核心假设和三项辅助假设。

（一）核心假设

霍兰德的六种人格类型按照一个固定的顺序可排成一个六角形（RIASEC）。

人总是寻找适合个人人格类型的环境，锻炼自己相应的技巧与能力，从而表现出各自的态度及价值观，面对相似的问题，扮演相应的角色。

一个人的行为表现，是由他的人格与他所处的环境作用决定的。

（二）辅助假设（下述假设不仅可用为解释人，也可用于解释职业）

一致性（Consistensy）。一致性指的是类型之间在心理上一致的程度。譬如，现实型（R）和研究型（I）在某些性质上有共通的地方，表现为不善交际、喜欢做事而不善于与人接触、较男性化等，我们称这两种类型的一致性高。反之，传统型（C）和艺术型（A）的一致性偏低，因为两者所具有的特点是完全不同的，如前者顺从性大，后者独创性强。各类型的一致性程度可以用它们在六角模型上的距离表示。

一致性高的，它们在六角模型上的位置是临近的。如，RI、RC、IR、IA、AI、AS、SA、SE、ES、EC、CE 和 CR。

一致性中等的，它们在六角模型上的位置是相隔的。如，RA、RE、IS、IC、AR、AE、SI、SC、EA、ER、CS 和 CI。

一致性低的，它们在六角模型上的位置是相对的，如，RS、IE、AC、SR、EI 和 CA。

区分性（Differentiation）。某些人或某些职业环境的界定较为清晰，较为接近某一类型，而与其他类型相似甚少，这种情况表示区分性良好；若有些人与多种类型相近，则表示他们的区分性较低。

适配性（Congmence）。不同类型的人需要不同的生活或工作环境，例如，研究型的人需要有研究型的职业环境，因为这种职业环境才能给予他所需要的机会与奖励，这种情况就称为适配。人与职业配合得当，如 R 型的人在 R 型的职业环境中，其适配性就高；如果 R 型的人选择了 I、C 型的职业环境，则适配的程度次高；如果 R 型的人选择了 A、E 型的职业环境，则适配的程度适中；反之，如果 R 型的人选择了 S 型的职业环境，则适配的程度最低。适配性的高低，可以预测个人的职业满意程度、职业稳定性以及职业成就。具体的个人人格类型和职业环境的适配可见表 6-1。

表 6-1　　　　　　　　　人格类型与职业环境的适配

类型	人格倾向	典型职业
现实型（R）	此种类型的人具有顺从、坦率、谦虚、自然、坚毅、实际、有礼、害羞、稳健、节俭的特征，其行为表现为： （1）喜爱实用性的职业或情境，从事所喜好的活动，避免社会性的职业或情境； （2）用具体实际的能力解决工作及其他方面的问题，较缺乏人际关系方面的能力； （3）重视具体的事物，如金钱、权力、地位等	一般工人、农民、土木工程师
研究型（I）	此种类型的人具有分析、谨慎、批评、好奇、独立、聪明、内向、条理、谦逊、精确、理性、保守的特征，其行为表现为： （1）喜爱研究性的职业或情境，避免企业性的职业或情境； （2）用研究的能力解决工作及其他方面的问题，即自觉、好学、自信，重视科学，但缺乏领导方面的才能	数学生物方面的工程师、科研人员
艺术型（A）	此种类型的人具有复杂、想象、冲动、独立、直觉、无秩序、情绪化、理想化、不顺从、有创意、富有激情、不重实际的特征，行为表现为： （1）喜爱艺术性的职业或情境，避免传统性的职业或情境； （2）富有表达能力和直觉、独立、具有创意、不顺从、无秩序等特征，拥有艺术与音乐方面的能力（包括表演、写作、语言），并重视审美的领域	诗人、艺术家
社会型（S）	此种类型的人具有合作、友善、慷慨、助人、仁慈、负责任、圆滑、善社交、善解人意、说服他人、理想主义、富有洞察力等特性，其行为表现为： （1）喜爱社会型的职业或情境，避免实用型的职业或情境，并以社交方面的能力解决工作及其他方面的问题，但缺乏科学研究能力； （2）喜欢帮助别人、了解别人，有教导他人的能力，且重视社会与伦理的活动与问题	教师、牧师、辅导人员

表6-1(续)

类型	人格倾向	典型职业
企业型(E)	此种类型的人具有冒险、野心、独断、冲动、乐观、自信、追求享受、精力充沛、善于社交、获取注意、知名度等特性，其行为表现为： (1) 喜欢企业性质的职业或环境，避免研究性质的职业或情境，会以企业方面的能力解决工作或其他方面的问题； (2) 有冲动、自信、善社交、知名度高、有领导与语言能力，缺乏科技能力，但重视政治与经济上的成就	推销员、政治家、企业经理
传统型(C)	此种类型的人具有顺从、坚毅、实际、稳重、有效率但缺乏想象力等特性，其行为表现为： (1) 喜欢传统性的职业与情境，避免艺术性质的职业与情境，会以传统的能力来解决工作或其他方面的问题； (2) 喜欢顺从、规律，有文字与数字能力，并重视商业与经济上的成就	出纳、会计、秘书

资料来源：根据霍兰德1973年、1979年的相关理论整理。

二、设计策略

(一) 诊断与评定

霍兰德(1973、1979)编有"职业偏好问卷"及"职业自我探索量表"，可用于评定个人所属人格类型，分析其一致性、区分性及适配性。其中"职业自我探索量表"更可作为自我设计的有用工具。

在实际应用上，个体不要过于强调人格（兴趣）测评所得出的评量结果，而应将注意力放在测评过程所引发的对自我的刺激作用上，引导自己深入探究其生涯发展的情况，并为未来发展做出审慎的规划。

(二) 问题与解决措施

由于个人人格发展的方向受遗传与环境的影响，其发展层次与智力、成就及自我评量有关。因此若不了解职业环境状况，则可能遭遇选择上的困难；若其自我评价出现矛盾现象，也会导致选择摇摆不一，因而均需要加以诊断和处理。

在职业选择及生涯发展上，最可能产生的问题有：对自己的兴趣、能力或自我意识的了解不足或相互矛盾；对职业环境资料的学习不足或相互矛盾；缺乏自我了解或自信，发展较迟缓，各项特质不十分明确，可发展路径复杂，决策较迟缓。

个体在做职业生涯设计时可针对上述问题，分别给予适当的设计。具体措施包括：

提供模拟的工作经验，让个体试探六种不同类型的模拟活动，根据试探的情况，确定自己偏好哪种类型，再进一步就各类型作深入的探索。

根据各种职业环境（某一职业或学校专业）的类型与特点，尤其是能力的特点和同事间的关系等方面，通过资料的比较与分析，给予更深入的认识与了解，以作为个人选择时的参考。

利用"职业自我探索量表"等工具，刺激自己对自我及工作世界做深入的试探与评估。

根据自己在"职业自我探索量表"上所提供的资料，探讨自己整个生涯发展的背景、家长对自己的态度，进一步协助自我疏理其奋斗目标、价值观、社会关系和需要等。

案例思考：

乔布斯个人职业生涯七大处事原则

乔布斯曾经说过："唯有有热情的人才能够改变世界！"他认为人生很短暂，我们并不应该为别人的梦想而活，因此千万不要为那些无法帮助你取得成功的人卖命。

原则一：做你喜爱做的事情

乔布斯认为人生很短暂，我们并不应该为别人的梦想而活，因此千万不要为那些无法帮助你取得成功的人卖命。

原则二：眼光要放长远

乔布斯的过人之处便是在个人职业规划和企业经营中具备长远的眼光。他当年将百事公司总裁约翰·斯库莱（John Sculley）挖来任苹果首席执行官之前曾经询问后者这样一个问题："你是愿意一辈子卖这种甜味的汽水还是做些别的事情来改变世界？"

原则三：广纳贤才，融会贯通

乔布斯曾经说过创造力便是将各种事物从内部关联起来以发挥出惊人的作用。他常说只有富有生活经验的人才能发现常人发现不了的事物，当年"Mac电脑"的问世便是集中了艺术、诗句、历史以及计算机技术等多个领域和人才之力才得以完成。

原则四：简单至上

在苹果公司内部，朴素简单是"至高无上"的原则，任何可能有碍于用户使用习惯的设置都会被公司消除。这就是为什么iPad表面只单独设置了一个按键，而iPhone也并未配备内嵌式键盘。

原则五：获取不同方面的经验

乔布斯一生中创造出了许多项技术和产品的创新项目，与此同时他在客户服务方面也获得了很多经验，而这也是乔布斯难以被别人彻底超越的优势之一。

原则六：善于传播消息

好的创意和杰出的表达能力总是相辅相成的。乔布斯堪称全世界"最会讲故事的人"，不同于一般人只是单纯地叙述，乔布斯除了是一位优秀的"推销员"以外，更是"教育家""激励者"和"娱乐明星"。

原则七："出售"梦想

正因为准确地了解了客户们的需要，乔布斯才得以取得如此巨大的成功。经常思考如何帮助你的客户实现梦想，你便会取得成功。

在乔布斯领导下，苹果的产品推出过程就好似打棒球。乔布斯不可能每次都击出全垒打，但与大多数CEO相比，他能够保证在自己进行攻击时，垒上比对手有更多的队员。这就是乔布斯的高明之处。

就在乔布斯离世的前一天，苹果推出了新款iPhone 4S。这款产品令众多观察人士大失所望，因为iPhone 4S根本无法发挥出"全垒打"的效果。与此同时，很多观察人士非常挑剔地指出，iPhone 4S并没有在iPhone 4的基础上进行重大升级。这一次，他们又没有领悟到乔布斯的高明之处。

自乔布斯重新执掌苹果公司以来，该公司股价已经累计上涨了惊人的70倍。但这多数还要归功于苹果稳定、耐心的工作，而并非创新灵感的突然显现。

iPad 的最初创意来自独立承包商托尼·费德尔（Tony Fadell），但被乔布斯看到后，立刻吸引了他的注意力。经过几年的精细打磨，乔布斯将 iPad 变成了一款与人们生活紧密相连的音乐设备。

有时候，乔布斯推出的产品并没有立即赢得消费者的青睐，但随后却创造出了惊人的销售业绩。2009 年，苹果推出了第三款 iPhone 产品——iPhone 3GS。起初人们认为，这款产品与前一年推出的 iPhone 3G 十分类似。人们甚至拿这部手机的"S"字母开玩笑（因为英文单词 similar 意味"相似的"）。

但美国著名的派杰投资银行（Piper Jaffray）的分析师吉恩·蒙斯特（Gene Munster）指出，iPhone 3G 上市后第一年的销量增长了 75%，而 iPhone 3GS 上市后第一年的销量更是增长了 95%；苹果又一次凭借被很多人诟病的新产品加快了自己的智能手机业务增速。

因此，乔布斯不是每天都能够给人们带来具有轰动效应的产品。他会在初期成功的基础上，对产品进行优化，从而为进一步的增长奠定基础。

而如今在乔布斯去世后，苹果将何去何从呢？伯恩斯坦（Sanford Bernstein）投资研究公司的著名分析师托尼·萨科纳吉（Toni Sacconaghi）就总结出了三个答案：

第一个答案：当失去一位像乔布斯这样天赋异禀的领导者之后，苹果就会随着时间的推移逐渐感受到乔布斯不在的损失。第二个答案：乔布斯已经将诸如风格、完美以及对细节的专注度等基因渗透到了每一位苹果员工中，他们将从中受益。第三个答案：苹果仍拥有巨大的增长空间。因为尽管 iPhone 4 已经成为全球最畅销的手机产品，但苹果 iPhone 的整体销量还不到全球手机销量的 5%。

乔布斯已经为苹果在未来几年里实现 iPhone 市场份额翻一番甚至翻两番的目标打下了良好的基础。

蒙斯特认为，在未来五年内，苹果的产品都将带有乔布斯的烙印，其中包括苹果可能推出的自有品牌电视机。

苹果投资者的回报潜力巨大。当前苹果股价为 369.80 美元，仅为明年预期每股收益的 11.3 倍，增长空间巨大。而且，苹果还拥有相当于每股 81 美元的巨额现金，利润涨幅预计达到 18%。

如果这还不足以改变某些人看衰苹果未来表现的观点，那么苹果将来还可能派息和回购股票。当然，在苹果现金日益增加的同时，CEO 蒂姆·库克（Tim Cook）和董事会的责任也更大。

——资料来源：http://www.zh-hz.com/dz/html/2011-11/04/content_54012.htm.

思考题：

1. 个性倾向性指哪些？它们与职业有什么关系？
2. 个性心理特征有哪些？它们与职业有什么关系？

第七章
职业生涯设计的测量工具

第一节 职业能力倾向及测量

一、知识、技能和能力三者的区别

知识涉及一个人知道什么，它是通过后天的学习和实践所得到的。从整体而言，知识是指人类在从事各种社会认识与实践活动的过程中逐步形成的对客观事物运动规律的系统认识成果；对个体而言，知识是指一个人对事实、理论、系统、惯例、规则和其他一些与工作有关的信息理解。它既包括处于零散的、个别的、孤立的、肤浅的或不完整的感性认识阶段的感性知识，也包括达到理性认识高度的理论化、系统化和科学化的理性知识。

能力和技能涉及一个人能做什么的问题。能力可以概括为能胜任某种工作或完成某项任务的主要条件，这种主观条件可以说是由先天因素决定的，也可以是由学习和实践获得的。不论能力是来自先天遗传还是后天学习，都是指当时已经具备而不需要进一步训练的主观条件。技能则可以定义为通过一定练习而形成的、使个体得以完成一定任务的动作和智能的操作系统，常体现为一定的熟练性。

二、职业能力倾向的内涵及其特点

职业能力倾向（即潜能）是指经过适当训练或被置于适当的环境下完成某项任务的可能性，而不是当时就已经具备的现实条件。换言之，职业能力倾向是指一个人获得新的职业知识、能力和技能的潜力。它通常包含一般能力和特殊能力倾向。

一般能力是在不同种类的基本活动中表现出来的共同能力，包括观察、想象、语言能力、思维能力。这些能力是有效地掌握知识和顺利地完成活动所必不可少的心理条件，即使一个简单的活动，都必须具有这些共同的特点，这就是我们通常说的所谓智力。

特殊能力是指从事某种专业活动所必需的能力。任何一种专业活动都要求有与该专业内容相符合的能力。因此，必要的技能，详细分析各种活动的专业，有助于了解特殊能力的结构。如画家的色彩鉴别力、形象记忆力、空间想象力，属于一个特殊的能力。特殊能力总是建立在一般能力的基础上。任何特殊能力都是经过一般能力的专业性训练发展起来的。对于例如，机械工业、技术工作，要区别机器结构的细节，清楚地了解机器的工作原理，这些机器工业对专业的特殊需要的能力就是在一般观察力的基础上发展起来的。其低级形态是敏锐的感觉和观察力,其高级形态是创新思维,包括观察能力、记忆能力、分析能力、想象力、思维力呈逐级递增,形成"能力阶梯"。

职业能力倾向是一种潜在的能力素质,它既不等同于人的智力,也不等同于人在某方面由教育和训练而获得的专业知识与技能,它有如下特点:

(1) 相对广泛性。我们通常说的所谓的智商,可以影响一个人从事一切活动的效率,但通常都是间接的;而我们所说的"能力倾向"则可以直接影响到一个人在某一职业领域中多种甚至全部活动的效率;而专业指导技能则仅仅影响某种具体的活动。

(2) 相对稳定性。它不像人的智力水平那样很难改变,一个人的技能的积累很难影响到他的智力水平,但却会影响到他的能力倾向。能力倾向不像具体的专业指导技能那样容易通过强化训练而在短期内提高或加强。

三、一般能力倾向及其测量工具

能力测验运用于成人,目的是选拔各种专业人才,以做到人尽其才。能力测验能对某些心理疾病做出早期诊断,也可以用于检验某些理论,如智力由哪些因素构成等。

一般能力的测量工具通常有检验智力的韦氏成人智力量表和瑞文标准推理测验;检验一般职业能力倾向的国际常用工具是 GATB 测量工具。

(一) 韦氏成人智力测量工具

1. 工具简介

韦氏智力量表有三套,一是韦氏成人智力量表(WAIS),1959 年编制,适用于 16 岁以上的成人。二是韦氏儿童智力量表(WISC),于 1949 年编制,适用于 6.5~16 岁的儿童。三是韦氏学龄前及幼儿智力量表(WPPSI),于 1963 年编制,适用于 3 岁 10 个月~6 岁 10 个月。三套量表相互衔接。

我国对上述三套量表均进行了修订。1979—1980 年由龚耀先主持,全国 56 个单位协作修订的 WAIS,称 WAIS—RC。1980—1986 年由林传鼎和张厚粲主持修订,全国 22 个单位协作修订的 WISC 称 WISC—CR,但它只有城市版本。1990—1993 年由龚耀先、蔡太生主持,修订了 WISC-RC,包括农村、城市两个版本。在 1980—1986 年,由龚耀先和戴晓阳主持,全国 63 个单位协作修订的 WPPSI,称"中国韦氏幼儿智力量表"(C-WYCSI)。

2. WAIS—RC 各分测验主要内容及功能

第一部分:知识测验。包括 29 个一般性知识的题目,要求被试者用几句话或几个数字回答,问题按由易到难排列,一般从第 5 题开始测验,若被试者连续 5 题失败,则不再继续下去。被试以"0"或"1"分计算。其中有两题可以计"0.5"分。主要测量人的知识广度、一般的学习和接受能力、对材料的记忆及对日常事物的认识能力。

第二部分:领悟力测验。包括 14 个按难易程度排列的问题,要求被试者回答在某一情景下最佳的生活方式和对日常成语的解释,或对某一件事情说明为什么。一般从第 3 题开始,若连续 4 题失败,则不要再继续下去。根据回答质量分别记"0""1""2"分,主要测量判断能力、运用实际知识解决新问题的能力及一般知识。

第三部分:算术能力测验:包括 14 个算术题。依难度排列。被试者只能用心算来解答。一般从第 3 题开始,若连续 4 道题失败,则不再继续下去。记分"0"或"1"分,速度快者可加分。算术主要测验被测者数学计算的推理能力及主动注意的能力。

第四部分：相似性测验。包括13对名词，每对词表示的事物都有共同性，要求被试者概括出两者有什么相似地方。题目按难度排列，被试4题失败时，停止该测验。依概括的程度和质量不同分别记"0""1"或"2"分。此测验设计用来测量人的逻辑思维能力、抽象思维能力与概括能力。

第五部分：数字广度测验。包括顺背和倒背两部分，顺背最多由12位数字组成，倒背最多由10位数字组成，每一部分由易到难排列。总分为顺背和倒背的总和。此测验主要测量人的注意力和短时记忆力。

第六部分：词汇测验。包括40个词汇，按难度排列，要求被试者解释词意。理解能力差的被试者从第1题开始做，一般被试者从第4题开始。被试者连续5个词解释不出则不再继续进行。根据被试者回答的正确程度分别记"0""1"或"2"分。本测验主要测量人的言语理解能力，同时了解其知识范围和文化背景。

第七部分：数字符号测验。1~9诸数各有一规定符号，要求被试者按照这种对应方式，迅速地在每个数字下空格内填上相应的符号。被试者从练习项目开始，正式测验限时90秒。填对时记"1"分，总分为90分。该测验主要测量被测者一般的学习能力、知觉辨别能力、灵活性、动机强度等。

第八部分：图画填充。由21张卡片组成，每张卡片上的图画有一处缺笔，要求被试者能指出这个部位及名称。主要测量人的视觉辨别能力以及视觉记忆与视觉理解能力。

第九部分：木块图。主试者呈现10张几何图案卡片，要求被试者用4块或9块红白两色的立方体积木照样摆出来。主要测量人的辨认能力、视觉记忆力与视觉理解能力。

第十部分：图片排列测验。测验材料为8组随机排列的图片，每组图片的内容有内在联系，要求被试者在规定的时间内排列成一个有意义的故事。主要测量被试者的分析综合能力、观察因果关系的能力、社会计划性、预期力和幽默感等。

第十一部分：图形拼凑测验。共有4套切割成若干块的图形板，主试者将零乱的拼板呈现给被试者，要求他们拼出一个完整的图形。主要测量被试者处理局部与整体关系的能力、概括思维能力、知觉组织能力以及辨认能力。

3. 韦氏智力测验工具

手册一本；

记录表（城市、农村用两种）；

词汇卡一张；

填图测验图卡和木块图测验图案；

图片排列测验图卡；

红、白两色立方体木块（9个）；

图形拼凑碎片四盒；

图形拼凑摆放位置卡；

数字符号记分卡一张。

4. 智力测验项目和方法

（1）知识测验

从第5项开始，连续5次失败则停止测验；

每个题目回答正确记1分。

指导语：现在我来问你一些问题，请你回答。这些问题有的很容易，你很快便可回答；有的可能要想一想才能回答，你一想好了便回答。好吗？现在开始。

①钟表有什么作用？
②球是什么形状？
③一年有多少月？
④国庆节是哪一天？
⑤一年中哪个季节白天最长？
⑥一天中什么时间影子最短？
⑦夏天穿深色衣为什么比穿浅色衣要热些？
⑧端午节是哪一天？
⑨鱼用什么来呼吸？
⑩月亮在一月中的什么时候最圆？
⑪长城在我国的哪一方？
⑫北风为什么比南风凉些、冷些？
⑬《红楼梦》这本书是谁写的？
⑭冰和水哪一个轻？
⑮《资本论》是谁写的？
⑯孙中山是什么人？
⑰人体有哪几种血管？
⑱请你列举出我国汉朝以后五个朝代的名称？
⑲一天中猫眼瞳孔在什么时候最小？
⑳诸葛亮是什么人？
㉑一年有多少星期？
㉒生石膏从哪里来的？
㉓从武汉到印度应朝哪个方向走？
㉔埃及在哪一个洲？
㉕井水为什么冬天暖、夏天凉？
㉖地中海在哪里？
㉗释迦牟尼是什么人？
㉘《古兰经》是什么？
㉙阴阳历有何不同？

（2）领悟测验

从第三项开始，10~15秒无回答，重复问一次。

连续4次失败，停止测验。

记分标准：2、1、0分。

最高分：28分。

①为什么要经常洗衣？
②火车为什么要有发动机？

③在路上捡到一封信，写了地址和收信人的姓名，已贴了邮票，你将怎么办？
④城市里为什么要有交通警察？
⑤为什么说不要和坏人交朋友？
⑥为什么要按季节耕种？
⑦"趁热打铁"比喻什么？
⑧"独木不成林"是比喻什么？
⑨"过河拆桥"是比喻什么？
⑩为什么要交税？
⑪结婚为什么要办登记？
⑫在电影院看电影，你首先看到电影院冒烟火，你将怎么办？
⑬白天如果在森林里迷了路你将怎么办？
⑭生下来就聋的人，为什么一般都是哑巴？

（3）算术测验

方法：测验从第3题开始，说完题目后就记时间。

停止测验：连续四次失败，停止测验。

记分：每题为1分。

加分：从11题开始，回答时间短，可以加分。

最高分：18分。

①主试者将左手伸3个指头，右手伸4个指头，问受试者一共有几个指头（15″、7个）

②3个梨子吃掉一个还有几个？（15″、2个）

③4元加5元共几元？（15″、9元）

④拿1元钱去买六角钱糖，还可找回多少？（15″、4角）

⑤每打铅笔12支，2打半共多少支？（30″、30支）

⑥6角钱一尺的布，3元6角钱可买几尺？（30″、6尺）

⑦2角5分一本的小本，共买6本，应付多少钱？（30″、1元5角）

⑧每小时走3千米，24千米要走几小时？（30″、8小时）

⑨5角钱买7个2分的邮票，应找回多少钱？（30″、3角6）

⑩一个人有18元，买书用去6元，买笔用去1元5角，还余多少？（30″、10元5角）

⑪某人每月收入60元，存入银行15%，问他还有多少元？（60″、51元，1″~10″加1分。）

⑫两瓶酒3元1角，买12瓶要付多少钱？（60″、18元6角，1″~10″加1分）

⑬有人将一屋的家具用原价的2/3卖掉，得400元，问原价是多少？（60″、600元，1″~10″加1分）

⑭8个人在6天内可完成的工程，现在要在半天内完成，问一共要多少人才能做完？（120″、96人，1″~20″加1分）

（4）相似性测验

指导语：（文化高）这里有一对词，你看它们有什么类似，即是说，请你把它的共同性进行概括；（文化低）这里有两样东西，你说它们有什么相类似，即是说把它们放在一起有什么理由？

停止测验：连续4次失败。

记分：每项分别记2、1、0分。

最高：26分。

① 斧头——锯子　　　　　　⑧ 眼睛——耳朵
② 狗——狮子　　　　　　　⑨ 空气——水
③ 橘子——桃子　　　　　　⑩ 诗——塑像
④ 桌子——椅子　　　　　　⑪ 表扬——处罚
⑤ 帽子——袜子　　　　　　⑫ 木头——酒精
⑥ 蛋——种子　　　　　　　⑬ 苍蝇——树
⑦ 北方——西方

（5）数字广度测验

方法：让被测者顺背和倒背数字，每秒钟一个数字。

指导语：我说一些数目，你仔细听，当我说完时你就跟着照样背出来；倒背的指导语：我说一些数目，当我一说完你就照原数倒背出来，我说7-1-9，你应如何背？

停止测验：连续两项说不出，停止测验。

记分：成功背几位数，就是几分。

高分：顺背12分，倒背10分。

顺背

5-8-2　　　　　　　　　　　　　　　　6-4-3-9
4-2-7-3-1　　　　　　　　　　　　　　6-1-9-4-7-3
5-9-1-7-4-2-8　　　　　　　　　　　　5-8-1-9-2-6-4-7
2-7-5-8-6-2-5-8-4　　　　　　　　　　5-2-7-4-9-1-3-7-4-6
4-1-6-3-8-2-4-6-3-5-9
9-6-1-3-5-9-6-8-2-5

第二试　　　　　　　　　　　　　　　　6-9-4
7-2-8-6　　　　　　　　　　　　　　　7-5-8-3-6
3-9-2-4-8-7　　　　　　　　　　　　　4-1-7-9-3-8-6
3-8-2-9-5-1-7-4　　　　　　　　　　　7-1-3-9-4-2-5-6-8
4-7-2-5-9-1-6-2-5-3　　　　　　　　　3-6-1-4-9-7-5-1-4-2-7
6-9-4-7-1-9-7-4-2-5-9-2

倒背

2-4
6-2-9
3-2-7-9
1-5-2-8-6
5-3-9-4-1-8
8-1-2-9-3-6-5
9-4-3-7-6-2-5-8

6-3-1-9-4-3-6-5-8
6-4-5-2-6-7-9-3-8-6

第二试

5-8
4-1-5
4-9-6-8
6-1-8-4-3
7-2-4-8-5-6
4-7-3-9-1-2-8
7-2-8-1-9-6-5-3
9-4-1-5-3-8-5-7-2
5-1-6-2-7-4-3-8-5-9

（6）词汇测验

指导语：当我读一词时，你在这个词表上指给我看我读的是哪一个词，同时请你将这个词的意义加以说明，要解释正确。从第 4 个词开始，读二遍 15 秒不回答，改下一个词。

停止测验：连续 5 个失败则停止测验。

记分：40 个词评为 2、1、0 分。

最高分：80 分。

①床铺　　㉑颠倒
②美丽　　㉒大方
③果园　　㉓基础
④修理　　㉔进步
⑤疲劳　　㉕机关
⑥通知　　㉖新鲜
⑦曲折　　㉗器重
⑧丰收　　㉘果断
⑨工具　　㉙矛盾
⑩谦虚　　㉚约束
⑪伪装　　㉛距离
⑫速度　　㉜规矩
⑬坚定　　㉝堡垒
⑭伙伴　　㉞准绳
⑮产品　　㉟笑柄
⑯胜利　　㊱渊博
⑰轮船　　㊲里程碑
⑱冬天　　㊳系统
⑲和平　　㊴妥协
⑳粮食　　㊵剽窃

(7) 数字符号测验

指导语：看这些格子，在上面有一数目，下面有一符号，每个数有不同的符号。现在你再看这里，这里上面有数字，下面无符号，要你在每个空格里填一个符号，填的符号要使它同这里的一个样子。（进行练习）"你从这里开始，要尽量快，又要正确，不要跳格，从左到右依顺序进行，现在开始！"

时限：90 秒。

记分：每一个正确符号记 1 分，倒转符号记半分。

最高分：90 分。

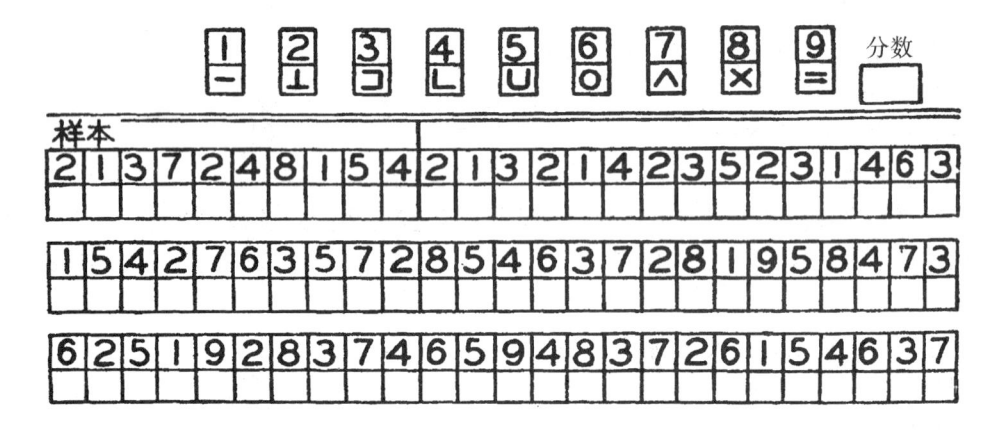

(8) 图片排列测验

方法：画卡背面数字含义，左 1 为分测验顺序号，左 2 为摆放在受试者面前的顺序，左 3 为正确答案顺序，最后的数是分测验张数。指导语"这 3 张图片说明鸟筑巢的故事，但它们的次序摆乱了，要你将它们摆成应有的次序，你懂吗？"

记分：1~2 项 4 分；3~5 项 4 分；6~8 为 2~6 分。

最高分：38 分。

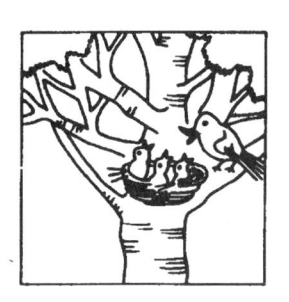

5. 智力测验操作注意事项

(1) 要按照测验标准程序进行，充分熟练掌握测验手册。

(2) 测验者必须经过正规的训练，掌握提问技术、鼓励回答的技巧、书写回答的格式、记分方法、记分标准，原始分换算成量表分，计算智商，解释结果。

(3) 测验时间选择恰当，被测者状态良好。

（4）取得被测者的配合，对测验具有兴趣。

（5）有些项目是无时限的。

6. 智力水平分级

130 分以上	极超常	2.2%
120~129 分	超常	6.7%
110~119 分	高于平常	16.1%
90~109 分	平常	50.0%
80~89 分	低于平常	16.1%
70~79 分	边界	6.7%
50~69 分	轻度低下	
35~49 分	中度低下	2.14%
20~35 分	重度低下	
20 分以下	极重度低下	

（二）瑞文标准推理测验（SPM）工具

瑞文标准推理测验（Raven's Standard Progressive Matrices，简称 SPM）由英国心理学家瑞文（J. C. Raven）于 1938 年创制，在世界各国沿用至今，用以测验一个人的观察力及清晰思维的能力。它是一种纯粹的非文字智力测验，所以广泛应用于无国界的智力/推理能力测试，属于渐近性矩阵图，整个测验一共由 60 张图组成，由 5 个单元的渐进矩阵构图组成，每个单元在智慧活动的要求上各不相同，总的来说，矩阵的结构越来越复杂，从一个层次到多个层次的演变，要求的思维操作也是从直接观察到间接抽象推理的渐进过程。

1. 瑞文标准推理测验内容介绍

瑞文标准推理测验按逐步增加难度的顺序分成 A、B、C、D、E 五组，每组都有一定的主题，题目的类型略有不同。从直观上看，A 组主要测知觉辨别力、图形比较、图形想象力等；B 组主要测类同比较、图形组合等；C 组主要测比较推理和图形组合；D 组主要测系列关系、图形套合、比拟等；E 组主要测互换、交错等抽象推理能力。可见，各组要求的思维操作水平也是不同的。测验通过评价被测者这些思维活动来研究他的智力活动能力。每一组中包含有 12 道题目，也按逐渐增加难度的方式排列。每个题目由一幅缺少一小部分的大图案和作为选项的 6~8 张小图片组成。测验中要求被测者根据大图案内图形间的某种关系——这正是需要被测者去思考，去发现的，看小图片中的哪一张填入（在头脑中想象）大图案中缺少的部分最合适，主要用于智力的了解和筛选。

发展瑞文测验在 20 世纪五六十年代几经修订，目前发展成三种形式，除了上述的标准型以外，还有为适应测量幼儿及智力低下者而设计的彩色型和用于智力超常者的高级型。为了实际测试的需要，李丹等人将瑞文测验的标准型与彩色型联合使用，称为瑞文测验联合型，这样可使整个测量的上下限延伸，适用范围可扩大到 5~75 岁。

由于瑞文测验具有一般文字智力测验所没有的特殊功能，可以在言语交流不便的情况下使用，适用作各种跨文化的比较研究，5~75 岁的人（幼儿、儿童、成人、老人）皆可借此量表粗分智力等级。

瑞文推理测验的编制者曾在 1947 年和 1956 年对标准推理测验做过小规模的修订，1947 年又编制了适用于更小年龄儿童和智力落后者的彩色推理测验（Raven's Color Progressive Matrices，简称 CPM）和适用于高智力水平者的高级推理测验（Raven's Adranced

Progressive Matrices，简称 APM）。

2. 应用过程

测验一般没有时间限制，但在必要时也可限制时间。在个别测验时，如果记录下测试所用时间，并分析其错误的特性，还可以有助于了解被试者的气质，性格和情绪等方面的特点，一般人完成瑞文标准推理测验大约需要半小时，最好在 45 分钟之内完成。

3. 智商水平

智力水平：用百分比等级表示

一级：测验标准分等于或超过同年龄常模组的 95%，为高水平智力；

二级：测验标准分在 75%~95% 之间，智力水平良好；

三级：测验标准分在 25%~75% 之间，智力水平中等；

四级：测验标准分在 5%~25% 之间，智力水平中下；

五级：测验标准分低于 5%，为智力缺陷。

另外有 A、B、C、D、E 五个项目的正确题数：

A：反映知觉辨别能力（共 12 题）；

B：反映类同比较能力（共 12 题）；

C：反映比较推理能力（共 12 题）；

D：反映系列关系能力（共 12 题）；

E：反映抽象推理能力（共 12 题）。

通过五个方面得分的结构，一定程度上有助于了解被测者智力结构。

对分数作解释时注意，由于瑞文测验强调推理方面的能力，并非完全的智力，目前仅用于智力方面的筛选。因此不能绝对化。

4. 优点

（1）扩大了适用范围，突破了纸笔测验的限制，不识字的人也能实测。

（2）适合团体实测，也可单独实测。

（三）GATB 一般职业能力测量工具

1. 测量工具简介

普通能力倾向成套测验（General Aptitude Test Battery，简称 GATB），最初是美国劳工部从 1934 年起用了 10 多年时间研究制定的。它是对许多职业群同时检查各自的不适合者的一种成套测验。由于这套测验在许多国家被广泛使用，因而备受推崇。后来，日本劳动省将 GATB 进行了日本版的标准化，制定成《一般职业适应性检查》（1969 年修订版）。这套测验主要是实现对许多职业领域中工作者所必需的几种能力倾向的测定。它由 15 种测验项目构成，其中 11 种是纸笔测验，其余 4 种是操作测验，两种测验可以测定 9 种能力倾向。

这 9 种能力倾向对完成各种职业的工作都是必要的。即：

G—智能。该能力指一般的学习能力。对测验说明、指导语和诸原理和理解能力、推理判断的能力、迅速适应新环境的能力。

V—言语能力。该能力指理解言语的意义及与它关联的概念，并有效地掌握它的能力。对言语相互关系及文章和句子意义的理解能力。也包括表达信息和自己想法的能力。

N—数理能力。该能力指在正确快速进行计算的同时，能进行推理，解决应用问题的能力。

Q—书写知觉。该能力指对词、印刷物、各种票类之细微部分正确知觉的能力。能直观地比较辨别词和数字，发现有错误或校正的能力。

S—空间判断能力。该能力指对立体图形以及平面图形与立体图形之间关系的理解、判断能力。

P—形状知觉。该能力指对实物或图解之细微部分的正确知觉和能力。根据视觉能够对图形的形状和阴影部分的细微差异进行比较辨别的能力。

K—运动协调。该能力指正确而迅速地使眼和手相协调，并迅速完成操作的能力。要求手能跟随着眼能看到的东西正确而迅速地作出反应动作，并进行准确控制的能力。

F—手指灵巧度。该能力指快速而正确地活动手指，用手指很准确地操作细小东西的能力。

M—手腕灵巧度。该能力指随心所欲地、灵巧地活动手及手腕的能力。如拿着、放置、调换、翻转物体时手的精巧运动和腕的自由运动能力。

以上 9 种能力中的每一种，都要通过一种实践性测验获得。本测验为自评量表。

这种能力倾向测验，可以说是从个人在各种职业所必要的能力中，提炼出各种职业对个人所要求的最有代表性的特征 2~3 种，其中纸笔测验可集体进行。记分采用标准分数，各能力因素的原始分数转换为标准分数后便可绘制个人能力倾向剖析图，并与职业能力倾向类型相对照，被试者就可以从测验结果中知道能够充分发挥个人能力特性的职业活动领域。

指导语：下面开始测验，测验的目的是为了了解自己更能胜任哪种职业，请真实作答。

基本信息：

第一部分：一般学习能力倾向（见表 7-1）

表 7-1　　　　　　　　　　一般学习能力倾向

测评项目	强	较强	一般	较弱	弱
	1	2	3	4	5
快而容易地学习新的内容					
快而正确地解决数学题目					
你的学习成绩总处于					
对课文的理解、分析、综合能力					
对所学知识的记忆能力					

第二部分：语言能力倾向（见表 7-2）

表 7-2　　　　　　　　　　语言能力倾向

测评项目	强	较强	一般	较弱	弱
	1	2	3	4	5
善于表达自己的观点					
阅读速度和理解能力					
掌握词汇量的程度					
你的语文成绩					
你的文学创作能力					

第三部分：算术能力倾向（见表7-3）

表7-3　　　　　　　　　　　　算术能力倾向

测评项目	强 1	较强 2	一般 3	较弱 4	弱 5
对物和量的抽象概括能力					
笔算能力					
口算能力					
打算盘					
你的数学成绩					

第四部分：空间判断能力倾向（见表7-4）

表7-4　　　　　　　　　　　　空间判断能力倾向

测评项目	强 1	较强 2	一般 3	较弱 4	弱 5
解决立体几何方面的问题					
画三维度的立体几何					
看几何图形的立体感					
想象盒子展开后的平面形状					
想象三维度的物体					

第五部分：形态知觉能力倾向（见表7-5）

表7-5　　　　　　　　　　　　形态知觉能力倾向

测评项目	强 1	较强 2	一般 3	较弱 4	弱 5
发现相似图形中的细微差异					
识别物体的形态差异					
注意物体的细节部分					
观察图案是否正确					
对物体的细微描述					

第六部分：文秘倾向能力（见表7-6）

表7-6　　　　　　　　　　　　文秘倾向能力

测评项目	强 1	较强 2	一般 3	较弱 4	弱 5
快而准确地抄写材料					
发现错别字或计算错误					
能很快地查找编码卡片					
较长时间工作的能力					
一般应用文的写作能力					

第七部分：眼手运动协调能力倾向（见表7-7）

表7-7　　　　　　　　　　眼手运动协调能力倾向

测评项目	强 1	较强 2	一般 3	较弱 4	弱 5
玩电子游戏					
篮球、排球、足球运动					
乒乓球、羽毛球运动					
打算盘能力					
打字能力					

第八部分：手指灵巧倾向（见表7-8）

表7-8　　　　　　　　　　手指灵巧倾向

测评项目	强 1	较强 2	一般 3	较弱 4	弱 5
灵巧地使用很小的工具					
穿针眼、编织等使用手指的活动					
使用手指做一件小工艺品					
使用计算器的灵巧程度					
弹琴（钢琴、电子琴、手风琴）					

第九部分：手的灵巧倾向（见表7-9）

表7-9　　　　　　　　　　手的灵巧倾向

测评项目	强 1	较强 2	一般 3	较弱 4	弱 5
用手把东西分类					
在推拉东西时手的灵活度					
很快地削水果					
灵活地使用手工工具					
绘画、雕刻等手工活动的灵巧性					

2. 计算方法

（1）首先计算每次的平均分

每次的平均分=［（第1列选择次数之和×1）+（第2列选择次数之和×2）+（第3列选择次数之和×3）+（第4列选择次数之和×4）+（第5列选择次数之和×5）］÷5

（2）将每一次的平均分填入表7-10

表7-10　　　　　　　　　　平均分表

序号	一	二	三	四	五	六	七	八	九
项目	一般学习能力倾向	语言能力倾向	算术能力倾向	空间判断能力倾向	形态知觉能力倾向	文秘能力倾向	眼手运动协调能力倾向	手指灵巧倾向	手的灵巧倾向
平均分									

3. 结果分析：各种职业对你的职业能力倾向的要求（见表7-11）

表 7-11　　　　　　　各种职业对职业能力倾向的要求

职业	一	二	三	四	五	六	七	八	九
生物学家	1	1	1	2	2	3	3	2	3
建筑师	1	1	1	1	2	3	3	3	3
测量员	2	2	2	2	2	3	3	3	3
制图员	2	3	2	2	2	3	2	2	3
建筑和工程技术专家	2	2	2	2	2	3	3	3	3
物理科学技术专家	2	2	2	2	3	3	3	3	3
农业、生物专家	2	2	2	4	2	3	3	2	3
数学家和统计学家	1	1	1	3	3	2	4	4	4
计算机程序员	2	2	2	2	3	3	4	4	4
经济学家	1	1	2	2	2	3	4	4	4
心理学家	1	1	2	2	2	3	4	4	4
历史学家	1	1	3	4	4	3	4	4	4
政治经济学家	2	2	2	3	3	3	3	3	3
社会工作者	2	2	3	4	4	3	4	4	4
法官和律师	1	1	3	4	3	3	4	4	4
公证人	2	2	3	4	4	3	4	4	4
图书管理专家	2	2	3	3	4	2	3	4	4

表7-11(续)

职业	一	二	三	四	五	六	七	八	九
职业指导者	2	2	3	4	4	3	4	4	4
大学教师	1	1	3	3	2	3	4	4	4
中学教师	2	2	3	4	3	3	4	4	4
小学和幼儿园教师	2	2	3	3	3	3	3	3	3
内、外、牙科医生	1	1	2	1	2	3	2	2	2
兽医学家	1	1	2	1	2	3	2	2	2
营养学家	2	2	2	3	3	3	4	4	4
药物实验技术专家	2	2	2	3	2	3	3	3	3
画家、雕塑家	2	3	4	2	2	5	2	1	2
产品设计师	2	2	3	2	2	4	2	2	3
舞蹈家	2	3	3	2	3	4	2	3	3
播音员	2	2	3	4	4	3	4	4	4
作家和编辑	2	1	4	4	4	3	4	4	4
翻译人员	2	1	4	4	4	3	4	4	4
体育教练员	2	2	2	4	4	3	4	4	4
秘书	3	3	3	4	3	2	3	3	3
商业经营管理人员	2	2	3	4	4	3	4	4	4
统计人员	3	3	2	4	3	2	3	3	4

4. 该测验工具的功能

能力倾向测验是为了判定一个人能力倾向的有无或大小程度。因此,标准化的能力倾向测验,具有两种功能:一是判断一个人具有什么样的能力优势,即所谓的诊断功能;二是测定在所从事的工作中,成功和适应的可能性,包括发展的潜能,即所谓的预测功能。

具体针对人才选拔考试和人事管理工作,能力倾向测验的作用主要体现在3个方面:

(1) 什么样的职业适合于某个人(职业选择和指导);

(2) 为了胜任某个岗位工作,什么样的人最合适(人员的录用和选择配置);

(3) 为了使个人适应某个岗位,在工作本身的哪些方面进行改善为好(合适岗位的开发和职务的再设计)。

根据能力倾向测验的作用不难看出,尽管这种测验方法在目前尚没有被更多地应用到人才录用考试中,但是它有广泛的应用价值。它可以为人才的录用考试实现如下职能;

(1) 在进行人事安排时,可以录用符合条件,具有某种能力的人选,使之人尽其才。

(2) 可以配置与被录用者个性、能力结构相符合的岗位,使之才尽其用。

(3) 根据对在职人员进行的测验,能够诊断一个部门(单位)人才队伍能力结构状况,从而可以有目的地进行能力开发和组织开发。

(4) 由于测验掌握了报考者的能力特征,可以作为个人职业指导、发展方向指导或人才提拔、晋升的参考依据。

值得指出的是,能力倾向测验不仅对人才录用考试工作提供了帮助,对报考者个人也颇有益处。首先,通过测验可以使报考者获得有关自己能力倾向的客观信息,帮助其正确地理解和认识自身的能力特点以及自己更适合的工作领域。其次,测验结果往往揭示出报考者以前全然不知或没有充分注意到的自己的某些能力倾向。通过测验将有助于促进其本人正确地选择职业、并激发其自我开发的积极动机。

四、特殊能力倾向及其测量工具

特殊能力主要是从事某种专业活动的能力,目前已经形成并广泛应用于实践的特殊能力测试工具主要有:斯特朗—坎贝尔职业兴趣量表(SCII)、威廉斯创造力倾向测评量表等。

(一) 斯特朗—坎贝尔职业兴趣量表(SCII)

1. 什么是斯特朗—坎贝尔职业兴趣量表?

斯特朗—坎贝尔兴趣量表全称是Strong-Campbell Interest Inventory,这是目前国外最流行的职业兴趣测验方法,广泛地应用于人才测评中,对个人职业选择提供了非常有效的讯息。

美国心理学家斯特朗认为,兴趣在某种程度上决定了一个人成就的方向,各种职业的人,都有其特定的兴趣类型。1927年,斯特朗(E. K. Strong)编制完成了第一个正式的职业兴趣量表(Strong Vocational Interest Blank),这是最早的职业兴趣测验。他的方法是先编制涉及各种职业、学校科目、娱乐活动及人的类型的问卷,然后取两组被试者,一组代表专门从事某种工作的标准职业者,另一组代表一般人,让两组被试者接受测查,将两组被试者反应不同的题目放在一起,构成职业兴趣量表。当时仅适用于男性,专门为女性而编制的量表则于1933年出版。1968年坎贝尔（D. P. Campbell）主持了对该量表的修订工作，增加了基本兴趣量表（BIS）和一般职业主题（GOT），更名为"Strong Campbell Interest Inventory（SCII）"。斯特朗—坎贝尔兴趣量表是国外流行的职业兴趣测验，它被广泛地应用于人才测评中，对个人职业选择提供了非常有效的讯息，为企业的选员提供了非常有益的信息。

2. SCII的组成及其发展过程

兴趣研究最早的尝试始于第一次世界大战期间，但真正系统的兴趣研究是从迈纳（James Miner）开始的。1915年，迈纳在卡内基技术所工作期间编制了一个兴趣测量的问卷，并于1919年主持了著名的兴趣测量研究生讨论课。其中一位参加者是斯特朗，在20年代及其以后的岁月中，他对兴趣测量进行了大量认真的研究。1927年，斯特朗编制了著名的斯特朗职业兴趣问卷，这主要是一个经验性问卷，并不是一个严格的量表，不具有理论支持和统计支持。斯特朗职业兴趣问卷，共有420道题目和10个职业组的评价。1938年、1946年、1966年、1969年，该兴趣问卷曾多次修订，在1969年修订的版本中，共包括399题（妇女版398题），其中，男性被划分为54种职业兴趣类型，女性被划分为32种职业兴趣类型。1963年斯特朗教授去世后，坎贝尔主持了1966年、1969年的修订。1974年坎贝尔主持的修订本，改名为斯特朗—坎贝尔兴趣问卷，以后又相继进行了多次修订，主要有以下几种改变：

第一，引用一套理论构架作为分数组合和解释的依据；

第二，提供了新的男性及女性样本，并重新建立常模；

第三，增加了很多只需大学以下学历即可从事的职业、技术工作量表。

此后，汉森（J. C. Hansen）对该测验又进行了两次修订，发表了1981年、1985年测验版本。SCII是目前在国外最为流行的职业兴趣测验，它被广泛地应用于各种职业咨询机构，对人们选择满意的职业提供了非常有益的帮助。

SCII的1985年最新的版本共包括325个项目，构成264个量表，由6个一般职业主题量表（The General Occupational Theme, GOT）、23个基本兴趣量表（The Basic Intreest Scale, BIS）、207个职业量表（The Occupational Scale, OS）、2个特殊量表（The Special Scale, SS）、26个管理指标量表（The Administrative Indexe, AI）构成。

3. SCII的题目选择技术

兴趣测量之所以能够有效，是因为不同的人对同一个题目会作出不同的反应，而且对某种特定职业感到满意的群体会对某些特定的题目作出特定的反应模式。这两种现象是建构职业兴趣量表的基础。

（1）反应分布的方式

兴趣测量的主要目的，就是要反映出不同职业群体在兴趣上的差异。因此，区分度是鉴别一个量表优劣的重要指标。为了使整个量表具有高区分度，势必要求组成该量表的每个题目都具有一定的区分度，即不同群体对它作出"喜欢"反应的百分比是不同的。在SCII中，其所有题目的项目—反应分布存在以下三种模式：

①非常广泛的项目—反应分布。对这种题目，在某些职业群体中，几乎每个人都会作出"喜欢"的反应，而在另外一些职业群体中，几乎没有人会作出"喜欢"的反应，绝大部分SCII的题目的项目—反应分布都属于这种模式。

②中等程度的项目—反应分布。这种题目，除了与其内容有关的职业外，大部分职业群体对它作出"喜欢"反应的百分比都很低。

③特殊模式的项目—反应分布。这种题目的项目—反应分布范围相对比较狭窄，但是，它能够提供有关某些职业群体在兴趣上的细微差别的信息。

（2）反应分布的特点

SCII 的上述三种项目—模式，在整体上说明了以下几个特点：

①对每个题目的接受度在不同职业群体之间存在着很大的差别；

②每个题目的内容都反映出接受或拒绝它的职业群体的特点；

③某些职业群体在兴趣上存在着真实的，但又非常细微、轻易不被察觉或不被人们所预料的差别；

④大部分题目具有跨时间的稳定性；

⑤男、女样本，即使从事同一职业，也常常会对许多题目给出不同的反应；

⑥每一个题目的项目—反应分布模式都不相同，但目前并不清楚哪一种模式最佳。

（3）统计的使用与量表的建构

SCII 在题目选择上的一个特点，就是不过分追求统计上的显著性。在许多心理测验的编制过程中，只要统计检验的结果表明两个不同的样本在该量表上的平均分存在显著性的差异，编制者就认为该量表对这两个样本给予了成功的区分。而 SCII 的编制者们认为，这种工作是没有什么意义的，因为人们对于任何心理测验的反应都不是随机的，因此，任何差异是实际存在的。

为了能够挑选出"合适"的题目，SCII 的编制者们在大量经验的基础上给出了以下几点建议：

①计算每个题目的"题目—百分比差值"。先分别统计出实验组和参照组对每个题目的"喜欢"和"不喜欢"的百分比，然后计算出两个组在这两个百分比上的差异，并将较大的差值作为该题目的"题目—百分比差值"。

②10%或更小的差值应该予以忽略。对样本的重测过程中发现：只有两三个题目的题目—百分比差值超过 10%，大多数题目在 10%以下，可以认为在这个范围里的波动属于自然的随机现象，可以忽略。

③一般说来，12%的差别不具有任何意义，16%的差别具有中等程度的重要性；而任何更大的差别都必须予以重视，因为他们反映出在两个样本的反应模式上确实存在差别。

④在建构量表的过程中，题目数目的多少与题目—百分比差异的大小具有同等的重要性。如果职业兴趣量表由 60 个具有 16%差别的题目组成，那么，实验组和参照组在这个量表上的得分存在两个标准差的差别。

4. SCII 的构成

SCII 的 1985 年最新版本中包括 325 个项目，构成 264 个量表，其中包括 6 个一般职业主题量表（The General Occupational Theme，GOT），23 个基本兴趣量表（The Basic Interest Scale，BIS），207 个职业兴趣量表（The Occupational Scale，OS），2 个特殊量表（The Special Scale，SS），26 个管理指标量表（The Administrative Indexe，AI）。

（1）一般职业主题量表（The General Occupational Theme）

一般职业主题量表是根据霍兰德的职业理论建立起来的，共包括6个量表，每个量表由20个题目构成，一共120个题目。按其所测内容，6个量表依次为艺术型量表、习俗型量表、经营型量表、研究型量表、现实型量表、社交型量表。大量统计结果表明，在这6个量表的得分上存在着不同程度的相关。一般职业主题量表的意义在于它将各种职业按其内在联系进行分类，使基本兴趣量表、具体职业量表的结果易于理解。

（2）基本职业兴趣量表（The Basic Intrerest Scale）

基本职业量表是由在内容上具有相似性且在统计上具有高相关的题目组成，因此，这种量表属于同质性量表。在SCII中，一共包括23个基本兴趣量表，每个量表所包括的题目从5~24不等。这23个量表，根据其内容与相关性，分别被归结到6个一般职业主题量表中。

（3）具体职业量表（The Occupational Scale）

具体职业量表是根据斯特朗的经验性方法建立起来的。在SCII的1985年版本中，共包括106种职业，除其中5种职业为男女共用同一常模外，其他每种职业均对男女分别建立了常模。因此，SCII中共包括207个具体职业量表。每个量表的题目数目不等，每个题目的"项目—分比"差值均在16%以上。

5. SCII测量评分

（1）实施指标

在解释各种测量之前，首先应检查总反应情况和未反应题目数以及其他实施指标。这些指标标志受测者在反应时是否草率，是否有反应定势，以便判定实施、计分是否适当。如果总反应数不是325个或没有反应的题目太多，则结果无效。

（2）实施计分

SCII的量表只能由几个出版商指定的记分中心用电脑来记分。共有三种不同层次的分数，范围最广的是一般职业主题分数，共有6个；其次是基本兴趣量表，有23个；最后是207个层次最狭窄的职业量表。这种分类方式是以霍兰德的理论为基础导出的。

记分方式是：分别计算162个分数，这些分数形成一个职业兴趣剖析图。

成绩报告和分数解释包括四个部分：

第一部分是实测指数和特别量表。实测指数是7个部分和全问卷中"喜欢""一般"和"不喜欢"三种回答的百分比；特别量表是"学术满意量表"和"内外向量表"，前者反映了在学术环境中的满意程度，后者反映了被试者是否愿意与其他人一道工作。

第二部分是一般职业主题，按照霍兰德的职业分类理论给出被试者的职业选择模式。

第三部分是基本兴趣量表，给出被试者在23个职业量表上的得分。这23个基本职业类别的概括范围较162个职业组更广一些。

第四部分包含162种职业上得分的职业量表和相应的剖析图。

6. 斯特朗兴趣调查表的形式

斯特朗兴趣调查表（Strong Interest Inventory，SII，来源于CPP）是斯特朗编制的测量工具的最新版。该调查表包括317个题目，被分为以下8个部分：

Ⅰ．职业：135个职业名称，对其中每一个做出反应：喜欢（L）、无所谓（I）、不喜欢（D）。

Ⅱ．学校科目：39个学校科目，对其中每一个作出反应：喜欢（L）、无所谓（I）、不喜欢（D）。

Ⅲ．活动：46个一般职业活动，对其中每一个作出反应：喜欢（L）、无所谓（I）、不喜欢（D）。

Ⅳ．休闲活动：29个娱乐活动或爱好，对其中每一个作出反应：喜欢（L）、无所谓（I）、不喜欢（D）。

Ⅴ．不同类型的人：20类人，对其中每一个作出反应：喜欢（L）、无所谓（I）、不喜欢（D）。

Ⅵ．两种活动之间的偏好：30对活动。对每对活动指出偏爱左边的活动（L），或右边的活动（R），或没有偏好（＝）。

Ⅶ．你的个性：12种个性特点，判断其是否描述了自己，并做出反应：是、不知道、否。

Ⅷ．对工作世界的偏好，6对观念、数据和事物，在每对中指出偏爱左边的题目（L），或右边的题目（R），或没有偏好（＝）。

7. SCII的使用及其意义、影响

像其他心理测验一样，SCII的使用主要包括实测和对数据的处理与解释两个阶段。在实测过程中，先要让应试者对SCII的功能有个大概的了解，然后再具体明确在答题过程中的注意事项。在对数据的处理与解释过程中，应遵循以下的顺序进行：首先，统计测验管理指标，检查答题及数据录入过程中是否有异常情况发生；然后，依次统计在特殊量表、一般职业主题量表、基本兴趣量表和具体职业量表上的得分；再根据应试者在这些量表上的得分，逐步将其兴趣范围缩小，最后集中在某几种基本职业兴趣和具体职业上。

SCII出现后，被广泛地应用于教育、职业咨询和升学、就业指导中。它可以帮助人们对自己有一个更加清晰地了解——不仅是对自身的特点的了解，而且还能够得到关于自己在群体中的相对位置的信息。另外，它还可以帮助教师和家长加深对学生和子女的兴趣的了解，从而为他们提供更适宜的建议和指导；它还可以帮助企业领导加深对员工的了解，从而使工作安置更符合员工的兴趣特点或者帮助在职员工找到对工作感到不满的可能原因。

除了这种针对个体的应用意义外，SCII还可以用来进行群体性研究，如某种特殊职业群体的兴趣特点，社会潮流的发展规律，以及某些跨文化的研究。另外，SCII在某些领域还具有潜在的应用价值，如根据人们的职业兴趣特点进行工作设计，从兴趣的角度进行人际交往指导等。

总之，SCII是一个非常成功的心理测验。它不仅给我们提供一个具体测量工具，更重要的是它在量表的建构、应用范围及使用方法等方面提出了许多值得借鉴的经验，同时，也给了我们许多新的启迪。

（二）威廉姆斯创造力倾向测评工具（WCS）

威廉姆斯创造力倾向测量表（Williams Creativity Scale，简称WCS）通过测验个人的一些性格特点包括冒险性、好奇性、想象力和挑战性，来测量个人的创造性倾向。它可以用来发现那些有创造性的个体。高创造力的个体在进行创造性工作时更容易成功，低创造力的个体则循规蹈矩，更适合进行常规型的工作。趋于冒险，好奇心强，想象力丰富，勇于挑战未知的人就是创造性倾向强的人。

创造性的个体被认为具有以下认知和情感特质：想象流畅灵活，不循规蹈矩，有社会性敏感，较少有心理防御，愿意承认错误，与父母关系密切等。

1. WCS 测量表

这是一份帮助你了解自己创造力的练习。在下列句子中，如果你发现某些句子所描述的情形很适合你，则请在题后的表格里"完全符合"的选项内打钩；若有些句子只是在部分时候适合你，则在"部分适合"的选项内打钩；如果有些句子对你来说，根本是不可能的，则在"完全不符"的选项内打钩。

指导语：

①每一题都要做，不要花太多时间去想。
②所有题目都没有"正确答案"，凭你读完每一句的第一印象作答。
③虽然没有时间限制，但尽可能地争取以较快的速度完成，愈快愈好。
④切记：凭你自己的真实感受作答，在最符合自己的选项内打钩。
⑤每一题只能打一个钩。

时间为20分钟。

① 在学校里，我喜欢试着对事情或问题作猜测，即使不一定猜对也无所谓。
②我喜欢仔细观察我没有见过的东西，以了解详细的情形。
③我喜欢变化多端和富有想象力的故事。
④画图时我喜欢临摹别人的作品。
⑤我喜欢利用旧报纸、旧挂历及旧罐头盒等废物来做成各种好玩的东西。
⑥我喜欢幻想一些我想知道或想做的事。
⑦如果事情不能一次完成，我会继续尝试，直到完成为止。
⑧做功课时我喜欢参考各种不同的资料，以便得到多方面的了解。
⑨我喜欢用相同的方法做事情，不喜欢去找其他新的方法。
⑩我喜欢探究事情的真相。
⑪我喜欢做许多新鲜的事。
⑫我不喜欢交新朋友。
⑬我喜欢想一些不会在我身上发生的事。
⑭我喜欢想象有一天能成为艺术家、音乐家或诗人。
⑮我会因为一些令人兴奋的念头而忘了其他的事。
⑯我宁愿生活在太空站，也不愿生活在地球上。
⑰我认为所有问题都有固定答案。
⑱我喜欢与众不同的事情。
⑲我常想要知道别人正在想什么。
⑳我喜欢故事或电视节目所描写的事。
㉑我喜欢和朋友在一起，和他们分享我的想法。
㉒如果一本故事书的最后一页被撕掉了，我就自己编造一个故事，把结果补上去。
㉓我长大后，想做一些别人从没想过的事。

㉔尝试新的游戏和活动，是一件有趣的事。
㉕我不喜欢受太多规则限制。
㉖我喜欢解决问题，即使没有正确答案也没关系。
㉗有许多事情我都很想亲自去尝试。
㉘我喜欢唱没有人知道的新歌。
㉙我不喜欢在班上同学面前发表意见。
㉚当我读小说或看电视时，我喜欢把自己想成故事中的人物。
㉛我喜欢幻想200年前人类生活的情形。
㉜我常想自己编一首新歌。
㉝我喜欢翻箱倒柜，看看有些什么东西在里面。
㉞画图时，我很喜欢改变各种东西的颜色和形状。
㉟我不敢确定我对事情的看法都是对的。
㊱对于一件事情先猜猜看，然后再看是不是猜对了，这种方法很有趣。
㊲玩猜谜之类的游戏很有趣，因为我想知道结果如何。
㊳我对机器感兴趣，也很想知道它的里面是什么样子，以及它是怎样转动的。
㊴我喜欢可以拆开来玩的玩具。
㊵我喜欢想一些新点子，即使用不着也无所谓。
㊶一篇好的文章应该包含许多不同的意见或观点。
㊷为将来可能发生的问题找答案，是一件令人兴奋的事。
㊸我喜欢尝试新的事情，目的只是为了想知道会有什么结果。
㊹玩游戏时，我通常都有兴趣参加而不在乎输赢。
㊺我常常喜欢想一些别人说过的事情。
㊻当我看到一张陌生人的照片时，我喜欢去猜测他是怎么样的一个人。
㊼我喜欢翻阅书刊，但只想大致了解一下。
㊽我不喜欢探寻事情发生的各种原因。
㊾我喜欢问一些别人没有想到的问题。
㊿无论在家里还是在学校，我总是喜欢做许多有趣的事。

2. 计分表（见表7-12）

表7-12　　　　　　　　　　　　　计分表

题目	完全符合	部分符合	完全不符	题目	完全符合	部分符合	完全不符
1				26			
2				27			
3				28			
4				29			
5				30			
6				31			
7				32			
8				33			

表7-12(续)

题目	完全符合	部分符合	完全不符	题目	完全符合	部分符合	完全不符
9				34			
10				35			
11				36			
12				37			
13				38			
14				39			
15				40			
16				41			
17				42			
18				43			
19				44			
20				45			
21				46			
22				47			
23				48			
24				49			
25				50			

3. 评分方法

本量表共50题，包括冒险性、好奇心、想象力、挑战性四项。

冒险性：1、5、21、24、25、28、29、35、36、43、44题，其中29、35题为反面题目，得分顺序分别为：正面题目，完全符合3分，部分符合2分，完全不符1分；反面题目，完全不符1分，部分符合2分，完全符合3分。

好奇心：包含2、8、11、12、19、27、33、34、37、38、39、47、48、49题，其中12、14题为反面题目，其余为正面题目。计分方法同冒险性部分。

想象力：包含6、13、14、16、20、22、23、30、31、32、40、45、46题，其中45题为反面题，其余为正面题。计分方法同冒险性部分。

挑战性：包含3、4、7、9、10、15、17、18、26、41、42、50题，其中4、9、17题为反面题，其余为正面题。计分方法同冒险性部分。计算自己的最后得分，得分高说明能力强，得分低说明能力差。

4. 分数解释

在好奇心特征上得分高，表明受测者具有下列个性品质：富有追根究底的精神；主意多；乐于接触神秘、奇异的情境；肯深入思索事物的奥妙；能把握特殊的现象并观察其结果。在好奇心特征上得分低，表明受测者不具备上述特征，影响受测者创造力的发展。

在想象力特征上得分高，表明受测者具有下列特征：善于视觉化并建立心像；善于幻想尚未发生过的事情；可进行直觉推测；能够超越感官及现实的界限。低分者缺乏想象力，因而创造性不高。

在挑战性特征上得分高，表明受测者具有下列特征：善于寻找各种可能性；能够了解事情的可能性及与现实间的差距；能够从杂乱中理出秩序；愿意探究复杂的问题或主意。低分者在这方面表现出因循守旧的特点，因而缺乏创造性。

在冒险性特征上得分高，表明受测者具有下列特征：勇于面对失败或批评；敢于猜测；能在杂乱的情境下完成任务；勇于为自己的观点辩护。而低分者缺乏冒险性，因而创造性不足。

第二节　职业个性及其测量工具

职业个性（Occupational Character）是指人们在长期特定的职业生活中所形成的与职业相联系的、稳定的心理特征。例如，有的人对待工作总是一丝不苟，踏实认真；在待人处事中总是表现出高度的原则性、果断、活泼、负责；在对待自己的态度上总是表现为谦虚、自信，严于律己等，所有这些特征的总和就是他的职业个性。

一、职业个性特征分类

人的个性千差万别，或热情外向，或羞怯内向，或沉着冷静，或火爆急躁。职业心理学的研究表明，不同的职业对从业者有不同的个性要求。虽然每个人的个性都不能百分之百地适合某项职业，却可以根据自己的职业倾向来培养、发展相应的职业个性。对企业而言，不同个性特征的人员，决定了每个员工的工作岗位和工作业绩；对个人而言，决定着自己的事业能否成功。

职业个性特征测评以瑞士心理学家荣格的心理类型理论为基础，它通过了解人们在做事、获取信息、决策等方面的偏好从四个角度来对人进行分析，用字母代表如下：

精力支配：外向 E —— 内向 I；
认识世界：感觉 S —— 直觉 N；
判断事物：思维 T —— 情感 F；
生活态度：判断 J —— 知觉 P。

四个角度每个角度有一种个性倾向，然后四个角度组合，形成 16 种人格类型。每一种类型表现出独特的行为与互动风格。因此在与人交往交流中、工作选择中、生活平衡方面，你都可以通过了解自己"内在"的特征，以明确可能的最佳做事方法与职业选择。

SJ 型：忠诚的监护人

具有 SJ 偏向的人的共性是有很强的责任心与事业心，他们忠诚、按时完成任务，推崇安全、礼仪、规则和服从，他们被一种服务于社会需要的强烈动机所驱使。他们坚定、尊重权威、等级制度，持保守的价值观。他们充当着保护者、管理员、稳压器、监护人的角色。大约有 50% SJ 偏向的人为政府部门及军事部门的职务所吸引，并且能取得卓越成就。其中在美国执政过的 41 位总统中有 20 位是 SJ 偏向的人。

SP 型：天才的艺术家

有 SP 偏向的人有冒险精神，反应灵敏，在任何要求技巧性强的领域中游刃有余，他们常常被认为是喜欢活在危险边缘、寻找刺激的人。

他们为行动、冲动和享受现在而活着：约有 60% SP 偏向的人喜欢艺术、娱乐、体育和文学，他们被称赞为天才的艺术家。

我们熟悉的歌星麦当娜、篮球魔术师约翰逊、音乐大师莫扎特等都是具有 SP 个性特点的例子。

NT 型：科学家、思想家的摇篮

对于达尔文、牛顿、爱迪生、瓦特这些发明家、科学家，你一定不陌生吧！

NT 偏向的人有着天生好奇心，喜欢梦想，有独创性、创造力、洞察力、有兴趣获得新知识，有极强的分析问题、解决问题的能力。他们是独立的、理性的、有能力的人。

人们称 NT 型是思想家、科学家的摇篮，大多数 NT 类型的人喜欢物理、研究、管理、电脑、法律、金融、工程等理论性和技术性强的工作。

NF 型：理想主义者、精神领袖

NF 偏向的人在精神上有极强的哲理性，他们善于言辞、充满活力、有感染力、能影响他人的价值观并鼓舞其激情。他们帮助别人成长和进步，具有煽动性，被称为传播者和催化剂。

NF 型的人约有一半在教育界、文学界、宗教界、咨询界以及心理学、文学、美术和音乐等行业。

二、个性测验工具

既然个性对职业的选择以及职业的成功有着重大的影响，那么该如何判断自己的职业个性？心理学上有一些比较经典的性格测验，例如，16PF 有乐群性、冒险性、情绪稳定性、独立性等角度；MBTI 分为外倾—内倾性、感知—直觉性、理智—感情性、判断—观察性四个维度。不管哪种分类方法，你都可以参考测评结果，找到合适的职业。

（一）16PF 个性测验工具

"16PF" 是美国伊利诺州立大学人格及能力测验研究所教授卡特尔（R. B. Cattell）根据 16 种个性因素测验或 16 种个性因素问卷编制的。

16PF 于 1947 年发表，但在这之前卡特尔教授已做了近 10 年的实验研究。卡特尔的重要贡献之一是将因素分析的数理统计学方法应用于人格测验。他从词典、心理学文献和精神病学文献以及日常用语中收集了描述人类个性特点的词汇 4 500 多个，透过同义词的分析，整理出 171 个表示人格的最基本用语，然后根据这些词的相互关系，分成 42 组，称为人格的表面特质。这些表面特质直接与环境相联系，在外部行为中表现。卡氏及其同事在几十年时间里对不同年龄、职业、文化背景的人进行了大量的测量，发现了 20 种基本的特质，最先用 A、B、C、D、E 等命名，后来又收集到更多的证据。他对表现特质进行因素分析，得出十几个隐蔽在表现特质后面的根源特质。卡特尔认为，只要测量出 16 个根源特性在人身上的表现程度，就能知道他的人格。据此，他编制了《16

种个性因素测验》。

与其他类似的测验相比较，16PF 能以同等的时间（约 40 分钟到 1 小时）测量更多的人格特性，一般人格测验，仅测量少数几种人格特性，而且多偏重于病态的心理，少数自称为多元性的人格测验，常是编制者凭主观见解构造的，缺乏客观事实的根据；16PF 的独特性及其意义，系经过因素分析统计法、系统观察法及科学实验法而慎重确定的。采用此测验者都一致同意 16PF 测验，因为其是具有效度及信度的测量工具。

1. 16PF 的测验功能

（1）用于教育及教育辅导

16PF 是了解学生既方便而又可靠的工具，16PF 可以在较短的时期内对学生的个性有较全面和客观地了解，从而可以使教育"因材施教"；家长客观地了解自己的孩子，可以减少主观想象，恰如其分地"帮子成龙"；学生本人也只有全面认识自己，才能有效地塑造自己；特别是对健康状况正常、但有学习障碍的学生进行心理学辅导（咨询）时，更需要对询问者进行了解，才能对其有治疗功能，并对其作真诚和简洁具体的有效辅导。

（2）用于心理障碍、身心疾病的预防、诊断、治疗

心理障碍的预防有赖于对病因的了解，对心理障碍及心身疾病的治疗，必须以正确的诊断为前提；正确的病因了解和正确的诊断，又都必须以可靠的资料为依据，16PF 是了解心理障碍的个性原因、心因性疾病诊断资料的重要方法之一。16PF 对以下两点都能提供很好的帮助，一是在良好的医患关系前提下才能使治疗取得满意的效果；二是要根据"患者"的个性特点选择适合具体人的具体方法。

（3）用于人才选拔和培养

个性和职业之间的相符性或适合性愈高，则事业的成功希望就愈大，不同的职业需要不同个性特点的人去做，个性特点适应其工作需要时，才能充分发挥其人的作用，才能做到因材施用，相得益彰。特别是一些特殊职业者，往往需要较长期、系统的、科学的培训，如不尽早发现有相应因素的人才，一则培训难以收到预期效果，二则他们的淘汰将会造成经济上的损失，甚至会给政治工作和善后工作带来许多麻烦。16PF 可以为此提供有一定参考价值的依据，为我们的人才选拔和培养做出贡献。

总之，测验中 16 种因素可以分别或合并应用，变化无穷，不但适用于实际诊断，也可以作为实验研究者的有效工具。

16PF 及其量表的两端价值尽量求其相等，如好强与谨虚、保守与激进等，被选用的测试题中有许多表面上似与某人格因素有关，而实际上却与另外一人格因素密切相关，这样，受测者不易猜测每一测试题的用意，而影响其答案的真实、确切性。检查者亦有责任尽量减少曲解和伪造的倾向发生，努力与受测者建立良好关系，使受测者认识到这种测验如能坦率、真诚地回答，检查者能得到较准确的结论，对受测者是有利的。

2. 卡氏十六种人格因素测验量表

您的姓名_____　　　　　　请选择您的性别：　A 男　　B 女

1. 我很明了本测验的说明：　　　　　　　　　　　　　　　　　　　　　　（　　）
　A. 是的　　　　　　　　　　B. 不一定　　　　　　　　C. 不是的
2. 我对本测验每一个问题都会按自己的真实情况作答：　　　　　　　　　　（　　）
　A. 是的　　　　　　　　　　B. 不一定　　　　　　　　C. 不同意
3. 有度假机会时，我宁愿：　　　　　　　　　　　　　　　　　　　　　　（　　）
　A. 到一个繁华的城市去旅游　B. 介于 A 与 C 之间　　　C. 到清静的山区去游览
4. 我有足够的能力应付困难：　　　　　　　　　　　　　　　　　　　　　（　　）
　A. 是的　　　　　　　　　　B. 不一定　　　　　　　　C. 不是的
5. 即使是关在铁笼内的猛兽，我见了也会惴惴不安：　　　　　　　　　　　（　　）
　A. 是的　　　　　　　　　　B. 不一定　　　　　　　　C. 不是的
6. 我总避免批评别人的言行：　　　　　　　　　　　　　　　　　　　　　（　　）
　A. 是的　　　　　　　　　　B. 有时如此　　　　　　　C. 不是的
7. 我的思想似乎：　　　　　　　　　　　　　　　　　　　　　　　　　　（　　）
　A. 比较激进　　　　　　　　B. 一般　　　　　　　　　C. 比较保守
8. 我不擅长说笑话讲趣事：　　　　　　　　　　　　　　　　　　　　　　（　　）
　A. 是的　　　　　　　　　　B. 介于 A 与 C 之间　　　C. 不是的
9. 当我见到同学或朋友争吵时，我总是：　　　　　　　　　　　　　　　　（　　）
　A. 任其自己解决　　　　　　B. 介于 A 与 C 之间　　　C. 予以劝解
10. 在社交场合中，我：　　　　　　　　　　　　　　　　　　　　　　　（　　）
　A. 谈吐自如　　　　　　　　B. 介于 A 与 C 之间　　　C. 保持沉默
11. 我愿意做一名：　　　　　　　　　　　　　　　　　　　　　　　　　（　　）
　A. 建筑工程师　　　　　　　B. 不确定　　　　　　　　C. 社会科学工作者
12. 阅读时，我宁愿选读：　　　　　　　　　　　　　　　　　　　　　　（　　）
　A. 自然科学书籍　　　　　　B. 不确定　　　　　　　　C. 文艺书籍
13. 我相信许多人都有些心理不正常，虽然他们都不愿意这样承认：　　　　（　　）
　A. 是的　　　　　　　　　　B. 介于 A 与 C 之间　　　C. 不是的
14. 我希望我未来的人生伴侣擅长交际而无须有文艺才能：　　　　　　　　（　　）
　A. 是的　　　　　　　　　　B. 不一定　　　　　　　　C. 不是的
15. 对于性情急躁、爱发脾气的人，我仍然能以礼相待：　　　　　　　　　（　　）
　A. 是的　　　　　　　　　　B. 介于 A 与 C 之间　　　C. 不是的
16. 受人侍奉时我常感到不安：　　　　　　　　　　　　　　　　　　　　（　　）
　A. 是的　　　　　　　　　　B. 介于 A 与 C 之间　　　C. 不是的
17. 从事体力或脑力劳动后，我总是需要比别人更多的休息时间：　　　　　（　　）
　A. 是的　　　　　　　　　　B. 介于 A 与 C 之间　　　C. 不是的
18. 半夜醒来，我会因为种种忧虑而不能再入眠：　　　　　　　　　　　　（　　）

A. 常常如此　　　　　　　B. 有时如此　　　　　　C. 从不如此

19. 事情进行不顺利时，我常会急得涕泪长流：　　　　　　　　　　　　（　　）
   A. 从不如此　　　　　　　B. 有时如此　　　　　　C. 常常如此

20. 我认为只要双方同意就可以离婚，不应当受传统观念的束缚：　　　　（　　）
   A. 是的　　　　　　　　　B. 介于A与C之间　　　C. 不是的

21. 我对于人或物的兴趣都很容易改变：　　　　　　　　　　　　　　　（　　）
   A. 是的　　　　　　　　　B. 介于A与C之间　　　C. 不是的

22. 在工作中，我愿意：　　　　　　　　　　　　　　　　　　　　　　（　　）
   A. 和别人合作　　　　　　B. 不确定　　　　　　　C. 自己单独进行

23. 我常会无缘无故地自言自语：　　　　　　　　　　　　　　　　　　（　　）
   A. 常常如此　　　　　　　B. 偶然如此　　　　　　C. 从不如此

24. 无论工作、饮食或出游，我总是：　　　　　　　　　　　　　　　　（　　）
   A. 匆匆忙忙，不能尽兴　　B. 介于A与C之间　　　C. 从容不迫

25. 有时我会怀疑别人是否对我的言谈真正有兴趣：　　　　　　　　　　（　　）
   A. 是的　　　　　　　　　B. 介于A与C之间　　　C. 不是的

26. 如果在工厂中工作，我愿意做：　　　　　　　　　　　　　　　　　（　　）
   A. 技术性的工作　　　　　B. 介于A与C之间　　　C. 管理性的工作

27. 在阅读时，我愿阅读：　　　　　　　　　　　　　　　　　　　　　（　　）
   A. 有关太空旅行的书籍　　B. 不太确定　　　　　　C. 有关家庭教育的书籍

28. 下列三个词中哪个词与其他两个词属于不同类别：　　　　　　　　　（　　）
   A. 狗　　　　　　　　　　B. 石头　　　　　　　　C. 牛

29. 如果我能到一个新的环境，我要：　　　　　　　　　　　　　　　　（　　）
   A. 把生活安排得和以前不同　B. 不确定　　　　　　C. 和以前相仿

30. 在我的一生中，我总能达到我所预期的目标：　　　　　　　　　　　（　　）
   A. 是的　　　　　　　　　B. 不一定　　　　　　　C. 不是的

31. 当我说谎时，我总觉得内心羞愧，不敢正视对方：　　　　　　　　　（　　）
   A. 是的　　　　　　　　　B. 不一定　　　　　　　C. 不是的

32. 假使我手持一支装有子弹的手枪，我必须取出子弹后才能心安：　　　（　　）
   A. 是的　　　　　　　　　B. 介于A与C之间　　　C. 不是的

33. 多数人都认为我是一个说话风趣的人：　　　　　　　　　　　　　　（　　）
   A. 是的　　　　　　　　　B. 不一定　　　　　　　C. 不是的

34. 如果人们知道我的内心世界，他们都会大吃一惊：　　　　　　　　　（　　）
   A. 是的　　　　　　　　　B. 不一定　　　　　　　C. 不是的

35. 在公共场合，如果我突然成为大家关注的中心，我会感到局促不安：　（　　）
   A. 是的　　　　　　　　　B. 介于A与C之间　　　C. 不是的

36. 我总喜欢参加规模庞大的聚会或晚会：　　　　　　　　　　　　　　（　　）
   A. 是的　　　　　　　　　B. 介于A与C之间　　　C. 不是的

37. 在学科中，我喜欢：　　　　　　　　　　　　　　　　　　　　　　（　　）
   A. 音乐　　　　　　　　　B. 不一定　　　　　　　C. 手工劳动

38. 我常常怀疑那些出乎我意料地对我过于友善的人的真实动机： （　）
   A. 是的　　　　　　　　B. 介于 A 与 C 之间　　C. 不是的
39. 我愿意把我的生活安排得像一个： （　）
   A. 艺术家　　　　　　　B. 不确定　　　　　　　C. 会计师
40. 我认为目前所需要的是： （　）
   A. 多出现一些改造世界的理想家　B. 不确定　　　C. 脚踏实地的实干家
41. 有时候我觉得我需要做剧烈的体力活动： （　）
   A. 是的　　　　　　　　B. 介于 A 与 C 之间　　C. 不是的
42. 我愿意与有教养的人来往，而不愿和粗鲁的人交往： （　）
   A. 是的　　　　　　　　B. 介于 A 与 C 之间　　C. 不是的
43. 在处理一些必须凭借智慧进行的事务中，我的亲人的确： （　）
   A. 较一般人差　　　　　B. 普通　　　　　　　　C. 超人一等
44. 当领导召见我时，我： （　）
   A. 总觉得可以趁机提出建议　B. 介于 A 与 C 之间　C. 总怀疑自己做错了事
45. 如果待遇优厚，我愿意做护理精神病人的工作： （　）
   A. 是的　　　　　　　　B. 介于 A 与 C 之间　　C. 不是的
46. 看报时，我喜欢读： （　）
   A. 当前世界的基本问题　B. 介于 A 与 C 之间　　C. 地方新闻
47. 在接受困难任务时，我总是： （　）
   A. 有独立完成的信心　　B. 不确定　　　　　　　C. 希望有别人的指导和帮助
48. 在游览时，我宁愿参观一个画家的写生，也不愿听人家的辩论： （　）
   A. 是的　　　　　　　　B. 不一定　　　　　　　C. 不是的
49. 我的神经脆弱，稍有点刺激就会战栗： （　）
   A. 是的　　　　　　　　B. 不一定　　　　　　　C. 不是的
50. 清晨起来时，常常感到疲惫不堪： （　）
   A. 是的　　　　　　　　B. 介于 A 与 C 之间　　C. 不是的
51. 如果待遇相同，我愿意做： （　）
   A. 森林管理人员　　　　B. 不一定　　　　　　　C. 中小学教员
52. 每逢节日或亲友生日，我： （　）
   A. 喜欢赠送礼物　　　　B. 不太确定　　　　　　C. 觉得交换礼物是麻烦多事
53. 下列数字中，哪个数字与其他两个数字属于不同类别： （　）
   A. 5　　　　　　　　　　B. 2　　　　　　　　　　C. 7
54. 猫与鱼就如同牛与： （　）
   A. 牛奶　　　　　　　　B. 牧草　　　　　　　　C. 盐
55. 我在小学时敬佩的老师，到现在仍然值得我敬佩： （　）
   A. 是的　　　　　　　　B. 不一定　　　　　　　C. 不是的
56. 我觉得我确实有一些别人所不及的优良品质： （　）
   A. 是的　　　　　　　　B. 不一定　　　　　　　C. 不是的
57. 根据我的能力，即使让我做一些平凡的工作，我也会安心的： （　）

A. 是的　　　　　　　　B. 不太确定　　　　　C. 不是的

58. 我喜欢看电影或参加其他娱乐活动：（　　）
    A. 比一般人多　　　　B. 与一般人相同　　　C. 比通常人少。

59. 我希望从事需要精确技术的工作：（　　）
    A. 是的　　　　　　　B. 介于A与C之间　　　C. 不是的

60. 在有威望、有地位的人面前，我总是较为局促、谨慎：（　　）
    A. 是的　　　　　　　B. 介于A与C之间　　　C. 不是的

61. 对我来说，在大众前演讲或表演是一件不容易的事：（　　）
    A. 是的　　　　　　　B. 介于A与C之间　　　C. 不是的

62. 我愿意：（　　）
    A. 指挥几个人工作　　B. 不确定　　　　　　C. 和同志们一起工作

63. 即使我做了一件让别人笑话的事，我也能够泰然处之：（　　）
    A. 是的　　　　　　　B. 介于A与C之间　　　C. 不是的

64. 我认为没有人会幸灾乐祸地希望我遭遇困难：（　　）
    A. 是的　　　　　　　B. 不确定　　　　　　C. 不是的

65. 一个人应该：（　　）
    A. 考虑人生的意义　　B. 不确定　　　　　　C. 踏踏实实地工作和学习

66. 我喜欢解决别人已弄得一塌糊涂的问题：（　　）
    A. 是的　　　　　　　B. 介于A与C之间　　　C. 不是的

67. 当我非常高兴的时候，总有好景不长之感：（　　）
    A. 是的　　　　　　　B. 介于A与C之间　　　C. 不是的

68. 在一般困难处境下，我总能保持乐观：（　　）
    A. 是的　　　　　　　B. 不一定　　　　　　C. 不是的

69. 迁居是一桩极不愉快的事：（　　）
    A. 是的　　　　　　　B. 介于A与C之间　　　C. 不是的

70. 在我年轻的时候，如果我和父母的意见不同，我经常：（　　）
    A. 坚持自己的意见　　B. 介于A与C之间　　　C. 接受他们的意见

71. 我希望我的家庭：（　　）
    A. 有其本身的欢乐与活动　　B. 介于A与C之间
    C. 成为邻里社交活动的参与者

72. 我解决问题多数依靠：（　　）
    A. 个人独立思考　　　B. 介于A与C之间　　　C. 与人互相讨论

73. 需要当机立断时，我总会：（　　）
    A. 镇静地运用理智　　B. 介于A与C之间　　　C. 常常紧张兴奋

74. 最近，在一两桩事情上，我觉得自己是无辜受累者：（　　）
    A. 是的　　　　　　　B. 介于A与C之间　　　C. 不是的

75. 我善于控制我的表情：（　　）
    A. 是的　　　　　　　B. 介于A与C之间　　　C. 不是的

76. 如果待遇相同，我愿意做：（　　）

A. 化学研究工作者　　　　　　B. 不确定　　　　　　　C. 旅行社经理
77. "惊讶"与"新奇"犹如"惧怕"与：（　　）
A. 勇敢　　　　　　　　　　　B. 焦虑　　　　　　　　C. 恐怖
78. 下列三个分数中，哪一个与其他两个属不同类别：（　　）
A. 3/7　　　　　　　　　　　　B. 3/9　　　　　　　　C. 3/11
79. 不知什么缘故，有些人总是回避或冷淡我：（　　）
A. 是的　　　　　　　　　　　B. 不一定　　　　　　　C. 不是的
80. 我虽善意待人，却常常得不到好报：（　　）
A. 是的　　　　　　　　　　　B. 不一定　　　　　　　C. 不是的
81. 我不喜欢争强好胜的人：（　　）
A. 是的　　　　　　　　　　　B. 介于A与C之间　　　　C. 不是的
82. 和一般人相比，我的朋友的确太少：（　　）
A. 是的　　　　　　　　　　　B. 介于A与C之间　　　　C. 不是的
83. 万不得已时，我才参加社交集会，否则我总设法回避：（　　）
A. 是的　　　　　　　　　　　B. 不一定　　　　　　　C. 不是的
84. 对上级的逢迎得当比工作上的表现更为重要：（　　）
A. 是的　　　　　　　　　　　B. 介于A与C之间　　　　C. 不是的
85. 参加竞赛时，我总是看重在竞赛中的过程，而不计较其成败：（　　）
A. 总是如此　　　　　　　　　B. 一般如此　　　　　　C. 偶然如此
86. 按照我的个人意愿，我希望做的工作是：（　　）
A. 有固定可靠的薪水　　　　　B. 介于A与C之间
C. 薪资高低能随我工作的表现而随时调整
87. 我愿意阅读：（　　）
A. 军事与政治的实事记载　　　B. 不一定　　　　　　　C. 富有情感与幻想的作品
88. 我认为有许多人不敢欺骗或犯罪，其主要原因是怕受到惩罚：（　　）
A. 是的　　　　　　　　　　　B. 介于A与C之间　　　　C. 不是的
89. 我的父母（或监护人）从未很严格地要我事事顺从：（　　）
A. 是的　　　　　　　　　　　B. 不一定　　　　　　　C. 不是的
90. "百折不挠，再接再厉"的精神似乎完全被现代人忽视了：（　　）
A. 是的　　　　　　　　　　　B. 不一定　　　　　　　C. 不是的
91. 如果有人对我发火，我总是：（　　）
A. 设法使他镇静下来　　　　　B. 不太确定　　　　　　C. 也会发起火来
92. 我希望：（　　）
A. 对任何人都友善　　　　　　B. 不一定　　　　　　　C. 进行必要的斗争
93. 无论是在极高的屋顶上还是极深的隧道中，我很少感到忐忑不安：（　　）
A. 是的　　　　　　　　　　　B. 介于A与C之间　　　　C. 不是的
94. 我只要没有过错，不管人家怎样质疑我，我总能心安理得：（　　）
A. 是的　　　　　　　　　　　B. 不一定　　　　　　　C. 不是的
95. 我认为凡是无法运用理智来解决的问题，有时就不得不靠权力来处理：（　　）

A. 是的　　　　　　　　B. 介于A与C之间　　　C. 不是的
96. 我在年轻时与异性朋友的交游： （　　）
A. 极多　　　　　　　　B. 介于A与C之间　　　C. 不很多
97. 我在交际场或所参加的组织中是一个活跃分子： （　　）
A. 是的　　　　　　　　B. 介于A与C之间　　　C. 不是的
98. 在人声嘈杂中，我仍能不受妨碍，专心工作： （　　）
A. 是的　　　　　　　　B. 介于A与C之间　　　C. 不是的
99. 在某些心境下，我常常因为困惑或陷入空想而将工作搁置下来： （　　）
A. 是的　　　　　　　　B. 介于A与C之间　　　C. 不是的
100. 我很少用难堪的话去中伤别人的感情： （　　）
A. 是的　　　　　　　　B. 不太确定　　　　　C. 不是的
101. 让我选择，我愿意做一名： （　　）
A. 商店经理　　　　　　B. 不确定　　　　　　C. 建筑师
102. "理不胜辞"的意思是： （　　）
A. 理不如辞　　　　　　B. 理多而辞寡　　　　C. 辞藻丰富而理由不足
103. "锄头"与"挖掘"犹如"刀子"与： （　　）
A. 雕刻　　　　　　　　B. 切剖　　　　　　　C. 铲除
104. 我常常避开我不愿意与之打招呼的人： （　　）
A. 很少如此　　　　　　B. 偶然如此　　　　　C. 有时如此
105. 当我聚精会神地听音乐时，如果人家在旁高谈阔论： （　　）
A. 我仍然能够专心听，不受影响　　B. 介于A与C之间
C. 我会因不能专心欣赏而感到恼怒
106. 在课堂上，如果我的意见与教师不同，我常常： （　　）
A. 保持沉默　　　　　　B. 不一定　　　　　　C. 当场表明立场
107. 我单独跟异性谈话时，总显得不自然： （　　）
A. 是的　　　　　　　　B. 介于A与C之间　　　C. 不是的
108. 我在待人待物方面的确不太成功： （　　）
A. 是的　　　　　　　　B. 不尽然　　　　　　C. 不是的
109. 每当做一件困难工作时，我总是： （　　）
A. 预先做好准备　　　　B. 介于A与C之间　　　C. 相信车到山前必有路
110 我所结交的朋友中，男女各占一半： （　　）
A. 是的　　　　　　　　B. 介于A与C之间　　　C. 不是的
111. 我宁可： （　　）
A. 结识很多的人　　　　B. 不一定　　　　　　C. 维持几个深交的朋友
112. 我宁愿做一个社会科学家而不愿做一个机械工作者： （　　）
A. 是的　　　　　　　　B. 不确定　　　　　　C. 不是的
113. 如果我发现别人的缺点，我总不顾一切地去指责： （　　）
A. 是的　　　　　　　　B. 介于A与C之间　　　C. 不是的
114. 我善于设法影响和我一起工作的同志，使他们能协助我实现我的目标： （　　）

A. 是的 　　　　　　　　B. 介于 A 与 C 之间 　　　C. 不是的

115. 我喜欢做戏剧、音乐、歌剧、新闻采访等工作： （   ）
A. 是的 　　　　　　　　B. 不一定 　　　　　　　C. 不是的

116. 当人们表扬我时，我总觉得不好意思： （   ）
A. 是的 　　　　　　　　B. 介于 A 与 C 之间 　　　C. 不是的

117. 我以为一个国家最需要解决的问题是： （   ）
A. 政治问题 　　　　　　B. 不太确定 　　　　　　C. 道德问题

118. 我有时会无故地产生一种面临大祸的恐惧： （   ）
A. 是的 　　　　　　　　B. 有时如此 　　　　　　C. 不是的

119. 我在童年时，害怕黑暗的次数： （   ）
A. 极多 　　　　　　　　B. 不太多 　　　　　　　C. 没有

120. 在闲暇的时候，我喜欢： （   ）
A. 看一部历史性的探险影片 　B. 不一定 　　　C. 读一本科学性的幻想小说

121. 当人们批评我古怪不正常时，我： （   ）
A. 非常气恼 　　　　　　B. 有些动气 　　　　　　C. 无所谓

122. 在一个陌生的城市找住址时，我经常： （   ）
A. 找人问路 　　　　　　B. 介于 A 与 C 之间 　　　C. 参考市区地图

123. 当朋友声言要在家休息时，我仍设法怂恿他同我一起外出： （   ）
A. 是的 　　　　　　　　B. 不一定 　　　　　　　C. 不是的

124. 在就寝时，我： （   ）
A. 不易入睡 　　　　　　B. 介于 A 与 C 之间 　　　C. 极容易入睡

125. 有人烦扰我时，我： （   ）
A. 能不露生色 　　　　　B. 介于 A 与 C 之间
C. 总要说给别人听，以泄其愤

126. 如果待遇相同，我宁愿做一个： （   ）
A. 律师 　　　　　　　　B. 不确定 　　　　　　　C. 航海员

127. "时间变成了永恒"，这是比喻： （   ）
A. 时间过得很慢 　　　　B. 忘了时间 　　　　　　C. 光阴一去不复返

128. 下列三项记号中，哪一项应紧接＊0000＊＊000＊＊＊： （   ）
A. ＊0＊ 　　　　　　　　B. 00＊ 　　　　　　　　C. 0＊＊

129. 在陌生的地方，我仍能清楚地辨别东西南北的方向： （   ）
A. 是的 　　　　　　　　B. 介于 A 与 C 之间 　　　C. 不是的

130. 我热爱我所学的专业和所从事的工作： （   ）
A. 是的 　　　　　　　　B. 不一定 　　　　　　　C. 不是的

131. 如果我急于想借用别人的东西而物主恰又不在，我认为不告而取也没有关系：
（   ）
A. 是的 　　　　　　　　B. 介于 A 与 C 之间 　　　C. 不是的

132. 我喜欢向朋友讲述一些我个人有趣的经历： （   ）
A. 是的 　　　　　　　　B. 介于 A 与 C 之间 　　　C. 不是的

133. 我更愿意做一名： （   ）
　　A. 演员　　　　　　　　　B. 不确定　　　　　　　C. 建筑师
34. 工作学习之余，我总要安排计划，不使时间浪费： （   ）
　　A. 是的　　　　　　　　　B. 介于A与C之间　　　C. 不是的
135. 与人交往时，我常常会无缘无故地产生一种自卑感： （   ）
　　A. 是的　　　　　　　　　B. 介于A与C之间　　　C. 不是的
136. 和不熟悉的人交谈对我来说： （   ）
　　A. 毫不困难　　　　　　　B. 介于A与C之间　　　C. 困难
137. 我喜欢的音乐，多数是： （   ）
　　A. 轻快活泼的　　　　　　B. 介于A与C之间　　　C. 富于感情的
138. 我爱想入非非： （   ）
　　A. 是的　　　　　　　　　B. 不一定　　　　　　　C. 不是的
139. 未来二十年的世界局势定将好转： （   ）
　　A. 是的　　　　　　　　　B. 不一定　　　　　　　C. 不是的
140. 童年时，我喜欢阅读： （   ）
　　A. 神仙幻想故事　　　　　B. 不确定　　　　　　　C. 战争故事
141. 我一直对机械、汽车等有兴趣： （   ）
　　A. 是的　　　　　　　　　B. 介于A与C之间　　　C. 不是的
142. 即使让我做一个缓刑罪犯的管理人，我也会把工作搞得较好： （   ）
　　A. 是的　　　　　　　　　B. 介于A与C之间　　　C. 不是的
143. 人们认为我只不过是一个能苦干，稍有成就的人而已： （   ）
　　A. 是的　　　　　　　　　B. 介于A与C之间　　　C. 不是的
144. 就是在不顺利的情况下，我也总能保持精神振奋： （   ）
　　A. 是的　　　　　　　　　B. 不太确定　　　　　　C. 不是的
145. 我以为计划生育是解决世界经济与和平问题的要诀： （   ）
　　A. 是的　　　　　　　　　B. 不太确定　　　　　　C. 不是的
146. 工作中，我喜欢独自筹划，不愿受别人的干涉： （   ）
　　A. 是的　　　　　　　　　B. 介于A与C之间　　　C. 不是的
147. 尽管有的同志和我的意见不和，但我仍能跟他友好相处： （   ）
　　A. 是的　　　　　　　　　B. 不一定　　　　　　　C. 不是的
148. 工作和学习中，我总设法使自己不粗心大意、忽略细节： （   ）
　　A. 是的　　　　　　　　　B. 介于A与C之间　　　C. 不是的
149. 与人争辩或险遭事故后，我常常会感觉到震颤、精疲力竭，不能安心工作： （   ）
　　A. 是的　　　　　　　　　B. 介于A与C之间　　　C. 不是的
150. 未经医生开具处方，我是从不乱吃药的： （   ）
　　A. 是的　　　　　　　　　B. 介于A与C之间　　　C. 不是的
151. 根据个人的兴趣，我愿意参加： （   ）
　　A. 摄影活动　　　　　　　B. 不确定　　　　　　　C. 文娱活动

152. 星火—燎原对等于姑息—： （　）
A. 同情　　　　　　　　　B. 养奸　　　　　　　　C. 纵容
153. "钟表"与"时间"犹如"裁缝"与： （　）
A. 服装　　　　　　　　　B. 剪刀　　　　　　　　C. 布料
154. 生动的梦境，常常干扰我的睡眠： （　）
A. 经常如此　　　　　　　B. 偶然如此　　　　　　C. 从未如此
155. 我爱打抱不平： （　）
A. 是的　　　　　　　　　B. 介于A与C之间　　　　C. 不是的
156. 如果到一个陌生的城市中，我将要： （　）
A. 到处闲游　　　　　　　B. 不确定　　　　　　　C. 避免去不安全的地方
157. 我宁愿穿朴素的衣服，而不愿穿华丽的服装： （　）
A. 是的　　　　　　　　　B. 不太确定　　　　　　C. 不是的
158. 我认为宁静的娱乐远远胜过热闹的宴会： （　）
A. 是的　　　　　　　　　B. 不太确定　　　　　　C. 不是的
159. 我明知道自己有缺点，但不愿意接受别人的建议： （　）
A. 偶然如此　　　　　　　B. 极少如此　　　　　　C. 从不如此
160. 我总把"是非善恶"作为处理问题的原则： （　）
A. 是的　　　　　　　　　B. 介于A与C之间　　　　C. 不是的
161. 当我工作时，不喜欢有许多人在旁参观： （　）
A. 是的　　　　　　　　　B. 介于A与C之间　　　　C. 不是的
162. 我认为，即使侮辱那些有错误的有文化有教养的人，如医生、教师等，也是不应该的： （　）
A. 是的　　　　　　　　　B. 介于A与C之间　　　　C. 不是的
163. 在各种课程中，我较喜欢： （　）
A. 语文　　　　　　　　　B. 不确定　　　　　　　C. 数学
164. 那些自以为是、道貌岸然的人使我生气： （　）
A. 是的　　　　　　　　　B. 介于A与C之间　　　　C. 不是的
165. 与循规蹈矩的人交谈： （　）
A. 颇有兴趣，并有所得　　B. 介于A与C之间
C. 他们的思想简单，使我厌烦
166. 我喜欢： （　）
A. 有几个有时对我很苛求而富有感情的朋友　　B. 介于A与C之间
C. 不受别人的干扰
167. 如果征求我的意见，我赞同： （　）
A. 切实根绝有生理缺陷者的生育　　B. 不确定　　C. 对杀人犯必须判处死刑
168. 我有时会无缘无故地感到沮丧、痛苦： （　）
A. 是的　　　　　　　　　B. 介于A与C之间　　　　C. 不是的
169. 当我与立场相反的人辩论时，我主张： （　）
A. 尽量找出基本概念的差异　　B. 不一定　　　　　　C. 彼此让步

170. 我一向重感情而不重理智，因此我的观点常动摇不定： （　　）
　　A. 是的　　　　　　　　B. 大致如此　　　　　　C. 不是的
171. 我的学习多赖于： （　　）
　　A. 阅读书刊　　　　　　B. 介于 A 与 C 之间　　C. 参加集体讨论
172. 我宁选一个工资较高的工作，不在乎有无保障；而不愿做工资低的固定工作：
 （　　）
　　A. 是的　　　　　　　　B. 不太确定　　　　　　C. 不是的
173. 在参加讨论时，我总是能把握住自己的立场： （　　）
　　A. 经常如此　　　　　　B. 一般如此　　　　　　C. 必要时才如此
174. 我常被一些无所谓的小事烦扰： （　　）
　　A. 是的　　　　　　　　B. 介于 A 与 C 之间　　C. 不是的
175. 我宁愿住在嘈杂的闹市区，而不愿住在僻静的乡村： （　　）
　　A. 是的　　　　　　　　B. 不太确定　　　　　　C. 不是的
176. 下列的工作如果任我挑选，我愿做： （　　）
　　A. 少先队辅导员　　　　B. 不确定　　　　　　　C. 修表工作
177. 一人＿＿事，众人受累： （　　）
　　A. 偾　　　　　　　　　B. 愤　　　　　　　　　C. 喷
178. 望子成龙的家长往往＿＿苗助长： （　　）
　　A. 揠　　　　　　　　　B. 堰　　　　　　　　　C. 偃
179. 气候的变化并不影响我的情绪： （　　）
　　A. 是的　　　　　　　　B. 介于 A 与 C 之间　　C. 不是的
180. 因为我对于一切问题都有些见解，大家都认为我是一个有头脑的人： （　　）
　　A. 是的　　　　　　　　B. 介于 A 与 C 之间　　C. 不是的
181. 我讲话的声音： （　　）
　　A. 洪亮　　　　　　　　B. 介于 A 与 C 之间　　C. 低沉
182. 一般人都认为我是一个活跃热情的人： （　　）
　　A. 是的　　　　　　　　B. 介于 A 与 C 之间.　C 不是的
183. 我喜欢做出差机会较多的工作： （　　）
　　A. 是的　　　　　　　　B. 介于 A 与 C 之间　　C. 不是的
184. 我做事严格，力求把事情办得尽善尽美： （　　）
　　A. 是的　　　　　　　　B. 介于 A 与 C 之间　　C. 不是的
185. 在取回或归还东西时，我总仔细检查，看东西是否还保持原样： （　　）
　　A. 是的　　　　　　　　B. 介于 A 与 C 之间　　C. 不是的
186. 我通常精力充沛，忙碌多事： （　　）
　　A. 是的　　　　　　　　B. 不一定　　　　　　　C. 不是的
187. 我确信我没有遗漏或不经心回答上面任何问题： （　　）
　　A. 是的　　　　　　　　B. 不确定　　　　　　　C. 不是的

3. 卡特尔人格测试因素分析：
因素 A 乐群性：高分者外向、热情、合群；低分者缄默、孤独、内向。

因素 B 聪慧性：高分者聪明、富有才识；低分者迟钝、学识浅薄。
因素 C 稳定性：高分者情绪稳定而成熟；低分者情绪激动不稳定。
因素 E 恃强性：高分者好强固执、喜欢主动攻击；低分者谦虚顺从。
因素 F 兴奋性：高分者轻松兴奋、逍遥放纵；低分者严肃审慎、沉默寡言。
因素 G 有恒性：高分者有恒心、负责任、重良心；低分者权宜敷衍、原则性差。
因素 H 敢为性：高分者冒险敢为，少有顾忌，主动性强；低分者害羞、畏缩、退却。
因素 I 敏感性：高分者细心、敏感、好感情用事；低分者粗心、理智、着重实际。
因素 L 怀疑性：高分者怀疑、刚愎、固执己见；低分者真诚、合作、宽容、信赖、随和。
因素 M 幻想性：高分者富于想象、狂放不羁；低分者现实、脚踏实地、合乎成规。
因素 N 世故性：高分者精明、圆滑、世故、人情练达、善于处世；低分者坦诚、直率、天真。
因素 O 忧虑性：高分者忧虑抑郁、沮丧悲观、自责、缺乏自信；低分者安详沉着、有自信心。
因素 Q1 实验性：高分者自由开放、批评激进；低分者保守、循规蹈矩、尊重传统。
因素 Q2 独立性：高分者自主、当机立断；低分者依赖、随群附众。
因素 Q3 自律性：高分者知己知彼、自律严谨；低分者不能自制、不守纪律、自我矛盾、松懈、随心所欲。
因素 Q4 紧张性：高分者紧张、有挫折感、常缺乏耐心、心神不定，时常感到疲乏；低分者心平气和、镇静自若、知足常乐。

4. 计分方法
(1) 先检查有无明显错误及遗漏
(2) 三级记分：0、1、2。但聪慧性（因素 B）是 2 级记分
(3) 原始分 → 标准 10 分制 → 剖面图

除聪慧性（B）量表的测试题外，其他各分量表的测试题无对错之分，每一测试题各有 a、b、c 三个答案，可按 0、1、2 三等记分（B 量表的测试题有正确答案，采用二级记分，答对给分 1 分，答错给 0 分）。使用计分模板得出各因素的原始分，再将原始分按常模表换算成标准分。这样即可依此分得出受测者的人格因素轮廓图，也可以此分去评价受测者的相应人格特点。或由计算机进行评分，抄录计算机评分结果。

(4) 计算公式

在 16 个人格因素的基础上，卡特尔进行了二阶因素分析，得到了 4 个二阶公共因素，并计算出从一阶因素求二阶因素的多重回归方程。这 4 个二阶公共因素即是综合相应一阶因素信息的次元人格因素，其计算公式和解释为：

①适应与焦虑性＝（38+2L+3O+4Q4-2C-2H-2Q3）÷10，式中字母分别代表相应量表的标准分（以下同）。由公式求得的最后分数即代表"适应与焦虑性"之强弱。低分者生活适应顺利，通常感觉心满意足，但极端低分者可能缺乏毅力，事事知难而退，不肯艰苦奋斗与努力。高分者不一定有神经症，但通常易于激动、焦虑，对自己的境遇常常感到不满意；高度的焦虑不但降低其工作的效率，而且也会影响身体的健康。

②内外向性＝（2A+3E+4F+5H-2Q2-11）÷10，运算结果即代表内外向性。低分者

内向，通常羞怯而审慎，与人相处多拘谨不自然；高分者外倾，通常善于交际，开朗，不拘小节。

③感情用事与安详机警性＝（77+2C+2E+2F+2N-4A-6I-2M）÷10，所得分数即代表安详机警性。低分者感情丰富，情绪多困扰不安，通常感觉挫折气馁，遇问题需经反复考虑才能决定，平时较为含蓄敏感，讲究生活艺术。高分者安详警觉，果断刚毅，有进取精神，但常常过分现实，忽视了许多生活的情趣，遇到困难有时会不经考虑，不计后果，贸然行事。

④怯懦与果敢性＝（4E+3M+4Q1+4Q2-3A-2G）÷10，低分者常人云亦云，优柔寡断，受人驱使而不能独立，依赖性强，因而事事迁就，以获取别人的欢心。高分者独立、果敢、锋芒毕露，有气魄。常常自动寻找可以施展所长的环境或机会。

综合人格因素分析（应用性人格因素分析）。综合因素分析是以统计标准和社会适应性标准这双重标准为根据的。尽管从理论上讲经过因素分析处理后16个因素中各因素间是相互独立的，但由于在社会适应的现实情境中某种行为表现往往是多种人格因素共同作用的结果，因此要分析人在某一实践领域的实际表现，就必须将多种人格因素的得分结合起来进行综合分析。于是卡特尔通过对实验资料的统计，并搜集了7 500名从事80多种职业及5 000多名有各种生活问题的人的人格因素测验答案，详细分析各种职业部门和各种生活问题者的人格因素的特征和类型，提出了综合多种人格因素得分进行分析的"预测应用公式"。在这些公式中，卡特尔根据各因素在实际的社会情境中的某种行为表现中所起的作用大小，对不同因素进行了加权处理，因而在综合分析中所依据的标准是在统计标准上加上了社会适应性标准。按照这样的双重综合标准对受测者作出评价，就不仅要考虑每个因素的得分，还要考虑各因素的作用方向和权重以及它们之间的协调情况。比较常用的公式及其解释有以下几种：

①心理健康者的人格因素，其推算公式为：C+F+（11-O）+（11-Q4）。式中字母为各量表的标准分（以下同）。公式运算结果代表了人格层次的心理健康水平。通常在0~40分之间，均值为22分，一般不及12分者情绪很不稳定，仅占人数分布的10%。

②专业而有成就者的人格因素，其推算公式为：2Q3+2G+2C+E+N+Q2+Q1。通常总和分数介于10~100分之间，平均为55分，60分约等于标准分7，63分以上约等于标准分8、9、10，总和67分以上者一般应有所成就。

③创造力强者的人格因素，其公式为：2（11-A）+2B+E+2（11-F）+H+2I+M+（11-N）+Q1+2Q2。由此式得到的总分可通过下表换算成相应的标准分，标准分越高，其创造力越强。

④在新环境中有成长能力的人格因素，其公式为：B+G+Q3+（11-F）。在新环境中有成长能力的人格因素总分介于4~40分间，均值为22分。17分以下者（约占10%）不太适应新环境，27分以上者有成功的希望。

特质因素冲突和协调分析。卡特尔将心理异常的原因视为由遗传而来的体质倾向使人易于体验到冲突，加上环境中个人的创伤经历，也就是说病因是由冲突引起的。这与弗洛伊德关于心理疾病的看法是相似的。这些冲突可以从16PF的因素得分上看出来。所以卡特尔的16PF分析可以看成是一种"定量的精神分析"。早在1965年，卡特尔在《人格的科学分析》一书中就指出16PF具有查明病人的心理冲突的功能并建议临床医生使用 16PF 作为诊断工具。要达到这一目的，在使用 16PF 进行诊断时，就必须遵循"协调性原则"，即指几种特定因素之间的协调，有两个层次，其一是人的内在需要或欲望与其外部行为表现之间的协调性，其二是指与弗洛伊德所谓"本我""自我""超我"相对应的人格因素之间的协调性。卡特尔特别强调"自我"的作用，认为人格的成熟就是"自我力量"的壮大，能够找出一种现实的、变通的解决办法使其先天驱力或"能"有所变更，从而称心如意、实现夙愿。当"自我"太弱，"本我"和"超我"太强，特别是后者太强时，最容易造成心理冲突。反之，"本我"太强而"超我"太弱，则易出现社会适应问题。所以心理健康的关键在于壮大"自我"。特别是在协调性出现反差（冲突）的情况中，可以发现个体内外适应上的问题及其原因。

5. 分数解释

低分（1~3分）特征，高分（8~10分）特征。

注意事项

（1）人格测验无所谓对错。

（2）先完成四个例题。

（3）确保每一测试题只选择一个答案，没有遗漏任何测试题，尽量不选择中性答案。

（二）MBTI 职业性格测量工具——迈尔斯—布里格斯类型指标

MBTI 人格理论的基础是著名心理学家卡尔·荣格先生关于心理类型的划分，后经一对母女卡什瑞尼和伊萨贝尔（Katharine Cook Briggs and Isabel Briggs Myers）研究并加以发展。

这种理论可以帮助解释为什么不同的人对不同的事物感兴趣，擅长不同的工作，并且有时不能互相理解。这个工具已经在世界上运用了将近 30 年的时间，夫妻利用它增进感情、老师学生利用它提高学习、授课效率，青年人利用它选择职业，组织利用它改善人际关系、团队沟通、组织建设、组织诊断等。在世界 500 强企业中，有 80%的企业有 MBTI 的应用经验。

1. MBTI 职业性格测量表——迈尔斯—布里格斯类型指标

MBTI 测试前须知：

（1）参加测试的人员请务必诚实、独立地回答问题，只有如此，才能得到有效的结果。

（2）《性格分析报告》展示的是你的性格倾向，而不是你的知识、技能、经验。

（3）MBTI 提供的性格类型描述仅供测试者确定自己的性格类型之用，性格类型没有好坏，只有不同。每一种性格特征都有其价值和优点，也有缺点和需要注意的地方。清楚地了解自己的性格优劣势，有利于更好地发挥自己的特长，而尽可能的在为人处事中避免自己性格中的劣势，更好地和他人相处，更好地作出重要的决策。

（4）本测试分为四部分，共93题；需时约18分钟。所有题目没有对错之分，请根据自己的实际情况选择。将你选择的 A 或 B 所在的"○"涂黑，例如："●"。

指导语：只要你认真、真实地填写了测试问卷，那么通常情况下你都能得到一个确实和你的性格基本匹配的类型。希望你能从中或多或少地获得一些有益的信息。

（1）哪一个答案最能贴切的描绘你一般的感受或行为？（见表7-13）

表7-13

序号	问题描述	选项	E	I	S	N	T	F	J	P
1	当你要外出一整天，你会 A. 计划你要做什么和在什么时候做 B. 说去就去	A							○	
		B								○
2	你认为自己是一个 A. 较为随兴所至的人 B. 较为有条理的人	A								○
		B							○	
3	假如你是一位老师，你会选教 A. 以事实为主的课程 B. 涉及理论的课程	A			○					
		B				○				
4	你通常 A. 与人容易混熟 B. 比较沉静或矜持	A	○							
		B		○						
5	一般来说，你和哪些人比较合得来？ A. 富于想象力的人 B. 现实的人	A				○				
		B			○					
6	你是否经常让 A. 你的情感支配你的理智 B. 你的理智主宰你的情感	A						○		
		B					○			
7	处理许多事情上，你会喜欢 A. 凭兴所至行事 B. 按照计划行事	A								○
		B							○	
8	你是否 A. 容易让人了解 B. 难以让人了解	A	○							
		B		○						
9	按照程序表做事， A. 合你心意 B. 令你感到束缚	A							○	
		B								○
10	当你有一份特别的任务，你会喜欢 A. 开始前小心组织计划 B. 边做边找需做什么	A							○	
		B								○
11	在大多数情况下，你会选择 A. 顺其自然 B. 按程序表做事	A								○
		B							○	
12	大多数人会说你是一个 A. 重视自我隐私的人 B. 非常坦率开放的人	A		○						
		B	○							
13	你宁愿被人认为是一个 A. 实事求是的人 B. 机灵的人	A			○					
		B				○				
14	在一大群人当中，通常是 A. 你介绍大家认识 B. 别人介绍你	A	○							
		B		○						
15	你会跟哪些人做朋友？ A. 常提出新主意的 B. 脚踏实地的	A				○				
		B			○					

表7-13(续)

序号	问题描述	选项	E	I	S	N	T	F	J	P
16	你倾向 A. 重视感情多于逻辑 B. 重视逻辑多于感情	A						○		
		B					○			
17	你比较喜欢 A. 坐观事情发展才作计划 B. 很早就作计划	A								○
		B							○	
18	你喜欢花很多的时间 A. 一个人独处 B. 和别人在一起	A		○						
		B	○							
19	与很多人一起会 A. 令你活力培增 B. 常常令你心力憔悴	A	○							
		B		○						
20	你比较喜欢 A. 很早便把约会、社交聚集等事情安排妥当 B. 无拘无束，看当时有什么好玩就做什么	A							○	
		B								○
21	计划一个旅程时，你较喜欢 A. 大部分的时间都是跟当天的感觉行事 B. 事先知道大部分的日子会做什么	A								○
		B							○	
22	在社交聚会中，你 A. 有时感到郁闷 B. 常常乐在其中	A		○						
		B	○							
23	你通常 A. 和别人容易混熟 B. 趋向自处一隅	A	○							
		B		○						
24	哪些人会更吸引你？ A. 一个思想敏捷及非常聪颖的人 B. 实事求是，具有丰富知识的人	A				○				
		B			○					
25	在日常工作中，你会 A. 颇为喜欢处理迫使你分秒必争的突发事件 B. 通常预先计划，避免在压力下工作	A								○
		B							○	
26	你认为别人一般 A. 要花很长时间才认识你 B. 用很短的时间便认识你	A		○						
		B	○							

（2）在下列每一对词语中，哪一个词语更合你心意？请仔细想想这些词语的意义，而不要理会他们的字形或读音(见表7-14)。

表7-14

序号	问题描述	选项	E	I	S	N	T	F	J	P
27	A. 注重隐私 B. 坦率开放	A		○						
		B	○							
28	A. 预先安排的 B. 无计划的	A							○	
		B								○

表7-14(续)

序号	问题描述	选项	E	I	S	N	T	F	J	P
29	A. 抽象　　B. 具体	A				○				
		B			○					
30	A. 温柔　　B. 坚定	A						○		
		B					○			
31	A. 思考　　B. 感受	A					○			
		B						○		
32	A. 事实　　B. 意念	A			○					
		B				○				
33	A. 冲动　　B. 决定	A								○
		B							○	
34	A. 热衷　　B. 文静	A	○							
		B		○						
35	A. 文静　　B. 外向	A		○						
		B	○							
36	A. 有系统　　B. 随意	A							○	
		B								○
37	A. 理论　　B. 肯定	A				○				
		B			○					
38	A. 敏感　　B. 公正	A						○		
		B					○			
39	A. 令人信服　　B. 感人的	A					○			
		B						○		
40	A. 声明　　B. 概念	A			○					
		B				○				
41	A. 不受约束　　B. 预先安排	A								○
		B							○	
42	A. 矜持　　B. 健谈	A		○						
		B	○							
43	A. 有条不紊　　B. 不拘小节	A							○	
		B								○
44	A. 意念　　B. 实况	A				○				
		B			○					

表7-14(续)

序号	问题描述	选项	E	I	S	N	T	F	J	P
45	A. 同情怜悯　　B. 远见	A						○		
		B					○			
46	A. 利益　　B. 祝福	A					○			
		B						○		
47	A. 务实的　　B. 理论的	A			○					
		B				○				
48	A. 朋友不多　　B. 朋友众多	A		○						
		B	○							
49	A. 有系统　　B. 即兴	A							○	
		B								○
50	A. 富有想象力　　B. 就事论事	A				○				
		B			○					
51	A. 亲切的　　B. 客观的	A						○		
		B					○			
52	A. 客观的　　B. 热情的	A					○			
		B						○		
53	A. 建造　　B. 发明	A			○					
		B				○				
54	A. 文静　　B. 合群	A		○						
		B	○							
55	A. 理论　　B. 事实	A				○				
		B			○					
56	A. 富有同情心　　B. 合逻辑	A						○		
		B					○			
57	A. 具有分析力　　B. 多愁善感	A					○			
		B						○		
58	A. 合情合理　　B. 令人着迷	A			○					
		B				○				

（3）哪一个答案最能贴切地描绘你一般的感受或行为？（见表7-15）

表 7-15

序号	问题描述	选项	E	I	S	N	T	F	J	P
59	你要在一个星期内完成一个大项目，你在开始的时候会 A. 把要做的不同工作依次列出 B. 马上动工	A							○	
		B								○
60	在社交场合中，你经常会感到 A. 与某些人很难打开话匣儿和保持对话 B. 与多数人都能从容地长谈	A		○						
		B	○							
61	要做许多人也做的事，你比较喜欢 A. 按照一般认可的方法去做 B. 构想一个自己的想法	A			○					
		B				○				
62	你刚认识的朋友能否说出你的兴趣？ A. 马上可以 B. 要待他们真正了解你之后才可以	A	○							
		B		○						
63	你通常较喜欢的科目是 A. 讲授概念和原则的 B. 讲授事实和数据的	A				○				
		B			○					
64	哪个是较高的赞誉或称许 A. 一贯感性的人 B. 一贯理性的人	A						○		
		B					○			
65	你认为按照程序表做事 A. 有时是需要的，但一般来说你不大喜欢这样做　B. 大多数情况下是有帮助而且是你喜欢做的	A								○
		B							○	
66	和一群人在一起，你通常会选 A. 跟你很熟悉的个别人谈话 B. 参与大伙的谈话	A		○						
		B	○							
67	在社交聚会上，你会 A. 是说话很多的一个 B. 让别人多说话	A	○							
		B		○						
68	把周末期间要完成的事列成清单，这个主意会 A. 合你意　B. 使你提不起劲	A							○	
		B								○
69	哪个是较高的赞誉，或称许 A. 能干的 B. 富有同情心	A					○			
		B						○		
70	你通常喜欢 A. 事先安排你的社交约会 B. 随兴之所至做事	A							○	
		B								○
71	总的说来，要做一个大型作业时，你会选 A. 边做边想该做什么 B. 首先把工作按步细分	A								○
		B							○	
72	你能否滔滔不绝地与人聊天 A. 只限于跟你有共同兴趣的人 B. 几乎跟任何人都可以	A		○						
		B	○							
73	你会 A. 采纳一些已证明有效的方法 B. 分析还有什么毛病，及针对尚未解决的难题	A			○					
		B				○				

表7-15(续)

序号	问题描述	选项	E	I	S	N	T	F	J	P
74	为乐趣而阅读时，你会 A. 喜欢奇特或创新的表达方式 B. 喜欢作者实话实说	A				○				
		B			○					
75	你宁愿替哪一类上司(或者老师)工作? A. 天性淳良，但常常前后不一的 B. 言词尖锐但永远合乎逻辑的	A					○			
		B			○					
76	你做事多数是 A. 按当天心情去做 B. 照拟好的程序表去做	A								○
		B							○	
77	你是否 A. 可以和任何人按需求从容地交谈 B. 只是对某些人或在某种情况下才可以畅所欲言	A	○							
		B		○						
78	要作决定时，你认为比较重要的是 A. 根据事实衡量 B. 考虑他人的感受和意见	A					○			
		B						○		

(4) 在下列每一对词语中，哪一个词语更合你心意？(见表7-16)

表7-16

序号	问题描述	选项	E	I	S	N	T	F	J	P
79	A. 想象的　B. 真实的	A				○				
		B			○					
80	A. 仁慈慷慨的　B. 意志坚定的	A					○			
		B				○				
81	A. 公正的　B. 有关怀心	A					○			
		B						○		
82	A. 制作　B. 设计	A			○					
		B				○				
83	A. 可能性　B. 必然性	A				○				
		B			○					
84	A. 温柔　B. 力量	A						○		
		B				○				
85	A. 实际　B. 多愁善感	A					○			
		B						○		
86	A. 制造　B. 创造	A			○					
		B				○				
87	A. 新颖的　B. 已知的	A				○				
		B			○					

表7-16(续)

序号	问题描述	选项	E	I	S	N	T	F	J	P
88	A. 同情　B. 分析	A						○		
		B					○			
89	A. 坚持己见　B. 温柔有爱心	A					○			
		B						○		
90	A. 具体的　B. 抽象的	A			○					
		B				○				
91	A. 全心投入　B. 有决心的	A							○	
		B								○
92	A. 能干　B. 仁慈	A					○			
		B						○		
93	A. 实际　B. 创新	A			○					
		B				○				
	每项总分									

2. 评分规则

(1) 当你将"●"涂好后,把8项(E、I、S、N、T、F、J、P)分别加起来,并将总和填在每项最下方的方格内。

(2) 请复查你的计算是否准确,然后将各项总分填在下面对应的方格内。

每项总分

外向	E		I		内向
实感	S		N		直觉
思考	T		F		情感
判断	J		P		认知

3. 确定类型的规则

(1) MBTI 以四个组别来评估你的性格类型倾向:

"E-I""S-N""T-F"和"J-P"。请你比较四个组别的得分。每个组别中,获得较高分数的那个类型,就是你的性格类型倾向。例如:你的得分是:E(外向)12分,I(内向)9分,那你的类型倾向便是E(外向)了。

(2) 将代表获得较高分数的类型的英文字母,填在下方的方格内。如果在一个组别中,两个类型获同分,则依据下边表格中的规则来决定你的类型倾向。

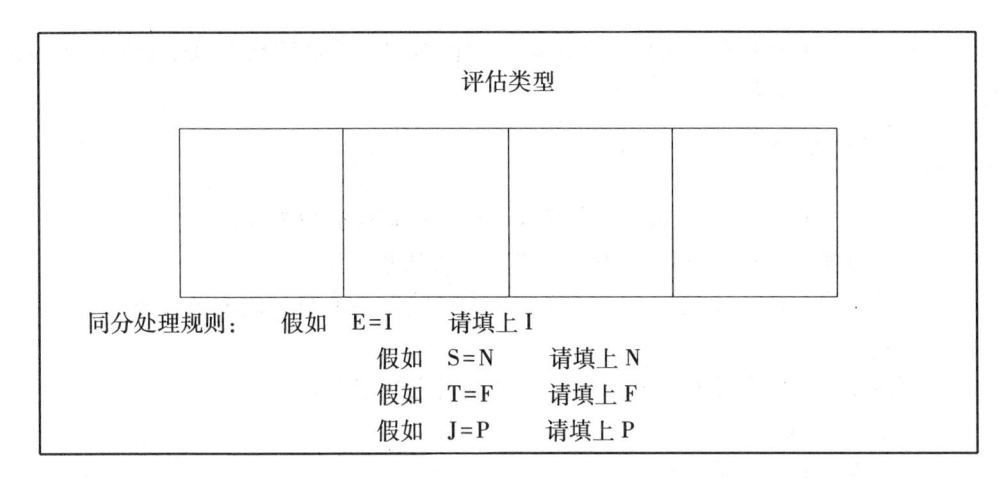

```
┌─────────────────────────────────────────────────────────┐
│                      评估类型                            │
│   ┌───────┬───────┬───────┬───────┐                     │
│   │       │       │       │       │                     │
│   │       │       │       │       │                     │
│   │       │       │       │       │                     │
│   └───────┴───────┴───────┴───────┘                     │
│   同分处理规则：  假如  E=I   请填上 I                   │
│                   假如  S=N   请填上 N                   │
│                   假如  T=F   请填上 F                   │
│                   假如  J=P   请填上 P                   │
└─────────────────────────────────────────────────────────┘
```

4. 性格解析

"性格"是一种个体内部的行为倾向，它具有整体性、结构性、持久稳定性等特点，是每个人特有的，可以对个人外显的行为、态度提供统一的、内在的解释。

MBTI 把性格分为 4 个维度，每个维度上包含相互对立的 2 种偏好：

E 外向	or	I 内向
S 感觉	or	N 直觉
T 思考	or	F 情感
J 判断	or	P 感知

其中，"外向 E—内向 I"代表着各人不同的精力（Energy）来源；"感觉 S—直觉 N""思考 T—情感 F"分别表示人们在进行感知（Perception）和判断（Judgement）时不同的用脑偏好；"判断 J—感知 P"针对人们的生活方式（Life Style）而言，它表明我们如何适应外部环境—在我们适应外部环境的活动中，究竟是感知还是判断发挥了主导作用（见表 7-17）。

表 7-17

ISTJ	ISFJ	INFJ	INTJ
ISTP	ISFP	INFP	INTP
ESTP	ESFP	ENFP	ENTP
ESTJ	ESFJ	ENFJ	ENTJ
注：根据 1978—MBTI—K 量表，以上每种类型中又分 625 个小类型			

每一种性格类型都具有独特的行为表现和价值取向。了解性格类型是寻求个人发展、探索人际关系的重要开端。

5. MBTI 十六种人格类型

ISTJ

(1) 严肃、安静、集中心志与全力投入、可被信赖能获得成功；
(2) 行事务实、有序、实际、逻辑、真实及可信赖；
(3) 十分留意且乐于干任何事（工作、居家、生活均有良好组织及有序）；
(4) 负责任；
(5) 照既定成效来作出决策且不畏阻挠与闲言会坚定为之；
(6) 重视传统与忠诚；
(7) 传统性的思考者或经理。

ISFJ

(1) 安静、和善、负责任且有良心；
(2) 行事尽责投入；
(3) 安定性高，是项目工作或团体之安定力量；
(4) 愿投入、吃苦及力求精确；
(5) 兴趣通常不在于科技方面，对细节事务有耐心；
(6) 忠诚、考虑周到、知性且会关切他人感受；
(7) 致力于创建有序及和谐的工作与家庭环境。

INFJ

(1) 因为坚忍、创意及必须达成的意图而能成功；
(2) 会在工作中投入最大的努力；
(3) 默默地、诚挚地及用心地关切他人；
(4) 因坚守原则而受敬重；
(5) 提出造福大众利益的明确远景而为人所尊敬与追随；
(6) 追求创见、关系及物质财物的意义及关联；
(7) 想了解什么能激励别人及对他人具有洞察力；
(8) 光明正大且坚信其价值观；
(9) 有组织且果断地履行其愿景。

INTJ

(1) 具有强大动力与本意来达成目的与创意——固执顽固者；
(2) 有宏大的愿景且能快速在众多外界事件中找出有意义的模范；
(3) 对所承负职务，具有良好的策划能力并能完成工作；
(4) 具有质疑心、挑剔性、独立性、果决，对专业水准及绩效要求高。

ISTP

(1) 冷静旁观者——安静、预留余地、弹性及以无偏见的好奇心与未预期原始的幽默观察与分析；
(2) 有兴趣于探索原因及效果、技术事件是为何，且使用逻辑的原理组构事实、重视效能；

（3）擅长于掌握问题核心及找出解决方式；
（4）分析成事的缘由且能实时由大量资料中找出实际的核心问题。

ISFP

（1）羞怯的、安宁和善的、敏感的、亲切的、行事谦虚的；
（2）喜于避开争论，不对他人强加已见或价值观；
（3）无意于当领导却常是忠诚的追随者；
（4）办事不急躁，安于现状无意于以过度的急切或努力破坏现况，且非成果导向；
（5）喜欢有自有的空间及照自订的时程办事。

INFP

（1）安静观察者，具理想性与对其价值观及重要之人具忠诚心；
（2）希外在生活形态与内在价值观相吻合；
（3）具好奇心且很快能看出机会所在，常担负开发创意的触媒者；
（4）除非价值观受侵犯，行事会具弹性，适应力高且承受力强；
（5）有想了解及发展他人潜能的企图，想作太多且做事全神贯注；
（6）对所处境遇及拥有不太在意；
（7）具适应力、有弹性除非价值观受到威胁。

INTP

（1）安静、自持、弹性及具适应力；
（2）特别喜爱追求理论与科学事理；
（3）习于以逻辑及分析来解决问题——问题解决者；
（4）最有兴趣于创意事务及特定工作，对聚会与闲聊无大的兴趣；
（5）追求可发挥个人强烈兴趣的生涯；
（6）追求发展对有兴趣事务之逻辑解释。

ESTP

（1）擅长现场实时解决问题——解决问题者；
（2）喜欢办事并乐于其中及过程；
（3）倾向于喜好技术事务及运动，结交好友；
（4）具适应性、容忍度、务实性；投注心力于工作有成效；
（5）不喜欢冗长概念的解释及理论；
（6）最专精于可操作、处理、分解或组合的真实事务。

ESFP

（1）外向、和善、接受性、乐于分享喜乐予他人；
（2）喜欢与他人一起行动且促成事件发生，在学习时亦然；
（3）知晓事件未来的发展并会热情参与；
（4）最擅长与人相处，具有完备的知识，适应能力强，能立即适应他人与环境；
（5）是对生命、人、物质享受的热爱者。

ENFP

（1）充满热忱、活力充沛、聪明、富有想象力，视生命充满机会但期望能得到他人肯定与支持；

（2）几乎能达成所有有兴趣的事；
（3）对难题很快就有对策并能对有困难的人施予援手；
（4）依赖能改善的能力而无须预作规划准备；
（5）为达目的常能找出强制自己的理由；
（6）即兴执行者。

ENTP
（1）反应快、聪明、长于多样事务；
（2）具激励伙伴、敏捷及直言讳专长；
（3）会为了有趣对问题的两方面加以争辩；
（4）对解决新问题及挑战性的问题富有策略，但会轻视或厌烦经常性的任务与细节；
（5）兴趣多元，易倾向于转移至新的兴趣；
（6）对所想要的东西会有技巧地找出正当的理由；
（7）长于看清他人，有智慧地去解决新的或有挑战性的问题。

ESTJ
（1）务实、真实、事实倾向，具有企业经营或技术天分；
（2）不喜欢抽象理论；最喜欢学习可立即运用的技术和理论；
（3）喜好组织与管理活动且专注以最有效率方式行事以取得成效；
（4）具决断力、关注细节且很快作出决策——优秀行政者；
（5）会忽略他人感受；
（6）喜欢做领导者或企业主管。

ESFJ
（1）诚挚、爱说话、合作性强、受欢迎、光明正大——天生的合作者及活跃的组织成员；
（2）重和谐且长于创造和谐；
（3）常做对他人有益的事务；
（4）给予鼓励及表扬会有更佳的工作成效；
（5）最有兴趣于会直接及有形影响人们生活的事务；
（6）喜欢与他人共事去精确且准时地完成工作。

ENFJ
（1）热忱、易感应及负责任的——具有能鼓励他人的领导风格；
（2）对别人所想或希求会表达真正关切且切实用心去处理；
（3）能怡然且技巧性地带领团体讨论或演示文稿提案；
（4）爱交际、受欢迎及富同情心；
（5）对表扬及批评很在意；
（6）喜欢引领别人且能使别人或团体发挥潜能。

ENTJ
（1）坦诚、具决策力的活动领导者；
（2）长于发展与实施广泛的系统以解决组织的问题；
（3）专精于具内涵与智能的谈话如对公众演讲；

(4) 乐于经常吸收新知识且能广开信息渠道;
(5) 易过度自信,善于表达自己的创见;
(6) 喜于长远策划及目标设定。

第三节 气质类型与职业匹配及其测量工具

气质是个人生来就具有的心理活动的典型而稳定的动力特征,是人格的先天基础。气质差异与应用气质是指人的心理活动的速度、强度、稳定性、灵活性等动力方面的心理特征。特别表现在情绪产生的快慢、情绪体验的强弱、情绪状态的稳定性和持久性、情绪变化的幅度及言语动作的速度等方面。

一、气质类型分类

气质说源于古希腊医生希波克里特的体液说,他认为人体内有四种液体:黏液、黄胆汁、黑胆汁、血液四种液体配合不同比例不同,形成了四种不同类型的人。希波克里特是古希腊著名的医生,他认为体液即是人体性质的物质基础。他在"四根说"发展为"四液说"的基础上,进一步对其加以系统化。希波克里特认为人体中有四种性质不同的液体,它们来自于不同的器官。其中,黏液生于脑,是水根,有冷的性质;黄胆汁生于肝,是气根,有热的性质;黑胆汁生于胃,是土根,有渐温的性质;血液出于心脏,是火根,有干燥的性质。人的体质不同,是由于四种体液的不同比例所致。

巴甫洛夫在 1927 年,用高级神经活动类型学说解释了气质的生理基础。他依据神经过程的基本特性,即兴奋过程和抑制过程的强度、平衡性和灵活性,划分了胆汁质、多血质、黏液质、抑郁质四种类型。

(一) 多血质

灵活机智、精力旺盛、思维敏捷、易于激动、活泼好动、注意力易转移、情感外露、易粗心大意、缺乏忍耐力和毅力、情绪多变(见表 7-18)。

表 7-18　　　　　　　　　　多血质典型表现

强势所在	表现好的方面	优点	弱点	反感	追求	担心	动机
时常面带微笑、善于制造轻松气氛、有点子、有创意、引人注目	善于分享、热情开朗	善于劝导、重视关系	缺乏条理、粗心大意	循规蹈矩	欢迎与喝彩	失去声望	别人的认同

(二) 胆汁质

精力旺盛、行动迅速、思维敏捷、性情直率、大胆倔强、做事果断、自制力弱、易冲动、性情急躁、主观任性、有时会刚愎自用(见表 7-19)。

表 7-19　　　　　　　　　　胆汁质典型表现

强势所在	表现好的方面	优点	弱点	反感	追求	担心	动机
有顽强精神、充满自信、立场坚定,控制力强、具有前瞻性	有准确的判断能力、办事效率高	善于管理、主动积极	缺乏耐心、感觉迟钝	优柔寡断	工作效率、支配地位	被驱动、强迫	获胜、成功

(三) 黏液质

坚定顽强、稳重、沉着踏实、耐心谨慎、自信心足、自制力强、善于克制忍让、规律性强、心境平和、情绪不外露、沉默寡言、反应缓慢、不够灵活、循规蹈矩（见表7-20）。

表7-20　　　　　　　　　　黏液质的典型表现

强势所在	表现好的方面	优点	弱点	反感	追求	担心	动机
有耐心、能坚持原则。善于聆听，协调能力强。有同情心	具有团队精神、善于调节矛盾关系	恪尽职守、善于倾听	过于敏感、缺乏主见	感觉迟钝	被人接受、生活稳定	突然的变故	团结、归属感

(四) 抑郁质

敏感多疑、谨慎细心、体验深刻、易察觉到别人察觉不到的细节、易幻想、含蓄、做事稳妥可靠、感情专一、行动缓慢、多愁善感、不果断、信心不足、胆小孤僻、拘谨自卑（见表7-21）。

表7-21　　　　　　　　　　抑郁质的典型表现

强势所在	表现好的方面	优点	弱点	反感	追求	担心	动机
有敏锐的观察力和超凡的艺术鉴赏力、做事有条不紊	注重细节，善于思考	讲求条理、善于分析	完美主义、过于苛刻	盲目行事	精细准确、一丝不苟	批评与非议	进步

二、气质类型特征

人的气质分为四类：多血质、胆汁质、黏液质、抑郁质。心理学上叫气质类型，而每种气质有各自的特点：

(1) 多血质。情绪兴奋性高，外部表现明显，反应速度快而灵活。表现为情感变化迅速，对人对事易发生情绪反应。但情绪不稳定，心境变换较快，随机反应性强，具有较大的可塑性。具有这种气质类型的人，感受性高而耐受性低，他们举止敏捷，姿态活泼，有生动的面部表情。言语表达能力和感染能力强，思维敏捷，善于交际，情感外露，但体验不深刻。待人热情亲切，但又显得粗心浮躁。办事多凭兴趣，富于幻想，缺乏忍耐力和毅力，不愿做耐心细致的工作。

(2) 胆汁质。其特征表现为情绪兴奋性高，抑制能力差，反应速度快但不灵活，情绪体验强烈而持久，表现为情绪产生迅速、且带有爆发式特点。属于胆汁质类型的人感受性低而耐受性高，外倾明显。日常生活中表现为积极热情，易于激动，情感深刻而稳定，性情直率，精力旺盛，坚忍不拔，持久不渝，言语明确，富于表情，处理问题迅速而坚决。但自制力差，性情急躁，办事粗心，有时会刚愎自用，傲慢不恭。

(3) 黏液质。其表现为情绪兴奋性和不随意反应性较低，内倾明显，外部表现少，反应速度慢但稳定性强。这种气质类型的人情感不易变化和暴露，不易激动。但当情绪一旦被引起，就变得稳固而深刻。他们行动稳定迟缓，说话慢且言语不多。遇事谨慎，三思而行。善于克制忍让，生活有规律，埋头苦干，有耐久力。不够灵活，注意力不易转移。容易固执、拘谨。

(4) 抑郁质。其表现为情绪兴奋性低但体验深刻，不随意反应性强，反应速度慢而不灵活。具有刻板性、内倾性等特点。属于抑郁质类型的人多愁善感，情绪体验少而微弱，多以心境的方式出现。沉静、易相处、人缘好、办事稳妥可靠。遇事缺乏果断和信心，常有孤独胆怯的表现。工作易疲劳，疲劳后也不易恢复。

三、气质类型与职业选择

气质类型与职业选择匹配时，气质无所谓好坏，也无善恶之分。每一种气质都有其积极的一面，也有消极的一面。每一种职业领域都可以找出各种不同气质类型的代表，同一气质类型的人在不同的工作岗位都能做出突出的贡献。

（1）多血质的人适合外交工作、管理工作、驾驶员、服务员、医生、律师、运动员、冒险家、新闻记者、演员、侦察员、干警等。不适宜做过细的工作，单调机械的工作也很难胜任。

（2）胆汁质的人喜欢不断有新活动、新高潮出现，喜欢热闹。适合的工作如导游员、推销员、节目主持人，演讲员、外事接待人员、监督员等。但对长期安坐、细心检查的工作很难胜任。

（3）黏液质的人适合职业：外科医生、法官、管理人员、出纳员、会计、播音员、话务员、调解员、教师、人力人事管理主管等。

（4）抑郁质的人可以很好地胜任胆汁质者难以胜任的工作。比如校对、打字、排版、检查员、登录员、化验员、雕刻、刺绣工作者、保管员、机关秘书等都是他们理想的工作。

四、气质差异应用原则

组织中不同岗位的活动性质是不同的，在一般的工作岗位上，气质的各种特性可以起到互相弥补的作用。如有人对优秀纺织女工研究发现，属于黏液质的女工，她稳定的注意力能及时发现断头的故障，克服注意力不易于转移的缺陷；属于多血质的女工，注意力易于转移，这种灵活性弥补了注意力分散的缺陷。她们以不同的工作方式完成了同样质量的工作要求。

实际上，组织的中的每个工作岗位，对其工作人员的气质特点都有特定的要求，因此在选择职业时必须考虑个人气质类型，要遵守两个原则：一是气质的适应原则，当一个人所从事的工作符合其气质特点时，就比较容易适应工作，工作起来也会感到轻松愉快。反之，如果一个人所从事的工作与其气质特点不符，适应工作就比较困难，工作起来也比较吃力。二是气质的互补原则。在一个群体中，使不同气质类型的人在一起工作，可以起到不同气质类型间的行为互补作用，有利于工作任务的完成，提高工作效率。

五、斯特里劳气质类型测量工具（STI）

波兰心理学家简·斯特里劳（J. Streleu）在巴甫洛夫学说的基础上，从整体活动来探讨气质问题。他认为，气质是生物进化的产物，但不受环境影响而发生变化。气质在人的整个心理活动中，在人与环境关系中起着调节作用。并认为，反应性和活动性是两个与行为能量水平有关的气质基本维度，它们对机体起着重要的调节作用。高反应性的人感受性高,耐受性低;低反应性的人感受性低,耐受性高。他所编制的斯特里劳气质调查表(STI)是用来评定神经系统的四个特性,即兴奋强度、抑郁强度、神经过程平衡性、神经过程灵活性,是目前国际上最具有影响力的气质量表之一。

(一)STI气质类型调查量表

指导语:斯特里劳气质调查问卷共有132个测试题目,请按顺序回答。全卷答完前,请不要回头查看,因为气质并无好坏之分,所以回答要诚实。

回答这些问题时请注意:

符合自己情况的记+1分;

介于符合与不符合之间的或无法回答的记0分;

不符合自己情况的记-1分。

1. 你很容易交朋友吗?
2. 得到一定的信号之前,你能控制住自己不做某件事情吗?
3. 短暂休息能解除你的工作疲劳吗?
4. 你能在不利的环境中工作吗?
5. 讨论中,你能抑制无理的情绪性的争论吗?
6. 你能轻松地恢复一项停顿了较长时间(由于假日等)的工作吗?
7. 当你埋头工作时,是否能忘记疲劳呢?
8. 当让某个人做某事时,你能耐心等到他完成工作吗?
9. 无论一天中什么时候,只要一上床,你就能很快入睡吗?
10. 你能很容易坚持一个信念吗?
11. 你能很容易恢复一项停止了几个星期或几个月的工作吗?
12. 在提供说明时,你有耐心吗?
13. 你喜欢脑力劳动的职业吗?
14. 当进行一项单调的工作时,你感到很疲倦吗?
15. 经过强烈的情绪激动后,你很容易入睡吗?
16. 必要的时候,你能控制表现自己的优势吗?
17. 控制激动或愤怒,对你来说困难吗?
18. 在陌生人面前,你能按你习惯的方式活动吗?
19. 在面临困难的时候,你能控制情绪吗?
20. 必要时,你能适应小组成员的行动吗?
21. 你准备从事一些有责任性的工作吗?
22. 你的心情常常受周围环境的影响吗?
23. 你能战胜挫折吗?
24. 当碰见一个人,并希望他对你有很深刻的印象时,你能保持平静吗?
25. 当你生活中出现未预见的事件时你会被激怒吗?
26. 你准备回应每一次争论吗?
27. 当等待的一个能改变个人命运的时机出现时,你能保持平静吗?
28. 在假日里,你能很快平静下来吗?
29. 你会对未期望的刺激迅速做出反应吗?

30. 你能调整自己的步伐速度或吃饭习性以适应比你慢的人吗？
31. 你喜欢在集会或会议上发言吗？
32. 你很容易受挫吗？
33. 你很难从全神贯注的工作中解脱出来吗？
34. 当谈话打扰他人时，你能停止吗？
35. 你的脾气暴躁吗？
36. 当你与同事合作时，你能轻松地跟上他的节奏吗？
37. 在决定一项活动之前，你会思考再三吗？
38. 当阅读一本书时，你能很容易地按作者的思路从头到尾读完吗？
39. 与陌生人同行时，你会很快加入谈话吗？
40. 当争论毫无结果时，你能停止与一个说法错误的人的争论吗？
41. 你喜欢从事需手工灵巧的工作吗？
42. 当遇到新争论时，你能改变主意吗？
43. 你容易适应新的工作安排吗？
44. 经过一天的工作，你还能在夜里工作吗？
45. 你阅读小说的速度快吗？
46. 由于一些困难，你会经常放弃计划吗？
47. 当情况需要时，你能保持平静吗？
48. 你能毫无困难地迅速醒来吗？
49. 你能控制没有预想到的反应冲动吗？
50. 噪音会干扰你的工作吗？
51. 当需要保密时，你能控制向他人报告实情的欲望吗？
52. 当你等待一个考试或一种不愉快的事情时，你能保持冷静吗？
53. 你能迅速适应新环境吗？
54. 你喜欢经常性的变化和转换吗？
55. 睡一宿觉会消除你一天紧张活动造成的疲倦吗？
56. 你会回避在短时间内需要不同操作的工作吗？
57. 通常你能独立解决自己的问题吗？
58. 当其他组织成员不提出自己的建议时，你能提出自己的看法吗？
59. 假如会游泳，你会跳入水中抢救一个快要溺死的人吗？
60. 你工作（或学习）努力吗？
61. 你能抑制做不合时宜的评论吗？
62. 你喜欢在工作、学习场所或演讲大厅中有个固定的座位吗？
63. 你容易转换工作吗？
64. 当面临重要抉择时，你仔细选择"是"或"否"吗？
65. 你会迅速克服困难吗？
66. 当有机会观看他人的日记或私事时，你很难控制这种好奇心吗？
67. 当进行常规性活动时，你会感到厌倦吗？
68. 你很容易在公共场所遵循规则吗？

69. 当进行谈话、公开发言或口语测评时，你能摒弃多余的姿势或活动吗？
70. 你喜欢混乱和喧闹的环境吗？
71. 你喜欢高强度的职业吗？
72. 你能长时间地集中精力工作吗？
73. 你适应需要迅速活动的工作吗？
74. 在困难情况下，你能保持平静吗？
75. 必要时，你能立即醒来吗？
76. 如果必要的话，你自己做完工作后，还能耐心等待他人做完工作吗？
77. 当看到一个不愉快的悲痛的情景时，你能以正常的效率活动吗？
78. 你能迅速浏览一天的报纸吗？
79. 有时候，你说话会快得让人难以理解吗？
80. 当夜里睡眠不好时，你能像平时一样正常工作吗？
81. 你能够长时间不受干扰地工作吗？
82. 牙疼或头疼会严重地干扰你的工作吗？
83. 当需要结束一项工作时，尽管你的同事喜欢休息或等待你去做，你也能去完成这项工作吗？
84. 未期望的问题出现时，你会迅速做出反应吗？
85. 你说话速度快吗？
86. 你能在等客户时工作吗？
87. 在听到有说服力的言论后，你会轻易地改变自己的看法吗？
88. 你有耐心吗？
89. 如果一个人的工作节奏很慢时，你也能适应他吗？
90. 如果可能的话，你会计划自己同时进行几项工作吗？
91. 一个幽默的同伴会使你从抑郁中解脱出来吗？
92. 你能同时进行几项活动而不需作出过多努力吗？
93. 当看到一起交通事故时，你能保持平静吗？
94. 当看到心爱的人遭受痛苦时，你能保持平静吗？
95. 在关键时刻，你会很自信吗？
96. 在许多人和陌生人面前，你感到很舒服吗？
97. 到时间时，你能立刻结束交谈吗？
98. 你容易适应他人的工作方式吗？
99. 你经常改变自己的职业吗？
100. 事故发生时，你会迫切感到自己应该行动吗？
101. 你能抑制不合时宜的微笑吗？
102. 你能迅速开始一项工作吗？
103. 如果你确信自己是正确的，你会对一般本可以接受的问题产生怀疑吗？
104. 你能抑制住瞬间产生的沮丧心情吗？
105. 经过一天紧张而疲劳的脑力活动后，你会难以入睡吗？
106. 你能静静地排长队吗？

107. 当你意识到对住宿情况的抱怨毫无意义时，你能停止抱怨吗？
108. 在激烈的讨论中，你能平静地争论吗？
109. 你能对环境中的突然变化立刻做出反应吗？
110. 当需要时，你能平静地活动吗？
111. 你能忍受痛苦的药物或手术治疗吗？
112. 你会十分紧张地工作吗？
113. 你准备改变娱乐或休息的地点吗？
114. 你很难适应新的生活规律吗？
115. 发生事故时，你期望自己独立解决问题吗？
116. 在体育比赛中，你能抑制大声的喊声或一些过分的活动吗？
117. 你喜欢与他人谈话的工作吗？
118. 你能控制自己的滑稽动作（拉长脸阴笑）吗？
119. 你喜欢需要强烈的活动的工作吗？
120. 你认为自己是个很有勇气的人吗？
121. 在关键时刻，你的声音会降低吗？
122. 你能克服失败造成的沮丧吗？
123. 必要的时候，你能静静地很长时间地站着或坐着吗？
124. 如果你的欢乐会刺伤他人时，你能控制吗？
125. 你很容易从悲伤转入愉快吗？
126. 你很容易激动起来吗？
127. 你很容易遵守你生活中的规则吗？
128. 你喜欢公开演说吗？
129. 没有经过长期的准备，你能迅速地开始工作吗？
130. 即使会危及个人生命安全，你也会立刻抢救面临危险的人吗？
131. 你喜欢剧烈的运动吗？
132. 你喜欢有责任感的工作吗？

（二）题项分析

本测评有43个兴奋强度的题目、44个抑制强度的题目和45个神经过程灵活性的题目。它们的题号分别为：

兴奋强度题目：3、4、7、13、15、18、19、21、23、24、31、38、44、46、50、55、57、59、60、65、71、72、77、80、81、82、93、95、96、100、103、105、111、112、115、119、120、121、122、128、130、131、132；

抑制强度题目：2、5、8、10、12、16、17、27、30、33、34、35、36、37、40、47、49、51、52、54、58、61、64、66、68、69、74、76、83、86、88、89、97、101、106、107、108、110、116、118、123、124、126、127；

神经过程灵活性：1、6、9、11、14、20、22、25、26、28、29、32、39、41、42、43、45、48、53、56、62、63、67、69、70、73、75、78、79、84、85、87、90、91、92、94、98、99、102、109、113、115、117、125、129。

请分别计算出你在每一部分的得分，并参看气质测评表，就可以了解你的各种特性的状态和气质类型。

(三) 气质类型评分表 (见表 7-22)

表 7-22　　　　　　　　　气质类型评分表

气质类型	高级神经活动类型	各种神经过程		
		兴奋程度	抑制强度	灵活性
胆汁质	强而不平衡型	正分	负分	负分
多血质	强、平衡灵活性	正分	正分	正分
黏液质	强、平衡、不灵活性	正分	正分	负分
抑郁质	弱型	负分	负分	负分

第四节　职业适应性及其测量

职业适应性测验（Vocational adaptability Test）就是通过一系列科学的测评手段，对人的身心素质水平进行评价，使人与职业匹配合理、科学，以提高工作效率、减少事故。职业适应性测评一般不具有强制性，仅作为人才选拔和留用的参考。目前国际上较为流行的职业适应性测量工具是霍兰德的职业适应性测评（SDS）量表。

一、霍兰德的职业适应性测评（SDS）量表

霍兰德职业适应性测验（The Self-Directed Search，简称 SDS）由美国著名职业指导专家 J. 霍兰德（Holland）编制。在几十年间经过一百多次大规模的实验研究，形成了人格类型与职业类型的学说和测验。他于 1959 年提出了具有广泛社会影响的职业兴趣理论。霍兰德职业兴趣测评是他经过长期实践研究编制而成，该测评具有较高的准确性，大量应用在指导求学、求职和工作转换等方面。霍兰德认为兴趣是人们活动的巨大动力，人们凡是对有兴趣的职业，都可以提高其积极性，促使其积极地、愉快地从事该职业，并有助于其在该职业上取得成功。霍兰德认为人的职业兴趣可分为：实用型（R）、研究型（I）、艺术型（A）、社会型（S）、企业型（E）、常规型（C）六种类型。

这六种人格类型的特征分别是：

现实型（R）：其基本的倾向是喜欢以物、机械、动物、工作等为对象，从事有规则的、明确的、有序的、系统的活动。因此，这类人偏好的是以机械和物为对象的技能性和技术性职业。为了胜任工作，他们需要具备与机械、电气技术等有关的能力。他们的性格往往是顺应、具体、朴实的，社交能力则比较缺乏。

研究型（I）：其基本的倾向是分析型的、智慧的、有探究心的和内省的，喜欢根据观察而对物理的、生物的、文化的现象进行抽象的、创造性的研究活动。因此，这类人偏好的是智力的、抽象的、分析的、独立的、带有研究性质的职业活动，诸如科学家、医生、工程师等。

艺术型（A）：其基本的倾向是具有想象、冲动、直觉、无秩序、情绪化、理想化、

有创意、不重实际等特点，他们喜欢艺术性的职业环境，也具备语言、美术、音乐、演艺等方面的艺术能力，擅长以形态和语言来创作艺术作品，而对事务性的工作则难以胜任。文学创作、音乐、美术、演艺等职业特别适合于他们。

社会型（S）：其基本的倾向是合作、友善、助人、负责任、圆滑、善于社交言谈、善解人意等。他们喜欢社会交往，关心社会问题，具有教育能力和善意与人相处等人际关系方面的能力，适合这一类人的典型的职业有教师、公务员、咨询员、社会工作者等以与人接触为中心的社会服务型的工作。

企业型（E）：其基本的倾向是喜欢冒险、精力充沛、善于社交、自信心强。他们强烈关注目标的追求，喜欢从事为获得利益而操纵、驱动他人的活动。由于具备优秀的主导性和对人说服、接触的能力，这一类型的人特别适合从事领导工作或企业经营管理的职业。

常规型（C）：其基本的倾向是顺从、谨慎、保守、实际、稳重、有效率、善于自我控制。他们喜欢从事记录、整理档案资料、操作办公机械、处理数据资料等有系统、有条理的活动，具备文书、算术等能力，适合他们从事的典型职业包括事务员、会计师、银行职员等。

人们通常倾向选择与自我兴趣类型匹配的职业环境，如具有现实型兴趣的人希望在现实型的职业环境中工作，这样可以最好地发挥个人的潜能。但在具体职业选择中，个体并非一定要选择与自己兴趣完全对应的职业环境，这主要是因为个体本身通常是多种兴趣类型的综合体，出现单一类型显著突出的情况不多，因此评价个体的兴趣类型时也时常以其在六大类型中得分居前三位的类型组合而成，组合时根据每个类型得分高低依次排列字母，构成其兴趣组型，如 EIS、AIS 等。

霍兰德在此基础上提出了人格—职业匹配理论。他认为，在现实中存在着与人格类型相对应的职业环境，如果一个人所从事的职业与其人格类型是匹配的，则他工作起来就轻松愉快、得心应手、富有成就，反之则会不适应、困难重重，给个人的发展和组织造成影响。这一理论用于职业指导中，就是帮助人们了解自己属于哪一种类型，然后在对应的职业环境中寻找合适的职业，这样不仅缩小了人们职业选择的搜索范围，使职业选择的方向性更强，而且选中的职业与自己个性最为匹配，有利于个人才能的发挥和价值的实现。故此，霍兰德的理论在职业指导中深受欢迎。

二、霍兰德职业适应性测验（SDS）量表

本测验量表将帮助您发现和确定自己的职业兴趣和能力特长，从而更好地做出求职择业的决策。如果您已经考虑好或选择好了自己的职业，本测验将使您的这种考虑或选择具有理论基础，或向您展示其他合适的职业；如果您至今尚未确定职业方向，本测验将帮助您根据自己的情况选择一个恰当的职业目标。

本测验共有七个部分，每部分测验都没有时间限制，但请您尽快按要求完成。

第一部分　您心目中的理想职业（专业）

对于未来的职业（或升学进修的专业），您得早有考虑，它可能很抽象、很朦胧，也可能很具体、很清晰。不论是哪种情况，现在都请您把自己最想干的 3 种工作或最想读的 3 种专业，按顺序写下来。

第二部分　您所感兴趣的活动

指导语：人格和职业有着密切的关系，不同职业对从业者的人格特征的要求是有差距的，如果通过科学的测试，可以预知自己的人格特征，这有助于选择适合于个人发展的职业，您将参与测试的这个职业兴趣倾向量表，可以帮助您作一次简单的人格自评，从而更加清楚自己的人格特征，自己更适合从事哪方面的工作。

请根据对每一个题目的第一印象作答，不必仔细推敲，答案没有好坏、对错之分。根据自己的实际情况回答"是"或"否"。

R：实际型活动	是	否
1. 装配修理电器或玩具	____	____
2. 修理自行车	____	____
3. 用木头做东西	____	____
4. 开汽车或摩托车	____	____
5. 用机器做东西	____	____
6. 参加木工技术学习班	____	____
7. 参加制图描图学习班	____	____
8. 驾驶卡车或拖拉机	____	____
9. 参加机械和电气学习班	____	____
10. 装配修理机器	____	____

统计"是"一栏得分计：

A：艺术型活动	是	否
1. 素描/制图或绘画	____	____
2. 参加话剧/戏剧	____	____
3. 设计家具/布置室内	____	____
4. 练习乐器/参加乐队	____	____
5. 欣赏音乐或戏剧	____	____
6. 看小说/读剧本	____	____
7. 从事摄影创作	____	____
8. 写诗或吟诗	____	____
9. 进艺术（美术/音乐）培训班	____	____
10. 练习书法	____	____

统计"是"一栏得分计：

I：调查型活动	是	否
1. 读科技图书和杂志	____	____
2. 在实验室工作	____	____
3. 改良水果品种，培育新的水果	____	____
4. 调查了解土和金属等物质的成分	____	____
5. 研究自己选择的特殊问题	____	____
6. 了解算术或玩数学游戏	____	____
7. 物理课	____	____

8. 化学课　　　　　　　　　　　　　　　　　　_____　　_____

9. 几何课　　　　　　　　　　　　　　　　　　_____　　_____

10. 生物课　　　　　　　　　　　　　　　　　_____　　_____

统计"是"一栏得分计：

S：社会型活动	是	否
1. 学校或单位组织的正式活动	_____	_____
2. 参加某个社会团体或俱乐部活动	_____	_____
3. 帮助别人解决困难	_____	_____
4. 照顾儿童	_____	_____
5. 出席晚会、联欢会、茶话会	_____	_____
6. 和大家一起出去郊游	_____	_____
7. 想获得关于心理方面的知识	_____	_____
8. 参加讲座会或辩论会	_____	_____
9. 观看或参加体育比赛和运动会	_____	_____
10. 结交新朋友	_____	_____

统计"是"一栏得分计：

E：事业型活动	是	否
1. 说服鼓动他人	_____	_____
2. 卖东西	_____	_____
3. 谈论政治	_____	_____
4. 制订计划、参加会议	_____	_____
5. 以自己的意志影响别人的行为	_____	_____
6. 在社会团体中担任职务	_____	_____
7. 检查与评价别人的工作	_____	_____
8. 结交名流	_____	_____
9. 指导有某种目标的团体	_____	_____
10. 参与政治活动	_____	_____

统计"是"一栏得分计：

C：常规型（传统型）活动	是	否
1. 整理好桌面和房间	_____	_____
2. 抄写文件和信件	_____	_____
3. 为领导写报告或公务信函	_____	_____
4. 检查个人收支情况	_____	_____
5. 打字培训班	_____	_____
6. 参加算盘、文秘等实务培训	_____	_____
7. 参加商业会计培训班	_____	_____
8. 参加情报处理培训班	_____	_____
9. 整理信件、报告、记录等	_____	_____
10. 写商业贸易信	_____	_____

统计"是"一栏得分计：

第三部分　您所擅长获胜的活动

下面列举了若干种活动，其中你能做或大概能做的事，请在"是"栏里打√；反之，在"否"栏里打×，请回答全部题。

R：实际型活动　　　　　　　　　　　　　　是　　　　　否
1. 能使用电锯、电钻和锉刀等木工工具　　　___　　　___
2. 知道万用表的使用方法　　　　　　　　　___　　　___
3. 能够修理自行车或其他机械　　　　　　　___　　　___
4. 能够使用电钻床、磨床或缝纫机　　　　　___　　　___
5. 能给家具和木制品刷漆　　　　　　　　　___　　　___
6. 能看建筑设计图　　　　　　　　　　　　___　　　___
7. 能够修理简单的电器用品　　　　　　　　___　　　___
8. 能修理家具　　　　　　　　　　　　　　___　　　___
9. 能修理收录机　　　　　　　　　　　　　___　　　___
10. 能简单地修理水管　　　　　　　　　　 ___　　　___

统计"是"一栏得分计：

A：艺术型能力　　　　　　　　　　　　　是　　　　　否
1. 能演奏乐器　　　　　　　　　　　　　　___　　　___
2. 能参加二部或四部合唱　　　　　　　　　___　　　___
3. 独唱或独奏　　　　　　　　　　　　　　___　　　___
4. 扮演剧中角色　　　　　　　　　　　　　___　　　___
5. 能创作简单的乐曲　　　　　　　　　　　___　　　___
6. 会跳舞　　　　　　　　　　　　　　　　___　　　___
7. 能绘画、素描或书法　　　　　　　　　　___　　　___
8. 能雕刻、剪纸或泥塑　　　　　　　　　　___　　　___
9. 能设计板报、服装或家具　　　　　　　　___　　　___
10. 写得一手好文章　　　　　　　　　　　 ___　　　___

统计"是"一栏得分计：

I：调查型能力　　　　　　　　　　　　　是　　　　　否
1. 懂得真空管或晶体管的作用　　　　　　　___　　　___
2. 能够列举三种蛋白质多的食品　　　　　　___　　　___
3. 理解铀的裂变　　　　　　　　　　　　　___　　　___
4. 能用计算尺、计算器、对数表　　　　　　___　　　___
5. 会使用显微镜　　　　　　　　　　　　　___　　　___
6. 能找到三个星座　　　　　　　　　　　　___　　　___
7. 能独立进行调查研究　　　　　　　　　　___　　　___
8. 能解释简单的化学反应　　　　　　　　　___　　　___
9. 理解人造卫星为什么不落地　　　　　　　___　　　___
10. 经常参加学术会议　　　　　　　　　　 ___　　　___

统计"是"一栏得分计：

S：社会型能力	是	否
1. 有向各种人说明解释的能力	_____	_____
2. 常参加社会福利活动	_____	_____
3. 能和大家一起友好相处地工作	_____	_____
4. 善于与年长者相处	_____	_____
5. 会邀请人、招待人	_____	_____
6. 能简单易懂地教育儿童	_____	_____
7. 能安排会议等活动的流程	_____	_____
8. 善于体察人心和帮助他人	_____	_____
9. 帮助护理病人和帮助他人	_____	_____
10. 安排社团组织的各种事务	_____	_____

统计"是"一栏得分计：

E：事业型能力	是	否
1. 担任过学生干部并且干得不错	_____	_____
2. 工作上能指导和监督他人	_____	_____
3. 做事充满活力和热情	_____	_____
4. 有效利用自身的做法去调动他人	_____	_____
5. 销售能力强	_____	_____
6. 曾作为俱乐部或社团的负责人	_____	_____
7. 向领导提出建议或反映意见	_____	_____
8. 有开创事业的能力	_____	_____
9. 知道怎样做能成为一名优秀的领导者	_____	_____
10. 健谈善辩	_____	_____

统计"是"一栏得分计：

C：常规型能力	是	否
1. 会熟练地打印中文	_____	_____
2. 会用外文打字机或复印机	_____	_____
3. 能快速记笔记和抄写文章	_____	_____
4. 善于整理保管文件和资料	_____	_____
5. 善于从事事务性的工作	_____	_____
6. 会用算盘	_____	_____
7. 能在短时间内分类和处理大量文件	_____	_____
8. 能使用计算机	_____	_____
9. 能搜集数据	_____	_____
10. 善于为自己或集体做财务预算表	_____	_____

统计"是"一栏得分计：

第四部分　你所喜欢的职业

下面列举了多种职业，请逐一认真地看，如果是你有兴趣的工作，请在"是"栏里打√；如果是你不太喜欢、不关心的工作，请在"否"栏里打×。请回答全部问题。

R：实际型活动	是	否
1. 飞机机械师	_____	_____
2. 野生动物专家	_____	_____
3. 汽车维修工	_____	_____
4. 木工	_____	_____
5. 测量工程师	_____	_____
6. 无线电报务员	_____	_____
7. 园艺师	_____	_____
8. 长途公共汽车司机	_____	_____
9. 电工	_____	_____

统计"是"一栏得分计：

S：社会型职业	是	否
1. 街道、工会或妇联干部	_____	_____
2. 小学、中学教师	_____	_____
3. 精神病医生	_____	_____
4. 婚姻介绍所工作人员	_____	_____
5. 体育教练	_____	_____
6. 福利机构负责人	_____	_____
7. 心理咨询员	_____	_____
8. 共青团干部	_____	_____
9. 导游	_____	_____
10. 国家机关工作人员	_____	_____

统计"是"一栏得分计：

I：调查型职业	是	否
1. 气象学或天文学者	_____	_____
2. 生物学者	_____	_____
3. 医学实验室的技术人员	_____	_____
4. 人类学者	_____	_____
5. 动物学者	_____	_____
6. 化学者	_____	_____
7. 数学课	_____	_____
8. 科学杂志的编辑或作家	_____	_____
9. 地质学者	_____	_____
10. 物理学者	_____	_____

统计"是"一栏得分计：

E：事业型职业	是	否
1. 厂长	_____	_____
2. 电视片编制人	_____	_____

3. 公司经理 _____ _____

4. 销售员 _____ _____

5. 不动产推销员 _____ _____

6. 广告部长 _____ _____

7. 体育活动主办者 _____ _____

8. 销售部长 _____ _____

9. 个体工商业者 _____ _____

10. 企业管理咨询人员 _____ _____

统计"是"一栏得分计：

A：艺术型职业	是	否
1. 乐队指挥	_____	_____
2. 演奏家	_____	_____
3. 作家	_____	_____
4. 摄影家	_____	_____
5. 记者	_____	_____
6. 画家、书法家	_____	_____
7. 歌唱家	_____	_____
8. 作曲家	_____	_____
9. 电影电视演员	_____	_____

统计"是"一栏得分计：

C：常规型职业	是	否
1. 会计师	_____	_____
2. 银行出纳员	_____	_____
3. 税收管理员	_____	_____
4. 计算机操作员	_____	_____
5. 簿记人员	_____	_____
6. 成本核算员	_____	_____
7. 文书档案管理员	_____	_____
8. 打字员	_____	_____
9. 法庭书记	_____	_____
10. 人口普查登记员	_____	_____

统计"是"一栏得分计：

第五部分　您的能力类型简评

下面两张表是您在 6 个职业能力方面的自我评定表。您可以先与同龄都比较出自己在每一方面的能力，然后经斟酌后对自己的能力作评估。请在表中适当的数字上画圈。数字越大，表示你的能力越强。

注意，请勿全部填同样的数字，因为人的每项能力不可能完全一样。

表 A

R 型	I 型	A 型	S 型	E 型	C 型
机械操作能力	科学研究能力	艺术创作能力	解释表达能力	商业洽谈能力	事务执行能力
7	7	7	7	7	7
6	6	6	6	6	6
5	5	5	5	5	5
4	4	4	4	4	4
3	3	3	3	3	3
2	2	2	2	2	2
1	1	1	1	1	1

表 B

R 型	I 型	A 型	S 型	E 型	C 型
体育技能	数学技能	音乐技能	交际技能	领导技能	办公技能
7	7	7	7	7	7
6	6	6	6	6	6
5	5	5	5	5	5
4	4	4	4	4	4
3	3	3	3	3	3
2	2	2	2	2	2
1	1	1	1	1	1

第六部分 统计和确定您的职业倾向

请将第二部分至第五部分的全部测验分数按前面已统计好的6种职业倾向（R型、I型、A型、S型、E型和C型）得分填入下表，并作纵向累加。

测试	R型	I型	A型	S型	E型	C型
第二部分						
第三部分						
第四部分						
第五部分 A						
第五部分 B						
总分						

请将上表中的6种职业倾向总分按大小顺序依次从左到右排列：
_____型、_____型、_____型、_____型、_____型、_____型。

最高分_____您的职业倾向性得分_____最低分_____。

第七部分 您所看重的东西——职业价值观

这一部分测验列出了人们在选择工作时通常会考虑的9种因素（见所附工作价值标准）。现在请您在其中选出最重要的两项因素，并将序号填入下边相应的空格上。

最重要：＿＿＿＿＿＿＿＿＿ 次重要：＿＿＿＿＿＿＿＿＿。
最不重要：＿＿＿＿＿＿＿ 次不重要：＿＿＿＿＿＿＿。

附：工作价值标准：
1. 工资高、福利好
2. 工作环境（物质方面）舒适
3. 人际关系良好
4. 工作稳定有保障
5. 能提供较好的受教育机会
6. 有较高的社会地位
7. 工作不太紧张、外部压力少
8. 能充分发挥自己的能力特长
9. 社会需要与社会贡献大

以上全部测验完毕。

三、霍兰德（SDS）职业索引

现在，将你测验得分居第一位的职业类型找出来，对照下表，判断一下自己适合的职业类型。

职业索引——职业兴趣代号与其相应的职业对照表：

R（实际型）：木工、农民、操作 X 光的技师、工程师、飞机机械师、鱼类和野生动物专家、自动化技师、机械工（车工、钳工等）、电工、无线电报务员、火车司机、长途公共汽车司机、机械制图员、机器修理工、电器师。

I（调查型）：气象学者、生物学者、天文学家、药剂师、动物学者、化学家、科学报刊编辑、地质学者、植物学者、物理学者、数学家、实验员、科研人员、科技作者。

A（艺术型）：室内装饰专家、图书管理专家、摄影师、音乐教师、作家、演员、记者、诗人、作曲家、编剧、雕刻家、漫画家。

S（社会型）：社会学者、导游、福利机构工作者、咨询人员、社会工作者、社会科学教师、学校领导、精神病工作者、公共保健护士。

E（事业型）：推销员、进货员、商品批发员、旅馆经理、饭店经理、广告宣传员、调度员、律师、政治家、零售商。

C（常规型）：记账员、会计、银行出纳、法庭速记员、成本估算员、税务员、核算员、打字员、办公室职员、统计员、计算机操作员、秘书。

下面介绍 3 个代号的职业兴趣类型一致的职业表，对照的方法如下：首先根据你的职业兴趣代号，在下表中找出相应的职业，例如你的职业兴趣代号是 RIA，那么牙科技术人员、陶工等是适合你兴趣的职业。然后寻找与你职业兴趣代号相近的职业，如你的职业兴趣代号是 RIA，那么，其他由这三个字母组成的编号（如 IRA、IAR、ARI 等）对应的职业，也可能对你比较合适。

RIA：牙科技术员、陶工、建筑设计员、模型工、细木工、制作链条人员。

RIS：厨师、林务员、跳水员、潜水员、染色员、电器修理、眼镜制作、电工、纺织机器装配工、服务、装玻璃工人、发电厂工人、焊接工。

RIE：建筑和桥梁工程、环境工程、航空工程、公路工程、电力工程、信号工程、电话工程、一般机械工程、自动工程、矿业工程、海洋工程、交通工程技术人员、制图员、政治家、经济人员、计量员、农民、农场工人、农业机械操作、清洁工、无线电修理、汽车修理、手表修理、管道工、线路装配工、工具仓库管理员。

RIC：船上工作人员、接待员、杂志保管员、牙医助手、制帽工、麻坊工、石工、机器制造、机车（火车头）制造、农业机器装配、汽车装配工、缝纫机装配工、钟表装配和检验、电动器具装配、鞋匠、锁匠、货物检验员、电梯机修工、托儿所所长、钢琴调音员、装配工、印刷工、建筑工、钢铁工人、卡车司机。

RAI：手工雕刻、玻璃雕刻、制作模型人员、家具木工、制作皮革品、手工绣花、手工钩针纺织、排字工作、印刷工作、图画雕刻、装订工。

RSE：消防员、交通巡警、警察、门卫、理发师、房间清洁工、屠夫、锻工、开凿工人、管道安装工、出租汽车驾驶员、起卸机操作工、灭害虫者、电梯操作工、厨房助手。

REC：抄水表员、保姆、实验室动物饲养员、动物管理员。

REI：轮船船长、航海领航员、大副、试管实验员。

RES：旅馆服务员、家畜饲养员、渔民、渔网修补工、水手长、收割机操作工、搬运行李工人、公园服务员、救生员、登山导游、火车工程技术员、建筑工人、铺轨工人。

RCI：测量员、勘测员、仪表操作者、农业工程技术员、化学工程技师、民用工程技师、石油工程技师、资料室管理员、探矿工、煅烧工、烧窑工、矿工、保养工、磨床工、取样工、样品检验员、纺纱工、炮手、漂洗工、电焊工、锯木工、刨床工、制帽工、手工缝纫工、油漆工、染色工、按摩工、木工、建筑工、电影放映员、勘测员助手。

RCS：公共汽车驾驶员、一等水手、游泳池服务员、裁缝、建筑工作、石工、烟囱修建工、混凝土工、电话修理工、爆破手、邮递员、矿工、裱糊工人、纺纱工。

RCE：凿井工、吊车驾驶员、农场工人、邮件分类员、铲车司机、拖拉机司机。

IAS：普通经济学家、财政经济学家、国际贸易经济学家、实验心理学家、工程心理学家、心理学家、哲学家、内科医生、数学家。

IAR：人类学家、天文学家、化学家、物理学家、医学病理、动物标本剥制者、化石修复者、艺术品管理者。

ISE：营养学家、饮食顾问、火灾检查员、邮政服务检查员。

ISC：侦察员、电视播音室修理员、电视修理服务员、验尸室人员、编目录者、医学实验室技师、调研者。

ISR：水生生物学者、昆虫学者、微生物学家、配镜师、矫正视力者、细菌学家、牙科医生、骨科医生。

ISA：实验心理学家、普通心理学家、发展心理学家、教育心理学家、社会心理学家、临床心理学家、目标学家、皮肤病学家、精神病学家、妇产科医师、眼科医生、五官科医生、医学实验室技术专家、民航医务人员、护士。

IES：细菌学家、生理学家、化学专家、地质专家、地理物理学专家、纺织技术专家、医院药剂师、工业药剂师、药房营业员。

IEC：档案保管员、保险统计员。

ICR：质量检验技术员、地质学技师、工程师、法官、图书馆技术辅导员、计算机操作员、医院听诊员、家禽检查员。

IRA：地理学家、地质学家、声学物理学家、矿物学古生物学家、石油学家、地震学家、声学物理学家、原子和分子物理学家、电学和磁学物理学家、气象学家、设计审核员、人口统计学家、数学统计学家、外科医生、城市规划师、气象员。

IRS：流体物理学家、物理海洋学家、等离子体物理学家、农业科学家、动物学家、食品科学家、园艺学家、植物学家、细菌学家、解剖学家、动物病理学家、作物病理学家、药物学家、生物化学家、生物物理学家、细胞生物学家、临床化学家、遗传学家、分子生物学家、质量控制工程师、地理学家、兽医、放射性治疗技师。

IRE：化验员、化学工程师、纺织工程师、食品技师、渔业技术专家、材料和测试工程师、电气工程师、土木工程师、航空工程师、行政官员、冶金专家、原子核工程师、陶瓷工程师、地质工程师、电力工程师、口腔科医生、牙科医生。

IRC：飞机领航员、飞行员、物理实验室技师、文献检查员、农业技术专家、动植物技术专家、生物技师、油管检查员、工商业规划者、矿藏安全检查员、纺织品检验员、照相机修理者、工程技术员、计算机编程者、工具设计者、仪器维修工。

CRI：簿记员、会计、记时员、铸造机操作工、打字员、按键操作工、复印机操作工。

CRS：仓库保管员、档案管理员、缝纫工、讲述员、收款人。

CRE：标价员、实验室工作者、广告管理员、自动打字机操作员、电动机装配工、缝纫机操作工。

CIS：记账员、顾客服务员、报刊发行员、土地测量员、保险公司职员、会计师、估价员、邮政检查员、外贸检查员。

CIE：打字员、统计员、支票记录员、订货员、校对员、办公室工作人员。

CIR：校对员、工程职员、海底电报员、检修计划员、发报员。

CSE：接待员、通讯员、电话接线员、卖票员、旅馆服务员、私人职员、商学教师、办事员。

CSR：运货代理商、铁路职员、交通检查员、办公室通信员、簿记员、出纳员、银行账务职务。

CSA：秘书、图书管理员、办公室办事员。

CER：邮递员、数据处理员、办公室办事员。

CEI：推销员、经济分析家。

CES：银行会计、记账员、法人秘书、速记员、法院报告人。

ECI：银行行长、审计员、法人秘书、速记员、法院报告人。

ECS：保险人员、各类进货员、海关服务经理、售货员、购买员、会计。

ERI：物业管理员、工业工程师、农场管理员、护士长、农业经营管理人员。

ERS：仓库管理员、房屋管理员、货栈监督管理员。

ERC：邮政局长、渔船船长、机械操作领班、木工领班、瓦工领班、驾驶员领班。

EIR：科学、技术和有关周期出版物的管理员。
EIC：专利代理人、鉴定人、运输服务检查员、安全检查员、废品收购人员。
EIS：警官、侦察员、交通检验员、安全咨询员、合同管理者、商人。
EAS：法官、律师、公证人。
EAR：展览室管理员、舞台管理员、播音员、驯兽员。
ESC：理发师、裁判员、政府行政管理员、账证管理员、工程管理员、职业病防治、售货员、商业经理、办公室主任、人事负责人、调度员。
ESR：家具售货员、书店售货员、公共汽车驾驶员、日用品售货员、护士长、自然科学和工程的行政领导。
ESI：博物馆管理员、图书馆管理员、古迹管理员、饮食业经理、地区安全服务管理员、技术服务咨询者、超级市场管理员、零售商品店店员、批发商、出租汽车调度员。
ESA：博物馆馆长、报刊管理员、音乐器材售货员、广告商、销售员、导游、（轮船或班机上的）事务长、飞机上的服务员、船员、法官、律师。
ASE：戏剧导演、舞蹈教师、广告撰稿人、报刊、专栏作者、记者、英语翻译。
ASI：音乐教师、乐器教师、美术教师、管弦乐指挥、合唱队指挥、歌星、演奏家、哲学家、作家、广告经理、时装模特。
AER：新闻摄影师、电视摄像师、艺术指导、录音指导、丑角演员、魔术师、木偶戏演员、骑士、跳水员。
AEI：音乐指挥、舞台指导、电影导演。
AES：流行歌手、舞蹈演员、电影导演、广播节目主持人、舞蹈教师、口技表演者、喜剧演员、模特。
AIS：画家、剧作家、编辑、评论家、时装艺术师、新闻摄影师、演员、文学作者。
AIE：花匠、皮衣设计师、工业产品设计师、剪影艺术家、复制雕刻品大师。
AIR：建筑师、画家、摄影师、绘图员、环境美化工、雕刻家、包装设计师、陶器设计师、绣花工、漫画师。
SEC：社会活动家、退伍军人服务官员、工商会事务代表、教育咨询者、宿舍管理员、旅馆经理、饮食服务管理员。
SER：体育教练、游泳指导。
SEI：大学校长、学院院长、医院行政管理员、历史学家、经济学家、职业学校教师、资料员。
SEA：娱乐活动管理员、国外服务办事员、社会服务助理、一般咨询者、宗教教育工作者。
SCE：部长助理、福利机构职员、生产协调人、环境卫生管理人员、戏院经理、餐馆经理、售票员。
SRI：外科医师助手、医院服务员。
SRE：体育教师、职业病治疗者、体育教练、专业运动员、房管员、儿童家庭教师、警察、引座员、传达员、保姆。
SRC：护理员、护理助理、医院勤杂工、理发师、学校儿童服务人员。

SIA：社会学家，心理咨询师，学校心理学家，政治科学家，大学或学院的系主任，大学或学院的教育学教师，大学农业学教师，大学工程和建筑课程的教师，大学法律教师，大学数学、医学、物理、社会科学和生命科学的教师，研究生助教，成人教育教师。

SIE：营养学家、饮食学家、海关检查员、安全检查员、税务稽查员、校长。

SIC：描图员、兽医助手、诊所助理、体检检查员、监督缓刑犯工作者、娱乐指导者、咨询人员、社会科学教师。

SIR：理疗员、救护队工作人员、手足病医生、职业病治疗助手。

四、霍兰德职业适应性测量工具（SDS）对于职业选择和职业成功的价值分析

职业兴趣是职业选择中最重要的因素，是一种强大的精神力量。职业兴趣测验可以帮助个体明确自己的主观性向，从而能得到最适宜的活动情境并给予最大的能力投入。根据霍兰德的理论，个体的职业兴趣可以影响其对职业的满意程度，当个体所从事的职业和他的职业兴趣类型匹配时，个体的潜在能力可以得到最彻底地发挥，工作业绩也更加显著。在职业兴趣测试的帮助下，个体可以清晰地了解自己的职业兴趣类型和在职业选择中的主观倾向，从而在纷繁的职业机会中找寻到最适合自己的职业，避免职业选择中的盲目行为。尤其是对于大学生和缺乏职业经验的人，霍兰德的职业兴趣理论可以帮助大学生做好职业选择和职业设计，成功地进行职业调整，从整体上认识和发展自己的职业能力，职业兴趣也是职业成功的重要因素。

五、霍兰德职业适应性测量工具（SDS）对于企业招募人才的价值分析

职业兴趣作为一种特殊的心理特点，由职业的多样性和复杂性反映出来。职业兴趣上的个体差异是相当大的，也是十分明显的。因为，一方面，现代社会职业划分越来越细，社会活动的要求和规范越来越复杂，各种职业间的差异也越来越明显，所以对个体的吸引力和要求也就迥然不同；另一方面，个体自身的生理、心理、教育、社会经济地位环境背景不同，所乐于选择的职业类型、所倾向于从事的活动类型和方式也就十分不同。

不同职业的社会责任、满意度、工作特点、工作风格、考评机制各不相同。同时，这种差异决定着不同职业对于员工的职业兴趣有着特殊的要求。现代人力资源管理的基本原则是将合适的人放在合适的岗位上。人与职位的匹配应该包括两个方面的内容：一是人的知识、能力、技能与岗位要求相匹配；更重要的是人的性格、兴趣与岗位相适应。因此，企业在招募新员工时，就非常有必要对申请在本企业工作的人员进行职业兴趣的测评，了解申请者的职业兴趣和人格类型。通过测试，企业可以得知它所能提供的职业环境是否与申请者的职业兴趣类型相匹配，换句话说，企业可以考查到申请者是否适合在本企业的职业环境中工作。所以，企业在招募人才的过程中，如果能够坚持以霍兰德的职业兴趣理论为指导，不仅可以招募到适合本企业的人才，还可以在招聘工作中减少盲目性，通过职业兴趣的测试，企业还可以给予新员工最适合的工作环境，以期最大限度地在工作中发挥他们的聪明才干。

案例思考：

如何探索职业兴趣？

在日常学习生活中，我们一方面需要学会尊重自己，并且慢慢体会自己的感受和观点，另一方面需要多参加学校、社会的各项活动，并记录总结参加活动的感受、体会，在实践中去探索自己的兴趣，同时还必须注重培养自己的兴趣爱好。

兰勇，四川西充人，四川某高校公共管理本科专业2010级学生。

老师问：你是否喜欢目前学习的这个专业？

学生答：不知道。

老师问：你喜欢做什么？

学生答：不知道。

老师问：大学四年后，你准备干什么？

学生答：不知道。

老师问：你今后需要一个什么样的生活方式？

学生答：能够赚很多钱。

老师问：什么人、什么工作可以赚很多钱？

学生答：不知道。现在不知道应该干什么，很迷茫。

专家认为：由于兴趣与专业完全不符合，应找到两者的切入点：

一是同一种专业可以从事多种不同的职业，而从事同一种职业的人也可能来自不同的专业。

二是在大学本科学习期间除了专业学习之外，辅修一门自己感兴趣的专业，是一种很好的选择。

三是在工作中，不一定都从个人兴趣出发，有时还要服从国家的需要和组织的安排。

李开复的职业兴趣

我刚进入大学时，想从事法律或政治工作。一年多后我才发现自己对它没有兴趣，学习成绩也只能是中游。但我爱上了计算机。我每天疯狂地编程，很快就引起老师、同学的重视。终于，大二的一天，我做了一个重大的决定，放弃此前一年多在美国前三名的哥伦比亚大学法律系已经修完的学分，转入哥伦比亚大学默默无闻的计算机系。我告诉自己，人生只有一次，不应浪费在没有快乐、没有成就感的领域。当时也有朋友对我说改变专业会付出很多代价，但我对他们说，做一份没有激情的工作将付出更大的代价。那一天，我心花怒放、精神振奋，我对自己承诺，大学后三年每一门功课都要拿A。若不是那天的决定，今天我就不会拥有在计算机领域所取得的成就。而我很可能就只是在美国某个小镇上做一个既不成功又不快乐的律师。

——资料来源：http://news.mbalib.com/story/43511。

思考题：

如何根据本章学习的职业生涯测量方法，探索选择适合自身的职业？

第八章
职业生涯设计书

第一节 职业生涯设计书的编写

机会总是留给有准备的人，任何人都不会轻易与成功偶遇，成功不是必然，而是要经过不懈努力，并通过长时间知识和经验积累来促进职业发展。而我们每一个人，在迈向成功的路途中，一定要对自身的职业发展方向有较为清晰的认识，这样才能找到捷径快速迈向成功之路，而个人职业发展规划书则是我们成功路上的一张"地图"，它所起到的作用尤为重要。

职业生涯设计是一个长期的连续过程，需要设计一套程序来保证它的顺利实施。一般认为这个过程包括自我评估、环境评估、理想职业目标选择、职业生涯路线选择、制订实施方案、实施、评估与反馈七个步骤。流程图如图8-1所示。

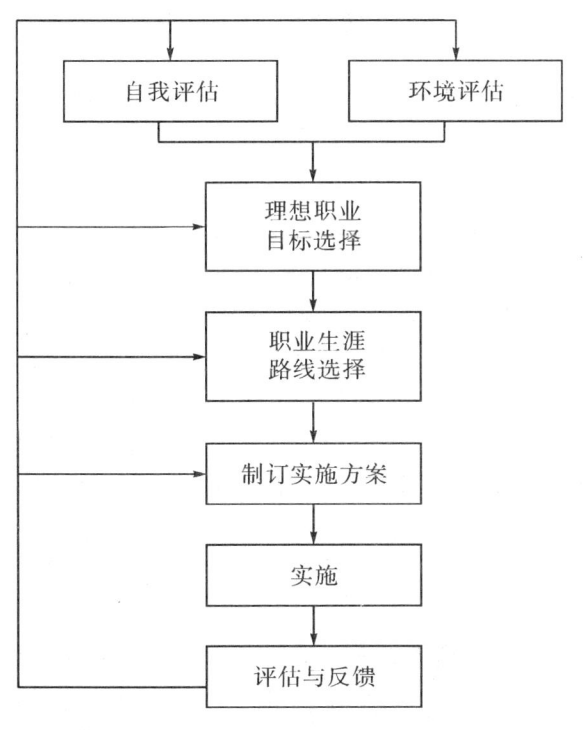

图8-1 职业生涯设计流程

一、自我评估

在进行职业生涯设计时，首先就是要进行自我评估，即了解自我。我们要对自己进行客观评估，看清作为个人职业生涯规划的第一大要素——"知己"，看到自己的现状与未来志向之间的差距，还要端正态度、脚踏实地、稳步前进。

自我评估是个人职业生涯规划的基础，也是能否获得可行规划方案的前提。有效的个人职业生涯规划要求规划者首先能对自己作出全面的分析，通过自我分析，正确深刻地认识和了解自己，唯有如此才能对自己未来的职业生涯做出最佳的抉择。如果忽视了自我评估，职业生涯规划就很容易中途夭折。

自我评估的主要内容也是与个人相关的所有因素，包括兴趣、个性、性格、能力、特长、学识水平、思维方式、价值观、情商以及潜能等。即弄清楚自己是谁，自己想要做什么，自己能做什么。注意，人人都有潜能。这里的自我认知要更注重挖掘自己的潜能。

故事：人人都有潜能

一个工人总是从下午四点值班到午夜，下班后再走路回家。这一晚，由于月光不错，他决定抄小路穿过坟场走回家，那样可以省去半里路程。没想到那天有人在路上挖了一个墓穴，工人不小心一脚踩空掉了进去。他急着要爬出去，可是墓穴太深，他爬得筋疲力尽，仍然无济于事。最后他决定干脆放松休息一下，等早上再向经过的人求助。工人坐在墓穴的一角，半睡半醒。忽然"通"的一声，一个醉汉也从上面掉了下来，那人没注意到坑里已经有一个人了，一心想要爬出去，双手在两旁乱抓。工人不忍看他白费劲，就好心地伸手抓住醉汉的脚，说："老兄，我试过了，不可能从这里爬出去的……"谁知他的话音未落，那醉汉尖叫一声："鬼啊！"然后三下两下就从坑里蹿了出去！人总是会在紧要关头激发出全部的潜能。

潜能可以在情况危急的时刻发挥出来，也可以被你自己所建立的有挑战性的目标所激励。不要等到哪天遇到意外或受外力刺激才发挥你的潜力，给自己建立有挑战性的目标照样可以激发你的潜能。

自我认知的方法包括：自省、测评、角色建议。需要提醒的是，自我认知不是一两次心理测评可以解决的事情，而是要贯穿整个职业生涯过程。自我认知的方法很多，中国古代就有"吾日三省乎吾身"的做法。目前国内也已经有了许多可供选择的职业测评工具。关于测评，有两个建议：认认真真做测评，别不当回事；平平常常看结果，别太当回事。

常言道"当局者迷"。一个人对自己的认识总是片面的，所以，在自我评估中还应当包括他人的意见，我们称之为"角色建议"。这些人包括你的父母、老师、同学、朋友，还有职业生涯的专业咨询人员。这些不同人物角色的建议，会帮助你更清醒地认识现实与理想间的差距。

二、环境评估

每个人都处于一定的社会环境之中，或多或少与各种组织有着这样那样的关联。因此，职业生涯规划也就离不开对这些环境因素的了解和分析。具体说来，我们要了解自己所处环境的特点、发展变化的趋势、自己与环境的关系、自己所处的地位、对自己有利或不利的条件等。例如，对所在单位和所属行业进行分析。这些外部条件对寻找恰当的职业生涯发展路径是至关重要的。

"知彼"更重于"知己"。毫无疑问，环境因素对个人职业生涯发展的影响是巨大的，作为社会生活中的一个个体，我们只有顺应外部环境的需要，趋利避害，最大可能地发挥个人优势，才能实现个人目标。

外部环境分析包括对社会政治环境、经济环境和组织（企业）环境的分析，即评估和分析环境条件的特点、发展与需求变化趋势，自己与环境的关系以及环境对自己的影响等。人是社会的人，任何一个人都不可能离群索居，都必须生活在一定的环境之中，特别是要生活在一个特定的组织环境之中。环境为每个人提供了活动的空间、发展的条件、成功的机遇。特别是近年来，社会的快速变化，科技的高速发展，市场竞争的加剧，对个人的发展都产生了很大的影响。在这种情况下，个人如果能很好地利用外部环境，就有助于事业的成功，否则，就会处处碰壁，寸步难行，事倍功半，难以成功。在制定职业生涯规划时，要分析环境的特点、环境的发展变化情况、个人与环境的关系、个人在环境中的地位、环境对个人提出的要求以及环境中对自己有利与不利的因素，等等。环境分析主要是通过对组织环境特别是组织发展战略、人力资源需要、晋升发展机会的分析，以及对社会环境、经济环境等有关问题的分析与探讨，弄清环境对职业发展的作用及影响，以便更好地进行职业目标的规划与职业路线的选择。

评估内容：社会环境分析、行业环境分析、职业环境分析、企业环境分析。

评估方法：查阅、参观、访谈、实习。

三、理想的职业目标选择

理想的职业目标首先源于个人的志向。所谓志向，就是我们对未来的憧憬中那些感觉最强烈的，随着自身成长不但不衰减、忘记，而且越发渴望实现的东西。当个体明确了志向，也就有了人生的目标，个体的人生观、兴趣、知识结构等就会逐渐向着这个志向靠拢。当然志向的明确不是一蹴而就的，而是随着时间推移，不断积累沉淀得到的。

理想的职业目标就是个体对所立志向的具体化和形象化，是建立在自我认知和对环境科学分析的基础上，具有最大实现可能性的志向。选择理想目标要具有一定挑战性，同时也要能够合乎自己的性格，顺应环境的变化趋势。至于如何具体选择理想的职业目标，需要我们不断摸索和尝试，但原则上要忠于自己的志向。职业目标选择程序如图8-2所示。

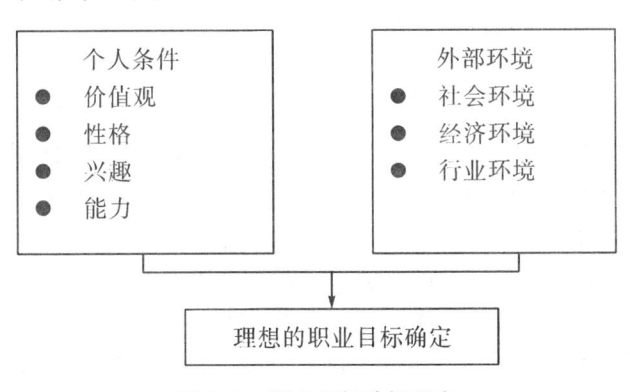

```
┌─────────────────┐    ┌─────────────────┐
│ 个人条件         │    │ 外部环境         │
│ ● 价值观         │    │ ● 社会环境       │
│ ● 性格           │    │ ● 经济环境       │
│ ● 兴趣           │    │ ● 行业环境       │
│ ● 能力           │    │                  │
└────────┬────────┘    └────────┬────────┘
         │                      │
         └──────────┬───────────┘
                    ▼
           ┌─────────────────┐
           │ 理想的职业目标确定 │
           └─────────────────┘
```

图8-2 职业目标选择程序

通过自我认知、生涯机会的评估，认识自己、分析环境，在此基础上对自己的职业作出选择。在选择职业时，要充分考虑到自身的特点，即自己的性格、兴趣和特长；要充分考虑到环境因素对自己的影响。对这些因素的分析，是职业选择的前提条件。分析自我、了解自己、分析环境、了解职业世界，使自己的性格、兴趣、特长与职业吻合。这一点对刚步入社会、初选职业的大学毕业生非常重要。

目标的选择是以自己的最佳才能、最优性格、最大兴趣、最有利的环境等条件为依据的。职业生涯目标是未来人生的发展方向，对人的一生有着重要的影响。职业生涯目标作为个人的一种发现，往往要经过一番危机才能找到。不过以下问题能够帮助人们在陷入危机之前就发现自己的目标。

你有何才能？把它们全部列出来，选择三种最重要的才能，然后把每种才能用一两个词来表达。如"我所具有的最重要的三个才能是听力、创造力和表达能力"。

你的追求是什么？什么是你梦寐以求的？使你希望为之付出更多的精力？究竟为哪些事情你愿意一展才华？在哪些主要领域你愿意投入自己的才智？譬如，"我的追求是从事成人发展和帮助人们发现他们的生活目标"。

什么环境让你感到如鱼得水？什么样的工作和生活环境最适合你发挥自己的才能？例如，"我经常在随意的学习环境或与别人一起游览自然风景时，最能展现自己的才华"。

现在，把上述问题的答案列出来，将每个答案中你认为最重要的因素结合起来组成一个完整的句子。比如，"我的生活目标是利用我的听力、创造力和表达能力帮助人们在自然环境中发现他们的生活目标"。

也许你会发现自己的职业生涯目标有多个。如果你不断探寻，最终会发现它们当中贯穿着一条内在的主线。因此，你要经常重复上述问题。

四、职业生涯路线选择

每个人的现实状况与理想目标之间都存在多种可供选择的路径，可以选择不同的行业，选定了行业还可以选择不同的企业，选定了企业还能选择不同的职位起点等。这就是职业生涯路线的选择。它包含两个方面，目标分解与目标组合。在选择好了职业生涯发展目标之后，还需要在路线上设置一些节点——阶段性目标。这些子目标的设立既是对自己前期工作成绩的肯定，也是对自己下一阶段工作的督促。这就是"目标分解"。目标分解是为了使实现目标具有可操作性。另外，我们还需要对目标进行组合，目标组合是为了处理好不同分目标之间的关系。

（一）职业目标分解

职业目标分解是根据观念、知识、能力差距，将职业生涯长期的远大目标分解为有时间规定的长、中、短期分期目标，直至将目标分解为某确定日期可以采取的具体步骤。它帮助我们在现实环境与美好愿望之间建立起可以拾阶而上的途径。一直分解到你知道为实现你十年以后的目标，今年干什么、明天干什么。如果你不知道你明天应该干什么，你十年以后的目标永远是一个美好的愿望，变成不了现实。

案例：分段实现大目标

1984年，在东京国际马拉松邀请赛中，名不见经传的日本选手山田本一出人意料地夺得了世界冠军。当记者问他凭什么取得如此惊人的成绩时，他说了这么一句话：凭智慧战胜对手。

当时许多人都认为这个偶然跑到前面的矮个选手是在故弄玄虚。马拉松赛是体力和耐力的运动，只要身体素质好又有耐性就有望夺冠，爆发力和速度还都在其次，说用智慧取胜确实有点勉强。

两年后，意大利国际马拉松邀请赛在意大利北部城市米兰举行，山田本一代表日本参加比赛。这一次，他又获得了世界冠军。记者又请他谈谈经验。

山田本一性情木讷，不善言谈，回答的仍是上次那句话：用智慧战胜对手。这回记者在报纸上没再挖苦他，但对他所谓的"智慧"仍迷惑不解。

10年后，这个谜终于被解开了。山田本一在他的自传中是这么说的：每次比赛之前，我都要乘车把比赛的线路仔细看一遍，并把沿途比较醒目的标志画下来，比如第一个标志是银行；第二个标志是一棵大树；第三个标志是一座红房子……这样一直画到赛程的终点。比赛开始后，我就奋力地向第一个目标冲去，等到达第一个目标后，我又以同样的速度向第二个目标冲去。40多千米的赛程，被我分解成这么几个小目标就轻松跑完了。起初，我并不懂这样的道理，我把我的目标定在40多千米外终点线的那面旗帜上，结果我跑了十几千米时就疲惫不堪了，我被前面那段遥远的路程给吓倒了。

在现实中，我们做事之所以会半途而废，这其中的原因，往往不是因为难度较大，而是觉得成功离我们较远。确切地说，我们不是因为失败而放弃，而是因为倦怠而失败。在人生的旅途中，我们稍微具有一点山田本一的智慧，人生中也许会少许多懊悔和惋惜。

你想想马拉松赛跑时，如果跑了20多千米，还望不到头，还有20多千米，那是什么感觉？觉得我已经这么累了，可是还有那么远，一种强大的心理负担先把自己压垮了。可是如果你用山田本一目标分解的方法，同样是跑了20多千米，又是什么感觉？"我已经实现了一个又一个目标，而下一个目标已经可以看到，就在几千米之外。我被一次又一次阶段性的成功喜悦激励着！"这就是目标分解的作用。

（二）目标分解的方法

目标分解的方法主要是按性质分解和按时间分解

按性质分解：外职业生涯目标，内职业生涯目标。

按时间分解：最终目标、长期目标、中期目标、短期目标。

1. 性质分解：外职业生涯与内职业生涯

外职业生涯是指从事职业时的工作单位、工作地点、工作内容、工作职务、工作环境、工资待遇等因素的组合及其变化过程。如，职务目标：销售部经理、经营总监；经济目标：30岁之前赚取20万元，40岁之前赚取100万元。外职业生涯的构成因素通常是由别人给予的，也容易被别人收回。外职业生涯因素的取得往往与自己的付出不符，尤其是职业生涯初期。有的人一生疲于追求外职业生涯的成功，但内心极为痛苦，因为他们往往不了解，外职业生涯发展是以内职业生涯发展为基础的。

内职业生涯是指从事一项职业时所具备的知识、观念、心理素质、能力、内心感受等因素的组合及其变化过程。比如，工作成果目标，销售经理用一年时间建立公司的营销网络管理体制；心理素质目标，经受得住挫折，能做到临危不惧、宠辱不惊。内职业生涯各项因素的取得，可以通过别人的帮助而实现，但主要还是由自己努力追求而得以实现的。与外职业生涯构成因素不同，内职业生涯的各构成因素内容一旦取得，别人便不能收回或剥夺。

案例：打开你观念的抽屉

一天，报社的一位年轻记者去采访日本著名企业家松下幸之助。

年轻人很珍惜这次采访机会，做了认真的准备。因此，他与松下幸之助先生谈得很愉快。采访结束后，松下先生亲切地问年轻人："小伙子，你一个月的薪水是多少？"，"薪水很少，一个月才一万日元。"年轻人不好意思地回答。

"很好！虽然你现在薪水只有一万日元，其实，你知道吗，你的薪水远远不止一万日元。"松下先生微笑着对年轻人说。

年轻人听后，感到有些奇怪：不对呀，明明我每个月的薪水只有一万日元，可松下先生为什么会说不止一万日元呢？

看到年轻人一脸的疑惑，松下先生接着道："小伙子，你要知道，你今天能争取到采访我的机会，明天也就同样能争取到采访其他名人的机会，这就证明你在采访方面有一定的潜力。如果你能多多积累这方面的才能与经验，这就像你在银行存钱一样，钱进了银行是会生利息的，而你的才能也会在社会的银行里生利息，将来能连本带利地还给你。"松下先生的一番话，使年轻人茅塞顿开。

许多年后，已经做了报社社长的年轻人，回忆起与松下先生的谈话时，深有感慨：对于年轻人来说，注重才能的积累远比注重薪水的多少更重要，因为它是每个人最厚重的生存资本。

分析：这个年轻记者的外职业生涯的单位是报社，职务是记者，工资是每月一万多日元；内职业生涯则表现为具有争取到采访名人的能力，还表现在他建立的一个新观念，那就是对于年轻人来说，注重才能的积累远比注重薪水的多少更重要，因为它是每个人最厚重的生存资本。这种内外职业生涯发展的结果就是这个年轻人的内职业生涯发展了，他积累了才能与经验，而这种内职业生涯的发展带动了他外职业生涯的发展，后来他成为了报社社长。

一个好的职业生涯的设计是内职业生涯与外职业生涯的平衡。内职业生涯的发展是外职业生涯发展的前提，内职业生涯发展带动外职业生涯的发展。它在人的职业生涯成功乃至人生成功中具有关键性作用。因而在职业生涯的各个阶段，我们都应该重视内职业生涯的发展。尤其是在职业生涯早期和中前期，我们一定要把对内职业生涯各因素的追求看得比外职业生涯更重要。

2. 时间分解：按时间分解是给按性质分解的目标做出明确的时间规定

要区分最终目标与阶段目标。最终目标取决于一个人的价值观念、知识能力水平，是对环境、企业、自身条件、家庭条件做最大分析之后得到的结果。有的人在30岁已能预见自己的最终职业目标；但也有些人到退休时也未能搞清楚自己的最终职业目标所在。目标的期限体现着一个人的心理成熟程度。找到最终目标是在确定职业锚之后，平均年龄是40岁。

最终目标可以几十年为期限，长期目标可以十几年为期限，中期目标以几年为期限，短期目标则为一两年，而近期目标则短至几个月。对于短期和近期的目标，应详细规定实现的时间和明确的方法。

职业生涯目标 {
最终目标：至退休或去世
长期目标：10年以上
中期目标：两年以上
短期目标：1~2年
近期目标：数月
}

目标组合：目标组合是处理不同目标相互关系的有效方法。如果只看到目标之间的排斥性，就只能在不同目标之间做出排他性选择；如果能看到目标之间的因果关系与互补性，就会积极进行不同目标的组合。

目标组合是处理不同目标之间相互关系的有效措施。目标组合主要着眼于各目标之间的因果、互补关系。

时间组合 { 并进 / 连续 }

功能组合 { 因果关系 / 互补关系 }

全方位组合 { 职业生涯 / 家庭生活 / 个人事物 }

时间组合的职业生涯目标可分为并进和连续两种情况。

并进目标的"并进"或者是指同时着手实现两个现行工作目标（如有的企业行政总监实际在完成人力资源经理和行政经理两项工作）；或指建立和实现与目前工作内容不相关的预备职业生涯目标，如一个秘书为了今后的发展在做好本职工作的同时业余学习新闻专业的硕士课程。建立和实现本职工作外的目标是居安思危、未雨绸缪，是具有长远眼光的表现，需要具备较强的时间管理能力和学习上的毅力。

比如说你现在做财务经理，实际上在你一个人身上有两个职业：一个是财务专业人员的职业，一个是管理人员的职业。你在这两个职业上同时学习，同时提高，既要做优秀的财务工作人员，又要做成功的管理人员，这两个并不矛盾的职业目标同时进行就叫做目标的并进。

连续目标的"连续"指目标之间的前后连续，即实现一个再进行下一个。一般而言，较短期目标是实现较长期目标的支持条件。目标的期限性是相对的：随着时间的推移，长期目标成为中期目标；中期目标成为短期目标；短期目标成为近期目标。只有完成好每一个近期目标才能实现最终目标。如果你想念完MBA以后当两年财务经理，再去当人力资源部经理，这种目标组合方法就称为连续，实现一个目标之后再去实现另一个目标。

功能组合。职业生涯目标在功能上可以产生因果关系、互补作用。有些目标之间有非常明显的因果关系，比如能力目标实现（原因），将有利于职务目标的实现（结果）；职务目标的实现（原因），会带来经济收入目标的实现（结果）。

通常情况下，内职业生涯是原因，外职业生涯是结果。例如经济目标设定在5年以后年薪达到70万元。要想使这一目标变成现实，有两种可能，一种是业绩非常优秀，一种是职务有很大的提升，就是使职务提升，或者使业绩提高。要想职务提升或者业绩提高，必要条件是能力提升。如果要想得到能力提升这个结果，必须更新知识、树立新的观念，然后去实践。如果你的知识、观念更新了，实践能力提高了，职务提升了，业绩突出了，那么你得到更多的报酬则是顺理成章的事。

互补作用。一个管理人员希望在成为一个优秀的部门经理的同时得到MBA证书，这两个目标之间存着直接的互补作用：实际管理工作为MBA的学习提供实践的经验体会；而MBA学习又为实际的管理工作提供理论和方法指导。

全方位组合已经超越了职业的范畴，它涵盖了人生的全部活动。全方位的组合指个人事务、职业生涯和家庭的均衡发展，相互促进。我们说事业成功，学业有成，不等于家庭一定成功。千万不要以为事业成功后家庭生活一定也会成功。同理，一个人管不好一个家不代表不能管好一个企业，不代表不能管好一支队伍。这是两套知识体系，两套能力体系，相互之间不能代替，但可以相互促进。

目标组合可以超出职业生涯范围而和全部人生活动联系起来。在建立职业生涯目标时，应考虑自己在个人发展、家庭生活和职业生涯发展中的各种愿望。

范例：

某同学的职业目标分解与组合

职务目标：3年内成为中型企业的中级程序设计师；

5年内成为中型企业的技术部主管；

10年内成为跨国软件企业的部门经理。

能力目标：3年内精通软件及网络技术；

时时了解、掌握与计算机软件技术相关的最新技术发展趋势；

5~6年能游刃有余地协助领导并管理技术团队。

成果目标：在5年内带领团队完成三个软件开发。

经济目标：3年后年薪达6万元，5年后达10万元，10年后达15万元。

事实证明，每个人都有适合其发展的路径，但每个人都彼此不同，谁也不能完全复制别人的成功之道。职业生涯路线是指一个人选定职业后从什么方向上实现自己的职业目标，是向专业技术方向发展，还是向行政管理方向发展。发展方向不同，要求就不同。因此，在职业生涯规划时必须对此作出选择，以便安排今后的学习和工作，使其沿着职业生涯路线发展。职业生涯路线选择的重点是对职业生涯选择要素进行系统分析，在对职业理想、职业能力、职业环境（我想做什么？我能做什么？环境允许我做什么？）三方面的要素进行综合分析的基础上确定自己的职业生涯路线。职业生涯路线选定后，还要画出职业生涯路线图。典型的职业生涯路线图是一个"V"字形的图形。假定一个人22岁大学毕业参加工作，即V形图的起点是22岁。从起点向上发展，V形图的左侧是行政管理路线，右侧是专业技术路线。按照年龄或时间将路线划分为若干部分，并将专业技术等级或行政职务等级分别标在路线图上，作为自己职业生涯的目标，参见图8-3、表8-1。当然，职业生涯路线也可能出现交叉与转换，这可以根据自身的情况来决定。

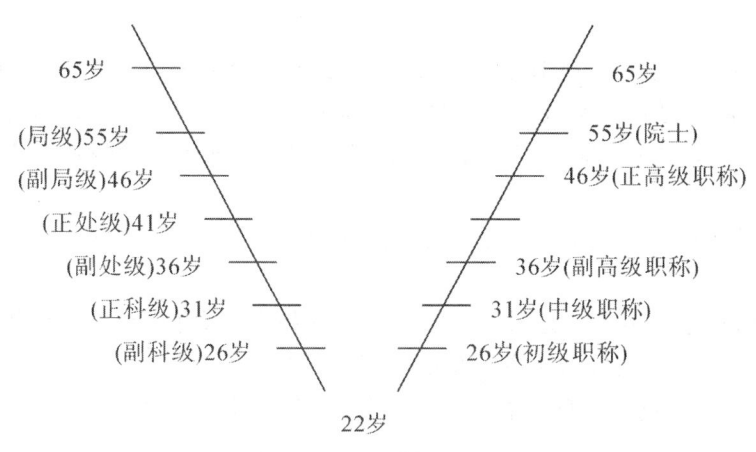

```
  65岁                               65岁
(局级)55岁                          55岁(院士)
(副局级)46岁                        46岁(正高级职称)
(正处级)41岁                     
(副处级)36岁                        36岁(副高级职称)
(正科级)31岁                        31岁(中级职称)
(副科级)26岁                        26岁(初级职称)
                 22岁
```

图 8-3　职业生涯 V 形图

表 8-1　　　　　　　　　　几种典型的职业生涯路线

类型	典型特征	成功标准	主要职业领域	典型职业通路
技术型	职业选择时，主要注意的是工作的实际技术或职能内容。即使提升，也不愿到全面管理的位置，而只愿在技术职能区提升	在本技术区达到最高管理位置，保持自己的技术优势	工程技术、财务分析、营销、计划、系统分析等	财务分析员→主管会计→财务部主任→公司财务副总裁
管理型	能在信息不全的情况下，分析解决问题，善于影响、监督、率领、操纵、控制组织成员，能为感情危机所激励，善于使用权力	管理越来越多的下级，承担的责任越来越大，独立性越来越强	政府机构、企业组织及其各部门的主要负责人	工人→生产组组长→生产线经理→部门经理→行政副总裁→总裁
稳定型	依赖组织，怕被解雇，倾向于按组织要求行事，高度的感情安全，没有太大抱负，考虑退休金	一种稳定、安全、氛围良好的家庭、工作环境	教师、医生、研究人员、勤杂人员	更多地追求职称，如：助教→讲师→副教授→教授
创造型	要求有自主权、管理才能、能施展自己的特殊才能、喜好冒险、追求新的东西、经常转换职业	建立或创造某种东西，它们是完全属于自己的杰作	发明家、风险性投资者、产品开发人员、企业家	无典型职业通路，极易变换职业或干脆自己单独干
自主型	随心所欲确定自己的步调、时间表、生活方式和习惯，组织生活是不自由的、没有个人空间的	在工作中得到自由与欢乐	学者、职业研究人员、手工业者、工商个体户	在自由领域中发展自己的个人事业

五、制订详细的实施方案

制订方案可以分三步完成：找准差距；找对方法；确定实施步骤与完成时间。

我们为什么要找差距呢？事实上，实现目标的过程就是缩小差距的过程。分析目前的状况与实现目标所需要的知识、能力、观念等方面的差距，才能采取有效的行动。

（1）找准差距。①思想观念的差距。比如，面对竞争，一种观念是希望竞争对手失败；另一种观念是设法比竞争对手做得更好。观念不一样，导致的做事方法不一样，做事的结果也会不一样。

知识的差距。据统计，在18世纪，知识更新周期为80~90年，19世纪到20世纪为30~40年，20世纪初至50年代为15~20年，70年代以后为5~10年，90年代以后缩短为3~5年。延长知识保持期的唯一方法就是知识更新。知识的价值不在于拥有而在于应用。

②心理素质的差距。它涉及一个人的毅力如何，面对变故和挫折时心理承受能力怎么样。

③能力差距。除情绪智力之外，可能还会有一些能力差距：比如具体操作能力的差距，演讲能力的差距，身体适应能力方面的差距，等等。

（2）找对方法。在了解自身条件、分析差距的前提下，找到适合自己缩小差距的方法并制订实施方案。

①教育培训的方法：认识到终生学习的重要性，"活到老，学到老"。

②讨论交流的方法。

③实践锻炼的方法：这是缩小差距的根本方法。

（3）实施步骤与完工时间。

范例：

1. 找准差距：①专业技术能力欠缺；②英语口语水平欠缺；③管理知识和能力欠缺

2. 缩小差距的方法：

①教育培训的方法：

2006年7月参加英语口语中级培训班；

2006—2008年通过自学或短期培训等方式学习软件专业最新知识和技术；

2008年考取MBA硕士；

每个月读一本技术、英语或管理方面的书。

②讨论交流的方法：

2006年9月与前辈同事交流工作经验与教训；

2006年12月与领导讨论职业发展；

2006—2008年每周末参加职业经理人沙龙。

③实践锻炼的方法：

专业技术能力。在日常工作中不断应用新的技术，突破创新，争取在一年内技术应用成熟。

英语口语。每周参加英语角活动。

管理能力。积极创造机会参与团队设计项目的组织与协调工作。三年内实现独立管理。

六、实施行动方案

所有的规划、设计都要依靠个体具体的实践来完成。计划的实施过程也就是个体的各种工作经历，具体内容包括实际工作、职能培训、学习深造等。

德国寓言大师克雷洛夫说："现实是此岸，理想是彼岸，中间隔着湍急的河流，行动则是架在河上的桥梁。"心动不如行动。

"说一尺不如行一寸。"任何希望,任何计划最终必然要落实到行动上。只有行动才能缩短自己与目标之间的距离,只有行动才能把理想变为现实。做好每件事,既要心动,更要行动,只会感动羡慕,不去流汗行动,成功就是一句空话。哲人说:"想得好是聪明,计划得好更聪明,做得好是最聪明又最好。"

做得好就是行动。我们从许多杰出的成功者身上都可以找到某些成功的偶然性,但因为他们每个人能做得好,又体现了成功的必然性。如果他们没有付出比常人多几十倍、几百倍的行动,是不可能取得一个又一个成功的。爱迪生75岁时,每天准时到实验室里签到上班。有个记者问他:"你打算什么时候退休?"爱迪生装出一副十分为难的样子说:"糟糕,这个问题我活到现在还没来得及考虑呢!"他活了84岁,一生的发明有1 100多项,对自己成功的原因,他曾这么说:"有些人以为我所以在许多事情上有成就是因为我有什么'天才',这是不正确的。无论哪个头脑清楚的人,如果他肯努力行动,都能像我一样有成就。"爱迪生的名言是:"天才是百分之一的灵感,百分之九十九的汗水。"

七、评估与反馈

俗话说,"计划跟不上变化"。影响职业生涯的内外因素很多,有些变化是可以预测并加以控制的,但是更多的变化是难以预测的。在这种情况下,要使规划行之有效,需要根据实际情况对生涯规划的进展做出评估,并适时进行修正。当然,个体既可以只对某个阶段性目标的实施路径进行修正,也可以对理想发展目标进行修正,但这一切都应符合客观现实的需要。

事物都是处在运动变化中的,由于自身及外部环境条件的变化,职业生涯规划也要随着时间的推移而变化。在制定职业生涯规划时,由于对自身及外界环境都不十分了解,最初确定的职业生涯目标往往都是比较模糊或抽象的,有时是不切实际的甚至是错误的。经过一段时间的工作以后,有意识的回顾自己的行为得失,可以检验自己的职业定位与职业方向是否合适。这样在实施职业生涯规划的过程中自觉地总结经验和教训,评估职业生涯规划,可以修正对自我的认识,通过反馈与修正,纠正最终职业目标与分阶段职业目标的偏差,保证职业生涯规划的行之有效。同时通过评估与修正还可以极大地增强我们实现职业目标的信心。其修订的内容主要包括:职业的重新选择;职业生涯路线的选择;职业生涯目标的修正;实施策略计划的变更等。

第二节 职业生涯设计书编写的方法

在编写个人职业生涯设计书时,由于要涉及自我认知、环境分析、职业定位、目标选择和实施行动方案等环节,每个环节都有具体可行的方法,下面就分别介绍这些方法。

一、"五W法"

在进行自我认知环节分析时,首先要对自己进行充分认知,问清自己以下问题:即职业生涯设计的"5W法"：
1. 我是谁？
2. 我想做什么？
3. 我能做什么？
4. 环境支持或允许我做什么？
5. 我的职业规划是什么？

职业规划专家根据以上五个问题进行详细分解：

（一）我是谁？

这个问题看似简单，却是首要的基本问题。只有真正地了解自己、面对自己，准确分析自己，一方面便于找到适合自己的岗位，另一方面可以提醒自己在工作中注意克服性格的不足，才能切实而有效地完成个人职业生涯设计书。

（二）我想做什么？

这一问题是对个人理想职业的剖析，但是要懂得当个人的能力、职业理想与职业岗位最佳结合时，即达到三者的有机统一时，这个职业才是你的理想职业。只要你的职业理想符合社会需要，而自己又确实具备从事那种职业的职业素质，并且愿意不断地付出努力，迟早有一天会实现自己的职业理想；而理想职业却带有很大的幻想成分。

（三）我能做什么？

俗话说得好"有多大的能力办多大的事"，也就是说要尽可能去做力所能及的事情。我们都知道如果要开办公司，就要有一定的资金，最少要保证10个月没有利润还能维持公司的运营。同样的道理，如果从事一项工作，不可能所有的事情都是自己擅长的，如果碰到自己不擅长的事情，就要想自己能够调动的资源，直接掌握问题的关键点，避免在工作中走弯路。

（四）环境支持或允许我做什么？

"工欲善其事，必先利其器"，围绕这个目标，有目的、有选择地对自己进行充电，这样才能让自己更快的接近或实现目标。

（五）我的职业规划是什么？

如果你所选择的职业岗位已无空缺，而你又需要立即就业，那就先降低一点自己的要求。因为如果没有工作，即意味着没有实现职业理想的可能。而就业以后，可以在主观的作用下向自己的职业理想靠近，例如对自己的兴趣、爱好进行一定的调整。

二、SWOT方法

SWOT分析方法是一种企业内部分析方法，即根据企业自身的既定内在条件进行分析，找出企业的优势、劣势及核心竞争力所在。其中，"S"代表优势（strength），"W"代表劣势（weakness），"O"代表机会（opportunity），"T"代表威胁（threat）。其中，"S、W"是内部因素，"O、T"是外部因素。按照企业竞争战略的完整概念，战略应是一个企业的强项和弱项与环境的机会和威胁之间的有机组合（见图8-4）。

优势 S	劣势 W
机会 O	威胁 T

图 8-4　SWOT 分析模型

SWOT 方法的应用步骤

个体在进行职业生涯设计的环境分析中，通常采用 SWOT 法对内外环境进行分析。利用 SWOT 对自己进行职业发展分析时，可以遵循以下步骤：

1. 评估自己的优势和劣势

每个人都有自己独特的技能、天赋和能力。在当今分工非常细的环境里，每个人擅长于某一领域，而不是样样精通。在职业生涯设计中，如果能根据自身长处在选择职业并"顺势而为"地将自己的优势发挥得淋漓尽致，就会事半功倍，如鱼得水。如果选择了与自身爱好、兴趣、特长"背道而驰"的职业，那么，即使以后再勤奋弥补，耗费了九牛二虎之力，也是事倍功半，难以补拙。职业生涯设计的前提是：知道自身优势是什么，并将自己的生活、工作和事业发展都建立在这个优势之上。

同样，指出自身的劣势和最不喜欢做的事情。不知道自己的劣势在哪里，就会盲目乐观，会觉得天生能做好许多事情，夜郎自大。找到自己的短处，可以努力去弥补自己的短处，提高自己的技能，放弃那些对不擅长的技能要求很高的职业。具体来说就是要知道：自己性格的弱点、经验或经历中所欠缺的方面，最失败的是什么。

自我认识一定要全面、客观、深刻，绝不能规避缺点和短处。"当局者迷，旁观者清"，尽量多参考父母、同学、朋友、师长、专业咨询机构等的意见，力争对自我有一个全面的认识。

2. 找出自身的职业机会和威胁

不同的行业或公司都面临不同的外部机会和威胁，所以，找出这些外界因素将助您成功地找到一份适合自己的工作，这对制定职业生涯规划是非常重要的，因为这些机会和威胁会影响个人的第一份工作和今后的职业发展。如果公司处于一个常受到外界不利因素影响的行业里，显然，这个公司能提供的职业机会将是很少的，而且没有职业升迁的机会。相反，充满了许多积极的外界因素的行业将为求职者提供广阔的职业前景和发展空间。

环境为每个人提供了活动的空间、发展的条件和成功的机遇。特别是近年来，社会的快速变化、科技的高速发展、市场的竞争加剧，对个人的发展产生了很大的影响。在这种情况下，个人如果能很好地利用外部环境，就会有助于个人发展的成功。否则，就会处处碰壁，寸步难行。

同时，我们也面临各种各样的机遇，比如，经济快速发展为我们提供了发展空间，网络技术的发展使我们能了解更多的信息，出国深造的途径多了，择业的双向选择给了自主选择权等。

除了机遇，在这个社会中，我们也会面对各种各样的挑战和威胁。这是我们无法控制的外部因素，但是我们却可以弱化它的影响，这些因素包括：就业还处于买方市场形势、所学专业过时或不符合社会的需要、来自同学间的竞争、面对有更优的技能和更丰富的知识及更多的实践经验竞争者、公司不雇佣你所学专业的人，等等。这都是你可能遇到的挑战。对于这些挑战，我们不能采取回避的态度，或者自怨自艾，抱怨就更不好了，因为我们不能让社会适应你，只能改变自己，提高自己去适应社会的能力，通过努力把挑战转化为一种内在的动力。这样，我们才能避免不利的影响，在困境中脱颖而出，寻求发展和成功的机会（见表8-2）。

表 8-2　　　　　　　　　　SWOT 法分析的主要内容

因素	优势机会	劣势威胁
内部因素	优势：个体不可控但可利用的内在积极因素 工作经验 教育背景 专业知识和经验 可转移的技巧（如沟通能力、团队协作能力、领导能力） 人格特质（个性、气质、能力、动机、需求等） 广泛的个人关系网 在专业组织中的影响力	劣势：个体可控并努力改善的内在消极因素 缺乏工作经验 专业技能差 缺乏目标 缺乏专业知识 寻找工作的能力差 负面的人格特征（如：情绪化、缺乏工作动力等）
外部因素	机会：个体不可控但可利用的外部积极因素 就业机会增加 再教育的机会 专业领域人才缺乏 专业晋升的机会 专业发展带来的机会 职业道路选择带来的机会 地理位置的机会 强大的人际关系网	威胁：个体不可控但可弱化的外部消极因素 就业的机会减少 专业竞争强烈 具有工作经验、技能丰富的竞争者 名校毕业的竞争者 缺乏专业培训 工作晋升机会有限 专业领域发展有限 企业不再招同学历或同专业的人才

三、PPDF 方法

PPDF 的英文全称是："Personal Performance Development File"。中文是：个人职业表现发展档案，也可译成"个人职业生涯发展道路"。

在发达国家的不少企业都依靠 PPDF 使自己的员工形成了一种合力，形成了团队，为了单位的目标去努力实现自我价值。为什么它能起到这样的作用呢？主要是它将所有员工的个人发展，同企业的发展紧紧地联系在一起。它为每个员工都设计了一条经过努力可以达到个人目标的道路，使他明确只要公司发展了，他个人的目标也就可以实现了。这实际上是一种极有效的人力资源开发的方法。正因为如此，许多企业纷纷效仿。

（一）PPDF 的主要目的

PPDF 是员工工作经历的一种连续性的参考。它的设计使员工和他的主管领导对该员工所取得的成就，以及员工将来想做些什么有一个系统的了解。它既指出员工现时的目标，也指出员工将来的目标及可能达到的目标。它标示出，你如果要达到这些目标，在某一阶段你应具有什么样的能力、技术及其他条件，等等。同时，它还帮助你在实施行动时进行认真思考，看你是否非常明确这些目标，以及你应具备的能力和条件。

（二）怎样使用 PPDF

PPDF 是两本完整的手册。当你希望去达到某一个目标时，它为你提供了一个非常灵活的档案。将 PPDF 的所有项目都填好后，交给你的直接领导一本，员工自己留下一本。领导会找你，你要告诉他你想在什么时间内，以什么方式来达到你的目标。他会同你一起研究，分析其中的每一项，给你指出哪一个目标你设计得太远，应该再近一点儿；哪一个目标设计得太近，可以将它往远处推一推。他也可能告诉你，在什么时候应该和电大、夜大等业余培训单位联系，他也可能会亲自为你设计一个更适合于你的方案。总之，不管怎样，你将单独地和你相信的领导一同探讨你该如何发展和奋斗。

（三）PPDF 的主要内容

PPDF 主要包含三个方面的内容：个人情况、现在的行为和未来的发展。

1. 个人情况

A. 个人简历：包括个人的生日、出生地、部门、职务、现住址等。

B. 文化教育：初中以上的校名、地点、入学时间、主修专题、课题等。所修课程是否拿到学历，在学校负责过何种社会活动等。

C. 学历情况：填入所有的学历、取得的时间、考试时间、课题以及分数等。

D. 曾接受过的培训：曾受过何种与工作有关的培训（如在校、业余还是在职培训）、课题、形式、开始时间等。

E. 工作经历：按顺序填写你以前工作过的单位名称、工种、工作地点等。

F. 有成果的工作经历：写上你认为以前有成绩的工作是哪些，不要写现在的。

G. 以前的行为管理论述：写你对工作进行的评价，以及关于行为管理的事情。

H. 评估小结：对档案里所列的情况进行自我评估。

2. 现在的行为

A. 现时工作情况：应填写你现在的工作岗位、岗位职责等。

B. 现时行为管理文档：写上你现在的行为管理文档记录，可以在这里加一些注释。

C. 现时目标行为计划：设计一个目标，同时列出和此目标有关的专业、经历等。这个目标是有时限的，要考虑到成本、时间、质量和数量的记录。如果有什么问题，可以立刻同你的上司探讨解决。

D. 如果你有了现时目标。它是什么？

E. 怎样为每一个目标设定具体的期限？此处写出你和上司谈话的主要内容。

3. 未来的发展

A. 职业目标：在今后的 3~5 年里，你准备在单位里晋升到什么位置。

B. 所需要的能力、知识：为了达到你的目标，你认为应该拥有哪些新的技术、技巧、能力和经验等。

C. 发展行动计划：为了获得这些能力、知识等，你准备采用哪些方法和实际行动。其中哪一种是最好、最有效的，谁对执行这些行动负责，什么时间能完成。

D. 发展行动日志：此处填写发展行动计划的具体活动安排，所选用的培训方法。如听课、自学、所需日期、开始的时间、取得的成果等。这不仅仅是为了自己，也是为了了解工作、了解行动。同时，你还要对照自己的行为和经验等，写上你从中学到了什么。

第三节　职业生涯设计书的结构

一份好的职业生涯设计书应该包含以下结构：

一、封面

1. 标题：除了职业生涯规划这个大标题外，还可以根据需要写上小标题。
2. 个人信息：自己的姓名、联系方式、所在单位，等等。
3. 美化：这就要看个人的喜好和风格，一般封面要突出个人的风格和自己的审美观，还可以附上自己喜欢的标识（Logo）。

二、目录

目录是规划书正文前所载的目次，是为大纲，反映规划顺序、指导阅读、检索步骤等，这个也可以按自己的风格来做，也可以是比较传统的。不过最重要的是醒目、有条理、一目了然。

例如：

目录

引言

第1章　自我认知

1. 个人基本情况
2. 职业兴趣
3. 职业能力及适应性
4. 个人性格
5. 职业价值观
6. 胜任能力
7. 自我分析小结

第2章　职业生涯环境分析

1. 家庭环境分析
2. 学校环境分析
3. 社会环境分析
4. 职业环境分析
5. 职业生涯条件分析小结

第3章　职业目标定位及其分解组合

1. 职业目标的确定
    (1) 短期目标
    (2) 中期目标
    (3) 长期目标
2. 职业目标的分解和组合

第4章　职业生涯路线选择

第5章　制订详细的行动方案

第6章　施行的行动方案

第7章　检查和修订

1. 检查的内容

2. 检查的时间

3. 规划修订的原则和备选方案

三、正文内容及其格式

（一）自我认知分析

注：通过对自己进行全方位、多角度的分析，进行自我认知。

	职业兴趣 （喜欢干什么）	
	职业能力 （能够干什么）	
	个人特质 （适合干什么）	
	职业价值观 （最看重什么）	
	胜任能力 （个人优势、劣势）	
个人 经历	教育（培训）经历	
	工作（兼职）经历	
自我分析小结：			

（二）职业环境分析

注：通过对影响职业选择的相关外部环境进行较为系统的分析，进行职业认知。

家庭环境分析（如家庭经济状况、家人期望、家族文化等对本人的影响）

学校环境分析（如学校特色、专业学习、实践经验等对本人的影响 ）
社会环境分析（如就业形势、就业政策、竞争对手等对本人的影响）
职业环境分析 1. 行业分析（如××行业的用人需求情况、发展状况） 2. 职业分析（如××岗位的工作内容以及对员工的基本要求） 3. 地域分析（如××城市的工作发展前景、文化特点、气候水土等）
职业分析小结：

（三）职业目标选择

1. 短期目标：_____
_____
_____。

2. 中期目标：_____

_____

_____。

  3. 长期目标：_____

_____

_____。

  （四）职业定位

注：根据以上第一部分、第二部分和第三部分的主要内容，进行个人职业定位。

1. 个人职业发展内外部环境 SWOT 分析

	个人优势（S）	个人劣势（W）
内部环境分析		
	发展机会（O）	职业威胁（T）
外部环境分析		

  2. 个人职业发展定位

个人职业目标	例：希望将来从事××职业
职业发展策略	例：希望进入××地区、××类型的组织（如：政府、学校、国企、私企等）
职业发展路径	例：希望从事的工作类型、职位、职称等

（五）职业规划实施计划

名 称	短期计划（现在至大学毕业）
时间段	从　　年　　月至　　年　　月
主要目标	如：毕业时要达到……
细分目标	如：大一要达到……大二要达到…… 或：在××方面要达到……
主要行动	
备注	
名 称	中期计划（大学毕业至毕业后五年）
时间段	从　　年　　月至　　年　　月
主要目标	如毕业后第五年时要达到……
细分目标	如：毕业后第一年要……第二年要…… 或：在××方面要达到……
主要行动	
备注	
名 称	长期计划（毕业后十年或以上计划）
时间段	从　　年　　月至　　年　　月
主要目标	如：退休时要达到……
细分目标	如：毕业后第十年要……第二十年要……
主要行动	
备注	

（六）评估调整与备选方案

职业生涯规划是一个动态的过程，必须根据实际的情况以及环境的变化进行及时的评估与修正。如发生何种情况，个人需要考虑重新选择职业？个人职业发展的备选方案是什么？为什么？

（七）职业生涯设计评估与反馈

填表说明：

（1）个人因素分析包括自己的个性、兴趣、能力、气质、情绪等方面。分析的重点是自己的个性、兴趣和能力（重点是特长），找出三者的结合点。

（2）环境因素分析包括：分析组织环境、社会环境、经济环境中有哪些有利的因素，哪些不利的因素，哪些因素将阻碍你的职业生涯发展，那些因素将为你的职业发展提供机遇。

(3) 职业选择分两种情况，一种是初次选择职业，可根据个人的因素和环境因素的分析结果选择自己的职业；另一种情况是已经在职的人员，此时可根据个人因素和环境因素的分析，对自己的职业进行一次核查，如果有必要和机会，可重新抉择。

(4) 生涯路线的选择，是指走行政管理路线还是走业务路线，还是走经营的路线或先走业务路线，实现某一业务发展目标后，再走行政管理路线，或再转入经营路线，等等。

(5) 完成短期目标的计划与措施，应写出近三年的具体的实施意见。例如，在业务方面提高到什么程度，学习哪些知识，什么时间学习，学习多长时间，学习哪几本书等。在工作技能方面，掌握哪些技能，如何掌握，计划在哪些部门轮岗等。在研究方面，计划发表几篇文章，写几本书，达到什么学术水平等。在设计方面，计划完成哪些产品设计，达到什么水平，产生多大效益等。在管理方面，掌握哪些管理知识，学习哪些管理技能，通过何种方式学习，怎么安排时间等。在政治方面……不同的职业、不同的岗位，应根据自己的具体情况，提出具体的要求。

(6) 完成中期目标计划与措施，主要是列出4~5年的行动与计划，是短期目标的继续，可概括性地列出。短期目标实现后再将中期目标具体化，变为短期目标加以实施。

(7) 完成长期目标计划与措施。长期目标计划是职业规划的6~10年的行动计划。虽然这个阶段离起点较远，但也必须概括性地列出。因为完成职业生涯是一个系统性的工程，也是一个整体工程。目标年中的每一年都应有其具体任务，都是目标中的一个组成部分。如果只顾前，不顾后，这个规划也就失去了意义。有人可能会想计划赶不上变化，即使现在对今后十年做出了具体规划，到时也行不通。在职业生涯规划步骤中，有一个步骤是职业生涯发展评估，就是解决这个问题的。

(8) 部门主管填写意见时，应对员工个人填写项目进行分析与核实。核实内容包括个人因素分析和环境因素分析的结论是否真实，员工个人所选择的生涯路线、所设定的生涯目标是否与组织经营战略、发展目标相一致。如有差异，可同员工协商修订。注意，这里讲的协商，不是强求，而是通过协商求得一致。

(9) 人力资源开发部门审核意见，其审核的重点是员工所选择的生涯路线和所设定目标的可行性。如果员工选择的路线和目标不符合本组织的实际，或者组织上不能满足其要求，此时可同员工和员工的主管进行协商，共同探讨确定员工的生涯路线和目标。在达不成共识的情况下，允许员工另谋出路，不宜强留。在此问题上，一定要实事求是，不能为了挽留人才而欺骗员工。

案例思考：

一份获奖的职业生涯设计书

大学生职业生涯设计参赛作品——《我的未来，我做主》

> 我的梦想
> 我的路
>
> 我的未来
> 我做主

姓名：丁芹燕
性别：女
生日：1988 年 12 月 10 日
学校：浙江机电职业技术学院
专业：计算机辅助设计与制造
手机：15868488736
邮箱：236293215@qq.com

引言：

1988 年，一个活泼可爱的小女生出生了，但是，她不知迎接她的将是充满挫折的生活。从小爸妈离婚，一直和奶奶相依为命，但一直得到老师、朋友、同学及社会的帮助，渡过了各种难关。小女孩暗暗下决心：今后要像雷锋一样，做一枚助人为乐的、永不生锈的"螺丝钉"。

进入学院学习后，她多次参加暑期"三下乡"社会实践活动，利用自己的专业技术能力去贫困地区义务维修和支教，这使她深深体会到做"螺丝钉"助人为乐的快乐。

古语讲，凡事"预则立，不预则废"，一份好的职业生涯规划是成功的开始。如今，女孩面临毕业，她终于可以在自己的职业领域中实现她的梦想。于是，她为实现这个梦想拟订了一份职业生涯规划——"螺丝钉"的职业生涯规划。

规划生涯，规划未来。这个女孩自信地喊出：我的未来，我做主！

目录

一··········

二··········

············

正文：

一、自我认知

认知自我是对自我及其周围环境关系多方面、多层次的认知和评价。我将结合我的理想从以下几方面来分析我的职业生涯规划设计：

（一）我的理想

1. 家庭对我的影响

我的父亲和母亲在我两岁的时候因感情不和离了婚，父亲在外打工，从小我和奶奶相依为命，奶奶家中还有长期靠药物来维持生命的叔叔，每天需要支付昂贵的医药费。在我上高中的时候，爸爸因病去世。家庭的突变使我成了孤儿。

正是因为这样的家庭环境，使我从小就比别人懂事、独立、自强，比别人更懂得珍惜来之不易的幸福。使我养成了吃苦耐劳、勤俭节约的好习惯。我暗自对自己说：长大后，我要用我的所学去帮助需要帮助的人。

2. 个人经历影响

老师的关爱

学习上，老师给予我鼓励、信心；生活中，老师给予我家人般的温暖。老师用爱心感染了我，我对自己说：一定要努力学习，来报答老师们对我的帮助。

好友的帮助

我有一群至亲的同学和朋友，他们是我最大的财富，他们给予我帮助、鼓励，在他们的陪伴下，我坚强地走出了人生的最低谷，养成了积极乐观的生活态度。

兼职的经历

从高中开始我就利用寒暑假、双休日等空余时间去做兼职，赚取生活费。从高中到现在，我分别做过洗菜工、服务员、促销员、营业员等工作。以下是我的工作经历：

①2005年6~8月，在"安踏"专卖店做营业员；

②2005年1月，在"大娘饺子馆"工作，做洗菜工、服务员工作；

③2006年6~8月，在"童心玩具店"做营业员；

④2007年12~2008年1月，在杭州百货、西城广场ONLY女装专柜做促销员；

⑤2008年6~8月，在杭州银泰百货的VERO MODA女装专柜做促销员；

⑥2009年5~9月，在杭州维思软件开发有限公司实习，做软件销售与技术服务。

这些兼职经历，让我提前体会到了工作的艰辛，积累了丰富的工作经验，养成了吃苦耐劳的精神，使我具备了较强的工作能力、为人处世的能力以及职场适应能力。

学生干部的锻炼

大学期间学生工作经历：一直担任副班长和公寓楼层长；2007年，担任系社团部部长；2008—2009年，担任系学生会副主席、校机械设计创新协会会长。我工作认真负责、积极努力，得到了老师和同学们的好评。2008年被评为校级"优秀学生干部"；所在班团每学年都被评为"先进班团"；所在寝室，连续2年被评为"卫生之星"；所在协会被评为校级"优秀社团"。

专业的特长

从高中到现在，我对机械专业的学习已有5年，熟练掌握了钳工、车工、铣工及数控等操作技能，学习了CAD/CAM的各种应用软件（AUTO CAD、PRO/E等），并获得了钳工中级证、AUTOCAD的一级证，计算机一级证、数控中级等证书。除此之外，我还代表学校参加了全国和省市的各类创新技能比赛，获得的奖项有：

（1）杭州市"青工五小比赛"优胜奖；

（2）浙江省第六届机械创新设计竞赛一等奖；

（3）和同学一起成立创业项目——杭州亮净环卫机械有限公司，该项目在学校已立项，并闯进2009中国科技创业大赛入围赛；

（4）2008年，我被评为杭州市滨江区"暑期社会实践积极分子"，调研论文被评为优秀调研报告。

在大学期间，我注重全面发展，还获得了学习类、文学类、体育类、文艺类的各种奖项。获4次学校奖学金和1次企业奖学金；获校运会女子跳高比赛第二名、跳远第三名；获乒乓球赛第二名、排球赛团体冠军；获"最佳辩手"、演讲比赛第二名、文艺晚会舞蹈冠军等。正是学校对我们的培养，使我能更自信地去规划我的职业生涯。

3. 我的职业理想

综合以上分析，我的理想职业是：从事CAD/CAM软件销售与技术服务。

（二）自我评价及他人评价

1. 360度评估：

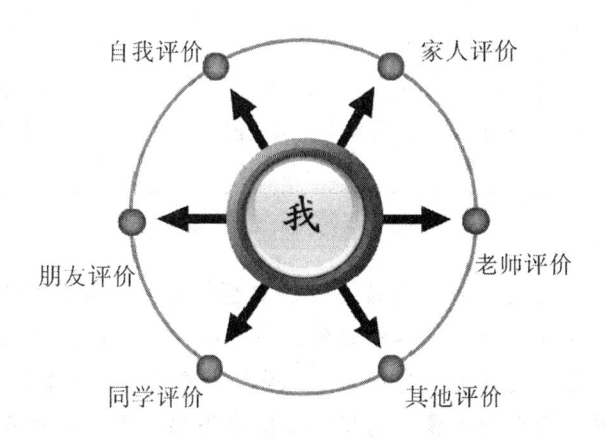

360 度评估表

	优　点	缺　点
自我评价	1. 个性直爽、乐观、活泼开朗、自信； 2. 善良、懂事、有激情、喜欢挑战自己； 3. 善于沟通交流，心理素质好、敢想、敢做； 4. 肯吃苦耐劳、勤俭节约、生活习惯好、自觉性强； 5. 知错就改、善于发现纰漏和不断改进自己；	1. 有时会偷懒，有惰性； 2. 知识面不广；
家人评价	1. 独立性强、开朗、自信、乖巧懂事； 2. 做事认真、学习用功； 3. 勤劳、简朴、尊老爱幼、勤俭节约；	1. 有时松懈； 2. 个性倔强；
老师评价	1. 乐观、开朗、积极上进、懂事乖巧； 2. 有较强的学习、工作、领导能力，适应性强、心理素质好； 3. 热爱集体、团结同学、主动积极，是老师工作上的好帮手；	1. 做事不够果断； 2. 喜欢争强好胜；
亲密朋友评价	1. 善良、热情、活泼、自信、聪慧、大气； 2. 善解人意、懂事、重感情、做事有原则； 3. 独立、自强、事业心强； 4. 努力上进、头脑灵活、肯学习、爱钻研、吃苦耐劳；	1. 心太软，太重义气； 2. 太逞强； 3. 喜欢跟别人分享快乐，却不分享伤痛；
同学评价	1. 做事认真、乐于助人、关心同学； 2. 乐观、开朗、活泼、是大家的开心果； 3. 上进、好学、工作能力强，是我们心目中的"女强人"；	1. 过于追求完美，太理想化；
其他社会关系评价	实习中同事的评价： 1. 自信、有激情、有行动力；聪明、善良、口才好； 2. 做事可靠、有计划，认真负责、适应能力强、有创新思维；	1. 见世面不多； 2. 经验不足；

2. 360 度评估概况

优点：个性外向、活泼大方、生活自立、自强、乐观、懂事乖巧；具有团结友爱、勤俭节约、吃苦耐劳、乐于助人的传统美德；有较强的领导能力、沟通交流能力、创新能力和适应能力；自信、有激情、有行动力，是值得信赖的领导型、事业型女强人。

缺点：个性倔强；有时会松懈，有惰性；做事不够果断；喜欢争强好胜、逞强；过于追求完美，太理想化；世面不多，知识面不广。

3. 自我评价

橱窗 1 "公开我"

我的个性：直爽、活泼开朗、热情、坚强、自信、阳光外向；

我的为人：善良、懂事、重感情、能吃苦耐劳、勤俭节约、乐于助人、尊老爱幼、有很强的责任心；

我的能力：具备较强的沟通能力、心理素质好、实践能力强、担任过学生干部，具备了一定的领导能力和责任意识；

我的爱好：我爱好体育、看书、听歌、看新闻、探索；

我的特长：我擅长机械设计、演讲、辩论、体育；

我的兴趣：销售、设计、管理。

橱窗2 "隐藏我"

表面上：对于任何事情都不在乎、不在意；

内心深处：制定目标、自身的理想及规划，默默地培养自己，要求自己，发展自己，提高自己各方面的能力，总想通过自己的努力去争取自己想要的东西，创造更加优秀的自己；

橱窗3 "潜在我"

创业，自己当老板，是21世纪每个人的最高目标与梦想。从小，我就立志要有属于自己的公司，将我的才能发挥出来，为社会做贡献。我认为我在创业方面也有很大的潜力。

橱窗4 "背脊我"

别人眼中的我："每天嘻嘻哈哈，脸上挂满了笑容，但是你的内心却很敏感，很容易受伤，有时也会伤感，虽然外表看上去是那么的坚强，但是内心有时也十分脆弱。可是你好面子，希望大家看到的都是快乐幸福的你。"

4. 自我评价概况

自我评价：我是一个个性外向、乐观、自信、多才多艺、爱好广泛、能力突出、有传统美德的女孩子，有较强的事业心，具备了有待开发的创业潜能，但是我也是一个外强内弱、敏感的小女生。

（三）工具测评

为了测评的信度和效度，我分别通过了一苇网内的最强MBTI进行了职业性格、职业兴趣、职业价值观、职业锚等测评。

1. 职业兴趣的测评

通过一苇网内的职业兴趣测评，客观地反映了我的职业兴趣是社会性、企业型与现实型，我的职业兴趣也从另一面反映了我的职业性格（如下图）。

	10	20	30	40	50	60	70	80	90		角色特征
社会型											为人友好、热情活跃、善解人意、外向直接、乐于助人。
企业型											善辩、精力旺盛、独断、乐观自信、好交际、有支配愿望。
现实型											感觉迟钝、不虚伪、谦逊、踏实稳重、诚实可靠。

2. 职业性格测评

一苇性格与职业发展测评系统报告——ENTJ的丁芹燕

（Report ID: YPCAS 2051 3914 3155 7591）

您的性格维度

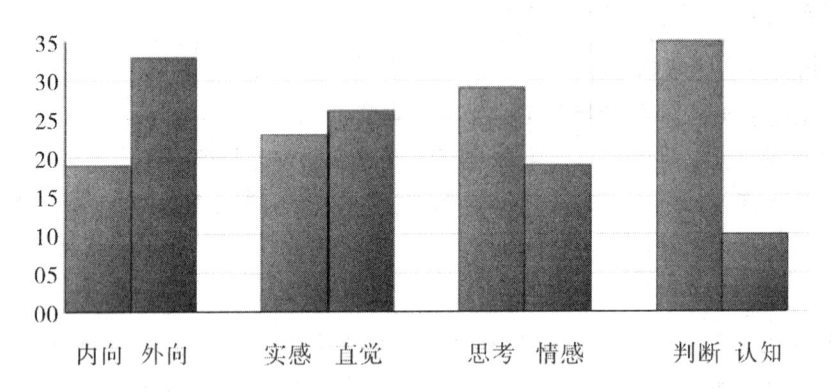

（柱状图：内向 外向 / 实感 直觉 / 思考 情感 / 判断 认知）

我的性格类型：ENTJ（外向+直觉+思考+判断）；
我的最佳表现：天生的领袖和组织创建者；
我的性格特征：把思考运用于外，是自然的批评家，有求知欲，寻找新意念，喜欢复杂问题；
他人评论：喜欢有激发作用的人际互动，并从中获取动力；
情商表现：能够以系统的眼光分析形势，并积极寻求挑战与机遇，能以准确性高度的计划能力管理复杂的问题，组织领导并发展出创意的思维或事物；
我在工作中的优势：
能看到事物的可能发展情况以及潜在含义；
有创造性解决问题的天资，能客观地审视问题；
有追求成功的干劲和雄心；
自信且有天生的领导才能；
对于在工作中胜任和胜出有强烈的动机；
标准高，工作原则强；
能创造方法体系和模式来达到目的；
敢于采取大胆行动又有不达目的不罢休的势头；
能逻辑地分析作出决定；
擅长于从事技术性工作，学习新东西快，接受能力强。

3. 职业锚的测评

下图是我通过一苇网的职业锚的测评：

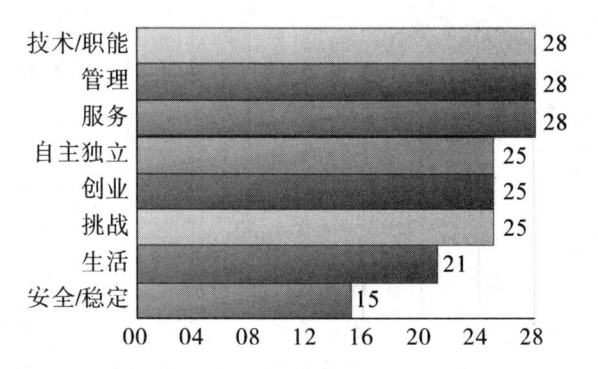

类别	值
技术/职能	28
管理	28
服务	28
自主独立	25
创业	25
挑战	25
生活	21
安全/稳定	15

（四）测评分析与自我分析的结合

▶ 我的个性特征：

我是一个外向、活泼开朗的人，为人热情、大方、乐观、自信、喜欢挑战是我最大的个性亮点。

▶ 我的职业兴趣：

我喜欢与专业有关联性的工作，所以我的职业兴趣倾向于技术部门的领导型、管理型的职务。

▶ 我的职业能力：

有扎实的专业基础，具备一定的专业技能；兼职与学校的实习使我奠定了工作的基础，有一定的社会阅历与工作经验，使我具备了担任专业领域中领导干部的职业能力。

▶ 我的职业价值观：

家庭环境、社会对我的帮助，影响了我的职业价值观。我想利用我的职业技能，去服务他人，为促进经济社会的和谐发展贡献自己的一份力量，我愿在我的职业领域中做一枚能创造社会价值的"螺丝钉"。

（五）自我认知小结

经过上述的自我剖析、综合之后，更加清楚地认识了自己，对于自身的优劣势有了更深刻、全面的认识：

我的优势

性格：外向、开朗、活泼、热情活跃；

为人：友好、谦逊、善解人意、吃苦耐劳、乐于助人；

特长：机械设计、演讲、辩论、体育；

兴趣：销售、设计、管理；

能力：具备较强的沟通能力、心理素质好、实践能力强、担任过学生干部，具备了一定的领导能力和责任意识；

亮点：自立、自强、自信、乐观、有创新能力、勇于挑战、不轻言放弃、有行动力。

我的劣势

做事大大咧咧，不讲究，不够果断；

追求完美，太理想化；

太重义气，心太软；

喜欢争强好胜，有时喜欢逞强。

通过对上述优劣势的客观分析，我将在以后的生活中，不断地改进和努力，发挥长项并将我的劣势不断转变成我的优势。

二、外部环境分析

（一）学校环境分析

1. 学校环境分析

我现就读的是一所以培养机电类高等技术应用型人才为主的全日制本科院校，是教育部第一批"国家高技能型紧缺人才培养项目"院校之一，是教育部和财政部批准的百所"国家示范性高等职业院校"立项建设单位，是浙江省机电项目高技能人才培训基地和浙江省职业教师资格培训基地。学校创办50余年来，办学水平得到了社会的广泛认同，并形成了自己的办学特色：师资力量雄厚、办学理念先进、培养模式独特。

学校毕业生就业形势喜人。学校毕业生以其"专业知识扎实、技术能力突出、综合素质优良"和"沉得下、留得住、上得来"的鲜明特点深受用人单位的青睐。学校每年毕业生就业率都在95%以上，被浙江省教育厅评为"浙江省普通高校毕业生就业工作优秀单位"。2008年度，学校获得了第三方教育数据咨询机构麦柯思公司评价的全国高职高专院校就业能力排行榜第11名。

2. 学校环境对职业能力的提升

专业技能提升。学校以技术应用能力培养为主线，着重强化学生基本技能、专业技能、综合技能的培训，探索与实践"学历证书与职业资格证书相结合、传统技术与实用新技术学习相结合、学校教育与企业实践相结合、技术教育与人文素质教育相结合"制造业高素质高技能人才培养模式。学校每年都会举办技能节，组织学校学生参加全国、省、市的各种技能大赛。

3. 学校环境对职业价值观的影响

参加暑期社会实践活动、青年志愿者活动：学校是技能类学校，专门培养高素质创新型技能人才。学校家电维修队、电脑维修队、自行车维修队等青年志愿者队伍，在每个双休日都会去志愿服务，利用自身所学的技能为当地居民、同学服务，注册志愿者达到2 000人以上。我也是志愿维修队中的一员。

学校每学年都会组织学生进行暑期"三下乡"社会实践活动，用我们的专业所长去服务他人。在2008年，我分别跟学校、系的"三下乡"团队到台州三门、温岭石塘去服务，主要是维修各种家电用品（电风扇、电饭煲、自行车、煤气灶）等，我们的举动受到当地百姓的赞扬，还得到当地电视台的采访。最给我震撼的是有位老大爷感动地对我们说："你们大学生，人好，技能更好，谢谢你们！"听到这位老大爷的话语，我暗自下定了决心：以后，我一定要利用自己的技能去服务更多的人。

（二）就业环境

1. 大学生就业现状

在严峻的就业形势下，大学生的就业受到了社会重点关注。随着高校扩招，毕业生人数连年增长，就业压力不断增加（如下图表所示）：

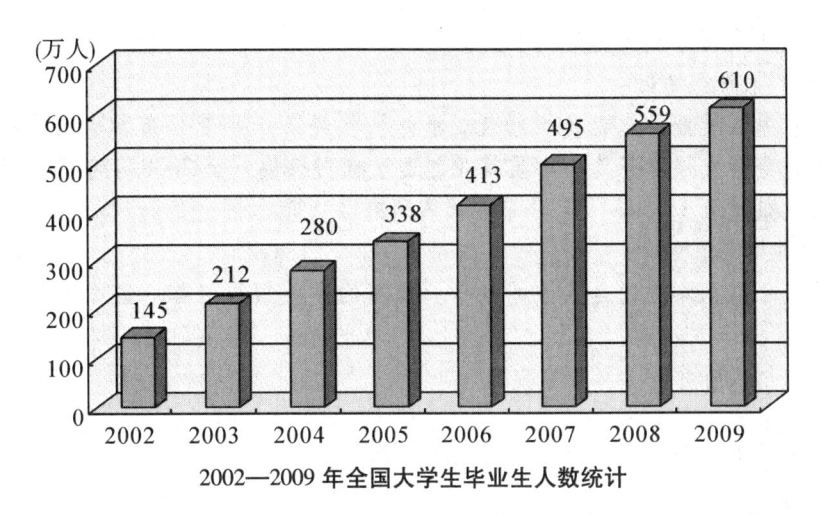

2002—2009年全国大学生毕业生人数统计

虽然政府在不断增加就业机会，大学生就业形势仍不容乐观。下图为2002—2005年毕业生就业率图表分析：

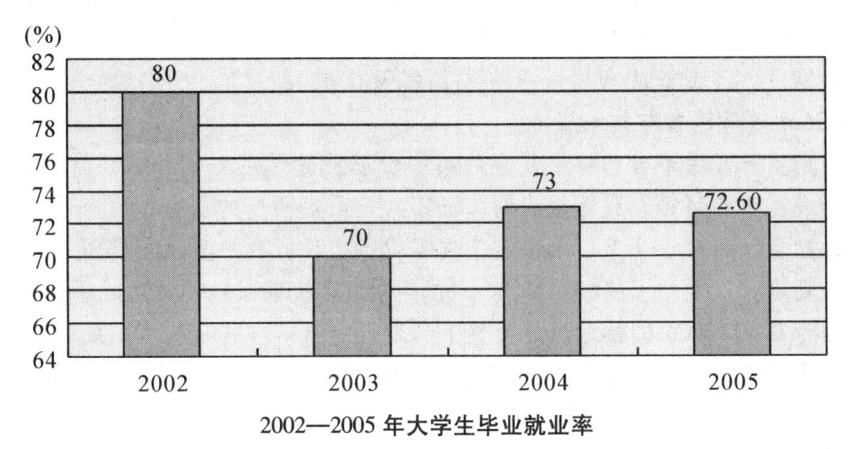

2002—2005年大学生毕业就业率

> 影响大学生择业观的因素

大学生的就业期望值仍然居高不下，很多大学生依然向往沿海大城市、追求高工资。要解决大学生就业难的问题，树立合理的择业观是关键。

高校就业指导工作目前因压力大，人手紧，工作还不是很到位，特别是推荐岗位与大学生的就业期望之间有一定差距。

> 大学生就业趋势

据浙江省一项调查表明，大学生的就业趋势呈现了三大趋势：

（1）民营企业就业是大学生的优选。

浙江民营经济的快速发展，吸引了一大批高校毕业生到民营企业就业。据2008年11月开展的浙江省劳动力抽样调查显示，有63.0%的20~24岁新就业的大学生在民营企业就业，比上年提高了3.5个百分点。

（2）大学生自主创业。

浙江省委省政府"两创战略"的实施，使越来越多的大学毕业生选择了自主创业。2008年，有7.8%的20~24岁的大学生选择了自主创业或与家人一起创业。这一比重近年来均以超过1个百分点的速度稳步提升。

（3）大学生基层就业

大学生在基层就业的比重稳步增长。浙江块状经济产业带分布和小城镇建设相互促进的区域特色经济发展路子为大学生就业创造了有利条件。至2008年年底，浙江省在任大学生村官人数达到18 533人，分布在该省所有县（市、区）的村（社区）中。

2. 企业的用人原则

企业的竞争从根本上说是人才的竞争。优秀的企业领导者都会遵循以下一些共同的原则：

原则一：用人唯才。

原则二：能力重于学历。

原则三：能岗匹配。

3. 我的就业期望

通过对就业形势的详细分析，我确定了我职业生涯中的就业期望：

单位的期望。我希望自己毕业之后进民营企业工作，能学到更多，更容易受到器重，更有可能将我的才能发挥出来。

岗位的期望。我希望从事技术服务或销售及能把我的专业技能综合为一体的工作。如，CAD/CAM软件销售与技术服务。

待遇的期望。我希望自己将来从事的第一份职业除了底薪之外，还有相应的福利待遇，也有提成、年终奖等。我希望我的工资不只是固定不变的薪金，而应该更有挑战性。

地域的期望。相对于北京、上海、宁波等城市来说，我更喜欢在杭州工作。

行业的期望。我是学CAD/CAM专业的，我希望从事CAD/CAM软件销售与技术服务行业。因为CAD/CAM的技术已成为整个制造行业当前和将来技术发展的重点。

职业备选策略。理想与现实总会有偏差，我会通过对自己的评估和行业形势及时调整我的职业选择。

（三）职业环境

1. 专业认知

当我们在选择职业时，专业对不对口往往是影响我们毕业生择业的重点。而我所学的专业是机械专业中的细分专业——计算机辅助设计与制造，简称：CAD/CAM。下面我将从以下几方面来分析：

CAD/CAM专业的性质与地位

CAD/CAM应用与制造行业的设计、制造水平、产品质量、成本及生产周期息息相关。采用CAD/CAM的技术已成为整个制造行业当前和将来技术发展的重点。

CAD/CAM专业的培养目标

本专业培养掌握计算机辅助设计与制造技术，从事机械制造工艺规程的编制与实施、加工工艺装备的设计制造和各类控制设备的安装、调试、运行和日常维护等，担任生产流水线的组织、指导、管理的技术工作；担任产品的设计和新产品的技术开发工作；担任产品管理、推广、销售及售后服务等工作的技术人才。

CAD/CAM 专业的就业方向

本专业的就业方向是从事计算机绘画、CAD 三维造型设计、反求工程、数控加工编程、零件数控加工及其他领域中与 CAD/CAM 技术相关的工作。主要学习数控机床、CAD/CAM 软件应用、机械加工技术、数控加工程序编制、零件的数控加工及编程、通用刀具与数控刀具等专业知识。正因为专业性强，将来的就业方向自然就是从事计算机绘图、CAD 三维造型设计、数控加工编程、零件数控加工及 CAD/CAM 技术相关的其他工作。

CAD/CAM 专业的岗位设置

CAD/CAM 的就业岗位也非常的广泛。各大企业分别设置了 CAD 二次开发工程师、数字设计师、高级机械工程师、机械设计工程师、产品设计工程师、绘图员、结构设计师、施工图设计师、CAD 指导工程师、三维 CAD 产品经理、产品设计员等 100 余项岗位。不仅是技术岗位，每个企业都有相应的销售岗位，如 CAD/CAM 软件销售工程师等。

CAD/CAM 就业及发展前景

CAD/CAM 技术应用领域广。近年来，CAD/CAM 软件销售与技术服务行业的人才需求量不断扩大。涉及机械、建筑、道路桥梁及产品研发等领域。毋庸置疑，我们的就业前景相当的乐观，虽然说受到 2008 年金融危机的影响，就业竞争相当激烈，但是对于这一行来说，人才依然供不应求。

重点透析：应用软件销售与技术岗位

通过对专业的分析，结合自己将要从事的这个岗位的个性特征、基本技能和素质、工作内容、任职资格以及工作环境进行了重点的剖析。

▶ 个性特征：个性：外向、开朗、大方、直爽；态度：有责任心、吃苦耐劳，主动积极，善于总结和归纳，团队合作意识强；能力：较强的适应、沟通、交流能力，为人处世能力好，有较强的管理、领导能力；

▶ 基本技能和素质：具备一定的 CAD/CAM 软件操作技能，擅长销售，并具备一定的管理、领导技能；具备较好的心理及身体素质；

▶ 工作内容：
(1) 负责主要地区制造业 CAD 技术工作，完成所负责范围内的技术服务；
(2) 全面做好职责内的客户服务、解决实际问题；
(3) 做好区域内的技术支持工作，成为公司的主要技术人员。

▶ 任职资格：
(1) 大专以上学历，机械类专业，CAD 绘图熟练，熟悉工程应用类软件，熟悉计算机应用；
(2) 思路开阔，创造性强，喜欢从事不断开创、新颖的行业；
(3) 有较强的技术操作能力，能独立完成行业内软件技术支持的完整过程和解决实际困难；
(4) 有较强的专业素质，良好的品质，突出的社交能力、语言表达能力和敏锐的洞察能力；
(5) 充满自信、有激情，并且能吃苦耐劳；

▶ 工作环境：

（1）办公室环境舒适；

（2）出差时间不固定。

|专业认知小结|

通过对 CAD/CAM 专业的应用软件销售与技术服务这个岗位的分析，我认为自己的各方面都比较适合这个岗位，并且在软件销售方面，我已有了 3 个月的实习经历，已具备了一定的工作经验，使我更加相信选择这个岗位是没有错的，相信我可以在这个领域中做得很好。

2. 地域环境分析

|不同地区的发展情况|

中国竞争力最强的 10 个省区依次是：粤港澳、台湾、江苏、浙江、山东、福建、辽宁、河北、内蒙古和湖南。

经济规模竞争力前 10 名的城市为：上海、香港、北京、深圳、广州、天津、台北、佛山、杭州、东莞。

人才竞争力前 10 名城市依次为：香港、北京、上海、广州、深圳、澳门、杭州、南京、重庆、天津。

环境竞争力前 10 名城市依次是：苏州、威海、香港、杭州、东莞、厦门、扬州、无锡、大连、绍兴。

通过对不同地区发展情况的分析，浙江省在省区竞争力中排名第四，杭州市则在经济规模竞争力、人才竞争力、环境竞争力上每项排名前 10 名。

|重点剖析——杭州|

▶ 杭州的人文环境与经济。杭州是浙江省省会和经济、文化、科技中心。有杭州经济技术开发区、杭州高新技术产业开发区、萧山经济技术开发区 3 个国家级经济开发区。

▶ 杭州的就业形势喜人。2008 年年末，全社会从业人员 569.16 万人，比上年增加 36.07 万人。其中私营个体从业人员 201.35 万人，比上年增加 0.85 万人。

▶ 杭州市文化创意产业发展迅猛。对 CAD/CAM 各学历层次人才的需求情况如下：大专学历占 42.6%，本科学历占 25.5%，硕士学历占 1.63%。这些数据表明：杭州对大专学历高技能人才的需求巨大。迫切需要一大批 CAD、CAM 的高技能人才。就计算机辅助设计与制造专业而言，可以在杭州各类型企业（创意设计、机械制造行业，使用机械设备的其他行业）从事产品开发，计算机辅助设计，可以成为企业的绘图员，设计工程师；也可以从事软件产品的销售与技术服务工作等。

|地域分析小结|

综合上述，在杭州发展我的职业是非常理想的。在杭州从事这个行业具有很大的发展空间，此外，因为自己一直在杭州读书，对杭州的环境、生活节奏、城市文化等都已经基本了解和适应了，也有了自己的人际圈，我相信我可以在杭州有很好的发展。

3. 行业环境

（1）机械 CAD/CAM 软件的销售与技术服务行业，《计算机世界报》近年对 CAD/CAM 市场作过前瞻性的预测和分析，2003—2005 年 CAD/CAM 软件的销售额与增长率如下图所示。

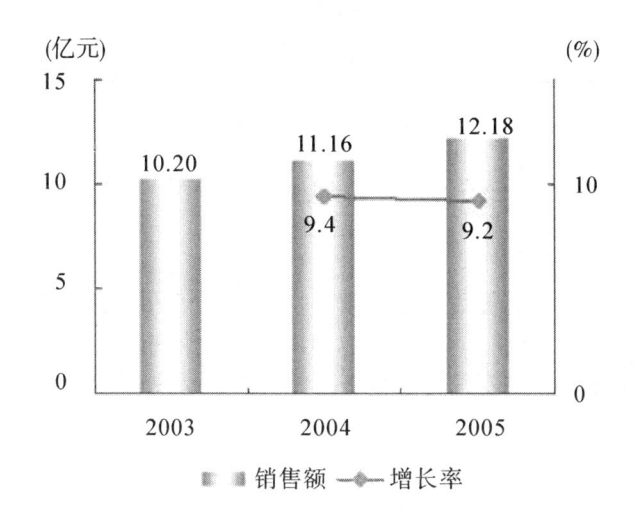

```
(亿元)                                    (%)
15
                              12.18
              11.16
    10.20
10                                        10
              9.4      9.2
5
0                                         0
    2003      2004     2005
       ■ 销售额  —— 增长率
```

数字化设计软件产品（CAD/CAM 等）的应用依然主要集中在传统制造细分行业，以通用机械/装备制造业为龙头。CAD/CAM 软件在各行业中的应用趋势如下图所示。

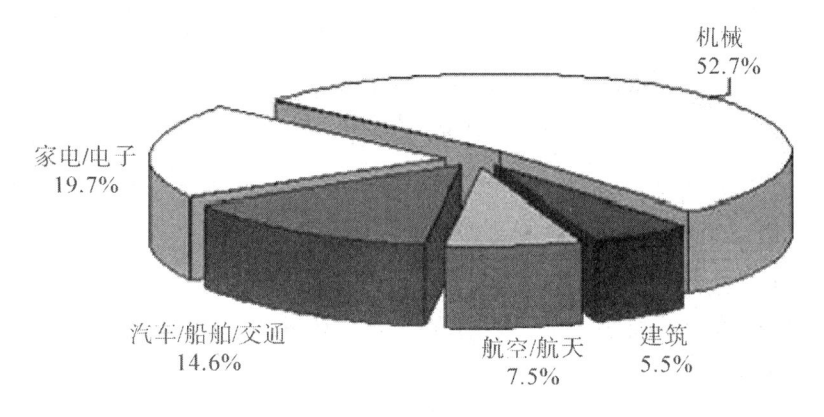

```
机械 52.7%
家电/电子 19.7%
汽车/船舶/交通 14.6%
航空/航天 7.5%
建筑 5.5%
```

（2）行业环境分析小结

综合以上分析，采用 CAD/CAM 技术已成为整个制造行业技术发展的重点。在这一时代背景下，我国机械制造业要想跟上时代的步伐，必须把握好机械 CAD/CAM 技术的正确发展方向。不管是国内还是国外的软件，推广它能使我国在机械制造业飞速发展。在国内，做软件销售与技术服务这个行业是大有前景的。

4. 企业环境分析

任何企业的经营活动，都是在市场中进行的，而市场又受国家的政治、经济、技术、社会文化的限定与影响。所以，企业从事生产经营活动，必须从环境的研究与分析开始。

企业的环境分为宏观环境和微观环境

宏观环境：宏观环境一般包括四类因素，即政治、经济、技术、社会文化，简称 PEST，如下图所示：

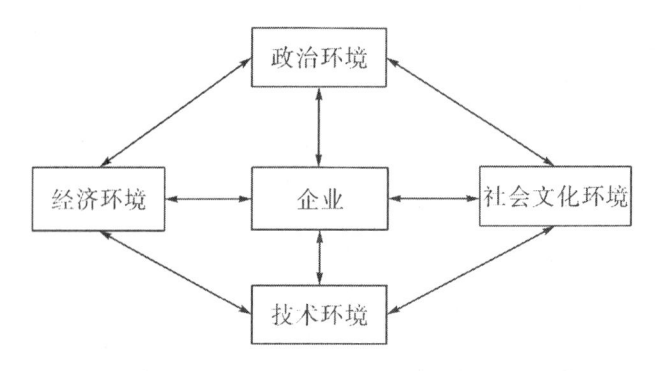

```
              政治环境
               ↑↓
    ┌──────┐  ↕  ┌──────────┐
    │经济环境│←→│企业│←→│社会文化环境│
    └──────┘     └──────────┘
               ↑↓
              技术环境
```

微观环境是企业生存与发展的具体环境。与宏观环境相比微观环境因素更能够直接地给一个企业提供更为有用的信息，同时也更容易被企业所识别。微观环境因素，主要包括市场需求、竞争和资源以及与其直接有关的政策、法律、法令等。如下图所示：

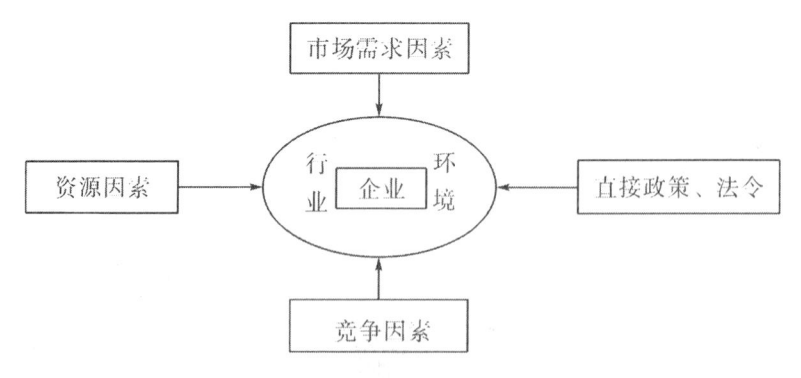

```
              市场需求因素
                  ↓
    ┌──────┐        ┌──────────┐
    │资源因素│→ 行业企业环境 ←│直接政策、法令│
    └──────┘        └──────────┘
                  ↑
               竞争因素
```

通过对以上企业环境的分析，我们知道，对一个企业的环境分析是非常重要的，只有这样我们才能与自身的条件相结合选择更好的企业单位。

重点透析——民营企业

浙江民营企业的飞速发展引起了世界的注目，许多商业机构对此进行调查、分析，总结出以下特点：

（1）家族化管理是企业创业成功的根本和前提。
（2）抓住财权不放松。
（3）人才催生企业升级。
（4）老板的角色适时转换是决定企业发展的关键。
（5）家族化企业如何转化为家族的现代化企业。
（6）创新是企业的发展动力
（7）营销解决生存问题，战略解决发展问题。
（8）处理好利润的分配机制，是企业壮大的决定因素。
（9）思想有多远，企业就能走多远。

一个好的企业环境会影响一个人的发展前景，通过对民营企业环境的分析，综合自身的发展，我将在杭州找一个从事软件销售的民营企业，开始我的职业发展。

目标企业——杭州维思软件有限公司

在2009年暑假期间，我利用工学结合机会，在杭州找了一家私营企业——杭州维思软件公司进行了为期3个月的实习生活。实习期间，我的岗位是软件销售，主要负责杭州、宁波、绍兴、舟山、台州、丽水六个区域的销售工作，在公司的实习我做得很开心，而且充分发挥了我的特长，又与我的专业对口。实习期间我的突出表现得到经理的器重，邀请我毕业之后前来加盟。

我对杭州维思软件公司进行了分析，觉得它主要有以下优势：

（1）公司小，发展空间大。公司共有13人，2个是负责技术服务的，9个是负责全国软件销售的。销售区域大，但人不多，竞争不是很激烈，在小公司人才容易被重用和关注。

（2）公司虽小，但是它的薪金高、福利待遇好。公司里，不同职位、不同工作的人底薪是不一样的。做销售的，1 500元的底薪加提成。业绩突出，每月也可以冲到5 000~6 000元。做技术服务的，根据职位的不同和提成、津贴等算起来，普通的技术服务人员，每个月平均也有3 000~4 000元的收入。公司正式员工享有年终奖、养老保险、各种福利、高温费等，虽说是小公司，但是它的休假制度、各项标准都是严格按照国家规定来执行的。

③公司遵从人性化管理。单位有规章制度，但是公司的领导对员工的管理还是挺人性化的。

通过以上几点的分析，对于初出茅庐的我来说，选择这样的企业还是比较理想的。

企业环境分析小结

对于我们刚毕业的人来说，对企业的抉择也是就业的重点工作。企业的环境是影响你发展的重要因素之一，所以我们必须对所从事的企业有一定的了解并有针对性地进行选择。我决定毕业后还是到杭州维思软件公司发展。

三、职业目标定位

对于职业生涯规划来说，最重要的就是职业目标的定位。我针对自身的技术能力、专业水平、自我薪酬等进行综合考虑后，作了SWOT分析来确定我的职业定位。

（一）SWOT分析

内部环境因素	外部环境因素
优势因素（strengths）： 个性特征：外向、开朗活泼； 敢于挑战，有激情； 多才多艺，擅长演讲、辩论； 兴趣：销售、机械设计、创新； 具备丰富的学生工作与社会工作经验； 能力强，综合素质好； 专业基础扎实。	机会因素（opportunities）： 中国机械制造业的地位； 国家政策扶持大学生就业； 学校的工学结合； 目标城市杭州的地理环境与发展迅速； 目标行业对人才的急迫需求； 企业对具备销售、管理能力和具备技能等的综合素质人才器重； 家庭的支持、朋友的鼓励。
劣势因素（weaknesses）： 追求完美，太理想化； 太重义气，心太软； 喜欢争强好胜，喜欢逞强； 做事不够果断； 知识面不广； 对国家、社会关注力不够。	威胁因素（threats）： 人才竞争激烈，大学生就业困难； 目标行业发展趋于缓慢； 就业学历不高。

通过对自己的 SWOT 分析，发现自己从事软件销售与技术服务行业是非常对路的，把在民营企业从事 CAD/CAM 软件销售与技术服务作为自己职业生涯初期目标的选择，是适合自己的。

（二）职业定位

职业定位是职业生涯规划中的一个重要环节。

我的职业目标：在 CAD/CAM 软件行业中，成为较大规模企业的总经理。

1. 近期职业目标（大学毕业）——优秀毕业生

对于我来说，大三了，也就意味着要走上工作岗位了。在大一、大二努力的基础上，不管是在专业上、为人处世上还是其他方面，都需要做好充分准备，争取通过英语六级考试和专业上的 CAD 二级证、数控高级证考证等，努力成为一名优秀的毕业生。

2. 中期职业目标（工作后 5 年内）——杭州维思软件公司的技术服务部经理

毕业之后，我决定到实习过的杭州维思软件公司工作。工作积极、主动，与同事相处融洽，努力做好自己的本职工作。在任职期间，提升自己的工作能力，积累我的工作经验，争取能有出色的业绩。工作后的五年中，我的职业目标就是能成为公司的技术服务部经理，成为公司里的一名重要成员，带领团队一起创造更高的企业价值。

3. 长期职业目标（工作后 10 年）——成为 CAD/CAM 软件行业较大规模企业的总经理

我的中期职业目标实现了之后，我就拥有了资本，如社会阅历、技术服务部经理的经验等，具备了这些宝贵的财富之后，当然我的职业目标又提升了一层。找准机遇，选择一家更大规模的公司去发挥我的才能，带领团队实现在该行业全国 TOP10 的目标。

4. 总的职业发展路径：

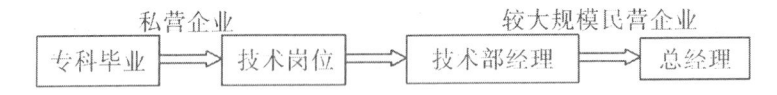

专科毕业 → 技术岗位（私营企业） → 技术部经理 → 总经理（较大规模民营企业）

四、职业生涯设计

职业生涯目标定位之后，我们就进入了职业生涯设计——职业的实施阶段。通过具体制订的行动计划来实现每个阶段的目标，我对自己职业生涯中的准备期、适应期、发展期、高潮期、稳定期 5 个时期做了时间与目标的规划，详细地分析了毕业前期计划、毕业之后 1~5 年的计划以及毕业 10 年之后的发展方向。

（一）职业生涯规划中的 5 个时期：

准备期：

起止时间：2009 年 9 月至 2010 年 2 月；

时间：22~23 岁；

预期目标：学好专业，弥补自己的劣势和不足，成为优秀毕业生。

适应期：

起止时间：2010 年 2 月至 2011 年 2 月；

时间：23~24 岁；

预期目标：学习与积累经验，力争做一个业绩突出的优秀员工；

发展期：

起止时间：2011 年 2 月至 2013 年 1 月；

时间：24~26岁；
预期目标：成为杭州维思软件公司的技术服务部经理；
高潮期：
起止时间：2013年2月至2023年1月；
时间：26~36岁；
预期目标：进入民营企业做总经理，创造好的业绩；
稳定期：
起止时间：2023年2月以后阶段；
预期目标：公司稳步发展，在CAD/CAM软件服务行业成为全国十强。

(二) 制订行动计划

有了职业的目标之后，我们就应该针对目标来制订适合自己的行动计划。有行动力的人，才能实现他的理想。制订行动计划中分为我的短期计划（毕业前）、中期计划（工作之后的1~5年）、长期计划（工作之后的10年）。

1. 短期计划——大三

(1) 学习：通过暑期的实习，总结自己的专业不足，制订自己的学习计划。抓紧提高自己的专业技能水平，平时上课认真，下课多训练。多腾出时间去图书馆看书，扩展自己的知识面。争取通过各个考试，如二级CAD技能证书、英语四、六级证书等，也要多学习销售技巧及暑假从公司带回来的资料，做好进入公司的准备工作。

(2) 工作：大三，我还担任着副主席、副班长、会长等一系列的学生干部职位，虽然平时学习已经是相当忙了，但是我也会一丝不苟地履行好我的各项职责，通过这些工作的经验积累，我可以不断提高自己各方面的能力，使自己在跨出校门之前能更成熟、稳重一点。

(3) 生活：学会独立自强，学会勤劳，养成更好的生活习惯，把自己的惰性去掉。学会更好地与别人相处、交流。

2. 中期计划——工作中1~5年

每年我都会制定一个短期的工作目标，然后朝着这个目标在工作岗位上努力奋斗。在工作中，我也会自我总结，不断改进，争取做到最好！

第1年：毕业后，我就直接去杭州维思软件开发有限公司从事技术服务工作。对于刚毕业的我来说，应该边做边学，学习软件的操作技术、学习人际交往和办事能力等，努力成为一名优秀员工。

第2年：有了一年的工作经验，也有了一定的人脉和阅历，努力成为公司技术服务精英，加强自己各方面的能力培养，往技术服务部经理方向发展。

第3年至第5年：让自己更加老练能干，培养和发展自己在这个行业的人际圈，有自己的为人处世风格，成为公司的主要干部——技术服务部经理。

3. 长期计划——工作后10年

我的远期职业目标是成为一家较大规模的民营企业总经理，让自己有更大的发展空间。

第6~7年：观察社会、企业动态，应聘浙江省名流企业内的技术总监职位，在更大的空间发展自己，带领团队为企业创造高利润。

第8~10年：发挥自己社会阅历丰富，沟通能力强，做过多个基层岗位工作，熟悉业务，管理能力突出的优势，再凭借对 CAD 软件行业发展的经营战略，成为一家较大规模的民营企业总经理。

（三）动态反馈调整

职业生涯规划不是一成不变的，它是个人对自己各方面进行分析并综合考虑之后选择自己的理想职业。但是社会终究是现实的，我们的理想职业可能会由于环境、社会、人、事、物的一些影响，而可能会发生改变。那么针对这样的情况，我们在制定职业生涯规划时就必须考虑动态反馈调整。

1. 评估我的职业目标

▶ 目的：使自己能快速认清自我，通过评估，进行分析，制订更适合自己的行动计划并制定职业目标；时间：半年一次。

▶ 要素：可行性、一致性、灵活性、时事性、持续性。

▶ 内容：①是否能适应工作环境；②是否成为优秀员工；③是否成为技术服务部经理；④是否成功进入软件销售与技术服务行业的民营企业；⑤是否在民营企业里发展得好；⑥是否成为较大规模民营企业的总经理。

2. 调整我的职业目标

通过评估我任职的情况，针对自己规划的职业目标、职业路径与行动计划进行调整。可能我会选择更适合自己或者更有发展前景的工作来锻炼和培养自己，在通过调整之后，我也会对自己当前的情况作一个详细的分析，找到自己更适合的职业，做一份更完整的职业规划来进行我的第二次职业奋斗。

3. 修正职业目标

对自己本身来说修正职业目标应该不会有很大的改变。因为现在的我已经是即将走上职场的工作人员了，所以现在在毕业前期做的职业生涯规划是最适合自己，也是最具有幸福度和满意度的，所以，在通过对自我的剖析、环境的剖析等一系列的考量过后，我才对职业目标定位以及制订相应的行动计划，制定出一份最适合我自己的职业生涯规划书。但是，我也会在我执行计划，达到目标的过程中通过评估和反馈来适当地修正自己的职业目标。

4. 制定备选职业方案

自问：

假如我不能胜任目标岗位，我该怎么办？

假如我没进入该行业规模较大的企业，我该怎么办？

理想与现实是有落差的，当我们发现自己经历到的并非自己所设想的时候，我们该怎么办？这就需要我们制定备选的职业方案。

我的备选职业方案：

方案一：做 CAD/CAM 软件销售精英，成为公司的领导干部（行业不同，性质相同，目标相同）。

前提：不管自己从事哪一行业，但是自己一定会发挥自我的优势，在自己的事业中创造自身的价值。

原因：我的性格适合与别人交流、沟通，而我天生就对事物特别有敏锐力，具有较强的市场观测、捕捉及开发力，很强的洞察力，永不放弃的倔强心理，并且对于销售，我也拥有了较多的经验，从事某一行业的销售工作是我最优的选择。

其他：虽然说我喜欢从事销售，但是销售中也是有各方面的发展的。比如说做公司的管理领导、销售经理等，企业的任何职位我都是可以去争取的。在我的学习和成长中，我利用销售来体现我的个人能力，被领导提拔成为公司的领导干部。

方案二：公司的管理类工作。

原因：在校期间，一直担任院、系、班级等学生干部，管理学生的各项活动、制度及考勤等工作。大学三年，培养了我较强的组织、管理、领导能力。所以对于我来说，在公司做一些管理类的工作也是非常合适的。同时，我也具备了：①分析能力（在信息不完全以及不确定的情况下发现问题、分析问题和解决问题的能力）；②人际沟通能力（在各种层次上影响、监督、领导、操纵以及控制他人的能力）；③情感能力（在情感和人际危机面前只会受到激励而不会受其困扰和削弱的能力以及在较高的责任压力下不会变得无所作为的能力）。

方案三：创业是最积极的就业。

当然，除了以上几个备选方案之外，我也可以尝试着自己创业。大学期间，我也参加了各种创业大赛，我与团队的创业项目"杭州亮净环卫机械有限公司"参加了2009年中国科技创业大赛并进入了入围赛，并且又有创新、创意、创业类的三个项目参加了2009年浙江省"挑战杯"大赛，这些都为我今后创业奠定了基础。当我就业几年之后，具备了创业的基础：有一定的经验、资本和形成自己的人际圈，当有好的机遇、商机和团队之后，我将选择自主创业，创造我更高的人生价值，为社会作出贡献。

五、结束语

一份适合自己的职业生涯规划，可以引领你实现完美的人生。

历经3个多月，我终于为自己拟订了一份适合自己的职业生涯规划，从3个月前对自己的未来还很迷茫的我，到现在已经可以明确的说出我要怎样从事自己的职业生涯，我要达到怎样的职业目标了，这对即将毕业的我来说是一件幸福的事情。

制定职业生涯规划的过程使我对自己作了全方位地剖析，清楚了自己喜欢并且适合怎样的岗位；对外部环境、目标地域、目标行业企业、职业设计等有了清晰的了解，并制订出了自己今后详细的行动计划。为自己定下了事业大计，筹划好了未来，为实现自己的"螺丝钉"梦想做好了准备。

最后，真诚地感谢大赛组委会在我即将走上工作岗位之时，给了我一次认识自己、明确职业方向的机会，感谢学校的大力支持，感谢集训营指导老师以及学校指导老师们的悉心辅导！

——资料来源：http://wenku.baidu.com/.

思考题：

1. 职业生涯设计书的编写步骤有哪些？
2. 职业生涯设计的分析方法有哪些？
3. 职业生涯设计书的内容具体包含哪些？
4. 请根据本章的内容编写一份适合自己的职业生涯设计书。

第九章
职业生涯发展危机与对策

人生在世，谁都想成就一番事业。可是：有的人能成功，有的人不能成功，为什么呢？其原因早已为人所共知，人生道路并非一马平川，并不是铺着红地毯的康庄大道。人生之路坎坷不平，处处都可能有危机与陷阱。有的人能够发现危机、化解危机、躲开陷阱；有的人却不能及时发现危机而落入陷阱，这就是有的人不能成功的主要原因之一。那么，如何才能发现危机、化解危机、躲开陷阱、避免危机呢？本章就有关问题作一介绍。

第一节 人生失败的主要原因

在人生的发展中，失败往往是自己造成的，不是别人打倒自己，而是自己打倒自己。也就是说，由于自身的原因，使自己的事业受阻，甚至失败。所以，研究人生自我失败的原因极为重要。本节将对人生自我失败的几种原因作一介绍，希望能对广大学生有所帮助。

一、信心不足

心存疑惑，就会失败；相信胜利，就会成功。而有些人总是对自己心存疑惑，缺乏自信心，时间久了，就形成一种缺乏自信心的心理习惯。这种习惯控制并引导着这些人的思维与行动。他们看问题喜欢先入为主，喜欢带着一成不变的观点去认识世界、看待人生。这种人往往注意事物的阴暗面，而看不到事物的光明面；凡事先想到失败而不敢期望成功。正是这种消极、悲观、缺乏自信的心理态度，使许多人把自己塑造成了一个失败者。

（一）自信心不足的主要表现

1. 有雄心无大志，甘居人下

这种人没有做大事、成大业、立大功的抱负与愿望，只图工作上过得去，比上不足，比下有余，就心安理得了。

2. 畏首畏尾，望而却步

这种人做事唯恐出错，怕冒风险。他们的哲学是："不求有功，但求无过"。搞发明创造嘛，风险太大；搞科学实验嘛，危险太大；搞生产经营嘛，害怕亏本。总之，在他们眼里，干什么都有风险。

3. 随众附和，亦步亦趋

这种人办事、想问题，喜欢看别人是怎么想的、怎么搞的，喜欢随波逐流。别人带了头的，别人成功了的，别人赚了钱的，才敢去做。他们习惯于跟在别人的屁股后面跑，以为这样就"万无一失""平安无事"，岂不知，这正是他们失败的一个原因。

4. 听天由命，怨天尤人

这种人凡事强调外在的困难与原因。诸如"我没有钱""没有时间""身体不行""文化不够""学历太低""能力不行"、"命运不好"等。遇到问题、受到挫折、遭到失败，他们就找客观原因一推了事，或者还没有做，就先提出一大堆困难。他们从来不肯动脑筋从自己主观方面去找原因，这是典型的"外因论者"。也是一种典型的失败主义者。

5. 惧怕议论，畏缩不前

这种人心里有想法、有愿望，却不敢讲出来，不敢与人说，不敢与人商量、讨论，不敢付诸行动和实践。他们害怕别人的讽刺、挖苦、评头论足。这种人遇事总想到"别人会怎么看呢？""别人会怎么说呢？""别人会不会笑我'异想天开'呢？"如此等等。

有这种心态的人无异于给自己罩上了一张无形的网，自己的一生都罩在里面，使自己成为怕别人议论的牺牲品。

6. 自惭形秽，妄自菲薄

这种人的口头禅是："我不行""我办不到""我没有这份才能""我缺乏这种细胞""我没有这个福气""我一辈子做梦也不敢这样想"。因此，这种人士气低落、自惭形秽，信心低下，自己瞧不起自己，认为低人一等，别人当然也瞧不起他。

7. 怕"显眼"，怕"惹人注目"

这种人处事小心谨慎，逢出头露面的地方，他总是躲在不显眼的位置。开会，他坐在后边的位置或角落的地方；发言，他要等人家带头之后才敢出声；即使是募捐做善事，他也不敢出头，生怕人家说"出风头"。

这种人的心态和表现无异于告诉别人："我是个不重要的角色""我是个不起眼的小人物"。因此，总是不自觉地把自己摆在不显眼、不突出、不惹人注目的位置上。

8. 自我恐吓，束缚手脚

这种人喜欢用"失败"来恐吓自己，他们所说的"失败"只不过是想象中的失败而已。但这种想象中的"失败"足以把他打倒，使自己永远不得翻身。对于这种人，无论你有多好的建议、设想、计划或者是新技术、新主意，一到他那里，他都有办法把你的种种建议，统统想到"失败"上去。然后，他觉得又赢了一场，心安理得了。

有这种心态的人，往往还是一些能言善辩之士，可惜他的聪明才智，用错了地方，反而成了阻碍自己成功的绊脚石。

如果上述表现都与你不沾边，那你肯定是一个自信心良好的人士。你的事业可望成功。因此，一个具有良好自信心的人，成功的大门对他敞开着，"自信心"这把钥匙，是可以帮助他打开成功之门的。反之，如果一个人与上述表现都沾边，或者某些方面沾边，那就要注意了。因为，一个自信心不足的人，前途是不乐观的，其职业生涯目标是难以实现的，除非他自己意识到这个问题，并决心彻底改变。（资料来源：《成功学》刘照坤著，1995年4月）

由此可见，信心不足，是人生最大的危机。大家应该明白：自信是人生发展的动力源泉。信心多一分，成功多十分。

（二）自信心不足的对策

对于一个人来说，自信心并不是天生就有的，而是后天形成的。也就是说，自信是一种后天养成的心理品质和心理习惯。这种品质和习惯是可以训练出来的。如何训练呢？下面就其基本步骤与方法做一介绍：

1. 增强自信心的基本步骤：

（1）坚定实现目标的信念

不管在哪一家公司上班，在工作上追求快速成长而始终如一，朝向目标奋勇迈进的人，总是占少数。大多数人只求投入一半的心力，并不积极地全力投入。想要拥有自信，全神贯注的信念是非常重要的。为了做到这一点，不妨试试花一天的时间全力沉浸在工作中，你会从心底产生"只要切实去做，同样也做得到"的自信。仅仅一天而已，好像没什么意义，然而这却是一个充满自信的人生转折点。一个充满自信而有希望的一天，就是迈向成功的第一步。

（2）做好最佳的心理准备

带来自信的重要源泉之一，即凡事都要做好完全的预备工作。即使对你很熟练的工作和技巧，你仍要把它弄到最精通的地步。准备充分也是将你从入围提升到冠军的重要因素之一。也因为你准备充分，所以你才会自信十足。这就是为你带来自信，而且能够战胜对手，使自己的身价快速上涨的秘诀。

（3）发挥自己的最大优势

有大成就的人知道把精力放在自己最擅长的地方。当你将精力放在你表现最好的事情上时，你会觉得自信心增强。因此，将重心放在你的最大长项之上，可增加自信，获得事业的成功。

（4）培养必胜的信心

学着对自己仁慈些，列出一张你的胜利和成功的清单。当你想到自己已完成的事时，你对能做的事会更有信心。只有失败者才会将注意力集中在失败和缺点上。当你相信自己能做出最好成绩时，你不仅会发现自信心大幅提升，而且会发现自信会更有助于你的表现。

（5）从失败中吸取教训

"失败乃成功之母"，没有失败，没有挫折，就无法成就伟大的事业。聪明的人会从失败中吸取教训。失败者是一再失败，却不能从中获得任何教训。错误很少会致命，但错误会造成严重后果。其原因往往不在错误本身，而在于犯错误者的态度。能从失败中吸取教训的人，就能建立更强的自信心。

（6）放弃逃避的念头

有一句至理名言："现实中的恐怖，远比不上想象中的恐怖那么可怕。"其实，你所恐怖担心的事情一旦面对现实时，你的心理往往会有"大不了如何如何……"的万全准备，这种"大不了"的心理正是你可以克服恐怖习惯的最佳证明。这些造成你不安的恐怖事情，说穿了并没有什么，我们若将其真面目分析得仔细一点，你会发现你所畏惧的"幽灵"原来不过是一株枯萎的树影而已。你将会为自己深深陷入的恐怖感到好笑。所以，不论你怎么看它，只要勇敢面对，不但可以从此消除恐怖的阴影，而且能够产生坚强的自信心。

（7）恪守自己的约束

这是增强自信心的最后一个步骤，也是所有步骤中最简单且最具效果的。当你对自己做了某种约束时，你会发现由于实践而产生了自我信赖，这种自我信赖便是你已开始坦然面对自己的实证，此时自信当然也会跟着而来，随着时日根深蒂固地成为你的勇气与力量。

实行自我约束应注意：务必将自我约束的内容写出来；必须要有对自我约束的决断力，而且约束内容必须切实可行；一旦作了自我约束，务必要切实遵守；所有的约束，务必定下一个明确的期限；反复不断地约束，直到养成习惯为止；不可轻易地定下约束，一旦定下就必须遵守。

2. 增强自信心的几种简易办法

（1）前排就座。坐在前面能建立自信心，把它当做一个规划试试看，从现在开始就尽量往前坐。当然，坐在前面会比较显眼，但要记住，有关成功的一切都是显眼的。

（2）正视对方的眼睛。正视对方等于告诉他：我很诚实，而且光明正大，敢做敢当。正视对方的眼睛，是向对方说明，你讲的我懂，你对于我不是居高临下，而是平等的，我对你并不存在什么恐惧心理，我有信心赢得你的敬重。

（3）将走路速度提高10%。那些事业心强、充满自信的人，走路的速度比较快，似乎分秒必争，有极为重要的事情在等着自己去做，自己是个重要的人物，扮演着一个重要的角色，自信心也就油然而生。所以，走路时，加快你的速度，并抬头挺胸，你的自信心就会得到增强。

（4）主动说话，当众发言。养成主动与人说话的习惯是很重要的，越是主动和人说话，信心就越强。如在集体场合或在会议上，尽量发言，就会增强自信。不论参加什么性质的会议，每次都要主动发言，无论是评论，还是建议或提问题，都不例外。而且，不要最后发言，要做破冰船，第一个打破沉默。如此坚持，你的自信心自然就会得到增强。

（5）默念谚语，增强自信。默念一些经过检验的谚语来增强自信心。如，"有志者事竟成"、"失败乃成功之母"、"黑暗中总有一线光明""错误是难免的""说不行的人永远不会成功"等。当自信心不足时，就想一想类似的谚语，并对其深信不疑。此时，你的自信心就会大大加强。

（6）要放声笑。笑能给人增添信心，放声的笑，表明"我有信心，我一定行"。这是一种自信的表现。

二、无正确的目标

人为万物之灵，灵在哪里？灵在他有目标意识，灵在他有思想和信念。人是一种追求目标、实现目标的生灵，人生下来就是为完成某种使命，实现某项目标而来的。没有目标，即使是位天才，也只能白白地把自己的一生浪费掉。没有目标，即使再努力工作，也难以获得事业的成功。同时，目标不正确，也不易使事业获得成功。所以无目标或目标不正确都是人生发展的危机。目标是人生发展与奋斗的方向，是人生追求的成果。没有正确的目标，就没有事业的成功。

三、选错职业

如果做自己喜欢的事，就会热情很高，如同上紧发条的钟表一样，自动运转，用不着他人催促。如果做自己不喜欢的事，就很难坚持下去，即使是被迫去做，也只是应付而已。据有关专家调查表明，有大约80%选错职业的人，最终都会失败。此外，在职业选择时，不仅要考虑自己的个性、兴趣，而且还要考虑自己的特长。否则，只凭自己的兴趣，而没有实力去做，那么最后也只会以失败告终。

四、自满自足，故步自封

这种心态的人是由于自我设计的目标过低、过近产生的。在目标的自我设计方面，只有近期目标而无长期目标，只有短期目标而无中期目标和长远目标，只有低层次的目标而无高层次的目标。因而，一旦实现了近期目标、短期目标和低层次目标，就自满自足，故步自封，不懂得职业无涯、学无止境的道理。

自满自足，故步自封表现在事业上是，做出了一点成绩，便自满起来，满足于一得之功或一时的成就，不再发奋图强。

自满自足，故步自封表现在工作上是，以找到一份工作为目标，找到工作后就万事大吉了。不珍惜那份工作，不好好的干；或者在工作上干出了一点点成绩就停滞不前，不再努力上进。

自满自足，故步自封表现在学习上，考试及格为满足，高喊"60分万岁，多一分浪费，少一分惭愧"的口号；或者只满足于优异的考试成绩，而不去扩充自己的知识面，不注意动手能力、社交能力、创造思维能力的培养。

自满自足，故步自封使人不是把自有的小小成绩或成就当做新的起点，而是把他们看成是运动场上的终点；不是把他们看成是前进的动力，而是把他们作为享乐的资本。于是，已有的成绩就成了继续前进的沉重包袱和绊脚石，成为在新的征途中诱使人走向失败，妨碍人们获取新的成功的心理负担。

五、行动不够

职业生涯设计的目的，就是要达到自己预定的目标，要达到目标必须有足够的行动。否则，就可能导致失败。有的人"当一天和尚撞一天钟"或者是只当"和尚"不撞"钟"。上班是到点来到点走，看报、喝茶、唠家常；要不就东走走，西串串；或者外出办私事，本职工作似干非干。这样的人必然一事无成，虚度一生。有的人经常遇事犹豫不决，下不了决心，一拖再拖往往坐失良机而导致失败。有的人对危险和失败担心过度，由于过分小心而影响了行动。这也是导致失败的一个主要原因之一。

六、应变能力差

人生在世必须与客观环境相适应，才得以生存和发展。客观环境是在不断变化的，年有四季，天有冷热，只有不断调节自己，适应季节的变化，才能生存。社会环境也是如此，特别是科学技术的迅猛发展，经济竞争的不断加剧，周围的一切都在发生着变化。

在这些变化中，只有应变与适应，你的事业才能成功。俗话说"适者生存"，就是这个道理。

应变能力差的人只适应在变化不大的环境中工作和生活。他们之中有些人工作认真，也有相当的工作能力，但就是思想保守，对环境的变化缺乏预见性；对待变化的条件缺乏灵活性，工作呆板，不知变通。当情况有了变化，特别是有了特殊变化时，他们会茫然不知所措，而出现种种失误，以致造成失败。

七、不能正确对待他人的评价

自我评价，难免带有片面性。因为人的眼睛总是向外看的，是对外的，很少反省自己。也就是说，当局者迷，旁观者清。这并非是让你听从别人的摆布，而是让你以冷静的态度看自己，全面的分析自己。搞清自己究竟有多高的水平与能力。这样就不会有过高的评价，也不会导致沮丧和失误。

每个人都有弱点与缺点，若害怕别人指出，你也就不会有进步。此时，再陶醉在自我欣赏之中，做自己的美梦，你必败无疑。所以，知道他人如何评价肯定自己的能力与水平，是极为重要的。不能正确地对待他人的评价，是人生的一大危机。自我过分膨胀，必然翻船。

八、目中无人，不善合作

有些人往往太过于高看自己，总认为"老子天下第一"，谁也不如他，狂妄自大，令人厌恶。这种人不善合作，人际关系紧张，由于过分注重自我，而最终会被别人鄙视，永远无法找到一个可以容纳自己的世界。殊不知合作可以产生力量，合作可以加速成功。目中无人，恃才自傲是人生的大敌。

九、人际关系不佳

人际关系不好的人总是认为自己正确，而听不得批评意见；总是挑剔别人的缺点，而对他人提出过高的要求。他们总想改变别人的个性，要求别人与自己相适应；而不是改变自己与别人相适应。由于人们讨厌这种人的个性，所以，他越有才能越可能遭到人们的排挤。如果人们看透了他无情、冷淡、斤斤计较的坏毛病，遇事就不会支持他，还可能拆他的台。特别是当今干部人事制度的改革，不管你提拔、晋升还是加薪都需要民意测验，若是人际关系不佳，这时，人们会毫不犹豫地对你投一反对票。由于群众不拥护，你只能是名落孙山。这种人多感叹自己怀才不遇而难有成就。因此，人际关系对人生的发展极为重要。

十、心胸狭窄，强求公平

如果一个人心胸狭窄就容不下任何对自己不利的事情，看不到优势，只注意外界的"不平"，由此产生悲观主义，甚至产生厌世情绪，看世界万事不公。凡事要求公平，一旦发现现实生活中并非如此，就会牢骚满腹，甚至怒火中烧。对工作失去信心，对前途失去信心，从而会影响自己事业的发展，落入"公平"的陷阱。

要求公平，无可非议。但实际上绝对的公平是不存在的，自然界本来就是如此。一潭死水不会流动，必然陈腐。只要看看大自然的进化，你就会明白在这个世界上，根本不存在绝对的公平。因此，强求公平，是人生一大陷阱。

十一、身体不佳

身体是能力的载体，载体出现问题，事业也就无从谈起。所以保持强健的体魄是非常重要的。有许多人本来有很好的机会，但因身体原因，却不得不眼睁睁地看着机遇从身边溜走。这样造成的失败是最可惜的。其实只要我们注意保养身体，坚持锻炼，时刻警惕别让自己落入疾病的陷阱，就能避免因身体不好而带来的失败。

十二、想失败就失败

有些人在干某一件事情前，首先想到的是困难，想到的是失败。这些"困难""失败"的信息，一旦被潜意识接受，潜意识就会不断地向你发出失败的信号，控制并操纵了你的思维与行动，使你把事情办糟，造成失败。

第二节 组织环境的危机

组织环境是指一个人的工作环境，也是一个人学习、工作、成长的环境。因此，组织环境对一个人的发展至关重要，有的人能够在这个环境中成才，实现自己的人生目标，而有的人在同样的环境中，却一事无成。为什么呢？成功者之所以能够成功，是因为他善于利用组织环境，能够发现危机、化解危机、并能将危机转化为良机。下面就组织环境内的几项主要危机与对策作一介绍。

一、组织风气不正

环境的好坏对人的发展有一定的影响。一个人工作在团结、奋进、充满正气的环境，他的进步就快，也容易成才；如果一个人工作在钩心斗角、懒懒散散的工作环境中，他就容易学懒变坏。这是组织环境中的一大陷阱。一个人是否落入这个陷阱，起决定因素的不是环境而是你自己。一个人在好的环境中也可能学坏，在坏的环境中也能学好。是学好还是学坏完全取决于自己。

在一些组织风气不正的单位内，总有一些人成为无谓的牺牲品，他见别人晚来早走，他就晚来早走；他见别人对工作不负责任，他也就对工作不负责任；他见别人不干工作，他也就不干工作。似乎这样心理才平衡。否则，就觉得吃亏了。这种人真是天下第一大傻瓜。说得再明白一点，就是明知那是陷阱也非跳下去不可，不跳心里就难受。可是，跳下去你的事业也就完了。

因此，一个人想要成功，实现你的人生目标，必须排除环境的干扰，严格按照自己的人生规划奋斗。至于别人如何，大可不必去做无谓的攀比。

二、组织机构不合理

一个单位的组织机构设置是否合理，也影响一个人的发展。组织机构不合理，工作就不顺，人的才能就难以得到全面发挥。例如，在当今信息社会，如果一个单位的组织机构是金字塔式的结构，管理层次较多，就会影响信息的传递，影响职工创意的实现，在此种组织机构下工作，要想干出一番事业，实现自己的人生目标，你必须突破此种结构的约束。有好的想法，有好的创意可直接找本组织的最高决策者面谈。这是你事业成功的关键。你不必担心领导会不会接见你。聪明的领导，他的大门总是为那些有志之士敞开的。

如果你不能突破此种机构的约束，左顾右盼，最后还是不了了之。要知道你所失去的不仅是一个信心，也不仅是一个创意，而失去的是你事业成功的一个机遇。也就是说，你已落入组织机构不合理的陷阱，使你的事业发展受到影响。

三、升迁渠道受阻

升迁渠道对一个人的发展很重要，有位置，才有机会，有了机会，才有升迁的可能。但在不少的组织，往往是待升迁的人多，而空闲的位置少，这是人们经常遇到的一个问题。此问题对于个人人生发展来说，就是人生的一大危机。产生危机的原因主要有以下三个方面：

（一）与组织的发展态势有关

组织有三种态势：一是发展期，二是稳定期，三是衰退期。在发展期百业待兴，新的业务、新的部门不断产生，正是用人之时，升迁的机会就多。在稳定期，其组织的业务发展、机构及人员都处于稳定状况，升迁需求也相对稳定，在这一时期升迁机会也相对减少。当组织进入衰退期，业务萎缩，效益不佳，往往会缩减结构、减少人员，升迁就更谈不上了。

（二）与员工的年龄结构有关

在一个组织内同龄人、同学历的人、能力接近的人太多，也是升迁的危机之一。位置只有一个，够条件的可能有几个甚至几十个人，但只能有一个人被提拔，其他人就只有等待了，这也是常见的事情。此时，未被提拔的人，心理往往不平衡，甚至产生消极、悲观的情绪，对领导失去信任，对工作失去信心，意志消沉，干劲不足，自暴自弃，从而陷入失败的陷阱。

（三）与升迁政策有关

有的单位重用老同志，年轻人无晋升机会；有的单位提拔年轻人，老同志没有希望；甚至有的人在年轻时无机会，好不容易熬了一些年头，政策又变了，年龄又大了，总是赶不上机会。现实中这样的情况也确实经常发生。

以上都是组织环境的危机与陷阱，都是人生发展的不利因素。但我们应该懂得，环境是可以改变的，危机是可以避免的，事业是可以获得成功的。下面提出几条建议供你们参考：

1. 创造机会

在遇到升迁渠道受阻时，创造升迁机会是最好的出路。比如，你所工作的单位处于稳定期或衰退期，此时单位所需的是开拓新的业务，你不妨在开拓新业务，开发新领域方面下一番工夫，创一番事业，如果开拓成功，自然就有了施展才能的舞台，有了自己的位置。此种办法适用于同龄人较多的组织环境，只有自己创造机会，出人头地，才有出路。

2. 改变升迁路线

这个问题涉及人生目标的改变问题。比如原来定的路线是行政路线，可是在本组织内走行政路线的人太多，或没有空缺职位。此时，你应该重新考虑一下你的生涯目标，是否有改变的必要。如果在你的自身条件、兴趣、爱好、特长允许的情况下，不妨改变一下路线。事业成功是多方面的，担任高级领导职务是成功，成为著名的学术专家也是成功。当然，改变路线要做全面的分析，不能靠一时冲动，也不能看一时得失，要慎重决策。

3. 调整工作单位

当在一个单位升迁渠道受阻时，调换一个工作单位，也是避免组织环境危机的方法之一，这也是一种人才流动。通过人才流动找到自己的位置，发挥自己的才能，实现自己的人生目标。但这种流动要慎重，不要随便流动，这样对你的事业发展肯定是有害而无益的。

四、专横的领导

在一个专横的领导手下工作，也是人生的一大不幸。因为这种领导所做的决策只是在浪费人才、压抑人才、耽误人才，对人才的发展与成长毫无益处。其主要表现在以下几个方面：

1. 使用而不信任

有些领导对下属总存有戒心，认为部下谁都不可靠，不忠心，不可信。整天疑神疑鬼，有时为一件小事大做文章。以此为理由不敢放手让下属工作，不敢把重要的工作让下属去干。甚至下属提出合理化的建议，以及好的工作设想也不予采纳。这种领导既影响职工的积极性，也影响工作效率与效益，更为严重的是影响职工的人生发展，使职工的身心受压抑，才能得不到施展。

如果你遇到这样的领导，请你赶快调换单位，否则，你将难以取得发展。

2. 使用而不放权

使用而不放权的领导往往是一位权力主义者，对权力极感兴趣，倍加重视，权力就是他的一切。认为失去了权力，就失去了地位，失去了尊严。这种领导是职业生涯发展的一块绊脚石。

领导不放权、不授权，职工就不能取得较快的进步、成长与发展。在工作中必须一事一请示，一事一汇报，在领导的严格控制下行动，职工就像一个机器人，失去了个性。

领导不放权、不授权，职工就没有表演的舞台，缺乏锻炼的机会，个人的聪明才智就难以施展，人生目标也就难以实现。

如果你有这样的领导，请你及早采取措施，同领导交换意见。但要注意方式方法，不要让领导认为你是个篡位夺权者。

3. 使用而不培养

有些领导对他的下属，只管使用而不培养。其理由是：工作忙，离不了；如果你去学习，工作就会受损等。殊不知，一个人只放电不充电，时间久了不就成了一个废电池吗？特别是在当今科学技术飞速发展的时代，知识更新周期日趋缩短，大有"今日不学，明日必被淘汰"之势。在此种形势下，如果一个人不学习、不充电，还有什么发展的潜力呢？

请你在百忙之中，抽出一点时间，认真思考一下你的发展潜力还有多大。认真想一想应该同你的领导谈点什么？

4. 使用而不提拔

有些领导在使用人方面很内行，一会儿让你干这个，一会儿让你干那个，这个活还没干完，那个活又来了，简直让你累的屁股不着地。可是领导很少考虑下属的提拔与发展，使下属只有干活的权力，没有晋升的机会。这也是人生发展中组织环境的一种危机。

如果你有这样一位领导，有必要采取点措施，以引起领导的注意。

5. 贬低下属抬高自己

有个别领导，总喜欢在众多人面前批评下属，在背后说下属的坏话，在上级领导面前把下属说得一无是处，其目的是想抬高自己。这是一种极为愚蠢的领导，殊不知下属不好，不就是领导不好吗？下属无能，不就是领导无能吗？要明白，如果你的下属都有你那样的能力，都像你那样对工作负责任，他们不都是领导了吗？还要你这个领导干什么？再说，一个单位或一个部门大家都不好，只有你领导一个人好，这可能吗？其结论肯定只能是领导不好。

这种领导危害性极大，由于到处宣扬下属的不好，把下属搞得身败名裂。下属要想挽回其影响，必须付出加倍的努力。特别是遇到在上级领导面前说下属坏话的领导，那就更糟糕。这是人生发展的一大危机。如果工作在这样的一个环境中，建议你尽快换工作。

第三节 社会、经济环境危机与对策

一、环境变迁的危机与对策

（一）社会、经济环境危机

随着科学技术的快速发展，社会变迁也愈趋激烈，特别是中国加入WTO，给我们的发展提供了机会，同时，也带来了前所未有的压力和挑战。在此种环境下，个人的生涯发展要求，一方面必须随着社会的变化而变化，另一方面必须准确预测变化的趋势，并在事前有所准备与行动。这样才能掌握职业生涯发展的良机，创造丰硕成果；面对危机与挫折时，才能突破逆境，化危机为转机，实现职业生涯目标。

然而，由于时代的快速变迁，过去的成功经验，今日可能无效；过去的制胜方法，今日难以成功。面对这样的时代，有些人难免心存恐慌或茫然。于是逐渐与社会脱节，失去对社会的归属与认同，有被社会遗弃的感觉，产生生理和心理的偏差，导致行为表现异常，影响人生事业的发展。其影响因素主要有以下几个方面：

1. 自动化的冲击

工业自动化的普及与提高，对工业科学化、技术化的发展起到了促进的作用，但给就业市场也带来了一定的影响。从长远看，自动化程度的提高，有利于就业市场的扩大。

但在短期内，自动化设备的投入，取代的人力工作岗位增多。这无疑会对人们的就业产生影响，使就业竞争加剧，带来危机。

2. 科学技术发展的冲击

由于技术的迅猛发展，知识的日新月异，给人生的发展不断提出新的挑战。"今日不努力地学习，明日将努力地找工作"。"今日不学习，明日将被淘汰"。在此环境中，如果自己不能及时学习新知识，就无法适应社会的发展，反映在工作上就是能力不足，难以胜任，甚至面临失业的危机。

3. 经济结构调整的冲击

从早期的农业时代转变为现在的信息时代；从劳动力密集时代，演变为资本密集与技术密集的时代，各种经济结构的转型，均对就业市场、人生的发展产生很大的影响。因此，经济结构的改变，使得转行和失业问题更为严重，这无疑对人生的发展也是一种危机。

（二）适应社会、经济环境危机的对策

（1）认识与面对现实环境，保持积极的心态。要想顺利地适应日益变化和发展的社会，则需与现实社会、经济环境保持良好的接触，以客观的态度面对现实社会，冷静的判断，理性地处理问题。并保持积极的心态，随时对自己作出适当的调整，以保持良好的对环境的适应状态。这样，才能跟上时代的变迁。

（2）了解变化的趋势。趋势是可以预测的。身处多变的时代，应该以开放的心态，预测未来，以便及早采取行动，做好变化的准备。

（3）不断学习与进修。这是科技发展的需要，也是社会发展的需要。在当今社会，只有不断学习，才有生存与发展的空间。

（4）凡事积极地投入，特别是对本职工作的投入。因为，投入才能在实际工作中增长知识与见闻，才能体验与意识到社会发展的趋势与危机，以便提前采取相应对策，使个人的事业得到顺利发展。

（5）不任意跳槽换工作。对于常换工作的人，各企事业单位包括政府机关都是不太欢迎的，因为常换工作的人，到哪里都会待不久。现在的组织人事部门招聘人才时，除了需要各方面的条件与经验外，更重视个人是否能适应组织的文化环境，这也是人力资源市场的新趋势。

（6）善用社会资源。现代社会快速变迁，面对现实社会中的种种问题，个人在适应过程中可能有某种程度的失衡，包括学业、就业、人际关系、社会关系、心理健康等。不管是那一方面的问题，都可寻求社会有关部门的帮助。例如，心理咨询机构；就业指导机构，如就业培训中心，人才交流中心等；教育进修机构和类型，如社会大学、电视大学、自学考试、函授教育等。

二、外界环境的压力危机与对策

（一）外界环境的压力危机

随着社会的发展，科技的进步，各行各业的竞争日趋激烈，工作节奏加快，学习任务加重，生活更为繁忙，这无疑给人们带来压力。而且，这种压力随着社会的发展在不断地加大，如影随形，挥之不去。例如，由于市场的竞争，因本企业缺乏竞争力倒闭而失业造成的压力；由于产业结构的调整，因技能短缺而下岗形成的压力；由于客观环境的限制，自己的目标难以实现而产生的压力；事业上追求尽善尽美与现实差距的压力，特别是中年人，通常认为自己从事的事业应开花结果了，然而，现实是并非所有的人都能在事业上春风得意，这种理想与现实的差距的压力，等等。这些压力可概括为以下三类：

（1）身体压力：身体的疲劳、身体的不适和各种疾病的出现。
（2）生存环境压力：人际关系不和、狭隘、噪音、交通、生活条件的不便等。
（3）精神压力：业绩不佳、失业、下岗、知识贫乏、得不到别人的认同、得不到领导赞赏、空虚、寂寞、无聊等。

（二）化解外界环境压力危机的对策

1. 压力危机的自我检查

列出30个指标检验你是否处于沉重的压力之下：
（1）常会不知不觉地感到烦躁；
（2）很难入睡，即便睡着了也很容易被惊醒；
（3）看电视，喜欢看刺激性的节目；
（4）肠胃不好；
（5）常常有要"消失"的念头；
（6）常做噩梦，说梦话；
（7）吸烟过量；
（8）早晨起来，头脑晕眩，四肢无力；
（9）没有食欲；
（10）常会惊悸而憋气；
（11）饭前饭后胃有不适之感；
（12）易发牢骚；
（13）回到家也无法放松；
（14）心情不愉快；
（15）脑中似乎总有事情，无法摆脱；
（16）易发脾气；
（17）常喝酒过量，烂醉如泥；
（18）觉得厌烦；
（19）容易疲劳；
（20）常不经意地抖腿；
（21）不管别人说什么，都容易生气；
（22）嫉妒同事的表现；
（23）出门上班时心情沉重；
（24）过于担心自己的身体；
（25）觉得周围很吵，很烦人；
（26）变得健忘；
（27）觉得日子十分无聊；

（28）读书时却不知书中到底在说什么；
（29）玩游戏、扑克牌，甚至赌博；
（30）害怕面对别人。

当你符合其中 10 项以下时，说明你并没有因压力而显得过分疲惫，属于正常情况。如果你符合其中的 11~20 项，就应进行压力调适；如果你符合其中的 21~30 项，就应该去看医生了。

2. 调试压力的六个步骤

佩克博士（E. Packer）的建议：

（1）叙述自己感受的压力特征，了解压力的来源；
（2）了解压力问题的严重性，分析其轻重缓急；
（3）了解压力的本质，作出适当的反应；
（4）借鉴别人应付压力的经验，达到"他山之石，可以攻错"的效果；
（5）写出工作压力的原因；
（6）与他人交换意见，寻找调适压力的方法。

3. 压力调适的方法

（1）找出最适合自己压力调适的方法，每个人对压力的调适、挫折的解决，各有自己不同的方法与经验，让自己跳出压力之外，以第三者的立场和想法对自己提出忠告与建议。

（2）面对压力时，不妨阅读相关的心理学书籍，以开阔心胸，疏解压力。

（3）请教有关专家，通过自我陈述，疏解心中的焦虑、烦闷，以增强自信心。

（4）重新修订自己的需求、动机和价值观，配合外在世界的情境做调适，改变观念，尽量学习从不同的角度去看问题。

（5）每天坚持做身心放松运动。平时工作累了，站起来走动走动、闭目养神、伸腰、慢跑等减轻身心的疲惫。运动是最简单的、最有效的压力疏解方法。

（6）肯定自己的工作，这样不但使你在工作中获得进步与成长，同时也能使别人重视你的存在。不要用负面的形容词否定你的工作，因为那样将会使别人也否定你的工作重要性及你的重要性。

（7）为自己制定下一个能预期达到的目标。有了明确的工作目标，便有了努力的方向。这个目标可以分阶段来实现，在逐步实现的过程中，可以获得成就感，面对压力时也会有信心去克服与疏解。

（8）寻求他人的协助。例如，让父母、配偶、师长、同事、主管等提供对策，或提供善意的建议，以减轻独自承受的压力。

（9）利用适度、适时的休息，疏解压力与疲劳，使自己更有活力，以应对工作上、生活上的各种挑战。

（10）减少对他人的期望与需求。过高的期望是造成关系紧张和压力的原因之一，适度的降低对他人的期望与需求可减轻压力。

（11）给自己一个缓冲的空间；当压力导致情绪不佳时，可痛哭一场、大声吼叫、聆听音乐、冲洗冷水等。只要不妨碍他人，不妨尽情发泄，以舒解压力。

（12）定期对自己的生理、心理状况进行检查，维持身心健康，有助于压力调适；

（13）培养积极、乐观、主动、负责的人生观，可疏解工作上的压力。

第四节 感情危机的对策

爱情、婚姻是人生中的一件大事,处理得好,有助于事业的发展,一生幸福;处理不好,不但影响事业的发展,而且身心疲惫,终身痛苦。

一、衡量爱情质量的十大试题

爱情问题并不总像"1+1"那么简单,我们在恋爱之前,心目中多少都有一个理想的形象,但一旦被丘比特之箭射中,我们就会忘掉这个形象,因为爱情是盲目的,我们往往凭一时的冲动行事。当被问到为什么喜欢某人时,我们往往无法给出合乎逻辑的答案,当第三者对我们的选择提出反对意见,或提醒我们注意自己伴侣的缺点时,我们会感到很惊讶。

下面提出的十个问题,应由你自己诚实地回答。如果大多数回答是肯定的,那么,尽管有人提出批评,你的伴侣与你适合的可能性仍然很大。如果大多数回答是否定的,那么你就应该冷静地思考一下你们的关系和别人的意见了。

(1) 在你工作和学习方面,总能得到对方的支持吗?

(2) 在重大事情上出现观点分歧时,对方能像你尊重他(她)的意见一样尊重你的意见吗?

(3) 你们在交换意见时感到心情舒畅吗?

(4) 你从来没有发现对方有重大欺骗行为吗?

(5) 在你阐述你的计划时,对方总能专心地倾听吗?

(6) 你们对性有关的问题有相似的看法吗?

(7) 在困难时期对方将会和你在一起并给予你支持吗?

(8) 即使对方的情绪不好,你也能感到他(她)的爱吗?

(9) 你们都不限制对方与其家庭成员的正常来往吗?

(10) 你们可以在私下里开诚布公地批评对方和就一些问题展开讨论吗?

二、治疗感情伤痛的对策

忍受感情伤痛是极其艰难的,不过我们可以努力使伤口在尽可能短的时间内愈合。应努力使这种经历有助于你的成长,而防止其成为你职业生涯发展的障碍。下面的十条措施可作为治疗感情伤痛的对策:

(1) 面对现实,向值得信任的人倾诉你的感受,他们可以帮你承受分手造成的痛苦。

(2) 不要急于寻求解脱,消除痛苦需要足够长的时间。

(3) 不要回避可能会使自己感到痛苦的想法或回忆。为了使伤口愈合,必须忍受这种灼痛。

(4) 不要觉得自己需要帮助就是脆弱的表现。必要时可以求助于心理医生,他们会给你一些有价值的建议。

(5) 给自己一些表达痛苦的机会,但不要让这个问题占去自己所有的时间。

（6）迫使自己有规律地从事对你有益的活动。这是重新开始过去由于没有时间而放弃的活动的极好时刻。

（7）使脑筋运转起来，应想到生活是日新月异的，一件事情结束后，另一件事情就开始了。

（8）给自己一定的时间来消除痛苦，之后应继续满怀爱心地生活。

（9）超越自己的痛苦，看得更远些。多想想这样的问题：谁需要你？如何感谢在这个艰难时刻帮助你的人。

（10）一旦感觉伤痛减轻，就应总结一下从这次不幸中所学到的一切，由于感情方面的痛苦没有使你窒息，你应该感到高兴，应该为自己的勇气而感到骄傲。

案例思考：

职业规划：且听马云的五点建议

半个月之内，阿里巴巴集团董事局主席马云在阿里巴巴内网上连续发了两个名为《我想和新的阿里人的同事谈谈我的看法》的帖子，而且最新的长达3 000字的帖子是他在飞机上一个字一个字打出来的。

在马云之前发的第一个帖子中，他强调，"必须要对社会感恩，要学会用更动态的思维来看社会上的事情"。而在这次的第二个帖子中，他更是直接指出，"我坚信建设性的破坏要比破坏性的建设对我们这个社会有意义得多"。

"前段时间我们讨论了感恩和敬畏之心，当然光有那些是不够的。我们还要有正确地做事的方法，特别是做正确事的决心！我觉得今天年轻人的态度我们也有部分责任，因为我们自己没有明确告诉他们，我们阿里做事的方法和态度。"

根据数据统计，在阿里巴巴2.5万名员工中，年龄在26~27岁的占绝大部分。而这也是社会上很大部分的主流人群。对于很多人来说，这可能是他人生的第一份工作，他在这个组织所获得的和所形成的社会化概念，将会奠定未来十年的价值基础。

此信被公开后，外界纷纷认为，虽然这一帖子的目的是指导新员工以正确的态度对待工作、对待公司、对待自己，但马云的经验之谈不但对阿里巴巴的内部年轻员工，对所有踏足社会不久的职场新人，对阿里巴巴、淘宝上发展的创业者，对成长发展的中小企业，都有参考价值。

对今天年轻人的浮躁和做事说话的态度，马云表示理解，因为"我们都这么年轻过"。但是他建议青年员工在浮躁的社会中看清自己，平静下来问自己："①我有什么，我凭什么；②我要什么；③我必须放弃什么。"他也表示，"我们捍卫你说话的权利但我们不欣赏你抱怨一切的态度。我们更欣赏那些修正自己，调整自己，用自己的努力和智慧去完善周边的不尽如人意"。

"今天的社会能说会道的人很多，但真正完善建设的人太少，破坏是最容易的！建立任何一个社会也好，公司制度也好，需要的是千锤百炼的努力和完善"，马云在信中告诉年轻人"中国一直不缺批判思想，中国缺的是一批实实在在干事，做千锤百炼苦活的人"。就如公司不缺战略，不缺"idea"，不缺批判一样，公司其实缺的是把战略做出来的人，把"idea"变现的人，把批判变成完善行动的人。

因此，他强调，"我们是一家公司，我们有自己的使命，我们有自己的职责。我们用自己的努力，把互联网变成影响千家万户幸福生活的电子商务"。

他同时也表述说，当然，会有不同的观点，"您可以有不同的观点和意见，我们一定会认真倾听，但不一定会按你说的做"，阿里巴巴创立之初的初衷，永远不会变。"我们只希望务实地以我们的手法创造社会的价值"。

马云也鼓励年轻人说，"我们是群平凡得不能再平凡的人，我们在一起就是想一起做些不平凡的事。我们只是一批年轻人，在做一件前人没有做过的事，我们在努力把现实和理想结合起来，我们在努力尝试，改变。我们平均年龄只有 26 岁，这是个犯错误的年龄。我们一直在犯各种错误，并以此当做我们的财富在积累"。

他进而提出要求说，每一个年轻的阿里巴巴人，都请真的按照"看、信、思考、行动和分享"五个步骤来看待自己所处的公司和时代，"我们期待的是分享性批判"。

马云式五步走：

一看：来公司先看，少发言，观察一切你感兴趣的人和事。从看和观察中学习了解阿里巴巴。当然最好带欣赏和好奇的态度去看，因为毕竟你是因为欣赏和好奇来到这个公司的。

二信：问自己信不信这家公司的人、使命、价值观，信不信它的未来。假如不信，选择离开，离开不适合自己的公司是对自己和别人最负责的态度。当然也要判断个别和群体。

三思考：仔细想想自己可以为实现这个公司的理想和使命做些什么。思考自己留在这个公司里，团队和工作有我和没我，有啥区别？我到底该如何做一个优秀的员工？

四行动：懂道理的人很多，但能坚持按道理办事的人太少。行动是真正说明思想的。阿里巴巴的工作是单调乏味重复的，因为我们应该把新鲜快乐刺激留给客户们。行动也是要有结果的。我们是为努力鼓掌但为结果付费的公司。

五分享：经过看、信、思考和行动后，您的观点才真正珍贵，必须和新来的和以前的同事分享，有些发泄性的批判，除了让人不高兴外，其他意义不大。我们期待的是分享性批判。

——资料来源：http://www.jobinhe.net/news/guihua/200558.html.

思考题：

职业生涯发展面临着哪几个方面的危机？具体应对措施如何？

第十章
求职中的人际关系

求职中的人际关系形态、求职中人际交往的心理效应和初来乍到协调人际关系等因素对于个人在求职过程中的表现以及在职业生涯中的发展等都有重大的影响作用——要么是起到"如虎添翼"的促进作用，要么是起到"雪上加霜"的阻碍作用。接下来将分别探讨如何利用它们对个人发展起到促进作用。

第一节 积极转换求职中的人际关系形态

在求职过程中，求职者与招聘者之间的人际关系的构成图式是线形的，如图11-1所示。求职者与招聘者之间是双向选择关系。

求职者←————→招聘者

图11-1 求职者与招聘者之间的人际关系的构成图

双方的线性关系，有平衡、不平衡两种状态。所谓平衡状态是双方的力量是均等的状态；所谓不平衡状态是一方力量强于另一方（一强一弱）的状态。

在求职过程中，若求职者在有相当的知识和能力的基础上信心充足，就会客观对待个人与招聘者之间双向选择的关系，从而两者之间的关系成为平衡状态；若求职者在知识或能力上有欠缺，或是对自己信心不足，则会让求职关系成为一弱一强，从而使求职者和两位招聘者之间的关系处于不平衡状态。

求职时的人际关系形态处于平衡状态还是不平衡状态，对于求职者本人的知识的应用和能力的发挥有重要的影响作用。让求职时的人际关系处于平衡状态，由此给求职者造成的情绪影响就小，求职者心情舒畅，精神振奋，有利于发挥个人的智慧和才华，有利于个人进行冷静理智地思考，从而做出较为客观的判断和决策。反之则给求职者造成极大的负面影响。求职者应该力争有相当的知识和能力的基础，信心十足地对待求职过程、客观对待个人与招聘者之间的双向选择关系，从而使自己在求职中的人际关系处于平衡状态，为自己的求职起到促进作用。

第二节　善用人际交往的心理效应

人际交往中有许多心理效应，如首因效应、近因效应、晕轮效应、社会刻板效应、"威信"效应和"自己人"效应，等等。个人在求职中善用这些心理效应就能很好地"推销"自己，从而帮助自己找到满意的职位。

一、首因效应

首因效应又叫"最初效应"，也即日常所说的"第一印象"，指第一次交往过程中形成的印象对双方以后交往关系的影响。

人们初次相遇，总要首先观察对方的衣着、相貌、举止以及其他可察觉到的动作反应，然后根据观察到的印象对对方作出一个初步的评价。虽然第一印象是在很短的时间内根据有限的、表面的观察资料所得出来的，但由于它的新异性和鲜明的情绪色彩，却能在人的脑海中留下深刻的印象。

在求职中善用首因效应表现在衣着整洁得体；服饰搭配得当；举止礼貌；语言既不失幽默风趣，又言简意赅；手势语言是为了配合口头语言而使用，切忌滥用；与人谈话时高度集中精神，而不应一面与对方交谈，一面东张西望，或另有所思，或不断匆匆改变话题；切忌哗众取宠。

在求职中善用首因效应无疑是给自己准备了一块很好很有效的"敲门砖"。

二、近因效应

近因效应指在总体印象形成过程中，新近获得的信息比原来获得的信息影响更大的现象。

研究发现，近因效应一般不如首因效应明显和普遍，它的效用显著表现在以下两种情况：一是在印象形成过程中，当不断有足够引人注意的新信息，或者原来的印象已经淡忘时，新近获得的信息的作用就会较大；另外是当人们在回忆旧信息发生困难时，对别人的判断就要结合目前的情境来考虑，此时近因效应的效用就较大。

在首因效应的基础上善用近因效应，就像是给自己的求职过程锦上添花。

三、晕轮效应

晕轮效应又叫"光环效应"、"成见效应"，是人们在人际交往中产生的一种知觉偏见。指对某个人的某个方面有了好的或不良的印象后，便对这个人的其他方面也做出肯定的或否定的认识和评价。这种知觉偏见，好像月晕一样，把月亮的光环扩大了。晕轮效应是人际交往中在掌握有关对方信息资料很少的情况下做出总体判断的结果，往往影响到人们的相互交往。当对某个人印象好时，就觉得处处顺眼，"爱屋及乌"，甚至于连他的某些缺点、不足也会觉得可爱；当对某人印象不好时，就觉得处处不顺眼，"憎人及物"，对其优点、成绩也视而不见。

求职过程中晕轮效应的作用是持久和明显的。当求职者和某一特定的招聘者交往时，因为求职者的自我推荐书过于简单、个人不注意求职时的形象或首次面试不守时，这些都会使对方形成偏见，导致求职者在以后过程中时时处处总得不到较好的评价，好久都改变不了最初的印象。这也证明，晕轮效应与首因效应密切相关。求职者在求职过程中，要力争给对方留下一个良好的第一印象，此时所产生的晕轮效应是积极的，对求职十分有利。

当然，求职者受到晕轮效应的消极影响后，不应束手无策、徒叹"无奈"。只要求职者有良好的素质、诚恳的态度，锲而不舍的精神，完全有可能扭转劣势，最终取得求职的成功。

四、社会刻板印象

所谓社会刻板印象是指由于受社会影响，对于某一个人或某一类人所产生的一种比较固定的看法，也叫定型化效应。一般来说，定型的产生是以过去有限的经验为基础的，源于对人的群体归类。如在人们的脑子里，研究生学历比本科学历高、本科学历比专科高；下巴方正是意志坚强的标志，宽大的前额象征智慧，胖人心地善良，厚嘴唇则忠厚老实等。这些都是社会刻板印象所产生的效应。

社会刻板印象对求职者的影响弊大于利。一方面它会导致认知过程的某种程度的简化，有利于人们对他人作概括的了解；但另一方面，如果在非本质方面做出概括而忽视了人的个别差异，就会形成偏见，做出错误判断。

许多求职者曾受到社会刻板效应的消极影响，得不到招聘机会。例如一般本科院校的学生与重点学校的学生同时向同一家单位求职，因为社会刻板效应的影响，前者得到面试的机会就比后者小得多。社会刻板效应对求职的人际交往所产生的障碍，给求职者提出了难题。求职者在求职中，必须对这种心理效应有充分的思想认识和足够的心理准备，尽可能有意识地避免。一旦遇到这种情况，一方面要处变不惊，切不可大惊小怪，埋怨对方不通人情；另一方面，抓住属于自己的机会，很好地展示自己的能力，充分利用近因效应给对方留下很深刻的印象，从而化解掉社会刻板效应的负面影响，为求职成功奠定基础。

五、"威信"效应

所谓"威信效应"，就是指说话的人如果地位高，有威信，受人敬重，则所说的话容易引起别人重视，并相信其正确性，即"人微言轻、人贵言重"。"威信效应"的普遍存在，首先是由于人们有"安全心理"，即人们总认为威信人物往往是正确的楷模，服从他们会使自己具有安全感，增加不会出错的"保险系数"；其次是由于人们有"赞许心理"，即人们总认为威信人物的要求往往和社会规范相一致，按照威信人物的要求去做，会得到各方面的赞许和奖励。

在求职中，利用"威信效应"的例子很多：请权威人物给自己写推荐书；在辩论说理、自我表现时引用权威人物的话作为论据等。在求职过程中，善用"威信效应"，能够达到引导或改变对方对自己的评价、给对方留下好印象的目的。

六、"自己人"效应

所谓"自己人"效应，就是交流的双方若具有某些相似性，则会对对方产生信任感、亲近感，从而把对方当做自己人的效用。为了赢得招聘者的好感和积极的评价，善用"自己人"效应就是让求职者持有一些与招聘者相一致的观点：应该努力寻找并且主动创造条件形成双方的共同点、与招聘者形成某种意义上的相似性，如性别、年龄、籍贯、职业、地位、经历、兴趣等，就会使招聘者产生信任感、亲近感，视求职者为"自己人"，从而顺利通过招聘者的考核。当然，这种情境不是来自于阿谀奉承和溜须拍马，而是取决于客观的条件和主体自身的诚实、友爱，以及情感、理智和实际的行为，否则会产生适得其反的效果。

根据自身情况和所面临的求职情境，善用以上一种或多种效应，会对自己的求职过程起到正面的促进作用。

第三节　初来乍到协调人际关系

一个人刚走上职业岗位，遵循增进友谊原则、克服不良心理障碍，对于个人协调好新环境的人际关系和促进个人的职业发展将会起到不可估量的帮助作用。这一节为大家介绍一些既富有代表性又特别适用于初来乍到的新人协调人际关系所需要的交往原则和所需克服的心理障碍。

一、增进友谊的原则

新到一个单位，为了增进同事友谊、协调人际关系、为以后的发展奠定良好的基础，需要遵循一些人际交往的原则，如尊重他人的原则、主动接触的原则和实事求是的原则等，这些原则对于指导个人的人际交往向着有利的方向发展有一定的效果。

（一）尊重他人原则

尊重他人原则就是尊重他人是第一位的，"严以律己，宽以待人"。在心理学家马斯洛的需要层次理论里，个人的需要被分为五个层次，从最低层到最高层依次是生理的需要、安全的需要、归属和爱的需要、自尊的需要和自我实现的需要。受人尊重属于第四层自尊的需要的一种表现，是个人的一种高级心理需要，让这种需要得到满足有助于使人产生更深刻的幸福感、宁静感，从内心感到温暖，从而愿意与满足他需要的人之间发展友谊关系。

对于众多求职者来讲，无论进入哪家工作单位，大都有一种跃跃欲试的心理。但是应该了解，无论你在过去成绩有多优秀、社会活动能力有多强，也不论你的雄心壮志有多高，成功绝不会是孤立的，你所处的环境、你的机会，都是影响你成功的重要因素。如果能认识到这一点，就会抱着尊重他人、学习他人的态度，积极工作的态度融入新工作环境中去。每个人都有他的长处和不足，初来乍到，你不可能了解一个人的全部，不能因为不习惯就看不惯别人的做派、瞧不上别人的能力，就不尊重别人。不论身在何处，人人都值得你尊重——不论是领导还是同事。要善于发现对方身上的优点，不要吝惜赞美的语言。

初来乍到，无论对谁，讲话的态度都应该谦虚、诚恳。以情感人，尊重他人，关心他人落实到具体的行动上可以有见面主动问好、脸上常有微笑、与人说话时正视别人、身体微倾向于说话者那一方向、不打断别人的话头、有困难时虚心向同事请教、绝不随便议论他人的不足，无论是当面还是背后，等等。

（二）主动接触原则

所谓主动接触原则，是本着真诚的愿望、在尊重他人的基础上，在行为上采取主动与领导和同事接触，做到嘴勤、手勤、腿勤，用心观察学习别人是怎样做的，以此来协调人际关系、促进个人的发展的原则。

每一个环境都有自己的圈内人际交往规则。在初来乍到的人际交往过程中，靠个人力量去观察——收集信息——总结规则，这一来是时间长，二来是缺乏客观性。而且谁都喜欢与开朗、热情的人打交道，因此不要故步自封，要主动与周围的同事搞好关系，抓住中间休息、吃午饭的机会与他们交流，学习总结他们工作和交往的经验。在这个过程中，免不了与领导和同事接触。要勇敢地承担被拒绝的风险，主动上前找人搭话。不论是被拒绝还是得到了自己想要的答案，对个人来说都是增进了对一位同事的了解。要使人际关系协调起来，除了尊重他人原则之外，主动接触原则是一个在缩短个人适应期的同时增进友谊的重要的原则。

（三）深浅有度原则

所谓深浅有度原则是指在初来乍到的人际交往过程中，个人宜根据交往由浅入深的规律，循序渐进地增进友谊，切忌一开始就将自己全盘暴露，以期换来有深度的友谊，那样只会令自己难堪，为自己以后的人际交往设置障碍。

人们的交往是由浅入深的，大体由礼仪交往、功利交往、感情交往到思想交往。礼仪交往，相互招呼关照；功利交往，促进事情办成；感情交往，建立一定的友谊；思想交往，心心相印，肝胆相照，叫做腹心之友。交往到了这一步，可谓知己了。

西方的心理动力学，研究人们的相互交往，也认为其是由浅入深的。美国沃特曼在《科技人员的管理》一书中指出，每个人的心理由三个动力层组成：第一层是表现层，即外表暴露出来的行为的总和；第二层是渐显层，自己性格的一些特征，为别人逐步了解，自己不一定觉察；第三层为隐蔽层，涉及自己的隐私，自己清楚，但不愿意暴露给别人。人们的相互交往，由表现层深入到渐显层，由渐显层涉及隐蔽层。个人与个人的交往，个人与团体的交往，团体与团体的交往都存在着这三个过程。用交往观察镜相比拟，可以把人们的交往划分为五个时期：一是朦胧期，相互间一无所知，表现层、渐显层、隐蔽层三层重叠，不透明。二是准交期，听了别人介绍，或看了对方简历，表现层一些现象公开了，但尚未正式交往。这两者也可以说是潜伏期。三是初交期，经过初次接触，相互有所了解，表现层越来越清楚。四是发展期，彼此不断了解，认识不断加深，渐显层不断暴露出来，个性特征逐渐为对方所掌握。五是深交期，表现层、渐显层都已搞清楚了，隐蔽层尚不完全清楚。作为知己，肝胆相照，把内心隐私也告知别人，隐蔽层也就逐渐公开了。但有些人不愿暴露自己的隐私，如果被别人窥知，他就不能容忍，对于这些人，初来乍到时最好不要多去接触。一般说，外向型的人，胸无芥蒂，愿意暴露隐私；而内向型的人，城府很深，是不愿意透露隐情的。这后三者都属于交往期，反映人们交往在不断深化。

在初来乍到的人际交往过程中，个人的人际交往情况也是由初交期、发展期到深交期，表现层、渐显层和隐蔽层由浅入深渐次暴露的。只有到了隐蔽层都能互相表露，私下能谈"私房话"（知心话）。但是，人们总是有某些不愿意告诉别人的事，这时一定不要去勉强别人，否则只会是破坏已建立的友谊，而不是达到增进友谊促进个人发展的目的。

二、克服心理障碍

初来乍到的人际交往中，常常因为一些心理障碍，诸如羞怯心理、嫉妒心理、猜疑心理、自卑感等，让自己做出与愿望相违背的事情。例如，在心中准备了好久向某位同事请教某一问题，但是，走到他面前时又因为羞怯心理而不知如何开口，最后是无功而返。羞怯心理、嫉妒心理、猜疑心理、自卑感等心理障碍给我们的人际交往带来了极大的不便和阻碍。接下来将介绍如何克服这些心理障碍。

（一）羞怯心理

羞怯心理就是害怕和人打交道。其表现是：在与他人面对面交往时，感到紧张、拘束和尴尬，甚至面红耳赤、局促不安。例如一些人刚开始工作时，个人独自工作时很平静，但是一遇到与领导或同事打交道的情境就手足无措，这是一种典型的羞怯心理的表现。羞怯心理使个体由于拘谨而不能清楚、充分地表达自己的见解，让自己处于很被动的境地里；使个体在交往中不是考虑如何成功，而是考虑如何避免失败。然而不失败并不等于成功，因此羞怯心理让人在交往中容易遭受失败，成为人际交往中的一种心理障碍。

羞怯有时使某些人显得更可爱、更讨人喜欢，因为他们在群体中往往不爱出风头，从不抢人话题，于是他们就显出具有谦逊稳重又富有涵养的品质。羞怯并不是引起人们亲近和喜欢的原因，这些与羞怯相联系的品质才是真正让人们喜爱羞怯的人的原因。其实，这些优良品质完全可以在不羞怯的行为中表现出来。倘若一个人既不羞怯、又具有如上优良品质，这样的人更会引起人们的亲近和喜欢。

那么，如何克服羞怯心理呢？

我们先来看看羞怯心理存在的原因是什么。羞怯心理存在的根本原因在于对安全感的过分追求——只求太平，不敢冒风险。他们常常担心自己被别人否定，思考多于行动。对他们来说，自己的一举一动都被别人时刻关注和评价着。他们总把别人当做他们的"法官"，这样一来，他们与别人在一起就会感到老不自在、缺乏自信、过于自卑、怯于担风险。这些又使羞怯者不能全面地认识自己的潜在能力，同时又使羞怯者很难与他人亲密相处。

鉴于羞怯心理的各种原因，人们总结出了一些克服羞怯心理的具体方法：

（1）松弛训练方法。当自己感到紧张、心动过速的时候，可以转换一下视线，变换一下姿势，说两句寒暄之类的话，这样可以克服心理上的紧张。

（2）认知平衡法。羞怯大多由自卑等心理不平衡状况所导致。在由自卑而导致胆怯的时候，可以在内心进行认知的自我平衡；不要对自己作否定，相反，多想想如何去纠正别人的错误。

（3）气氛转换法。在与他人交往时，可能由于某些原因而使人们难以启齿，从而产生心理紧张、脸红。这时可以迅速转换话题，使气氛得到缓和。待气氛有利于使你说出真情时，你可以心情平静地向他人说明你的来意。

（4）模仿法。经常注意视察和模仿一些泰然自若、善于交际、活泼开朗的人的言谈举止，对照自己的弱点加以克服，并根据自己的气质养成自己的风格。有人发现，害羞的人同外向性格的人交朋友可以变得开朗。这就是自觉与不自觉模仿的结果。

（二）嫉妒心理

初来乍到的人还容易产生的一种心理障碍是嫉妒心理。嫉妒是对他人的成就、名望、才能、地位、容貌、境遇的一种既羡慕又敌视，极欲消除破坏他人优越境况的非正当且让自己不愉快的情感。它常在看到与自己有相同目标和志向的人取得成就时产生。如，对于同一个班里的彼此差不多的同学，或是对同时进入同一工作职位的人，有的在职业生涯中发展顺利、有的则波折重重，这时后者对前者易产生嫉妒心理。嫉妒心理在所有人身上都有所表现，有的人一发觉自己有嫉妒心理之后就开始调节，将嫉妒心理及时扼杀掉；有的人则不易发觉自己的嫉妒心理，或是发觉之后也任其发展，从而会做出损人利己的事，最终因违背道德或是法律而受到人们的谴责或是法律的制裁。

那么，嫉妒心理产生的原因是什么？如何克服嫉妒心理呢？如果对嫉妒心理产生的原因加以归纳，我们可以发现它有如下几个方面：

（1）虚荣心。虚荣心甚强的人，假如他看到别人在一些方面强于他，他会为此产生嫉妒心理。

（2）临近性。在同事之间当有人被提升的时候，容易引起嫉妒心理。因为如果临近的人由于某种突出表现而得到提升，就等于对比出了其他人在这方面的无能，从而容易伤害他们。同时，彼此越了解，这种嫉妒心越强。正如培根所说："人可以允许一个陌生人的发迹，却绝不能原谅一个身边人的上升。"

（3）相同的目标。即使不在身边而在他处，如果两个人存在着相同的目标，一方取得了成就，也容易引起另一方的嫉妒。因为他们之间的距离虽然改变了，但一方的进步还是会使另一方觉得仿佛被降低了。

（4）自身的缺陷。无论是由于虚荣心、临近性，还是由于相同的目标而产生嫉妒心理的人，他们自身都必然在某方面存在着缺陷，诸如生理上、能力上、成就上、道德上等。正如培根所说："德行不好的人必然要嫉妒有道德的人。因为人的心灵如若不能从自身的优点中取得养分，就必然要找别人的缺点来作为养料。而嫉妒者往往是自己既没有优点，又找不到别人的优点，因此他只能用嫉妒来安慰自己。"

（5）自私心理。具有某种缺陷的人不一定都嫉妒他人，好嫉妒的是那些自己没有而又不让别人具有，或者只许自己有而不许别人有的私心极重的人。大凡好嫉妒的人，他们不能容忍别人超过自己，就是害怕别人夺了他的名誉、地位，有损他的个人利益。

（6）公平心理。任何事物都不能绝对化，嫉妒也不能被看成纯粹的不道德行为，人们的公平心理也在起作用。对于一个循序渐进地高升的人，人们一般不会产生嫉妒，因为这种人的提升被看成是正当的；那种经过辛勤努力之后才获得幸福或成就的人也不太招人嫉妒，因为人们认为这是合理的、公平的，人们看到这种幸福或成就是如此来之不易。相反，那些没有能力，而又不择手段向上爬的人，最招人嫉恨，因为人们认为这种人得到提升是不公平的。

嫉妒产生的原因是多方面的，它既有"正当"的理由，也有不正当的理由。然而，不论产生的原因是否正当，嫉妒心理都是人际交往中的一种心理障碍，它会限制人的交往范围、压抑人的交往热情，甚至能反友为敌。因此，嫉妒心理还是一个应该克服的心理障碍。

为了克服嫉妒心理，我们不妨采取如下方法：

（1）自我认知法。自我认知法就是通过自我认识，调整自己的意识与行动，从而自觉地控制自己的动机与感情。在生活中，我们往往会不知不觉地产生某些嫉妒心理，从而给自己的精神带来一些烦恼和不安。此时，我们可以冷静地分析一下嫉妒的不良作用，同时正确地评价一下自己，从而找出一定的差距。只有正确地认识了自己，才能正确地认识他人。嫉妒的锋芒会在这种正确的认识中钝化。

（2）自我转换法。嫉妒可以使一个人萎靡不振，然而如果经过合理的自我转换，也可以改变为动力。很久以来，人们就是把嫉妒转变为比赛和竞争来促进自己奋发上进的。

（3）相互接近。嫉妒常常产生于相互缺乏帮助，彼此又缺少较深感情的人中间。因此，相互主动接近，多加帮助和协作，增进双方的感情，也会逐渐地消除嫉妒。

（三）猜疑心理

猜疑是虽对某些信息不清楚、不明白或不理解，但任由自己在心中主观想象而不去求证就下结论的心理。如果说羞怯心理大多存在与陌生人的交往中，嫉妒大多存在与自己相似或相近的人的交往中，那么猜疑心理则大多存在于关系已较亲密、有一定深度的人之间。猜疑心理也是初来乍到的人在人际交往中易产生的心理障碍。例如，小张刚到公司不久，经过努力与同事小王成了朋友，一日小张在闲谈中向小王请教如何弥补某种工作失误，并请小王为他保密；第二天，小张因这个工作失误受到了上级领导的批评指责；小张因为这个工作失误除了小王之外没向别的人讲起过而迁怒于小王，认为小王不守信用向领导告密，从此处处与小王作对，以此来报复打击小王。

猜疑心理的产生，有它客观的原因，也有主观的原因。从客观原因上看，它包括如下两个方面：①被猜疑者本身的可疑行为。一般来说，猜疑对象亦即被猜疑者本身的可疑行为，是引起猜疑的一个直接原因。例如小张的这个工作失误除了小王之外没有别的人知道，这是小王的最大可疑之处。正是这可疑之处使小张更加恨小王，以至产生破坏两人友谊的行为和报复行动。②其他人无意的传闻或有意的挑拨离间。猜疑存在于具体的两个人之间，但其他人的传闻或挑拨离间在某种程度上起着导火索或者火上浇油的作用。从主观原因上讲，主要是猜疑者缺乏真正的认识和冷静的态度。人们往往是不知道事情的真相才进行猜疑，猜疑是想知道而又不知道时的一种矛盾心理的反映。缺乏冷静的态度是猜疑不断升级的一个主观原因。人们对事情不可能全部了解，总有不知道的某些事情。但当发现别人有"可疑"的行为时，如果不听信谣言，而是凭着冷静的态度认真地进行分析调查和了解，真相是会大白的，疑虑自然会解除。

为了正确对待猜疑心理产生的客观原因，克服主观上不正当的猜疑心理，不妨采取如下方法：

（1）自我暗示法。这是一种对自己施加某种积极的影响，从而调整心境、情绪和加强自我意识的方法。当发现别人有某些"可疑"行为或听到某些谣言的时候，应该暗示自己要冷静。诸如暗示自己要心平气和地去和他（她）谈清楚、提醒自己要全面地去分析和了解。

（2）自我控制法。就是用自己的理智控制自己的感情。当发现朋友有某些"可疑"行为对，亲近的关系在这种意外情况的冲击下可能要在情绪上表现出愤怒，然而此时重要的是让理智控制感情。例如林则徐曾把"制怒"二字作为座右铭来警戒自己易怒的情绪。自我控制法对于防止一时冲动做出不理智的行为来说是最为有效的方法。

(3) 开诚布公地谈一谈。猜疑产生于对事情缺乏认识和了解。如果可能的话,最好能同你所怀疑的对象开诚布公地谈一谈,以便由此解除或证实你的猜疑。猜疑的最大坏处在于它以疑点为中心无限扩散,结果伤害很多无辜的人。

初来乍到的人在其人际关系中,因为自己对环境不甚了解,常常会产生误解或误会,导致猜疑心理的产生。学会控制自己的情绪,暗示自己要冷静,开诚布公地谈一谈,是解除误会和猜疑以及避免不幸的行之有效的方法。

案例思考:

电话交流的艺术

首先我们来比较以下两种接电话的方式:

拨通一个号码,第一种听见的是"您好,这里是青年协会外联部。好的,请稍等"。第二种是"喂,你找谁?不在!"或者"谁?你打错了!"随后是"啪嗒"一声挂断电话。毫无疑问,两种不同的方式在对方心里产生了不同的效果。前者可以平心静气地等待,即使他要办的事没有办成,心里也不至于产生异样;而后者,他的生硬的语气、毫不客气的态度,给人感觉是在向别人撒气,很有可能他自己完全没有意识到这一点,而听话人听到这种语气和语调,心情自然不会好到哪里去。

分析:通过电话交谈是现代人际交往的一种非常常见而又非常重要的方式,它有着一定的礼仪规范。首先是打电话的时间选择。我们要遵从的一条原则应是多从对方的角度出发来考虑。一般而言,私人电话不要选择在工作时间打,而因公事打电话最好不要占用私人时间。另外,向别人家里打电话,除非特别约定,一般不要在晚上十点以后打,因为此时打去可能会影响别人的休息。在打国际长途的时候,特别要注意时差。我们这里的白天可能是人家的半夜。通常,不要在对方的节假日或休息用餐的时间打电话。第二点也是最主要的,是打电话时的表现,虽然"只闻其声",但仍能"见其人"。要掌握的原则就是通话双方如同面对面的谈话一样,一样需要微笑和礼貌用语。如果对方打错了,需要表现出足够的耐心;很多时候别人需要帮助,如传个口信,则应该有责任心,把要转达的话记录下来。挂电话时,通常由地位较高的人先挂,如双方是平辈,则一般由主叫先挂。

在交往中,很多时候是面对面的交流。无论是正式还是非正式的场合,当交往双方互不相识时,都要通过介绍,彼此认识,进而才能深入交流。介绍是人际交往扩大的一个重要环节。介绍应遵循"位高者先知"的原则,即先介绍身份较低的一方,再介绍身份较高的一方,先介绍主人,后介绍客人;先介绍晚辈,后介绍长辈;先介绍个人,后介绍集体;先介绍男士后介绍女士。介绍双方的主要内容应基本对称,不要对其中一方不厌其详,而对另一方则轻描淡写。

——资料来源:http://wenku.baidu.com/.

思考题:

1. 如何在职场中形成良好的人际关系?

第十一章
求职的基本技术

无论是学校的毕业生还是社会人士，求职是经常遇到的一个话题。随着形势的发展，国家的就业政策也在这十年间发生了很大的变化。所以求职的途径、渠道和要求也与以前有很大的不同。就业压力逐年增加，丝毫没有缓解的迹象。在提高自己的实力的同时，了解求职的规律，懂得求职的技术，掌握求职的注意事项也成了十分关键的东西，因为这能有效地提高你求职的成功率。

本章就从求职准备、就业信息的搜集、求职材料的写作和面试技巧四个方面来谈谈基本的求职技术。

第一节　求职准备工作

求职不是简单的拿着简历到招聘会上推销自己。求职的过程是个复杂的心理和实践过程。事实证明，做好现实分析和心理调节等求职准备工作是成功求职的前提条件。

一、了解当前就业的主要政策

政策是求职的方向，了解政策鼓励什么，禁止什么，对求职就业有哪些限制性规定等，还有社会、经济的发展趋势对职业需求的影响也是不容忽视的。例如近年来，电子商务、物流管理、绿色能源等都是发展迅猛的行业，还有绿色环保等国家一直扶持的行业都是朝阳产业。这些对求职者来说是关于求职大方向的问题。很多求职者因为不了解国家的大政方针，使得自己白花了工夫，甚至贻误了良机。

求职政策包括国家政策、地方政策和具体单位的招聘政策。国家政策是纲，地方政策是根据地方的特殊情况贯彻国家政策的详细举措。比如北京、上海等直辖市限制人口进入的政策，西部城市引进人才的鼓励和奖励政策。

特殊就业群体，像公安、司法、军事、体育、艺术等院校的毕业生或在这些部门工作的人员。他们因其所在行业的特殊性，其就业也就有特殊的规定。向自己所在院校的就业指导中心咨询或查阅相关网站和杂志，资料就可以轻松获得，在此不再赘述。

国家和部分地方的就业政策可登录各大网站查询。

二、做好当前就业形势分析

大学生从20多年前的"天之骄子"成为一个就业相对集中的群体。2007年之后，不少大学生开始出现失业或者隐形失业的状况。到2009年大学生失业问题开始成为全社会重点关注的问题。2010年，大学生就业形势更加严峻。教育部部长袁贵仁在2010年全国普通高校毕业生就业工作视频会议上直言：国际金融危机对我国就业的不利影响还没有消除，如果说2009年是经济最困难的一年，则2010年可能是最复杂的一年。在当前经济全球化的大背景下，能够影响劳动者就业的因素，已经远远不限于本国国内国民经济的发展状况、高校毕业生自身素质能力，更多的是来自于全球经济状况和国内外的人才竞争力。在各种因素的影响下，就业形势更加严峻，但是不是就没有出路了呢？首先，我国的就业困难的因素中有个人才结构性问题。调整人才的素质结构就能极大地缓解现在的就业困难。其次，我国经济和社会的发展也提供了很大的就业空间。一是第三产业的发展。一般说来，第三产业增加值每增加一个百分点平均增加就业岗位85万个。我国在全面建设小康社会的过程中，第三产业拉动就业的潜力很大。二是非公有制经济的崛起。非公有制经济实体接纳大学毕业生的比例在逐年增加。我国现有800万个中小企业，其中600万个是民营企业，随着经济的发展，非公有制经济将成为毕业生就业的重要渠道。三是我国产业结构的调整，特别是加入了WTO，高新技术人才以及熟悉世界贸易规则的金融、管理、贸易、信息、法律、会计等高级经营管理人才将供不应求，高素质的工程师及技术工人也远远不能满足需要。由此可见，形势总体严峻，但出路也相当宽广。这要看求职者的眼光和对就业形势的把握，应及时调整自己的知识结构，增加社会急需的技能，灵活主动地求职。

现从行业和人才两个角度，帮助求职者分析目前的就业形势。

（一）高薪职业

同一行业，甚至同一个职业岗位，在不同时期其价格水平也很可能不同。根据媒体的招聘广告和一些猎头公司的专家意见，下面列出近年来一些较热门的行业供读者参考。

1. 软件开发职业

计算机技术的普及促进了计算机软件业的飞速发展，软件开发成为计算机行业的重要开发领域，软件设计专家成为软件开发业热门人才。软件开发专家主要从事操作系统、开发工具、应用软件等计算机软件的开发工作，要求具有计算机软件专业或相关专业的学历或学位，并具有一定的软件开发经验。这项职业在未来相当长的时间里，将成为社会上的高技术和高待遇的职业。

2. 金融保险类职业

金融英才网的统计数据显示，2011年上半年，金融业招聘职位数较去年同期上涨21.7%，增速缓慢；二、三线城市招聘需求涨幅明显高于一线城市，且涨幅较大。由于外资银行不断向二、三线城市扩张，推高了对诸如产品专员和客户关系经理等多方面职位的需求，该领域人才竞争趋于白热化。不难看出，拥有优秀的分析技能和技术的金融人才依旧受到企业关注。此外，随着黄金期货、股指期货的推出，期货业与其他金融机构的相交点越来越多，期货业人才受到企业和求职者的特别关注。

3. 建筑工程职业

"安居乐业"是中国的古训，建筑作为经济建设和人民生活的基础设施，对国民经济的发展起着非常重要的作用。

基础设施的增多和房地产市场的逐步升温，势必需要大量的建筑工程人员，这其中包括各种各样的建筑施工人员、建筑技术人员、建筑管理人员等。

4. 移动通信职业

中国的移动通信发展史是超常规的发展史。据中国工信部发布的数据称，截至2012年11月底，中国移动电话用户数达到11.04亿，其中3G用户数2.2亿户。而截至2013年3月底，中国移动电话用户数达到11.46亿户，普及率提升到了84.9%。由此可见，我国目前的移动通信业具有广阔的市场前景，特别是其3G业务、增值业务服务（如彩铃业务）等需要大量的计算技术人才、通信技术人才、3G人才、彩铃设计人才等，而我国目前这方面的人才十分缺乏。因此，移动通信职业也将会是未来的热门职业。

5. 生物制药职业

医药行业是按照国际标准划分的15类国际化产业之一，被称为"永不衰落的朝阳产业"，而其中作为新兴产业的生物制药业更是被称为"朝阳产业中的朝阳产业"。由于该职业关系着人们的健康，所以它将会越来越受到国家和社会的重视。我国的生物制造事业近几年的发展也是非常迅猛的，许多药品都得到了国际市场的认可，也与外国企业建立了合作关系，但在专业人才方面还很稀缺，这表明生物制造业具有广阔的发展前景。目前的新药主要是生物化学家与生物技术专家开发出来的，并对治疗和预防疾病起到了主要的作用。

6. 教育培训职业

21世纪是一个经济全球化和服务国际化的时代，中国加入WTO后教育也作为服务业成为其中重要的组成部分。近年来，教育市场呈现旺盛的增长趋势，成为我国经济领域闪亮的市场热点。根据教育部《2011年全国教育事业发展统计公报》，未来5~10年，中国教育培训市场潜在规模将达到5 000亿元。总的来讲，中国教育培训业发展前景是好的，教育培训市场资源是无限的。教育业是未来投资的热点，全国教育培训市场潜力巨大，亟须开发市县级城市培训市场，因而需要大量的教育培训人才，这也对教育培训人才的质量提出了更高的要求。

7. 咨询师

当今的社会是一个信息膨胀的社会，信息获取已经成为科学技术发展和商业运作的关键环节。社会分工的精细化和专门化促进了咨询行业的发展，并成为社会发展和进步的一个主导职业。咨询包括很多种，如管理咨询、心理咨询、信息咨询等。咨询业在中国起始于20世纪80年代，起步较低，但进入21世纪特别是加入了WTO后，中国咨询业经历了一场洗牌式的调整，呈现出前所未有的发展态势，特别是随着国外著名咨询公司进驻我国，人们对于咨询师这一职业的兴趣陡然上升。然而，我国目前高素质的咨询人才非常少。这里，特别要讲到心理咨询师，随着社会竞争的加剧和人们工作节奏的加快，心理健康问题已经成为影响人们身心健康和增加社会不安定的因素之一，据专家介绍，全国平均每年有27.8万人死于自杀，有200万左右的人自杀未遂，在发达国家，每千人就有一个心理咨询师，如果以这种1∶1 000的比例推算，中国至少需要40万名心理咨询师，而目前全国取得心理咨询资格证书的还不到3 000人。由此可见，未来咨询师这一职业前景无限。

8. 财会类职业

财会是一个传统的职业，根据各种招聘及人才市场的统计，财会是出现频率最高、供需量较大的职业之一。目前财会人员基本处于饱和状态，有的地方甚至供过于求。但是，我们也看到，目前我国的财会人员的结构存在着很大的不平衡，一方面，财会人员素质普遍偏低，求职较难；另一方面，社会又需要大量的高素质的财会人员。经济的发展将对财会人员提出新的挑战，在未来，通晓国际会计规则的国际会计人才，熟悉经济税务法规、懂得财务管理的高级财务人员，有"经济警察"美誉的注册会计师，以及注册税务师等都将受到市场的青睐。

9. 与健康相关的职业

随着我国的人均收入和生活水平的大幅度的提升，人们已经不仅仅满足于吃饱穿暖这些生活基本层面的东西了，而是对自己的生活状态和健康状况越来越关注。因此，一些与健康相关的职业正受到社会的热捧，如：中医、健康管理师、公共营养师等。由于西医对一些疑难病症的疗效不明显，而中医在辨证施治和整体治疗方面具有独到之处，而且与当今的生物制药领域有密切的关系，因此，社会对中医师人才的需求量将逐渐增加。而健康管理在中国刚刚起步，是一个朝阳产业。我国目前专业的健康管理服务的人数只占人口总数的万分之二，与美国70%居民能在健康管理公司或企业接受完善的服务相去甚远。同样的，公共营养师在中国也是刚刚起步，现有的营养师不足4 000人。发达国家平均每千人拥有一位专业营养师，按此标准，我国13亿人口需要数百万名营养师，这个缺口太大了。可见随着人们的健康意识不断提升，健康管理师和公共营养师的职业在未来一定会受到青睐。

10. 策划职业

策划既是一个独立的职业，也是一个渗透于社会经济各行业的职业。当今社会，各种各样的策划，包括广告策划、营销策划、商务策划、会展策划等已有相当的市场。但是，高级策划师却很少。劳动和社会保障部的一项调查显示，有65%的企业亟须聘用企划人员，但在这些求贤若渴的企业中，90%招聘不到优秀的企业策划人才。策划人才的短缺成为影响企业发展的瓶颈之一。中国企业在国际化竞争中，需要数百万的策划人才，更需要熟知中国国情的高级策划师。

然而，我们也应该看到，策划并非简单地出点子。一个成功的策划，需要大量的调查、精确的市场定位、富于灵感的创造性思维。正因为策划是高度的创造性、高度的艺术性以及高度的科学性的统一，并非任何人都适合做策划职业，这在我们择业时应该引起重视。随着市场经济的不断发展和完善，以及我国经济同世界经济的接轨，市场对高级的策划人才的需求将不断增长。

（二）冷门行业

"冷"是相对的，不同的区域，"冷"的行业就可能不同。不同的时间段，"冷热"之间也可能发生转换。但国家的"大气候"在最近一段时期是基本稳定的。这就使得社会对某些行业的需求暂时相对较少。

总的来看有两种情形，一种是历史、哲学、考古、社会学等文化行业需求较少；另一种是心理学、咨询业等新兴行业在我国还没有普遍兴起，所以需求也不是很多。

但随着社会的发展和国家经济建设的需要，热门和冷门也可能是"三十年河东，三十年河西"。我们一定要深入分析人才和行业市场，掌握最可靠的情报，不可持一成不变的保守思想。

三、求职择业意向的确定

"男怕入错行，女怕嫁错郎"，说的就是一个人对安身立命所在的选择至关重要。现在，不论男女，绝大部分都在靠自己的本事吃饭和自我发展。所以职业的选择对现在的我们来讲是一生中的大事。选对了，成功触手可及；选错了，一生曲曲折折，甚至毫无建树。我们择业意向确定的最好效果就是，自己的能力、人格、理想、现实和我们的职业能和谐地整合在一起。

但达到这样的效果不是一件容易的事，既要考虑到自己的兴趣和能力，又要考虑到自己眼前的现实。更何况，现代人越来越讲究自我价值的实现，所以我们的理想和抱负也会在很大程度上影响我们对择业求职的决策。

很多人经常跳槽就属于择业意向难以确定的问题。快要毕业的学生，还从来没有或很少涉足社会，所以在毕业求职时更是对这个问题有很大的迷茫感。据我们了解，很多高校毕业生有40%以上的同学在毕业求职时没有明确的意向，都是抱着"走一步算一步，到人才交流市场或招聘会上看看再说"的态度。

现在我们就从认知自我、认知现实和意向最终的确定三个方面来谈谈这个问题，希望对大家有所帮助。

（一）认知自我

认知自我的方法有很多。大家首先能想到的，一般是做心理测试。做心理测试是近些年出现的比较新颖也比较流行的一种自我认知方法，而且保密性较好，所以很受大家欢迎。但除此之外，还有许多很有趣、很便捷的方法。比如找人聊天，做心理游戏等。当然更专业更全面的是找心理咨询专家帮忙。

（1）聊天的方法。俗话说，当局者迷，旁观者清。你的朋友和周围的人，甚至不太熟悉的人，对你的分析和看法常常能较准确地描述你的能力和人格。聊天的方法很方便，也比较随意，要保密时甚至也可以做到别人不知，自己有意。如果与知己和熟悉的朋友聊天，你能了解自己的能力、兴趣、气质和性格。和不太熟悉的人聊天，你可以觉察和了解到你给人的第一印象是什么样的，这对一个做推销、公关等经常跟陌生人打交道的人来说是很重要的。

和熟悉自己的人聊天要注意引导和适当正确的提问。要注意对方是什么样的人，一定要找敢对你讲真话又善于识人的朋友；还要注意对方的忌讳，不要让对方为难；对你们之间以前尴尬的事如果要提的话千万谨慎。下面几个问题你可以在适当的时候向你的朋友询问：

"我给你印象最深的一件事是什么？"
"我哪些事情做得让你最佩服？"
"我有哪些事情做得让你觉得最愚蠢？"
"我有哪些地方最吸引人？"
"我有哪些地方最让人反感？"
"我对什么事情的热情程度让你吃惊？"
"你觉得我这样的人适合干什么？"
"你会用哪些词来描述我这个人？"

建议你对别人的回答多深思,也建议你对同一个问题分别问异性和同性的人看他们是怎么回答的。

要提醒的是,应用和别人聊天的方法认识自己要坚持几个原则:一是不要和对方无目的地争执;二是对对方的回答和分析不要盲信,也不要全面否定,要和自己对自我的认识相比较,比如在别人回答时或回答前,你自己会怎么回答,当然多问几个人会使认知自我的准确率提高。

(2)做心理游戏的方法:现在心理游戏很受人重视也很受欢迎。很多公司在招聘人才或培训人才的时候常常用做心理游戏的方法。作者的一个朋友所在的公司就是用这种方法来培训新招聘的员工,并根据游戏的结果安排这些员工在公司具体做什么岗位的工作。

常见的心理游戏主要测试被测试者的挫折承受能力、竞争能力、合作能力、组织管理能力、表达能力、反应能力等。

某公司对员工的培训工作已经进行了一段时间,大家在这段时间里共同做了很多游戏和工作。绝大部分员工在这段时间里都做过一件或更多的错事。在这种背景下,游戏开始了。规则是这样的:被测试的人蹲在地上,其他员工在他周围围成一个圈。周围的人的任务就是用想得到的最恶毒的语言来攻击这个蹲在地上的人,你可以骂他,可以拿出他曾经做得愚蠢的事情来羞辱他;而蹲在地上的人不可以辩驳,不能反抗,更不能记仇(毕竟你还要用同样的方法对付其他人),但可以选择放弃。游戏的胜利者就是支撑的时间最长的人。这个游戏是残酷的,很多人被骂得痛哭流涕,甚至瘫在地上抱着头不住地抽泣。特别是那些可怜的女生更是倍受折磨。事实证明,坚持时间最长的人往往是那些十分自信的人。但无论是否坚持下来,事后冷静地想想,都收获不少;在以后的日子里,不是变得自卑,而是更能经受得起别人的白眼和不屑,变得更加坚强和不屈不挠。

做心理游戏需要别人的参与,所以要几个志同道合的人或在一个特定的场合才行,比如有单位、社团或俱乐部组织。但只要有心还是不难,有些游戏需要参与的人并不多。自己可以找人来做。另外也可以积极参加某些组织举办的这类活动。

限于篇幅,这类游戏就不再举例,很多书店都有这类的书。最重要的是你要行动起来,试一试,做一做。

(3)心理测试的方法:这种测试题目目前有很多套,在很多网站和书上都有专门和全面的测试。在这里不再赘述。大家登录 http://www.czinfo.net 和 http://www.99hh.com/cs.htm 等站点,或阅览陶国富、白苏娣主编的《择业心理学》等书,你都可以通过心理测试的方法全面了解自己。

(二)认知现实

这里的所谓"现实",指的是不以我们的意志为转移、我们个人求职者暂时不能改变的客观情况。如目前的就业形势与趋势、求职过程中的性别差异、个人标识和现代企业的人才观等。

1. 目前就业形势与趋势

根据我们在前面的叙述和了解到的情况,目前就业的形势和趋势集中在以下几点:

(1)供与求存在结构性矛盾:我们前面提到,我国现在的总体就业形势十分严峻,问题主要表现在,一方面城镇新增劳动力,另一方面农村大量富裕的劳动力,更重要的是下岗失业人员，这三大群体数量急速攀升，曾被人称为"三峰叠加"。而且高校扩招以后，毕业生数量大幅度上升，就业压力持续增长。这样看来似乎我们国家的人才供过于求。

但实际情况是，我们国家目前仍属人才奇缺的国家。根据国家统计局的数据，中国受过高等教育人数仅占全国人口比例的3%，连北京这样全国人才最密集的地区也才刚刚达到总人口的13%，比起发达国家的30%～50%的比例还有相当大的差距。各行各业各级各类单位都需要高素质的大学毕业生来补充科技和管理队伍。

目前的就业困难主要是结构性困难，一方面，求职队伍不能满足企事业单位对人才的要求，如外语水平、国际法则的掌握、市场开拓能力、财务能力，等等。另一方面，需要人才的地方求职者不愿意去，求职者集中在了人才已经饱和的城市和地区。如基层单位、中小型企业和西部地区都是渴求人才的地方，但求职者没有相应的择业观念。

（2）求职中的"学历"和"证书"现象：很多企业，特别是大型知名企业对人才的素质要求越来越高，通用型和复合型人才最受欢迎。对想到这些单位工作的求职者来说，不仅要具有专业技能，还要有其他素质和能力，比如外语能力、市场开拓能力和一定的管理组织能力等，甚至对气质、性格等还有一定的要求。

所以在现实的求职过程中，学历和各种证书对求职者来说就是通行证。前段时间，一家招聘单位在招聘现场拉出一个横幅，上面写道："研究生多多益善，本科生面试看看，专科生靠边站站。"暂不论其合法性和合理性如何，但从一个侧面揭示了部分用人单位的求才心理。

正是对人才素质要求的越来越全面，所以手拿很多证书的人才比较吃香。如"微软认证、外语口语证书、各种职业资格证书、计算机等级证书"等。如果你有时间和精力，在求职之前或求职过程中尽可能多的获得这些证书既是对你能力的补充，又能给你的求职成功增加砝码。

（3）就业的市场在哪里：从地域的角度来说，西部地区比中东部对人才更渴求。尤其是西部大开发战略的实施，西部的基础设施建设、通信网络建设、环境保护建设、旅游资源开发和教育等行业急需人才。从单位的性质来说，非公有制经济实体对人才的吸纳将是今后缓解就业压力的重要途径。求职者应该抛弃以前的传统保守观念，多一些胆识，毕竟国家对私有和民营等企业的管理和监督力度在加大，员工的合法权益在今后能受到更多的保护。而且这类企业为了吸引人才，对员工的福利也在改善，医疗等保险制度也在完善，工资和合同等问题现在都处理得比较好。

基层和中小型企业也是求职者应该关注的一个地方，国家的经济体制和政治体制的改革，以及市场经济秩序的建立，使得基层对高素质人才十分渴求，基层在进行着人才的"换血"工程。而中小型企业需要壮大和发展，人才是关键，中国现在有800万个这样的企业，他们成为了人才重要的归宿点之一。

国家和地方在政策上都大力支持毕业生和社会人士进行创业。创业使很多人实现了当老板的梦想，也使很多人实现了自己的理想。所以，如果你有条件和渴望，不妨创业试一试，也许你就是明天的百万富翁。

2. 求职过程中的性别差异

男性和女性天生有别，体格不同，气质不同；性格不同，兴趣不同；理想不同，成功的愿望不同；而且女性还担负着人类自身生产的任务。这就导致了很多职业中男性更合适，即使男女都能做的，很多企业也宁愿选择男性。在很多人才招聘的场合，你能看到很多企业写着"限男性"。女性感到很委屈，但眼泪换不回求职的成功。

对女性来讲，最理性的做法是：一方面接受这个现实，停止怨天尤人的牢骚，克服不良心理，展开积极的行动；另一方面是发挥女性和自己特有的优势，寻觅适合女性和自己的职业和岗位。

在求职中，很多女性学生或多或少地存在以下三种不良心理：一是攀比心理。女性很爱面子，看到自己的室友或同学找到了单位，甚至平时表现不如自己的也找到了"婆家"，心里就十分不服气，非要找到更好的单位才肯签约；这使得自己浪费了不少机会，到最后甚至竹篮打水一场空。二是自卑心理。某大学的女同学小张，学习成绩本来不错，但看到招聘会上很多企业不要女生，顿时觉得前途灰暗，再加上自己性格本来就有些内向，导致自己在要女生的企业人事主管面前，表现平平，有时十分怯懦、不自信，浪费了很多机会。甚至眼睁睁地看着平时比自己差的同学和企业代表签下就业协议书。三是依赖心理。有的是依赖企业代表赏识而不是主动追求，有的是依赖父母、老师甚至男朋友来给自己当说客，有的则干脆给自己的优秀的男朋友或同学当"配件"，一起进到同一个企业。怀有上述心理的人，都没有正确地评价自己，失去了自己的优势。

其实女性自有女性的优点，可以利用这些优点来选择自己理想的职业。女性心思细密，做事谨慎，耐性也好，比较适合那种要求持久细致而又不易疲劳的活动，比如做护理、财会、办公室等工作。女性比较重视情绪的体验和人与人之间情感的交流，因此可以选择以人为对象的职业，如教育工作者、社会学工作者、心理咨询师等。从兴趣上来看，女性比较倾向于与人有关，以"美"为主题的内容，所以选择在文学（如编辑）、艺术、广告设计等领域工作是个不错的选择。有些女性的社会活动能力很强，做公关、保险经纪人等也会取得不错的业绩。

因此，女同胞们不要悲观，积极主动、自信自强是你的正确选择。

3. 个人标识

我这里说的个人标识指的是一个人的毕业院校、所学专业、学历层次、家庭籍贯等属性。这些属性对一个人求职有或多或少的影响，它们虽然不像知识和能力那样决定你职业选择的最终胜负。但在某个阶段却对一个人的求职有相当大的影响。

至少在目前，有部分企业还是很在意你的"出身"（是哪个院校和专业），重点院校和一般院校在求职时的确有差别。比如某集团公司对招聘人才的起码要求是：必须是国家"211"大学的毕业生。籍贯或者"生源所在地"对求职者选择工作地点也是有一定影响的。虽然现在国家鼓励人才的流动，但如果你的学历等筹码不足时，想进入北京、上海等直辖市是很困难的。因为在国家政策允许的范围内，这些地方可以用外语水平、计算机水平和专业是否为当地急需等理由限制求职者。

提出"个人标识"这个概念不是打击部分人，而是以"务实"的态度提醒求职者，注意自己的优势或劣势。在这儿重复一句，这不是最终的决定性因素，但却是不可忽视的因素。

4. 企业的人才观

了解企业的人才观，能促使我们合理地完善自我，帮助我们顺利求职。

（1）对综合素质的要求：对企业来讲，他们希望招聘的人才都是专业素质强、综合素质高的通用型或复合型人才。当然不同的企业对素质的侧重点也有所不同。日本的合资、合作和独资企业希望自己的员工"忠诚、老实、能吃苦"，美国的三资企业则更重视员工的经验，他们甚至推崇经常跳槽的人。而中国的企业，不论是私营还是国有，现在普遍欢迎有创新精神、开拓精神和勇于竞争的人。另外，合作精神各种企业都看重。

我们从企业的"理念"和很多求职成败的事例都可以看出。西南某设计公司是股份化的高科技公司，他们就提出了"求实、创新、合作、共享"的经营理念。中国铁道建筑总公司养马河桥梁厂明确提出欢迎有理想、有能力、诚实、健康的热血青年。首钢烟台东星公司也是采用现代的管理理念，倡导务实、高效，鼓励创新，注重质量和服务。在高校的招聘会现场你也能发现，那些学习成绩一般，但能体现创新精神、竞争精神和组织协作能力的竞赛获奖者和学生干部与党员很受用人单位的欢迎。这些都体现了除专业素质以外，企业对人才的更高要求。

（2）对专业素质的要求：大家都知道，企业比较喜欢拿来就能用的人，所以有工作经验的求职者成功的几率要高些，这也基本体现了专业素质对一个人求职的影响。但同时我们也发现，很多公司到大学招聘的时候，对某些职位并没有规定专业如何，如市场营销等岗位。而且据权威机构的调查，发现在自己的岗位上工作的人员当中，只有23.8%的人所做的工作和自己所学的专业相一致。这样看来专业似乎又不重要。到底专业是如何影响一个人的求职岗位的呢。我们认为一般有以下几种情况：

大公司对求职者的专业看得比一般的中小公司要淡些。因为大公司有实力做自己的培训，它只需要招进有潜力可挖的员工便可以通过自己公司的培训使得这些人顺利上岗。而中小企业为了节省人才资源的成本，一般只招进公司就能用的人，它们对专业技能比较看重。

另外具体的岗位不同，对专业素质的看重程度也不同。比如市场营销工作，本来这也是一门学问，但只要沟通能力强，社交能力强的，综合素质高的人，经过结合自己公司的短期培训和实践训练，不论什么专业的人都有可能将营销工作做得很好。成都某国家重点大学工科专业的毕业生到成都的迈普公司应聘做了市场营销人员，因业绩突出，两年时间就做了该公司的南京片区经理。再比如人力资源开发这样的工作，凡有一定的组织管理理论和能力的人都有可能胜任这样的工作，而不论你是不是学文或学管理的。同样也是这所学校学土木的一位同学，也是到迈普公司应聘，却被任命为该公司的人力资源开发部的专员，经过三四年的锻炼，他已经成功地坐上了人力资源部经理的位子，现在已经是该公司的副总。迈普公司是四川知名的民营企业，该公司在招聘人才方面就不是看你的专业，而是看自己公司的职位该让有什么素质和能力的人来担任，你也许不是学这个专业的，但只要有这方面的潜力，你就有可能成为该公司的正式员工。

所以，对求职者来说，有某种专业特长固然重要，但考察自己的兴趣和其他优势，敢于抛开自己专业的限制，勇敢向非自己专业的职位毛遂自荐也是成功求职的重要途径。记住，自己的求职意向千万别被自己的专业名称束缚住。

（三）求职意向的最终确定

对于大多数人来说，根据上面提到的方法，对自我和现实有一个较全面的认知后，再结合自己的兴趣和理想，是不难确定自己的求职意向的，即能明确自己在现实条件下，向哪种或哪几种职业、岗位求职，知道自己向哪个地方求职，知道自己对要求职的岗位期望什么，甚至在人际关系的帮助下，已经确定了向哪个公司求职。但对少部分人来讲，尤其是自我意识较差的人来说，对自己和职业的要求等仍琢磨不透。为了帮助这部分求职者更进一步确定求职意向，我们简略介绍一下职业和职业价值观的测评问题。

国内外的职业的分类虽不尽相同，但都有几百种之多，更细分一点就是"工种"，其名目更是要数以千计。一般的求职者不必了解得如此详细，懂得大致的职业分类和对素质能力的要求就可以了。

1. 职业的分类与素质能力要求

职业心理学家在研究职业兴趣测验时，从心理学的角度给出了分类。以霍兰德职业爱好问卷（Vocational Preference Inventory，VPI）为例，该问卷将职业类型分为现实型、研究型、社会型、习惯型、企业型和艺术型六类。从素质与能力要求上来说，现实型的职业要求人们理智、不幻想，能客观地分析事物，并给出积极的现实回应。研究型的职业要求人们逻辑思维能力、抽象能力比较好，创新精神和忍耐力较强。而社会型的职业比较适于社交能力强，表达和沟通交流能力好的人。习惯型的职业指的是比较喜欢按部就班，十分有规律，要求工作细致有耐心。企业型的职业一般要求人的竞争意识强，具有商业头脑，能够处理错综复杂的局面。而艺术型的职业则要求人的想象力丰富，有幻想，空间想象能力和艺术感知能力较好。

从工作的性质来讲，一般也可以将职业划分为管理工作、工程技术工作、科研工作、社会工作、文化工作和事务工作六种。从对这些工作的描述中我们就能体会这些工作的要求。管理工作指的是在不同的团体内从事组织、决策、监控等活动的工作。工程技术工作一般要求要有一定的专门技术。社会工作常见的有医疗、医生、律师、法官、保险经纪人、教师等，这类工作一般都是与人打交道。而文化工作就是为人们提供精神产品的职业活动，如演员、作家、摄影师、广告设计、服装设计、音乐人等。做事务工作的就是日常性的，要求比较规范的办公室工作人员、会计、法院书记员等。

2. 职业价值观测验

职业价值观的测验可以帮助你了解一个人的职业性向。萨柏于1970年编制了职业价值量表（Work Values Inventory，WVI），该量表在职业心理学领域影响极大。西南交通大学心理研究与咨询中心主任、心理学专家宁维卫教授对该量表做了适当的修订，以适应我国国情和时代的发展。现介绍如下：

修订后的量表有60个项目（比修订前多15个项目），来反映对职业的15个价值尺度。分别是：智力激发、利他主义、经济报酬、变动性、独立性、声誉、美感、同事关系、安全性、生活方式、监督的关系、工作环境、成就、管理和创造性。每个价值尺度得分越高，说明被测试者越重视该价值尺度。修订后的量表和原量表一样采用五级评分法，分别为：极重要5分，重要4分，不确定3分，不重要2分，极不重要1分。研究和事实证明，修订后的WVI是较可靠、有效的。

被测试者可以根据测试的结果，考查自己初步求职意向是否符合自己的职业价值观。被测试者可以是学生，也可以是在职或求职的青年。

四、求职心理调节

求职的过程也是复杂的心理运动过程。因为种种原因，求职过程中很多求职者都有或轻或重的心理障碍，这些心理障碍轻者影响你求职过程中的判断，重者能导致你求职的失败，甚至产生恶性循环，导致精神疾病。所以我们要了解求职过程中常见的心理障碍、导致的求职误区以及正确的心理调节方法。

(一) 常见的求职心理障碍

1. 自卑

大学四年匆匆而过，平时大家都有说有笑，但到了最后见分晓的时刻，优劣好差在招聘会的现场和招聘者的眼睛里凸显出来。那些成绩差，社会实践少，外语和计算机水平低的毕业生在这样的场合下就看到了自己的劣势，自卑感顿时产生；尤其是部分女生，很容易妄自菲薄。对于部分性格内向，不善言谈，自我推销能力较差的同学也会感到情绪失落。自卑的心理还有一个来源，就是同学或求职者之间的相互比较。看到别人的求职材料比自己写得好，别人的证书比自己的多，别人的人际关系比自己好，别人求职的路子比自己的宽，别人的口才比自己好等，就越发感到相形见绌。在这种竞争压力下很容易给人造成自卑情绪。

其实"寸有所长，尺有所短"，每个人都有自己的优势和劣势。不同的职业和岗位对人的要求不同，招聘者看重的东西也不同，所以不要一开始就灰心，还是应该冷静分析，沉着应对。以己之长，克人之短。

2. 自负

有自负心理的人往往存在盲目乐观的误区。总是以为自己比别人强，在面试的时候夸夸其谈，在同学面前不可一世，一有机会就喜欢凑个热闹，给别人争个高下，不管自己是不是喜欢这个机会。这样的同学不是嫌这家单位工资低，就是怨那家单位福利差，结果通常是忽略了自己的劣势，招聘的单位也一眼就能看穿这样的求职者，也不喜欢这样的人，怕这样的人办事浮躁，敬业精神差。所以这样的求职者往往会落个"过了这个村"，后来发现已经"没了那个店"的下场。所以，条件较好的，可以适当提高自己的期望值，但切不可自命不凡，对自己的劣势心中无数。

3. 焦虑

在求职者中最为常见的一种心理障碍就是焦虑。引起焦虑的原因有很多：有的是性格优柔寡断，难以确定求职意向，东瞅瞅，西看看，拿不定主意；有的是心理自卑而性格急躁，处事敏感，患得患失；还有性格胆小者，面对人生这么大的一个选择习惯性地表现出的焦虑。焦虑的求职者，坐卧不安，茶饭不思，精神状态很让人担心。这样的求职者如不能及时调整，很容易对求职中的很多环节判断失误或浪费时机。

4. 浮躁

现代社会，浮躁是人们的通病。紧张的生活节奏，持续的竞争压力，都让人没多少时间反省自我，叩问心灵。人们常常根据自己的习惯和社会的潮流做事，深思熟虑的机会在减少。这样的大环境对求职者来说也是"身在其中"，这是构成求职者浮躁心理的重要因素。高校刚毕业的学生，因为绝大部分都正处于激情旺盛的青年时期，这也构成了"浮躁"的生理因素。对一些理想较高，对求职的期望值设定得较高的求职者，如果性格自负的话，常常会急于表现自己，遇到挫折时，也会迅速改变目标，否定自己，这样在整个求职过程中就会表现出浮躁的特征来。浮躁的人很难把持自己，意志也不够坚定，这对求职很是不利，浮躁心理在求职者中很常见。

（二）心理调节

1. 冷静分析，认清现实

在求职活动之前和求职过程中的紧要关头，需要我们有意识地保持冷静的头脑，正确分析自我周围的环境和周围环境中的自己。

从大的方面来讲，首先要分析国家和地区的整体就业形势。如近年来就业形势的严峻性和主要困难（参见前面的叙述），自己所在院校或自己专业领域在社会上的就业情况。从小的方面来说，就看看你周围的人才情况。他们期望值如何，他们的优势和劣势分别在什么地方，你在他们中间的突出特点和优势在哪里，如果你和他们有同样的求职意向，你该凭借什么或争取到什么机会而胜出。这样就做到了"知彼"。

知彼还要"知己"。反省一下自己在这样的环境里是如何做的，哪些做得好，哪些还有待提高？当比较自己和他人时，自己有没有保持自信的心态？李白说，天生我才必有用；居里夫人说，每个人在这个世界上都有自己的使命。那我们就看看自己该如何在求职中扬长避短。通过比较，期望值过高就要适当降低，不要对企业和工作地点过于挑剔，要勇于改变自己的心态。做到这些才称得上"知己"。"知己知彼"方能百战百胜。

2. 思想入手，更新观念

首先，要培养自己的"吃苦"精神和"奉献"精神。俗话说，"吃得苦中苦，方为人上人"。没有"吃苦"精神的人最终将一事无成。"三资企业"薪水固然高，但工作量和工作强度也相应高。做公务员似乎"清闲"，但升个科长、处长又得熬多少个寒暑。原国家主席江泽民等领导人曾在基层锻炼工作过多年。无论在企业单位，还是在国家机关等事业单位，入不了基层，打不好底子，将来就不可能叱咤风云。很多求职者不是对工作的城市挑剔，就是对工作环境不满。不是嫌西部落后，就是不愿意到基层吃苦。这样的求职者最终是难以成功的。"奉献"精神是和"吃苦"精神紧密联系在一起的。一个不愿意奉献的人，到最后也得不到成功和幸运的眷顾。所以在当前这个时期，要树立到基层、到中小企业、到西部、到边远和落后地区、到祖国需要的地方建功立业的思想观念。

其次，在求职心态上，要有积极主动的市场意识。大学生统一分配已成过去，自主择业是大势所趋。据调查，通过网站、媒体、招聘会等渠道自荐就业的人数再加上自己让熟人帮忙介绍成功的求职者，已经占到了就业人数的80%以上。等待的心态是行不通的。就业的信息要自己去查，单位的底细要自己去问，自己是否成功要自己主动去试。自己不行动是不会有结果的。一味的从众也不可能找到称心如意的工作。人才市场的概念就揭示了人才也要纳入市场的轨道，奉行市场的规律。对求职者来说，所谓市场，就是各自"销售"。所以早一天行动，早一天可能，也就早一天成功。等待与被动只会被挤到市场的边缘甚至外面，机会掉到你头上的几率几乎为零，即使机会砸到了你的头上，也会因你行动迟缓而迅速从你头上反弹给别人。

最后，求职要有长远的眼光。人常说，人无远虑，必有近忧。把目标固执地锁在好的工资、工作地点等方面是不可取的。找单位要找有发展前途的，能给自己锻炼机会的公司或地方。现在好的不等于以后就好；相反，把眼光看远一点，也许该单位现在是个小公司，但几年后也许就成长壮大成了大公司，而你也就相应地成为公司"元老"或"亚元老"而获益。到基层到西部、到国有和中小企业就是这样的道理。

3. 多种手段，辅助调节

求职是复杂的过程，也会产生复杂的心理。甚至在求职的某个时候造成情绪的很不顺畅，这就要合理宣泄，正确疏导。比如听听音乐，做做运动，跟好朋友聊聊天也是不错的选择。避免摔东西，甚至恶语伤人。自己实在调节不了的，可以请心理咨询师帮忙。

第二节　就业信息的搜集

所谓就业信息，用一句话可以表述为哪个地方的某单位以什么样的方式、什么样的要求招聘什么职位的若干人才。搜集就业信息不见得要全，但尽量要多，有备无患。

就业信息搜集的意义是显而易见的。但有几点要提醒求职者：一是对你要应聘的单位有所了解。比如单位的历史、业绩、声誉、特点或公司的产品、在同行中的优势、企业文化、创办史等。招聘者不喜欢对自己要应聘的单位都不了解的求职者，因为这意味着你的应聘是盲目的。二是对自己要应聘的职位有所了解。如果知道该单位的具体要求最好，自己可以自我衡量或者做好相应地应聘准备。如果不知道该单位的具体要求，就要对该职位的一般要求要了解，比如技能、知识、学历，是否要某些证书等。

搜集就业信息的途径有很多，但大致可以分为三类：专门机构、媒体广告和个人关系。下面分别予以介绍。

一、专门机构

常见的专门机构包括学校和国家机关里的就业指导中心和服务机构，市场上的职业介绍所等中介服务机构、招聘会、猎头公司和境外就业服务机构等。

（一）学校或国家机关的就业服务机构

学校的就业指导中心或就业服务中心是学校专门设置的，从事毕业生就业服务的机构。这样的机构同上级主管部门有密切联系，受主管部门的监督和管理，同时又是用人单位招聘毕业生发布需求信息最重要的窗口。所以该机构提供的信息可信度较高，也较为准确，而且专业对口性强，成功率一般较高，是毕业生获取就业信息的主要途径。

国家机关如劳动人事部门所属的就业指导中心，因为长期从事用人推荐、职业培训和就业管理等工作，对用人单位和就业形势都比较熟悉，向这样的机构打探的消息一般也是较准确的，而且用人单位也多是正规单位。

（二）中介服务机构

中介服务机构是劳动力市场的重要载体。截至1996年，各级政府部门已挂牌的人才市场达2 500个，行业性或民办性的中介机构2 000多个。中介机构每年为单位和企业输送了数以万计的人才。中介机构构成了我国劳动力市场的重要组成部分。这些机构通过电视、杂志、报纸、广播、宣传单、小手册等各种手段提供求职就业信息，以此来吸引求职者。

无论对学校的各级毕业生，还是对下岗职工等，中介都是一个求职的重要选择，但有一点要十分注意，就是谨防上当受骗。中介一般都是营利性机构，为了吸引求职者常常会宣传一些不实的信息，有的是真中带假，有的是把少说多、把低说高，甚至找来一些"托"，欺骗求职者。还有的中介机构本身就是没有经过有关部门批准的违法经营机构，动不动就要交费，什么填表费、建档费、推荐费、中介费，等等。所以求职者对中介机构的服务一定要提高警惕。建议到一些有名气、声誉好、证照齐全的人才市场去，万不可"病急乱投医"。

（三）招聘会

招聘会的举行有多种情况。常见的如高校吸引用人单位进学校，在毕业生毕业前一学期，在校内举行的招聘会；中介机构在节假日和用人单位一起举行的招聘会；国家各级政府为引进人才增加就业举行的招聘会，如成都的会展中心在每年的春、秋两季都会举行政府主办的大型人才招聘会。仅1993—1996年，全国人事部门共举办了3 854场人才招聘会，为国有企业引进人才39.5万人，为"三资企业"引进62.1万人。招聘会成为了人才引进的重要渠道。

招聘会上，用人单位的种类多、数量多、人才的需求多，但相应的求职者也多，且各种层次的都有。所以参加招聘会之前，求职者一定要做好准备。一是多准备几份求职材料；二是事先通过招聘会的宣传材料了解与会的单位，并找出几个称心的，到时有目的的前往应聘，如果一个单位接一个单位的去应聘则会很浪费时间；三是准备即时的面试，因为会上一般都是用人单位派人来现场招聘。

（四）猎头公司

猎头公司一般是帮助委托单位挖掘和培训高级人才的中介服务机构。比如副总裁、副总经理、财务总监等中上等管理人才。猎头公司会根据各种关系和渠道搜集包括在职的高级人才的资料，也搜集很多知名单位的资料，并把这些资料建成资料库，为单位和个人提供咨询等服务。如果是高级人才行列的求职者可以到猎头公司备案求职。

境外就业服务机构是针对愿意到境外求职的人才而服务的机构，在此暂不探讨。

二、媒体广告

媒体广告是有关就业信息最为普遍的传播渠道。它包括电视、报纸、杂志、广播，还有现在服务更先进、更全面、更迅速、更便捷的多媒体工具——网络。

网络与一般媒体相比有更优越的条件。声音、图像、文字等信息能一并获取；求职者在网上可以查阅相关单位的信息；填写求职表后，众多的招聘单位都可以在网上看到你的资料，以静制动，使你的求职更具广泛性。

广告和网络宣传的信息都具有新闻的特点，如更新、更快，面也宽等。所以从媒体中获得适宜的就业信息就要迅速采取行动，优柔寡断者会错失良机。另外还要对这样的信息做个分析，辨别真假虚实。广告中的应聘条件一般都有一定的弹性，也不要因为广告中的标准马上否定自己。有一些单位为了撑自己的门面，连打字员都要求本科以上；也有一些单位特别强调工作经验和工作年限，这些都是软的东西，只要自己有实力都可以试试。另外，有一些单位为了显示自己公司的实力，在宣传中将工资开得特别高，或者把工作环境描述得特别好。如有可能，求职者对相中的单位最好做个实地考察或向熟悉的人打听一下。

三、个人关系

通过自己的努力或者是通过自己的人际关系，包括自己的父母、亲戚朋友和熟人等寻求就业信息也是十分有效的求职办法。美国的理查德·尼尔森·博尔斯写了一本畅销书叫《求职手册》，他在书里提到，传统的求职渠道成功率不高，有效的新途径是：向家人、朋友、熟人或职业中心的职员（如有同学等关系）询问需求信息；自己叩响你感兴趣的单位的门；自己动手，查询电话簿，给感兴趣的单位的负责人打电话等。他说，一定要利用自己的努力或一切个人关系走进单位，这样能使求职者的成功率高达86%。

如果你是高校的毕业生，你应该有过实习和社会实践的经历，你可以通过实习的单位或因此认识的人，作为你求职的开始。如果你是有工作经验的人，你应该在原来的单位里因为工作的关系认识了更多人，想想他们，给他们打个电话，也许就业的机会就在眼前。你也可以自己跑腿向单位问询信息，只不过一般单位不接待陌生的求职者，所以你最好在单位里找个熟人作为引荐人。

作者的很多朋友都是通过这样的方法找到全职或是兼职工作的。这种通过关系找工作不是靠关系的权利做违法的事情，更不是怂恿人去行贿。仅仅是借用人际关系正当地问询信息。这种方法获得的信息直接、有效，而且能马上判断是否适合自己，或是单位是否能录用自己，效率较高。但要求求职者有一定意志力和主观能动性。它强调行动起来，只思考和盘算是不顶用的。

第三节　求职材料的写作

现在的人才市场呈现出"卖方"市场的特征，即用人单位的岗位似乎"供不应求"。一个用人单位往往收到几倍甚至几十倍于招收计划的求职材料。所以求职材料写得好不好，能不能给看材料的人留下深刻的第一印象，这是争取到面试机会的最为关键的第一步。可以说求职材料是求职就业的"敲门砖"。

求职材料一般包括求职信、简历、推荐表（信）和一些证明材料等。求职材料的写作和包装是一门学问，有一定的要求和规范；但同时又不拘一格，只要把握好基本的原则，以取得最佳效果为标准。

一、求职信的写作要点

（一）什么是求职信

求职信也叫自荐信，是求职者以书面形式向用人单位提出求职请求（要求）的文函。一般在信中要阐述自己求职的理由、知识能力、求职愿望等。通过求职信展示自己的人格魅力，给用人单位一个良好的初步印象以争取更进一步的相互了解，比如面试，甚至通过求职信也可以争取得应聘的成功。

求职信有中文的，也有外文的，一般是两者都准备，尤其是要到"三资企业"求职，外文的求职信更是不可缺少。常见的外文求职信一般是英文的。

求职信有三种情形，一是确定了求职单位，明确了该单位的名称、地址、产品和基本的运营情况，甚至对招聘主管都有一定的了解，如其姓名、职务、性格特点、喜好等。在这种情形下写求职信就有了很强的针对性，一般效果比较好。另一种情形是没有具体的求职单位，普遍适用的"通用性"的求职信。还有一种情形就是这两者的综合。

从求职信的使用来看，一种是和简历的内容分开写的，独立表达各自侧重的内容；还有一种是和相当于简历的那部分内容融合在一起的，表达的内容较为丰富。

不同类别的求职信其注意点有所不同，但在语言、文风等方面的原则是一样的。

（二）求职信的写法

中英文的求职信在格式上是不一样的。我们分别介绍。

1. 中文求职信

中文求职信也是一种信函，包括称谓、开头、主体、结尾、致敬词、署名与日期六个部分。

（1）称谓：如果是针对性的求职信，称谓应该是该单位有实权录用你的人。可以用他的职务、头衔来称呼他，但一定错不得，不可马虎，如"××公司人力资源部×经理"。如果是通用性的求职信，称谓一般是"尊敬的领导"。如果是综合性的求职信，你只是知道是什么单位，但不知道有实权录用你的负责人的姓氏，你可以用"××集团负责人"这样的称谓。总之，称谓可以表达你对用人单位的初步了解，但不可太啰嗦。

（2）开头：开头要自报家门，开宗明义。如："我叫×××，是××学校的应届毕业生，对贵公司在××广告中提及的××职位十分感兴趣，特此自荐。"开头切忌离题太远，套话连篇，看信人手头上还有很多你这样的材料，你应该把他想象成没有多少耐性的人。所以开头越简洁越好。

（3）主体：主体是重点，是你自荐的全部，要把你的知识、能力、人格魅力展现出来，要突出你能给用人单位做什么。语言朴实准确，表达清楚最好。

在主体的前半部分可以稍微对用人单位作个良好的评价，以表示你不是盲目求职是因为喜欢用人单位的经营理念等。后面推荐自己时（不是简单的介绍）要把自己的知识结构（专业、辅修专业）、技能才干、特长优势、重要经历等阐述清楚。主体一般还包括对自己敬业精神和人格魅力的表述。

如果根据需要，要把相当于简历的内容也放进来，要注意文字排版，力求一目了然。并把跟你谋求的职位相关的或能体现你的价值和优势的部分放在突出的位置。

主体要体现自己是有备而来，且关注这份工作。一定要使热情和激情跃然纸上。

（4）结尾：结尾一般是重复自己的愿望，盼回复等，并表达对看信人的良好祝愿。如果你把简历的内容加了进来，没有其他的辅助材料，那你千万别忘了在结尾的地方写上自己的联系方式。

（5）致敬语：求职信是正式文函，和看信的人一般也不是很熟悉，所以要郑重些。写上"此致敬礼"之类的词。

（6）署名和日期：可以用打印字署名，如果你的钢笔字或毛笔字比较好也可以用手写体署名，但切忌像明星签名一样故作"潇洒"。日期无论用大写字体还是用阿拉伯数字的形式皆可，但一定要统一。

2. 英文求职信

如果看信人是外国人，英文求职信则是必需的。即使你知道他懂中文，你也应该附上英文的求职信，因为这是一种尊重。而且英文的求职信也可以反映你的英文水平。

英文求职信应该符合英文信件的格式，而这一点是被很多求职者所疏忽的。作者见过很多的求职信，都只能说是中文求职信的翻译版，根本不是地道的英文求职信。英文求职信的格式如下：

```
（1）信头
（2）称呼
（3）信的正文
（4）结束语
（5）签名
（6）附件标注
```

信头指的是发信人的地址、电话、电报挂号、传真等联系方式，如果其他材料里有联系方式，可以在信头左上角或右上角的位置写发信日期。如 May 15, 2002。

称呼是对看信人的称谓，具体写法视写信人与看信人的关系来定。如果不熟悉一般用"Dear Sirs"或"Dear Madams"。

正文和中文的主体是一样的，但要注意的是，一般英文的一个段落只叙述一个主题，所以要注意写作时的分段。

结束语也和中文类似。一般是盼回复，或表达祝愿。如："I'm looking forward to hearing from you soon."（盼很快收到您的回信）或"Wish you all the best!"（祝您万事如意!）

签名一般要手写。如有附件，在附件标注处写上"ENC"。

（三）求职信的写作原则和注意事项

（1）篇幅不要太长，以1页最为恰当。

（2）求职信的开始部分要力求有吸引力，能让看信人愉快地看完你的信。

（3）重点要突出。比如你的知识结构比较全面，是个复合型的人才，那就展示你主修、辅修和自修了哪些课程。如果在实践中积累的经验是你的优势，你就突出你的实践经验。如果你的简历内容也在信中，你就把简历中你拟聘之职位相关的部分突出出来。突出的办法可以把它放在突出的位置或在排版时加黑，加下划线，加阴影等。这样做只有一个宗旨，就是要让用人单位知道，你能为他们做什么，创新什么。

（4）语言要有务实的风格，谦虚但要展现自信，"投其所好"，又不显痕迹。

（5）展示你对这份工作的热情和你自身对生活的激情。体现出你的敬业精神。

（6）整体要有美感。如行距和段落间的距离要适当。信纸的颜色不要太花哨。信封千万别用印有别的单位名称的信封，信封的颜色以白色为好。漂亮的邮票也是你应该注意的，而且要把邮票粘贴得很规范。

下面的这封中文"通用性"的求职信，受过很多企业招聘人的欣赏。这封信的作者跳过好几次的槽都是靠着这封求职信求职，而且屡试不爽。现摘抄如下，供读者参考：

自荐信

尊敬的领导：

　　近安！

　　我叫×××，毕业于××大学人文学院，欲在贵单位谋求一个职位，特此自荐。感谢您能抽出时间来审阅我的自荐书，同时我也希望我的表现能让您满意。

　　在大学期间，我的课程平均成绩在80分以上，在本专业名列前茅。我还学习了很多计算机（INTERNET，OFFICE，FOXPRO，FRONTPAGE等）、心理学等方面的知识，从而建立了一个相当合理且相当完善的知识结构。

　　除学习之外，我以大学生××学会、校团委等组织了融入社会实践的一些活动，努力培养自己的创新精神和多方面的能力。曾策划组织了"元旦晚会""成都高校××学会联谊会"等大型活动，在校期间还一直担任《××××通讯》的主编、主审工作，并被"××中学"聘请为"课外辅导员"，从而学以致用，完善自我；与此同时，我还光荣地加入了中国共产党。

　　我还积极参加科研工作，著有论文《高校学生专业社团实施创新教育的探索》在我校学报上发表，并获得"挑战杯"全国科技作品竞赛三等奖。

　　作为大学生涯的一个圆满总结，我的毕业论文《人本管理的发展趋势》被学校评为优秀毕业论文。毕业时获得法学学士学位。

　　由于领导发现了我在人事管理方面的特殊素质，在进入××××股份有限公司之后，经过培训我被直接调入人力资源部担任重要工作，期间负责了绩效考核制度的制定、实施及人才招聘面试、高级人才寻猎等工作，参与了公司薪资制度的拟定、人力资源整体流程的辨析、内部培训等。我出色的工作能力和良好的敬业精神得到了公司领导的一致肯定。公司派我参加了××顾问公司组织的"员工绩效考核"的培训，从IBM人力资源总监的讲课中我领会了一些全新的理念和方法。

　　事实表明，敏锐的洞察力、准确的判断力、娴熟的沟通协作能力以及坦诚负责的处事原则形成了我较强的人格魅力。我坚信，我对我所属的任何一个集体都是颇具价值的。

　　挑选高素质的人才是您的愿望，谋求合适的工作是我的渴求。希望我能让您满意，并期待您垂青！

　　恭候您的佳音！

　　此致

敬礼！

自荐人：×××
联系电话：××××××××
2002年11月13日

　　英文求职信举例：下面是一封较为简单的有"针对性"的英文求职信，读者可以从中学习一般求职信的格式和常用语句。

May 15, 1996

Dear Sirs,

  I have just seen your advertisement in Binhai Daily of the 10th May for a salesman in the Electronic Appliance Section of your company. I'm very interested in the job and I believe I'm qualified to meet the requirements. I'm therefore enclosing a resume together with references from my supervisor and the director of the Electronics Department of my university respectively.

  As you can see, I once worked in the Electronics Department. So I am familiar with different kinds of electronic appliances. As for the academic qualification, I'll graduate from the Management School and I have obtained good skills in advertising and marketing. I have worked more than once as a salesman in some stores during my previous vacations. Besides, I'm very patient and friendly in nature. I am confident that I shall be suitable for this kind of work.

  If you need further information, I shall be very pleased to supply it. Or I wonder if you will grant me with an interview.

  I'm looking forward to hearing from you soon.

Yours faithfully
Wang Dong

二、简历的写作要点

（一）什么是简历

简历又叫履历表，用来概括地介绍自己的自然状况、学业情况、成长及工作经历、特长爱好、性格特点、所获成果、求职愿望和联系方式等。简历的内容也主要包括上面所列项目。

简历有的是表格的形式，有的是排列整齐有序的文字形式。无论哪种形式，坚持的原则是条理清楚，项目明白，叙事简洁。简历各部分具体的写作要点如下：

（二）简历的写作要点

自然状况包括姓名、性别、年龄、学历、籍贯、政治面貌、身体状况、身高、体重、专业、学校院系等。

学业情况和工作经历一般可以写在一起，以时间的顺序从现在往以前写，或是从以前写到现在。也可以有目的的采用"众星捧月式"的写法，把和要求的职位相关的部分写在前面，其他作为补充写在后面，以突出自己对要求的工作有足够的能力。这个部分要言简意赅，坦诚热情，有理有节。

性格特点、特长爱好和求职愿望要和谋求的职位相联系，所获成果一般从大写到小，也可以从与职位最相关的内容开始写。

最后，千万别忘了在明显的位置写上你的联系方式。不写联系方式，犹如考试不写姓名，想及格都难。

（三）一份出色的简历是什么样的

出色的简历能让看的人眼睛一亮，让招聘你的人愿意和你进一步交谈。要知道，一份简历对招聘的人来讲，他只会用 10~15 秒的时间就扫描完毕。出色的简历他愿意多花点时间，甚至回头再看看。

首先要让看你简历的人感到愉快、有趣。其次要让招聘你的人看了简历后，知道你是能为单位效力的，是有很大价值的。最后，从简历中能看出你这个人有可贵的品质，如坦诚、有创造力、可塑性强等。要做到这些，在你写简历的时候就要注意下面几点：

1. 有很强的目标性

从简历中看出你是有备而来，并且你简历中的内容证明你的价值正是单位所需要的。单位要招营销人员，你简历中刚好有相应的社会经历、体验和收获。单位要招聘软件开发人员，在你的简历中成果那个栏目里，如果有软件开发方面的成果，比如发表的论文或做过的工程等，你当然会被相中。但我不是教你"使诈"，而是提醒你注意要与求职的目标相配合，具有针对性。

2. 简历体现你的可贵品质

简历上的言语、经历和成果能体现你可贵的素质和品质，如果这和用人单位的企业文化相融合效果会更好。简历的语言应坦诚，不哗众取宠；学习内容、职业转换原因等能体现你的合理的追求；成果和重要的社会实践为你的能力、素质提供了相应的证明。整个简历虽然项目分割，但精神和气质却浑然一体。

3. 细节的刻意安排

笔者有一位朋友，她每次跳槽再求职时，都要在简历的右上角留下一个位置，贴上一张2吋的彩色照片。她的相貌也不是特别的漂亮，但她很在意这个细节。她以前曾经做过招聘工作，她认为，即使你人长得一般，但有照片的简历比没有照片的更吸引人，就像我们浏览网页喜欢有图片的一样。不是以"色"诱人，而是让人在看你简历的时候，脑子里有个形象和你简历中的文字结合在一起，这符合人的一般思维特点。所以如果有什么其他的细节，只要不过分，不做作，你完全可以尝试一下。

4. 简历测试

写完简历后找个老师或朋友，让他在 10 秒钟内迅速浏览完你的简历，问他都记住了什么，是否能让招聘的人记住，如果不能，想办法修改。这个方法非常管用。一定不要漏掉最后这一道程序。

中文简历举例：

个 人 简 历

姓　　　名：×××

性　　　别：女

出生年月：1977 年 6 月

身　　　高：165cm

体　　　重：53kg

身体状况：良好

政治面貌：中共党员

学　　　历：本科（学士）

专　　　业：思想政治教育（党政管理与文秘）

毕业学校：××大学

外语水平：英语四级

```
┌─────────┐
│         │
│  2 吋   │
│  照片   │
│         │
└─────────┘
```

计算机水平：国家二级
户籍所在地：西安
联系方式：
TEL： 136×××××××
E-mail： ××××@163.com

本人经历
  2002.11—2003.1 ××大学成教院兼职任课（应用写作）
  2001.10—2002.12 ××大学××学院教务工作
  2001.1—2001.9 ××股份有限公司　人力资源部人事专员
    期间负责了公司绩效考核制度的制定、实施以及人才招聘面试、高级人才寻猎等工作，同时参与了薪资制度的拟定、人力资源整体流程的编写、内部培训等工作。
  2001.5 受公司派遣参加了××公司组织的、由IBM人力资源总监主讲的"员工绩效考核"的培训
  1997.7—2001.1 ××大学××学院学习
    期间担任学校学生××学会副会长、院团委宣传委员、《××××通讯》主编、主审等

特长或爱好
  心理学、策划、写作、书法、计算机、演讲，擅长各种球类运动。

获奖情况
  本科毕业论文《人本管理的发展趋势》获优秀成绩；
  第六届"挑战杯"全国大学生课外科技学术作品竞赛三等奖；
  ××大学"扬华杯"论文竞赛二等奖；
  1999年获"创新奖"专项奖学金；
  多次获校综合奖学金；
  大学生活纵横谈演讲赛二等奖；
  获"优秀干部""优秀团员""精神文明先进个人"等。

（四）英文简历的写作

英文简历的格式和中文的一样，内容也相差无几。其写作要点和技巧参看上面的叙述即可。但以下几点要提醒求职者：

（1）注意字母的大小写。因为简历主要由栏目和栏目内容组成，所以要大写的字母很多。主要有这几种情况：一是栏目名称中每个实词的首字母。如"Name，Sex，Educational Background"，等等。二是栏目填写时，短语中实词的首字母。如社会实践时所任的职务，在校学习时获得的奖学金名称，个性栏目中所填的爱好名称，体育运动名称等。

（2）注意分行。奖学金要一项一行，成长经历中一个时间段的内容较长，要分两行，如时间地点一行，职务名称一行，第二行比第一行向右缩进一些空间，等等。

（3）注意短语的正确表达。在简历中很少用句子，所用句子也是祈使句较多，所以一定要注意短语和词组正确使用，如动名词、过去分词等。写英文简历没什么难点，如

有不详之处，可多参看一些例文。

三、推荐表（信）和证明材料

高校的应届毕业生一般都有学校统一制作的推荐表，上面填上所修课程，学校加盖公章加以证实，并由相关负责人填写推荐意见，相当于对该生做的政治、学业、社会实践的鉴定。

不是学校的应届毕业生，比如社会人士，是不是就不可以做自荐表了呢？其实也不是。你可以找有名望的人士或在你谋求的某个职业方面的知名专家等，请其写封推荐信或在自制的推荐表上的指定栏目填上推荐意见都可以起到推荐的作用。

要注意的就是，不要把所学的全部课程不加选择地全部填上，你可以有选择的填上重要的或自己学得较好的课程。也可以将辅修课程写在上面。

证明材料有很多种，凡是能证明你某种素质和能力的书面的东西都可以整理成证明材料。常见有毕业证书、学位证书、获奖证书、各种认证、职业资格证书、职称水平证书、外语和计算机水平证书等。如果你参加过某种培训并结业，也可以将结业证书附在求职材料的简历后面。单位的聘书也是证明材料之一。

证明材料多用复印件。建议求职者搜集尽可能多的证明材料，以增加自身的"含金量"。

第四节　面试技巧

面试被称为求职是否成功的"门槛"，其重要意义不言而喻。

面试应该包括两层含义：一是应试者被用人单位考察，二是应试者对用人单位和用人单位的人文气氛、工作环境的了解，必要时，应试者还可以了解自己所谋求职位的发展前景和薪资待遇等。

面试的形式主要有几种情形：一对一谈话面试；一群面试官向一名求职者提问进行面试；多个被面试者集中在一起探讨问题，轮流做主持人，面试官在一边观察进行面试；还有的是让被面试者现场操作来面试。

我们从面试前、面试中和面试后三个方面来谈谈面试的注意事项和技巧。接着再介绍面试时常碰到的一些难题，应该如何巧妙地解决；面试中的忌讳也是求职者应该注意的。

一、面试前

面试前要做好面试的准备工作。俗话说，"凡事预则立，不预则废"。所以对面试前的准备不可大意。事实证明，面试前的准备犹如考试前的复习，不做准备全靠临时应对是要吃大亏的，甚至功亏一篑，因为有一些面试问题不是临时应变能解决的。

（一）做好对用人单位和所求职位的了解

招聘者不喜欢盲目的求职者，在面试中，招聘者往往会提出一些与单位和职位相关的问题就证明了这点。所以求职者最好能通过网络和实地的考察，了解单位的名称、产品、经营情况、企业文化、用人理念等，能发现单位的优势和劣势，如能找到单位的缺陷和应对办法就更好。

对职位也是如此。一个人只有对所要干的工作了解才可能干好。一个求职者只有拥有某种职位所要求的知识、素质和能力才能胜任这份工作。招聘者也往往会问关于职位的问题来测试求职者。有备无患！如果你了解得越多，单位越会喜欢你，因为这说明了你的诚意，这有助于增加你成功的几率。

（二）准备好求职和证明材料

材料准备在前面已经有叙述，但要提醒求职者，不要因为已经给单位递过求职材料就不再准备。因为如果是一群面试官的话，不见得他们都见过你的材料。

（三）注意仪表

面试时，精神的样子、得体的装扮、大方的举止能给面试官一种愉快的感觉。相反，邋遢的形象、忸怩的样子让人心生不快。所以在面试前一定要注意着装、服饰和打扮。

"人靠衣装马靠鞍"。面试的着装要整洁、朴素，得体大方。衣服的颜色、样式和服饰要适时、适地，不可过于时髦和前卫。女性不要穿透明和暴露的服装，以免给人不稳重的感觉。男士不见得非要穿西装打领带，但也不能太随便，力求干净利索。

得体的服饰能提升人的气质和魅力，显示出人的品位。但服饰不可过多，特别是年轻的女性，更不能把服饰弄得很花哨。

常言说，"三分长相，七分打扮"。面试时对发型和面部的修饰十分重要，因为面对面时，大家都是看着对方的脸。男士不要留长发（某些艺术领域除外），女士不要把头发染得五颜六色，更不要奇形怪状。男士要把胡子刮干净，女士眼影、口红的涂抹不要太艳丽。女士给人的感觉要素雅，男士给人的感觉要稳重。

仪表的风格最好能和你欲求的职位相协调，和你的性格相配合。如内向的女生可以穿色彩稍艳丽的服装，增加一些可爱活泼的感觉。外向的女生就要穿稍深色的衣服，给人稳重、沉着的感觉。男士也是一样。而且在某种职位上能否做得好，跟人的性格也有一定的关系，所以自己的仪表透出的性格也要和你谋求的职位相一致。

（四）心理准备

（1）要有一颗平常心，对面试不要太看重，但也不能马虎。无论得失成败都是正常的事情，即使对这份工作你已心仪已久，也要提得起、放得下。

（2）要培养自己的自信心。既然自己有面试的机会就证明自己有优势有能力胜任这份工作，所以面试不过是将自己的能力和知识再展示一遍。

（3）要有抗挫折的心理准备。即使这次不成功，我还有其他的机会，坚决不能因这一次面试没成功就对以后心灰意冷，失去信心。

（4）要有竞争的心理准备。也许到面试时你会发现有很多跟你一样来面试同一职位的人，所以你要有充分的竞争心理准备，大胆地往前冲。

（5）你要调节好自己的心情。心情会影响你给人的第一印象，所以愉悦的心情也能感染面试者。

（五）准备几个问题

面试主要是考察被面试者对单位和职位的了解程度、被面试者的专业知识和技能，以及被面试者的社会意识、综合素质、敬业精神等。所以在谈话和提问式的面试中，总有几个问题是面试考官常常提问的。如下面的几个问题：

"你对我们单位和这个职位有哪些了解？"

"你认为你为什么能胜任这个工作？"

"你能不能举个例子来证明你刚才所说的能力和素质？"

"你最近跳槽的原因是什么？"

"你和别的求职者相比你有哪些优势？"

还有的面试考官为了即时考察被面试者的应变能力和口才会让你现场做个演讲，或是推销一种东西给他。也可能现场让你做个游戏或解答某个在工作中可能遇到的问题。

笔者的一位朋友在求职时让我做个参谋提几个建议。我看了看她的求职材料，其材料的页眉处有一句诗词："长风破浪会有时，直挂云帆济沧海"。我当时就建议她，如果用人单位要考察口才的话，很可能会以此为题做个即兴演讲。碰巧在当时的面试的第二关，即轮到第二个面试官的时候，就让她做了这个即兴演讲。这虽然是个偶然，但也不是一点都不可以预测的。

面试者如果对你比较满意的话，就会说"你还有什么问题要问吗？"这表示他想看看你开的条件。这个时候就是你有礼貌地了解这个单位和职位是否适合你的时候。所以你要准备几个这样的问题：

"贵单位的用人理念是什么？"

"在这个职位上做得比较好的人具有什么条件？"

"在这个职位上怎么才可以做出成绩？"

"贵公司是如何培养员工的？"

这些问题有助于求职者审视该单位是否符合自己的理想。

（六）准备几个建议

如果你对该单位有比较确切的了解，你可以准备几个不至于让招聘者尴尬的建议，这有助于你在面试者心目中树立"积极主动有开拓精神"的形象。但一定要注意，你的问题要符合实际，不让面试考官尴尬。一般在对面试过程和单位比较了解，所以求职者可以提这方面的建议。如果是改进型的建议，最好不要提太大的问题和建议，因为对这样的问题求职者获取的信息一般不会太多，提出的问题和建议如果不适当就会适得其反。

提建议是要冒风险的，要慎用，要注意分寸。正因为如此，如果你提的建议适当的话，能收到很好的效果。因为这是一般的求职者所忽略或不敢尝试的。

二、面试

（一）进场

一般被面试者要提前10分钟到面试现场。如果接待人员让茶让座是可以接受的。但不要快到面试时接茶水，因为如果这时面试官要你入场，你就会不知道这茶是端着还是放下，放也不知道放什么地方，面试官是不会提醒你放什么地方的。

进场落座要不急不慢，可以跟面试官点头致意，但不要自作多情主动跟面试官握手。落座后腰杆要自然挺直，身体前倾，面带微笑。如果是站着，就稍微低头，面对面试者。

（二）言谈话语

回答问题要吐字清晰，速度不紧不慢。回答的问题要紧扣主题，不可顾左右而言他，切不中要害。面部的表情要自然,面带微笑。眼神要和对方有接触,眼睛不要左顾右盼,而是要盯着对方的上鼻梁。言谈表现出自信,落地有声,但也不要表现得很是自负,夸夸其谈。

回答问题要学会察言观色,看对方的表情是否对你的回答满意。你可以适时或稍微的变化说话的方向。对说错的话要马上更改,坦诚老实。

对自己不知道或不会的问题不要简单说"不会"或"不知道",你可以表示你对此感兴趣,可以很快地学会。

(三)告辞

如果面试官说"我没有什么问题了",就表示你们的面试接近尾声了,要适时告辞。这个时候你想要确定是否还有下一次面试或者什么时候能知道本次面试的结果,你可以主动地说"请问我什么时候可以知道结果?"或"请问下一次面试是什么时候?"

面试官不表示面试的结束,求职者一定不要表现出急于要离开的意思。告辞时,面试官一般会说:"好,就这样吧!"并把手伸出来和你握手。你这时就要毫不犹豫地站起来握手告辞,并且别忘了说声"谢谢"。但如果你还有必须现在要问的问题,在你提出问题时一定要加上"恕我冒昧"四个字。

三、面试后

面试后如果你写封感谢信的话将会对你取得成功增添筹码。比如刚好用人单位在犹豫是否用你的时候。而且,你也可以通过这封感谢信表达你在面试时没有表现出自己应有的优势和特点。毕竟有礼不见怪,写封感谢信也表示了你的热情。

四、几个特殊问题的处理

(一)见到面试官,他却不说话,你该怎么办?

这时候他是想要你做个自我介绍,同时又看看你应对突发事件的能力。如果你这时也不说话,那你这次面试肯定泡汤。你可以有礼貌地说:"让我先做个自我介绍好吗?"然后把你准备的自我介绍娓娓道来即可。

(二)面对一群面试官该注意什么?

首先你要尽可能弄清楚谁是主要的负责人。其次要注意不要得罪任何一位面试官,不能厚此薄彼。如果两个面试官同时问了问题,你要有礼貌地回答完一个再回答另一个。如果你碰到固执的而对你十分挑剔的面试官,你最好的办法就是用另一个面试官说过或肯定过的话来回答他。

(三)碰到集体讨论式的面试场景该怎么办?

集体讨论式主要看一个人的组织能力、掌控能力(比如你是主持人)、表达能力、思维能力和沟通能力。

在这样的讨论会上你如果一言不发,你肯定没有机会。如果次次你都抢着发言,让别人很不高兴,尤其是不着边际地夸夸其谈的话,你的机会也很渺茫。正确的做法是仔细聆听,不鸣则已,一鸣惊人。可以当仁不让,但不抢话、不打断别人的说话,甚至可以对别人的话表示适当的肯定。如果你是主持人,就要组织好讨论,不褒贬任何人的发言,应激励别人发言,语言应适当幽默。但自己总结发言时要有理有据,思路清晰,主题鲜明，重点突出。千万注意不要让别人的发言牵着你的鼻子走，让你跑题。常见的语言有：

如果不是主持人，你可以说"以个人愚见……"，"我基本赞同刚才那位的发言，我再狗尾续貂，补充几点"等。如果你是主持人，这样的话对你有用："对这个主题是仁者见仁，智者见智，我们首先来听听这位漂亮女士的高见。""对刚才的发言我们都深有同感，但问题都是一体两面的，相信即使不同的见解也有它道理，我们看看谁还能提出不同的意见？"

在这种集体讨论的场合，一定要显示出你鲜明的个人特点，问题回答的错与对不是主要的，主要的是你对问题的分析思路是否合理而又与众不同。

（四）如何提及薪资待遇

开门见山地跟面试者谈薪资问题固然不好，是否不谈薪资或者在面试者问及你的薪资要求时，都"谦虚"地拒绝谈钱就好呢？答案是否定的。因为面试官可能认为你能力低下，多少薪水都可以。所以在适当的时候谈薪资问题是可以甚至是必要的。

（1）什么时候谈薪资。有以下几种情况可以谈：一是招聘人向求职者介绍公司的薪酬、福利待遇等情况后，主动问求职者"你认为如何？"时。二是招聘单位面试满意，直接问"你期望的薪酬大约是多少？"时。三是双方其他问题全部谈妥，求职者本人要以薪资做最后判断时。

（2）怎样谈薪资。这包括薪资要求多少，有哪些注意事项等。

①薪资要多少：首先你要知道国家的定价如何。这是决定你要求多少薪资的最低参考标准。二是要考虑到单位的地理位置、经营情况等具体问题。三是要考虑到变通的情况。比如，工资低而拥有大量股份，你是否不在意？如果收入每年涨幅很大，你是否愿意拿最初的低工资？工资低但是工作条件非常优越，你是否能够接受？四是要考虑自己的能力。

②谈薪资有哪些注意问题：首先要给自己留下回旋的余地。你可以说个幅度给招聘者，看他的反应。二是要摸清对方的底。你可以以退为进提出反问："只要有发展机会，我愿意接受贵公司的薪酬标准，不知按规定这个岗位的薪酬标准是多少？"这样，你不但没有露出自己的底，反而可能摸清对方的底。

五、面试八忌

一位资深的人事专员在接受笔者的采访时，提出面试常见的几种忌讳，现在提供给读者，请求职者注意：

一忌文不对题，言之无物。

二忌神情自负，夸夸其谈。

三忌表情僵硬，怯懦自卑。

四忌目光游移，闲谈撒谎。

五忌不良习惯，抠鼻晃腿。

六忌匆匆而来，没有准备。

七忌忸怩娇气，哦啊不已。

八忌嬉皮笑脸，阿谀奉承。

个中含义一看便知，笔者不再赘述。

案例思考：

很多人面试会犯的14种错误

一、不善于打破沉默

面试开始时，应试者不善"破冰"（系英文直译，即打破沉默），而等待面试官打开话匣。面试中，应试者又出于种种顾虑，不愿主动说话，结果使面试出现冷场。即便能勉强打破沉默，语音语调亦极其生硬，使场面更显尴尬。实际上，无论是面试前或面试中，面试者主动致意与交谈，会留给面试官热情和善于与人交谈的良好印象。

二、与面试官"套近乎"

具备一定专业素养的面试官是忌讳与应试者套近乎的，因为面试中双方关系过于随便或过于紧张都会影响面试官的评判。过分"套近乎"亦会在客观上妨碍应试者在短短的面试时间内，作好专业经验与技能的陈述。聪明的应试者可以列举一至两件有根有据的事情来赞扬招聘单位，从而表现出您对这家公司的兴趣。

三、为偏见或成见所左右

有时候，参加面试前自己所了解的面试官，或该招聘单位的负面评价会左右自己面试中的思维。误认为貌似冷淡的面试官或是严厉或是对应试者不满意，因此十分紧张。还有些时候，面试官是一位看上去比自己年轻许多的小姐，心中便开始嘀咕："她怎么能有资格面试我呢？"其实，在面试这种特殊的采购关系中，应试者作为供方，需要积极面对不同风格的面试官即客户。一个真正的销售员在面对客户的时候，他的态度是无法选择的。

四、扯太多与面试无关的问题

你的工作是对你将要面试的公司有一个全面的了解。关于昨晚的歌曲"和明星共舞"的小道消息或是你最喜欢的博客的闲谈都不会让你得到工作。永远都不要感觉你必须用闲谈来丰富面试内容。尽量谈谈和产业或公司有关的一些严肃的话题。适当保持沉默也比面试中的瞎扯淡要好。

五、缺乏积极态势

面试官常常会提出或触及一些让应试者难为情的事情。很多人对此面红耳赤，或躲躲闪闪，或撒谎敷衍，而不是诚实地回答、正面地解释。比方说面试官问：为什么刚工作1年就离职？有人可能就会大谈工作如何困难，上级不支持等，而不是告诉面试官：虽然工作很艰难，自己却因此学到了很多，也成熟了很多。

六、丧失专业风采

有些应试者面试时各方面表现良好，可一旦被问及原所在公司时，就会愤怒地抨击其老板或者公司。在众多国际化的大企业中，或是在具备专业素养的面试官面前，这种行为是非常忌讳的。

七、不善于提问

有些人在不该提问时提问，如面试中打断面试官谈话而提问。也有些人面试前对提问没有做好准备，轮到有提问机会时不知说什么好。而事实上，一个好的提问，胜过简历中的无数笔墨，会让面试官刮目相看。

八、对个人职业发展计划模糊

对个人职业发展计划，很多人只有目标，没有思路。比如当被问及"您未来5年事业发展计划如何?"时，很多人都会回答说"我希望5年之内做到高级工程师"。如果面试官接着问"为什么?"应试者常常会觉得莫名其妙。其实，任何一个具体的职业发展目标都离不开您对个人目前技能的评估以及您为胜任职业目标所需拟定的粗线条的技能发展计划。

九、假扮完美

面试官常常会问：您性格上有什么弱点？您在事业上受过挫折吗？有人会毫不犹豫地回答：没有。其实这种回答常常是对自己不负责任的。人都会不同程度地有自己的弱点，没有人没有受过挫折。只有充分地认识到自己的弱点，也只有正确地认识自己所受的挫折，才能形成成熟的人格。

十、被"引君入瓮"

面试官有时会考核应试者的商业判断能力及商业道德方面的素养。比如：面试官在介绍公司诚实守信的企业文化之后或索性什么也不介绍，问："您作为财务经理，如果我（总经理）要求您1年之内逃税1 000万元，那您会怎么做?"如果您当场抓耳搔腮地思考逃税方案，并立即列举出一些举措，都证明您上了他们的圈套。实际上，在几乎所有的国际化大企业中，遵纪守法是对员工行为的最基本要求。

十一、主动打探薪酬福利

有些应试者会在面试快要结束时主动向面试官打听该职位的薪酬福利等情况，结果是欲速则不达。具备人力资源专业素养的面试官是忌讳这种行为的。其实，如果招聘单位对某一位应试者感兴趣的话，自然会问及应试者的薪酬要求的。

十二、慷慨陈词，却举不出例子

应试者大谈个人成就、特长、技能时，聪明的面试官一旦反问："能举一两个例子吗?"应试者便无言应对。而面试官恰恰认为事实胜于雄辩。在面试中，应试者要想以其所谓的沟通能力、解决问题的能力、团队合作能力、领导能力等取信于人，唯有举例证明。

十三、为面试官甘当小丑

幽默是很主观的东西。虽然笑话可能对你的面试有帮助，但你需要对你选择的笑话的内容谨慎一些。你很可能不知道面试官的喜好，更别说什么能让他们发笑了。所以你可以说"今天真是面试的好天气啊!"并稍稍礼貌地笑一下。

十四、不知如何收场

很多求职应试者面试结束时，因成功的兴奋，或因失败的恐惧，会语无伦次，手足无措。其实，面试结束时，作为应试者，您不妨：表达您对应聘职位的理解；充满热情地告诉面试者您对此职位感兴趣，并询问下一步是什么；面带微笑和面试官握手并谢谢面试官的接待及期待对您的考虑。

——资料来源：http://www.bdqn.cn/news/info/id/15339.html。

思考题:

1. 如何写好求职信?一封求职信应包含哪些内容?
2. 如何写好自己的简历?
3. 面试的技巧有哪些?

参考文献

［1］石建勋. 职业生涯规划与管理［M］. 北京：清华大学出版社，2012.
［2］葛玉辉. 职业生涯规划管理实务［M］. 北京：清华大学出版社，2011.
［3］姚裕群，刘家珉，等. 职业生涯规划与管理［M］. 北京：首都经济贸易大学出版社，2013.
［4］周文霞. 职业生涯管理［M］. 上海：复旦大学出版社，2012.
［5］刘照坤. 成功学［M］. 北京：中国劳动出版社，1995.
［6］http://wenku.baidu.com/.